2023 上海民营经济

SHANGHAI MINYING JINGJI

上海市工商业联合会
上海市发展和改革委员会
上海市市场监督管理局
上海市统计局
上海市民营经济研究会

復旦大學出版社

主办单位

上海市工商业联合会

上海市发展和改革委员会

上海市市场监督管理局

上海市统计局

上海市民营经济研究会

《2023 上海民营经济》编委会、编辑部成员名单

《2023 上海民营经济》编委会成员

主　　　任：寿子琪
副　主　任：顾　军　　王霄汉　　倪俊南
　　　　　　宋　彬　　赵福禧
编　　　委：施登定　　阮　青　　彭文皓
　　　　　　汤汇浩

《2023 上海民营经济》编辑部成员

主　　　编：施登定
副　主　编：吴　颖　　王　静　　彭　飞
　　　　　　余庆华　　刘　云
成　　　员：王晓琳　　曹美芳　　张　谊
　　　　　　刘　清　　符王璐

目　　录

运 行 分 析

专题一　　2022年度上海市民营经济运行分析报告 ……………………………………………………… 3
专题二　　2023年一季度上海民营企业运行状况调查分析 …………………………………………… 13
专题三　　2023年上半年上海市民营经济运行分析报告 ……………………………………………… 16
专题四　　2023年三季度上海民营企业运行状况调查分析 …………………………………………… 25
专题五　　2023年浦东新区民营企业评价营商环境量化分析 ………………………………………… 28
专题六　　2023年静安区民营经济发展情况 …………………………………………………………… 87
专题七　　2023年嘉定区民营经济运行分析报告 ……………………………………………………… 91
专题八　　2023年奉贤区促进民营经济发展情况 ……………………………………………………… 97

发 展 环 境

专题九　　上海加大力度促进民营经济发展壮大 ……………………………………………………… 103
专题十　　培育竞争优势　提升经营主体竞争力　推进高质量发展 ………………………………… 106
专题十一　关于进一步构建亲清政商关系问卷调查的情况分析 ……………………………………… 110
专题十二　上海民营企业高质量发展路径指南 ………………………………………………………… 116
专题十三　关于《上海市提信心扩需求稳增长促发展行动方案》（"32条"）政策落实情况评估及建议
　　　　　　　……………………………………………………………………………………………… 131
专题十四　服务浦东新区重点民营企业高质量发展研究 ……………………………………………… 144
专题十五　浦东新区企业合规管理现状与需求分析 …………………………………………………… 158
专题十六　徐汇民营经济运行情况及健康发展指数研究 ……………………………………………… 175

产 业 研 究

专题十七　全面提升民企核心竞争力　着力推进具有全球影响力的科技创新中心建设 …………… 201
专题十八　加快实现高水平科技自立自强中的民企力量
　　　　　　——关于上海市创新型、成长型民营企业的调研报告 ………………………………… 214

专题十九	构建产学研用四方合作机制助推民营企业创新发展的研究	224
专题二十	发挥长三角区域优势，加强产业链协同合作研究 ——基于长三角企业家联盟及其产业链联盟的调研分析	247
专题二十一	上海民营总部经济发展成效、问题及建议	264
专题二十二	发挥龙头企业作用，推动集成电路技术和产业实现突破性发展	267
专题二十三	关于上海民营企业国际化发展提升路径研究的报告	291
专题二十四	关于静安区促进中小企业"专精特新"发展的思考与建议	304
专题二十五	促进杨浦区现代设计产业与数字经济融合发展研究报告	324
专题二十六	嘉定民营制造企业数字化转型调研报告	332

政策理论

专题二十七	关于上海市民营经济代表人士队伍建设的研究	351
专题二十八	从统战政策提出地和上海工商联历史中汲取力量　奋力谱写新时代新征程民营经济统战工作新篇章	360
专题二十九	加强年轻一代民营经济人士思想政治引领方式方法研究	365
专题三十	关于上海加快推进商会立法　促进民营经济发展的研究报告	374
专题三十一	提高涉企惠企政策制定执行的参与度获得感研究	379
专题三十二	促进年轻一代民营经济人士创新成长研究报告	395

2023 运行分析

上海民营经济

专题一

2022年度上海市民营经济运行分析报告

2022年,在以习近平同志为核心的党中央领导下,我国经济总量迈上新台阶,高质量发展取得新成效。全年实现国内生产总值121.0万亿元,同比增长3.0%,按年平均汇率折算约为18.0万亿美元,稳居世界第二。上海市经济运行呈现"平稳开局、深度回落、快速反弹、持续恢复"态势,实现地区生产总值4.47万亿元,同比下降0.2%。城市核心功能稳定运行,经济新动能持续发力,生产需求回稳向好,就业形势、物价水平总体稳定。

面对复杂多变的形势,市委、市政府出台多项扶持政策和服务举措,助力民营经济恢复重振。上海市民营企业面对风险挑战,迎难而上,苦修内功,展现了应有的发展韧性。民营经济深度回调后逐步恢复,2022年全年经济增加值1.21万亿元,同比下降4.7%,在全市生产总值中的比重为27.1%,民营经济税收收入占比达32.7%。经济运行呈现以下主要特点:一是经济运行遭遇冲击,三、四季度逐步恢复;二是生产经营受影响,二、三产业双双萎缩;三是外贸延续增长势头,消费投资由增转降;四是创业创新持续推进,发展动能不断积聚。

民营经济面临原材料价格上涨、市场需求不足等困难,部分企业经营成本上升、资金紧张,发展信心不足。为进一步促进民营经济发展,本报告提出建议:稳定市场预期,提振民企发展信心;做好政策接续,加大助企纾困力度;加强统筹协调,稳固产业链供应链。

一、上海市民营经济运行的主要特点

2022年,面对国内外复杂严峻的经济环境等超预期因素的多重挑战,上海市民营经济运行经历了年中的深度回调后步入持续恢复通道,全年实现增加值1.21万亿元,同比下降4.7%,降幅超过全市平均4.5个百分点(见表1-1)。

(一)经济运行遭遇冲击,三、四季度逐步恢复

2022年,上海市民营经济运行深度回调后逐步恢复,全年实现增加值1.21万亿元,同比下降4.7%。其中,第二产业、第三产业增加值分别同比下降了3.7%和5.0%。从三次产业结构看,服务业增加值比重进一步提高,

表 1-1 2022 年上海市民营经济主要指标

指　　标	2022年绝对值	2022年增速（％）	增速较全市（±百分点）	占全市比重（％）
经济增加值（亿元）	12 082.82	－4.7	－4.5	27.1
第一产业	89.17	—	—	92.0
第二产业	2 639.06	－3.7	－2.1	23.0
第三产业	9 354.59	－5.0	—	28.3
工业总产值（亿元）	9 165.50	－3.8	－2.7	22.6
工业主营业务收入（亿元）	10 627.75	＋0.8	－0.3	23.1
工业利润总额（亿元）	718.65	－5.0	＋6.7	25.8
建筑业总产值（亿元）	2 350.78	－16.7	—	25.3
服务业营业收入（亿元）	19 513.40	－3.1	—	40.8
服务业营业利润（亿元）	1 370.70	－8.0	－5.6	31.3
社会消费品零售额（亿元）	4 739.92	－10.0	－0.9	28.8
进出口总额（亿元）	12 337.84	＋11.9	＋8.7	29.4
出口	6 265.19	＋28.2	＋19.1	36.6
进口	6 072.65	－1.0	－0.6	24.5
固定资产投资（亿元）	—	－5.9	－4.9	—
工业投资	—	－6.5	—	—
房地产投资	—	－8.9	－8.4	—
新设主体数量（万户）	39.76	－21.2	＋0.2	95.9
税收收入（亿元）	5 118.81	－0.6	—	35.9
招工人数（万人次）	258.61	－11.3	＋3.1	73.3
退工人数（万人次）	247.35	－8.1	＋2.4	71.8

达到 77.4%，较 2021 年提高了 0.2 个百分点。

民营经济仍是国民经济的重要组成部分。2022 年全年上海市民营经济增加值在全市生产总值中的比重较 2021 年回落了 1.4 个百分点，但仍达到 27.1%，仅次于 2020 年和

2021年。

在国家和上海市一系列税收优惠政策的支持下,2022年,上海市民营经济完成税收收入5 118.81亿元①(见图1-1),同比下降0.6%。从占比情况看,民营经济税收收入占全市比重为35.9%,较2021年下降0.4个百分点,为2019年以来最低水平。随着2022年下半年经济持续恢复,三、四季度上海市民营经济税收收入分别环比增长了26.4%和15.6%。

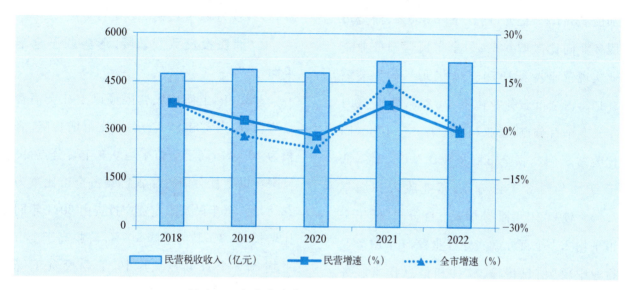

图1-1 上海市民营企业税收收入及增长情况

(二)生产经营受影响,二、三产业双双萎缩

1. 工业生产同比萎缩,行业效益持续分化

2022年,上海市民营经济实现第二产业增加值2 639.06亿元,同比下降3.7%,降幅超过全市第二产业2.1个百分点。工业生产同比萎缩。全年规模以上工业总产值9 165.50亿元,同比下降3.8%,降幅较上半年收窄了9.3个百分点,但高于全年上海市工业平均水平2.7个百分点。规模以上工业总产值占全市工业的比重为22.6%,较2021年下降0.6个百分点。收入利润逐步恢复。全年规模以上工业企业实现营业收入10 627.75亿元,同比由上半年下降6.5%转为增长0.8%,但增速仍低于全市工业0.3个百分点;规模以上工业利润总额718.65亿元,同比下降5.0%,降幅较上半年回落19.1个百分点,且低于全市工业6.7个百分点。工业营业收入利润率为6.8%,高于上半年1.5个百分点,且高于同期全市工业平均水平0.7个百分点。行业效益持续分化。33个工业行业中,22个行业营利缩减,如化学原料和化学制品制造业以及文教、工美、体育和娱乐用品制造业利润总额分别同比下降22.3%和47.3%;

---

① 民营经济税收收入:不含海关代征的增值税、消费税,证券交易印花税。统计范围包括私营企业、集体企业、股份合作企业、个体经营以及私营控股、集体控股企业(联营企业、有限责任公司、股份有限公司)。2021年起,全市税收收入统计分类有所调整,增加非企业单位。

仍有11个行业实现营利增长,如医药制造业、汽车制造业利润总额分别同比增长13.9%和28.3%。

2. 服务业同比萎缩,营利水平有所下降

2022年,上海市民营经济实现服务业增加值9 354.59亿元,同比下降5.0%,而全市服务业同比微增0.3%。全年民营服务业企业实现营业收入19 513.40亿元①,同比萎缩3.1%,占全市服务业比重40.8%,低于2021年0.5个百分点;营业利润1 370.70亿元,同比萎缩8.0%,占全市服务业比重31.3%,低于2021年3.8个百分点;营业收入利润率7.0%,较2021年回落0.7个百分点,低于全市平均2.1个百分点。分行业看,9个服务业行业中仅"信息传输、软件和信息技术服务业""卫生和社会工作"2个行业实现营业收入同比增长,较上年减少7个,8个行业实现营利,与2021年持平。民营限额以上批发零售业营业收入和利润总额同比萎缩15.6%和16.3%,住宿餐饮业营业收入同比萎缩19.9%,利润总额为负。

(三) 外贸延续增长势头,消费、投资由增转降

1. 出口保持强劲增长,继续引领全市外贸

2022年,上海市民营企业进出口贸易延续增长态势,尤其是出口额保持强劲增长。全年实现进出口总额12 337.84亿元②,同比增长11.9%,增速高于全市8.7个百分点,较2021年回落20.6个百分点。其中,出口额6 265.19亿元,同比增长28.2%,增速高于全市19.1个百分点,较2021年回落0.3个百分点;进口额6 072.65亿元,同比由2021年增长35.8%转为下降1.0%。从占比情况看,2022年民营企业进出口总额占全市比重达到29.4%,较2021年提高2.3个百分点。

2. 消费投资双双转降,形势弱于全市平均

2022年,上海市民营限额以上社会消费品零售额③4 739.92亿元,同比由增转降,降幅为10.0%,高于全市平均0.9个百分点;民营限额以上社会消费品零售额占全市比重为28.8%。全年民营固定资产投资由2021年同比增长10.3%转为下降5.9%,降幅高于全市平均4.9个百分点。其中,工业投资下降6.5%,房地产投资下降8.9%。

(四) 创业创新持续推进,发展动能不断积聚

1. 新设主体同比减少,全市占比保持高位

2022年,上海市新设民营市场主体39.76万户④,同比下降21.2%,降幅低于全市平均0.2个百分点。从占比情况看,上海市新设民营市场主体占全市新设市场主体比重为95.9%,较2021年提高0.2个百分点(见表1-2)。

---

① 服务业营业收入、营业利润的统计范围为规模以上服务业企业,不包括房地产业,下同。
② 民营企业进出口数据的统计范围为私营企业、集体企业和个体工商户。
③ 民营社会消费品零售额、固定资产投资数据的统计范围包括私营、集体、私营控股和集体控股企业等。
④ 民营市场主体户数的统计范围包括私营企业、个体工商户和农民专业合作社。

表1-2 2022年新设民营市场主体主要指标

指　标	全　市		民　营		
	指标值(万户)	同比增速	指标值(万户)	同比增速	占全市比重
新设市场主体	41.46	−21.4%	39.76	−21.2%	95.9%

2. 招、退工同步萎缩，就业形势总体稳定

2022年，上海市经备案的民营企业招工数为258.61万人次①，同比下降11.3%，降幅低于全市平均3.1个百分点；退工数为247.35万人次，同比下降8.1%，降幅低于全市平均2.4个百分点。从占比情况看，民营企业招工数占全市比重为73.3%，退工数占全市比重为71.8%。招、退工相抵后，民营企业全年净招工11.26万人次，而全市仅8.22万人次(见表1-3)。

表1-3 2022年民营企业劳动用工备案情况

指标	招工情况		退工情况	
	招工数(人次)	同比增速	退工数(人次)	同比增速
全市	3 526 661	−14.4%	3 444 508	−10.5%
民营	2 586 059	−11.3%	2 473 486	−8.1%

3. 营商环境不断优化，总部经济持续活跃

为积极落实加快经济恢复和重振相关工作要求，助力市场主体纾困解难、复工复产、恢复活力，上海市在推动落实《上海市营商环境创新试点实施方案》基础上，进一步组织实施10个优化营商环境重点事项，提升市场主体感受度，激发市场主体信心和活力。市税务局、市工商联联合开展助力小微市场主体"春雨润苗"专项行动，推动各项税费支持政策和创新服务举措及时惠及企业。持续开展民营企业总部认定工作，南虹桥、张江、市北高新3个民营企业总部集聚区贡献了高质量的民营企业总部。2022年度，上海市共认定113家民营企业总部，吸纳就业超过15万人，设立国内分支机构2 300余个。其中，批发零售业、制造业、软件与信息服务业、科技服务业、物流仓储业5大行业合计占比达到85%。至此，全市已累计认定民企总部五批次501家。

4. 企业创新亮点频现，创新活力不断迸发

2022年，上海市新认定高新技术企业9 956家，民营企业占比八成以上；专精特新企业达到7 572家，专精特新"小巨人"企业500家，民营企业占比均超过九成；民营经济已成为体现上海经济活力、创新能力的骨干力量。在全国工商联发布的"2022民营企业研发投入500家""2022民营企业发明专利500家"两个榜单中，上海市分别有15家和19

---

① 民营企业招、退工数据的统计范围包括私营企业、城镇集体、股份制、有限责任公司及个体经营户，其中股份制和有限责任公司根据全市情况推算。

家民营企业上榜。其中,上海市发明专利上榜企业数量在4个直辖市中居首,研发投入上榜企业数量仅次于北京市居第二位。

二、上海市民营经济运行存在的主要问题和相关建议

(一) 民营经济运行存在的主要问题

面对物流受阻、原材料价格上涨、市场需求不足等困难,部分企业经营成本上升、资金紧张制约发展。

1. 民企发展信心不足

近年来,实体企业普遍处于发展低谷,2022年上海市民营经济的消费、投资分别同比下降了10.0%和5.9%,降幅均高于全市平均水平。调查显示,当前民营企业发展面临的最大难题仍是信心不足。主要原因有三点:面对世界百年未有之大变局、内外部经济环境复杂多变,多数民企在适应新经营环境方面准备不足;面对发展方式转型以及突出的供需矛盾,企业的增长函数正发生根本性变化,民企既要商业价值又要社会价值,多重压力叠加;不少民企自身存在较强的转型升级需求,急需外部因素的帮助支持,但与同类国企相比在资源禀赋上有较大差异。

2. 多因素叠加,企业成本压力加剧

2022年1—10月上海市民营制造业购进价格指数均值为52.3,其中除7—9月运行于收缩区外,其余月份均运行于扩张区,10月指数为53.6。调查数据也显示,各类成本高企依旧困扰着上海市民营企业。由于物流受影响较大,有52.8%的制造业企业反映"物流成本高",在制造业企业反映的各类问题困难中居首位,同时有51.6%的企业反映"原材料或商品成本高",41.6%的企业反映"劳动力成本高",分别居第二、三位。在非制造业企业中,有44.8%的民营企业反映"劳动力成本高",23.4%的民营企业反映"原材料或商品成本高",分别居第三、四位。

3. 需求不足、资金紧张制约企业发展

市场需求低迷仍是制约民营企业发展的重要因素之一,且非制造业企业这一问题表现更为突出。调查显示,1—10月,分别有39.1%的制造业企业和56.2%的非制造业企业表示受到"市场需求不足"影响,在其各自反映的问题困难中分别居第五位和第一位。同时,有41.1%的制造业企业和45.0%的非制造业企业表示遇到"资金紧张"问题,在其各自反映的问题困难中分别居第四位和第二位。

(二) 促进民营经济发展的相关建议

下一阶段,要进一步巩固经济恢复基础,稳固产业链供应链,助力民企纾困解难、提振信心,促进民营经济健康发展、高质量发展。

1. 稳定市场预期,提振民企发展信心

一是加大宏观调控力度,切实加强预期引导。加强各类政策协调配合,形成共促高质量发展的合力。加大宏观政策调控力度,确保实现稳增长、稳就业、稳物价,保持经济运行在合理区间。要让广大民企充分认识到,我国经济韧性强、潜力大、活力足的基本

面没有改变。民营经济始终是推动经济社会发展的重要力量,越是困难越要坚定信心、真抓实干。把各项保障措施落地落细落实,民营经济运行一定能够逐步企稳回升、健康发展。二是持续优化营商环境,激发民间投资活力。切实落实"两个毫不动摇",在经济社会发展的关键领域,精准有序实施一批既利当前又利长远、投资潜力大带动能力强的示范项目,吸引民间资本参与。深化"放管服"改革,在招投标中对民间投资一视同仁,保护民间投资合法权益,支持民间资本发展平台经济和创业投资。三是增强创新动能,促进民企高质量发展。加强政府对民企技术创新的支持力度,按照市场需求、技术能力等标准逐步提高民企承担研发任务的比重,引导企业向专精特新发展。加强共性技术平台建设,提升科技投入效能。加快新型基础设施建设,为各类市场主体数字化转型提供条件,加快民企实施"上云用数赋智"行动。支持企业加大能源资源节约替代,大力推进可再生能源技术研发和应用推广,推动绿色低碳转型发展。

2. 做好政策接续,加大助企纾困力度

一是完善助企纾困政策。继续优化完善助企纾困政策,通过一揽子政策组合,稳企业、保就业、惠民生。重点面向中小微企业和个体工商户的减税降费政策要加大力度,在国家规定减免幅度内顶格执行。优化纳税服务,加快新的组合式税费政策落地执行,在可能的范围内力求做到免申即享、"一键办理"。持续整治违规涉企收费,在财政补助、税费优惠、政府采购等方面对各类市场主体一视同仁、平等对待。二是加大金融支持。充分发挥金融行业的输血功能,精准问需于企,做到靶向发力"快、准、实"。对还款困难的小微企业,积极做好融资连续性安排,通过展期、无缝续贷等给予企业后续资金支持。鼓励金融机构在风险可控的前提下尽可能降低小微企业短期贷款门槛,有效运用政策性融资担保为企业增信,进一步扩大普惠金融覆盖面,加大普惠信贷投放力度。引导金融机构加大对小微企业、科技创新、绿色发展等领域支持力度,推动"科技—产业—金融"良性循环。

3. 加强统筹协调,稳固产业链供应链

一是增强国内大循环内生动力。提升供给能力,实施创新驱动发展战略,强化科技自立自强,集中优质资源合力攻关产业链供应链的薄弱环节,保障国内大循环畅通。建立健全长三角区域产业链供应链协作机制,合力保供强链,优先保障重点企业核心零部件和原材料供应。激活需求潜力,坚持扩大内需这个战略基点,深化消费和投资领域体制改革,增强国内大循环的需求牵引力。加快构建全国统一大市场,促进商品和要素自由流动和市场化配置,完善公平竞争规则,激发市场主体活力,实现供给和需求高水平动态平衡。二是助力民企巩固竞争地位。以国内大循环吸引全球资源要素,提升贸易投资合作质量和水平,扩大市场准入,营造市场化、法治化、国际化一流营商环境,推进高水平对外开放。完善支持政策,推动贸易创新,鼓励

汽车、生物医药等高附加值产品开拓国际市场，鼓励跨境电商、海外仓、市场采购等外贸新业态发展。出台便利跨境电商出口退换货的政策措施，支持符合条件的跨境电商企业申报高新技术企业，研究制定跨境电商知识产权保护指南。鼓励多元主体建设海外仓，支持企业优化海外仓布局，完善全球服务网络。支持外贸综合服务企业发挥带动作用，推动跨境电商与其他业态联动互促、融合发展，不断拓宽贸易渠道，推动内外贸一体化发展。

三、附录——2022年我市民营工业经济运行分析

2022年，面对国内外复杂严峻经济环境等超预期因素的多重挑战，全市经济运行呈现"平稳开局、深度回落、快速反弹、持续恢复"的态势，民营经济运行也在深度回落后步入恢复通道。2022年全年民营工业生产同比小幅回落，第二产业增加值同比下降3.7%。营业收入同比微增，行业效益持续分化，工业投资同比萎缩。

表1-4 2022年民营规模以上工业主要指标

指标	民营工业		全市工业	
	绝对值（亿元）	同比增长（%）	绝对值（亿元）	同比增长（%）
工业总产值	9 165.50	-3.8	40 473.68	-1.1
营业收入	10 627.75	0.8	45 968.09	1.1
利润总额	718.65	-5.0	2 788.19	-11.7

（一）工业生产小幅回落

2022年，我市民营工业生产呈现小幅回落态势，全年规模以上工业总产值9 165.50亿元，同比下降3.8%，降幅较上半年收窄了9.3个百分点，但高于全市工业2.7个百分点。从占比情况看，民营规模以上工业总产值占全市工业的比重为22.6%，较2021年下降了0.6个百分点。

分行业看，33个工业行业中有27个行业规模以上工业总产值同比下降，较上年增加20个，仅6个行业实现同比增长。

其中，化学原料和化学制品制造业（738.47亿元，-13.2%），通用设备制造业（876.87亿元，-10.4%），金属制品业（469.81亿元，-14.1%），计算机、通信和其他电子设备制造业（819.82亿元，-6.4%），非金属矿物制品业（388.16亿元，-10.6%）和造纸和纸制品业（132.26亿元，-17.9%）等行业工业总产值同比缩减量居前，拖累全年民营工业总产值同比下降。

而电气机械和器材制造业（1 507.60亿元，12.6%），汽车制造业（748.74亿元，8.3%），医药制造业（429.50亿元，10.2%）和黑色金属冶炼和压延加工业（157.51亿元，9.9%）等4个行业贡献了主要的工业总产值同比增加量。

（二）营业收入同比微增

2022年，民营规模以上工业企业实现营业收入10 627.75亿元，同比微增0.8%，增速低于全市工业0.3个百分点，较上年回落

17.5个百分点。从占比情况看,民营工业营业收入占全市工业的比重为23.1%,较上年提高0.1个百分点。

分行业看,33个工业行业中有25个行业规模以上营业收入同比下降,较上年增加21个,仅8个行业实现同比增长。

其中,非金属矿物制品业(451.88亿元,−14.1%),化学原料和化学制品制造业(831.93亿元,−7.7%),金属制品业(533.01亿元,−7.6%),通用设备制造业(972.97亿元,−4.2%),计算机、通信和其他电子设备制造业(900.71亿元,−4.4%)和造纸和纸制品业(145.18亿元,−16.1%)等行业营业收入同比减少量居前。

而电气机械和器材制造业(1 859.91亿元,21.9%)、汽车制造业(869.10亿元,11.8%)、医药制造业(452.11亿元,11.6%)等3个行业营业收入同比增加量居前,是支撑民营规模以上工业企业实现营业收入同比增长的重要因素。此外,食品加工业(177.77亿元,4.6%),石油加工、炼焦和核燃料加工业(24.93亿元,12.3%)等行业也实现了营业收入同比增长。

(三)行业效益持续分化

2022年,民营企业实现规模以上工业利润总额718.65亿元,同比下降5.0%,降幅较上半年回落19.1个百分点,且低于同期全市工业6.7个百分点。工业营业收入利润率为6.8%,较上半年提高1.5个百分点,高于同期全市工业平均水平0.7个百分点。从占比情况看,民营规模以上工业利润总额占全市工业的比重为25.8%,较2021年提高1.5个百分点。

分行业看,33个工业行业中有22个行业盈利同比萎缩,较2021年增加10个,其余11个行业实现盈利同比增长,无亏损行业。

盈利缩减金额靠前的行业包括化学原料和化学制品制造业(57.58亿元,−22.3%),文教、工美、体育和娱乐用品制造业(14.82亿元,−47.3%),计算机、通信和其他电子设备

图1-2 我市民营工业投资增速及与全市比较(单位:%)

制造业(40.94亿元,—19.7%),专用设备制造业(101.73亿元,—7.3%),农副食品加工业(12.62亿元,—35.9%)和通用设备制造业(62.86亿元,—7.1%)等,拖累民营工业利润总额同比下降。

而盈利增长的行业中,医药制造业(108.83亿元,13.9%),橡胶和塑料制品业(56.26亿元,23.4%),汽车制造业(41.10亿元,28.3%),有色金属冶炼和压延加工业(13.85亿元,69.9%),电气机械和器材制造业(84.96亿元,1.9%),石油加工、炼焦和核燃料加工业(1.29亿元,367.2%)等行业利润增加额排名靠前,支持民营工业利润总额同比降幅较上半年大幅收窄。

(四)工业投资同比萎缩

物流受阻、企业经营成本上升、资金链断裂风险加大等因素影响民营企业家的投资信心。2022年,我市民营工业投资同比萎缩6.5%,而同期全市工业投资同比增长0.6%。

(供稿单位:上海市工商业联合会,主要完成人:施登定、王倩、刘佳、韩莹、徐玲玲)

专题二

2023年一季度上海民营企业运行状况调查分析

2023年二季度,市工商联开展了一季度民营企业运行状况调查(以下简称"调查",共回收问卷1632份)。总体来看,2023年一季度民营企业表现相对疲软,对未来预期持续增强,但发展基础尚不稳固,建议从稳增长、降成本、聚人才等方面入手,进一步加大相关政策落地落实力度,助力民营企业克服困难、提振信心。

一、企稳回升势头转弱,整体表现相对疲软

1. 超三成五企业营业收入环比下降,环比增长的企业比例连续两个季度下降,超四分之一企业出现亏损

2023年一季度,35.4%的企业营收环比下降,其中13.2%的企业营收环比下降超过15%,明显高于2022年三、四季度的水平。同时,仅有26.2%的企业营收环比增长,营收环比增长的企业占比连续两个季度出现下降(2022年三、四季度分别为33.5%和28.3%)。2023年一季度亏损的企业占比26.8%。

2. 工业企业产能利用率在2022年三季度强势反弹后,连续两个季度走低

2022年三季度,工业企业生产强势反弹,产能利用率达到阶段性高点,有68.8%的企业产能利用率超过50%。但随后持续两个季度走低,2023年一季度,64.9%的企业产能利用率超过50%。

3. 近四成企业综合成本环比增加,用工、原材料、房租和税费成本构成主要压力

2023年一季度,仍有37.9%的企业反映综合成本高于2022年四季度,但与2022年三、四季度相比,成本环比增幅超过5%的企业比例明显下降(2022年三季度为25.8%、四季度为21.4%,2023年一季度为15.6%)。受访企业成本压力排名前四的是用工、原材料、房租和税费成本(占比分别为80.2%、46.0%、39.4%、29.1%)。

4. 企业用工总体平稳,专业技术人才最为紧缺

2023年一季度,65.8%的企业反映用工人数与去年四季度持平,用工人数环比增长和下降的企业分别为18.4%和15.8%。近四分之一企业反映存在招工困难。存在缺工情况的企业中,缺乏专业技术人员或高级技术人才的企业占比最高,达62.3%。

5. 企业融资满足度依然偏低,从银行贷款的难度和综合成本均略有上升

2023年一季度,在有融资需求的企业中,

近五成五企业的融资满足度（已获得融资占所需融资总额的比重）不足50%。同时，在从银行机构获得贷款的企业中，反映贷款难度增加和综合成本上升的企业占比分别为14.0%、9.5%，均略高于2022年三、四季度水平。

二、未来预期持续增强，但发展基础尚不稳固

1. 企业对宏观经济、市场需求、营业收入等预期提升

2023年一季度，46.6%的企业对国家宏观经济发展持乐观态度，较上季度增加6.3个百分点；持悲观态度的企业比例为13.6%，较上季度下降5.32个百分点。与此同时，43.0%的企业预期市场需求增加，较上季度增加5.7个百分点；17.2%的企业预期市场需求下降，较上季度减少5.1个百分点。41.9%的企业预期营收增加，较上季度增加7.0个百分点；18.9%的企业预期营收下降，较上季度减少5.7个百分点。

2. 企业对消费市场复苏的信心不断提升，餐饮、生活服务、休闲娱乐市场复苏明显

近九成企业对2023年消费市场持续恢复或者扩大保持乐观或中性态度，其中超过三成企业认为消费市场会逐步回暖。超过五成企业认为提升产品和服务品质、增加居民收入等政策对恢复和扩大消费更为有效。根据收钱吧平台经营数据显示，上海小微商户一季度餐饮类户均营业额30.58万元，同比增长7.2%，比2019年同期增长21.7%；生活服务类户均营业额43.08万元，同比增长16.3%，比2019年同期增长12.6%；休闲娱乐类日均活跃门店3 122家，同比增长29.8%。

3. 企业境内外投资总体保持平稳，境外新增投资重点区域是东南亚地区

2023年一季度，84.3%企业的境内投资额与2022年四季度持平，总体保持平稳发展态势；9.6%的企业境内投资额环比增长，比上季度略升0.7个百分点；6.1%的企业境内投资额环比下降，明显好于2022年四季度（9.6%）。根据有境外投资业务的企业反映，约三成企业增加了境外投资额，企业新增投资主要分布在东南亚地区（占比34.9%）。

4. 超三成企业订单环比下降，超过环比上升企业比例，进出口增长预期有所下降

2023年一季度，30.2%的企业订单环比下降，高于订单环比上升的企业比例（24.2%），但与去年四季度相比，情况明显改善（2022年四季度，环比下降和上升的企业占比分别为36.1%、22.6%）。在有进出口业务的企业中，约七成企业反映外贸订单较同期持平或增长，新增订单主要来自欧盟、美国、日本和中亚地区。但与此同时，企业对二季度进出口业务增长的预期有所下降，12.2%的企业预期二季度进口业务增长，比上季度下降6.8个百分点，19.6%的企业预期二季度出口业务增长，较上季度下降4.6个百分点。

三、围绕"稳增长、降成本、聚人才",进一步加大相关政策落地落实力度,促进民营经济高质量发展

1. 打好稳增长政策组合拳

一是加快落实消费提振政策。根据调查,当前企业最期盼的政策是恢复和扩大消费(占比54.4%)。建议全面落实上海市"32条",促进汽车、住房等大宗消费品市场健康发展,加快氢燃料电池汽车、智能网联汽车等市场化应用,降低对各类人才首次购房的限制;全面激活旅游市场,支持旅游节庆、消费购物、文化体育、游戏竞技等活动和赛事发展;支持消费市场创新发展,为新产品、新业态等应用场景建设提供政策便利。二是支持民营企业对外经贸破局。近期世界各国领导人密集来华访问,我国对外贸易形势有望迎来新的转机。支持民营企业加强对欧盟、东盟、中东、拉美、俄罗斯等国家和地区的贸易合作与投资布局,支持国有企业和民营企业合作出海,为民营企业海外投资提供更多的专业培训、政策引导以及信息服务。

2. 切实降低企业综合成本

一是延续、优化税费优惠政策。调查显示,企业对延续、优化税费优惠和加大金融支持实体经济政策的呼声非常高(分别占比52.7%、40.8%)。建议严格落实上海市"32条"等政策中税费优惠措施,并适当延长税费优惠政策有效期,探索增值税留抵退税等优惠政策适当降低门槛,扩大政策惠及面。二是推动银行贷款成本与难度"双降"。鼓励金融机构在风险可控前提下,尽可能降低小微企业短期贷款门槛,扩大普惠金融覆盖面,并给予实体经济企业利率优惠;加快推广园区贷、批次贷、信用贷等金融创新产品,鼓励银行将行业发展潜力、知识产权数量及技术领先优势等纳入贷款考量指标。

3. 实施精准有效的人才政策

一是建立完善紧缺人才开发目录。针对企业反映的高技能专业人才紧缺问题,建议围绕全市"2+3+6+4+5"产业体系,抓紧制定产业紧缺人才开发目录,实施更精准的人才引进和培育措施。二是推动校企联合培养实用型人才。针对企业反映的高校人才培养与产业人才需求脱节问题,建议加快高校应用技术类学院、专业建设步伐,探索企业家、科研人员等共同参与技术类院校的课程设计以及授课等,加大企业与高校开展人才联合培养、委托培养力度。三是扩大人才政策覆盖面。进一步推动落户、子女教育、人才公寓等政策资源向民营企业延伸,注重对高成长型民营中小企业的政策支持,为企业引进和留住人才提供有力支撑。

(供稿单位:上海市工商业联合会,主要完成人:施登定、王倩、刘佳、韩莹、徐玲玲)

专题三

2023年上半年上海市民营经济运行分析报告

2023年，国际政治经济形势错综复杂，世界经济复苏乏力。我国各地区各部门认真贯彻落实党中央、国务院决策部署，坚持稳中求进工作总基调，完整、准确、全面贯彻新发展理念，加快构建新发展格局，着力推动高质量发展，2023年上半年实现国内生产总值593 034亿元，同比增长5.5%，国民经济整体呈现回升向好态势。上海市面对复杂严峻的国际环境和艰巨繁重的改革发展任务，全市上下认真贯彻落实党中央、国务院决策部署和市委、市政府工作要求，牢牢把握高质量发展首要任务，全力以赴提信心、扩需求、稳增长、促发展，市场需求逐步恢复，生产供给持续增加，就业物价总体平稳，经济运行整体回升向好。2023年上半年实现地区生产总值21 390.17亿元，同比增长9.7%。

与2022年同期疫情影响下的低基数相比，2023年上半年上海市民营经济运行呈现全面恢复态势，呈现以下特点：一是对外贸易增速提高，投资、消费由降转增；二是产业发展迅速恢复，行业利润整体改善；三是税收、新设主体恢复增长，就业形势好于全市。当前，民营经济运行还存在一些突出问题，主要为：市场有效需求不足，消费增长乏力；成本高企、资金紧张问题依然存在；重点行业震荡运行，恢复基础尚不稳固。为进一步促进民营经济发展，本报告提出建议：一是积极解决需求不足问题，激发民间投资活力，培育内需消费体系，积极主动扩大开放；二是注重加大精准服务力度，持续做好助企纾困，着力加强要素保障，营造公平市场环境；三是着力促进高质量发展，引导民企参与新基建建设，重视科技产业创新联动，提高企业风险防控能力。

一、2023年上半年上海市民营经济运行的主要特点

2023年，随着经济社会恢复常态化运行，全市生产供给持续增加，市场需求逐步恢复，物价就业总体稳定，上海市民营经济也呈现出持续恢复态势（主要指标详见表3-1）。

（一）对外贸易增速提高，投资、消费由降转增

1. 进出口增速提高，总体形势好于全市

2023年上半年，上海市进出口总额实现同比由负转正，民营企业进出口总额6 409.79亿元[①]，

[①] 民营企业进出口数据的统计范围为私营企业、集体企业和个体工商户。

表 3-1　2023 年上半年民营经济主要指标

指　　标	绝对值	同比增速（％）	增速较全市（±百分点）	占全市比重（％）
进出口总额(亿元)	6 409.79	20.7	+9.3	30.6
出口	3 401.84	33.3	+18.1	40.2
进口	3 007.94	9.0	−0.1	24.1
固定资产投资(亿元)	—	28.3	−8.9	—
工业	—	73.9	+39.6	—
房地产业	—	18.5	−20.2	—
社会消费品零售额(亿元)	2 552.90	23.7	+0.2	27.2
服务业营业收入(亿元)	9 992.69	6.1	+2.7	43.3
服务业营业利润(亿元)	563.72	59.0	+36.4	34.1
工业总产值(亿元)	4 467.69	15.6	+3.8	23.8
工业营业收入(亿元)	5 182.91	15.1	+4.9	24.1
工业利润总额(亿元)	304.76	30.3	+12.7	24.5
建筑业总产值(亿元)	1 120.76	33.8	+15.4	25.8
税收收入(亿元)	3 258.03	26.9	+15.4	38.5
招工人数(万人次)	132.37	27.3	+7.2	76.5
退工人数(万人次)	129.67	17.9	+3.7	73.6
新设企业户数(万户)	24.98	90.9	−0.1	95.7
新设企业注册资本(亿元)	7 277.02	33.0	+6.1	76.1

同比增长 20.7%（较 2021 年同期增长 26.1%），增速较 2022 年同期提高 16 个百分点，高于全市平均 9.3 个百分点。分进、出口看，民企出口额同比增长 33.3%，较 2022 年同期提高 15.4 个百分点，高于全市 18.1 个百分点；进口额由 2022 年同期下降 5.1% 转为增长 9.0%，增速略低于全市 0.1 个百分点。从占比情况看，2023 年上半年民营企业进出口总额占全市比重为 30.6%，较 2022 年同期提高 2.2 个百分点（较 2021 年同期提高 3.6

个百分点),其中出口额占比 40.2%,较 2022 年同期提高 5.3 个百分点,进口额占比 24.1%,较 2022 年同期下降 0.1 个百分点。

2. 投资、消费均由降转增,但低于 2021 年同期水平

2023 年上半年,上海市民营经济固定资产投资同比增长 28.3%①(较 2021 年同期下降 0.6%),增速低于全市平均 8.9 个百分点。从投资结构看,工业投资同比大增 73.9%(较 2021 年同期增长 18.3%),增速高于全市平均 39.6 个百分点;房地产投资同比增长 18.5%(较 2021 年同期下降 9.6%),增速低于全市平均 20.2 个百分点。2023 年上半年,民营经济实现限额以上社会消费品零售额 2 552.90 亿元②,同比增长 23.7%(较 2021 年同期下降 8.6%),增速略高于全市平均 0.2 个百分点。民营限额以上社会消费品零售额占上海市全社会消费品零售总额比重为 27.2%,较 2022 年同期下降 1.3 个百分点。

(二)产业发展积极恢复,行业利润整体改善

1. 服务业由降转增,营利情况向好

2023 年上半年,上海市民营规模以上服务业实现营业收入 9 992.69 亿元③,同比由 2022 年同期下降 1.5% 转为增长 6.1%(较 2021 年同期增长 4.5%),增速高于全市平均 2.7 个百分点;营业利润 563.72 亿元,同比由 2022 年同期下降 18.5% 转为增长 59.0%(较 2021 年同期增长 29.6%),增速高于全市平均 36.4 个百分点;营收利润率为 5.6%,较 2022 年同期提高 1.0 个百分点,但仍低于 2021 年同期 0.4 个百分点,且低于同期全市平均水平 1.5 个百分点。民营服务业营业收入占全市服务业的比重为 43.3%,较 2022 年同期提高 1.4 个百分点,营业利润占比 34.1%,较 2022 年同期提高 3.8 个百分点。分行业看,9 个子行业中仅交通运输、仓储和邮政业和教育 2 个行业营收增长率为负,其余 7 个行业均实现正增长(详见表 3-2);营利面有所扩大,8 个行业实现营利,较 2022 年同期增加 3 个,仅 1 个行业(科学研究和技术服务业)利润为负(见表 3-2)。

批发零售业、住宿餐饮业营业收入由降转增。2023 年上半年,民营限额以上批发零售业实现营业收入 23 243.04 亿元,同比小幅增长 1.3%,增速低于全市 4.2 个百分点,营收利润率 0.7%;限额以上住宿餐饮业实现营业收入 361.53 亿元,同比增长 47.0%,增速低于全市 4.8 个百分点,营业利润由负转正。

2. 工业生产由降转增,利润增幅高于全市

2023 年上半年,上海市民营经济实现规模以上工业总产值 4 467.69 亿元④,同比由 2022 年同期下降 13.0% 转为增长 15.6%(较

---

① 民营固定资产投资、社会消费品零售额的统计范围包括私营、集体、私营控股和集体控股企业。
② 民营经济社会消费品零售额、固定资产投资、工业总产值的统计范围均包括私营、集体、私营控股和集体控股企业。
③ 服务业营业收入、营业利润的统计范围为规模以上服务业企业,不包括房地产业,按国家统计局今年初发布的新口径统计。
④ 民营经济工业总产值的统计范围均包括私营、集体、私营控股和集体控股企业。

表 3-2　上半年民营服务业情况

	营业收入（亿元）	同比增速（%）	营业利润（亿元）	同比增速（%）
规上服务业	9 992.69	6.1	563.72	59.0
交通运输、仓储和邮政业	3 177.4	−11.3	56.31	60.9
信息传输、软件和信息技术服务业	3 212.53	15.7	407.37	28.9
租赁和商务服务业	2 221.52	14	65.52	79.9
科学研究和技术服务业	747.56	23.9	−6.61	0
水利、环境和公共设施管理业	100.13	19.9	2.77	293.3
居民服务、修理和其他服务业	136.26	43.2	22.54	0
教育	57.06	−4.7	2.57	29.8
卫生和社会工作	189.48	28.1	6.18	0
文化、体育和娱乐业	150.76	20	7.07	1 109.1

2021年同期增长0.5%），增速高于全市工业3.8个百分点；规模以上营业收入5 182.91亿元，同比增长15.1%（较2021年同期增长7.6%），增速高于全市工业4.9个百分点。民营工业总产值、营业收入占全市工业的比重分别为23.8%和24.1%，分别较2022年同期提高0.9和1.0个百分点。33个工业行业中，24个行业规模以上工业总产值实现增长，27个行业营业收入实现增长。

2023年上半年，上海市民营工业实现规模以上利润总额304.76亿元，同比增长30.3%（较2021年同期下降1.1%），增速高于全市工业12.7个百分点；工业利润率为5.9%，较2022年同期提高0.6个百分点，且高于同期全市平均水平0.1个百分点，但低于2021年同期0.8个百分点。33个工业行业中，31个行业实现营利，较2022年同期增加3个，其中9个行业实现营利倍增。

（三）税收、新设主体恢复增长，就业形势好于全市

1. <u>税收同比由降转增，增速高于全市平均</u>

随着经济运行持续恢复，2023年上半年，上海市民营经济完成税收收入3 258.03亿元①（见表3-3），同比由2022年同期下降16.6%转为增长26.9%（较2021年同期增长5.8%），增速高于全市平均15.4个百分点；税收收入占全市比重为38.5%，较2022年同期提高4.7个百分点。

---

① 民营经济税收收入：不含海关代征的增值税、消费税、证券交易印花税。统计范围包括私营企业、集体企业、股份合作企业、个体经营以及私营控股、集体控股企业（联营企业、有限责任公司、股份有限公司）。

表3-3　2023年上半年民营经济税收情况

指标	全市		民营		
	指标值（亿元）	同比增速	指标值（亿元）	同比增速	占全市比重
税收收入	8 469.76	11.5%	3 258.03	26.9%	38.5%

2. 招、退工同步恢复，就业形势好于全市，但低于2021年同期水平

2023年上半年，上海市经备案的民营企业招工数为132.37万人次①（见表3-4），同比增长27.3%（较2021年同期下降9.9%），增速高于全市平均7.2个百分点；退工数为129.67万人次，同比增长17.9%（较2021年同期下降6.8%），增速高于全市平均3.7个百分点。

表3-4　2023年上半年民营企业
劳动用工备案情况

指标	招工情况		退工情况	
	招工数（人次）	同比增速	退工数（人次）	同比增速
全市	1 730 993	20.1%	1 762 483	14.1%
民营	1 323 735	27.3%	1 296 730	17.9%

从占比情况看，民营企业招工数占全市比重为76.5%，退工数占全市比重为73.6%，招、退工相抵后净招工2.70万人次，而全市为净退工3.15万人次。

3. 受低基数效应影响，新设主体大幅增长，略低于2021年同期水平

2023年上半年，在上海市注册登记的新设民营市场主体数量为24.98万户②（见表3-5），同比增长90.9%，但略低于2021年同期水平（25.63万户）；新设民营市场主体注册资本合计7 277.02亿元，同比增长76.1%，但较2021年同期下降18.3%。从占比情况看，民营新设市场主体数量占比为95.7%，与2022年同期持平；注册资本金额占比为76.1%，较2022年同期提高3.5个百分点。

表3-5　2023年上半年新设民营市场主体主要指标

指标	全市		民营		
	指标值	同比增速	指标值	同比增速	占全市比重
新设市场主体（万户）	26.11	91.0%	24.98	90.9%	95.7%
新设主体注册资本（亿元）	9 565.81	26.9%	7 277.02	33.0%	76.1%

---

① 民营企业招、退工数据的统计范围包括私营企业、城镇集体、股份制、有限责任公司及个体经营户，其中股份制和有限责任公司根据全市情况推算。

② 民营市场主体户数、注册资本的统计范围包括私营企业、个体工商户和农民专业合作社。

二、2023年上半年上海市民营经济运行存在的主要问题和相关建议

（一）民营经济运行存在的主要问题

2022年以来，上海市民营企业仍然面临市场需求不足、资金紧张、成本压力大等困难。

1. 市场有效需求不足，消费增长乏力

调查显示，2023年上半年有45.6%的民营制造业企业遇到"市场需求不足"问题，而民营非制造业企业反映"市场需求不足"的占比达到51.9%，在制造和非制造企业遇到的问题中均位居第一，可见需求不足问题已成为当前制约上海市民营企业发展的关键问题。2022年上半年民营限额以上社会消费品零售额较2021年同期下降8.6%，占全市社会消费零售总额比重较2022年同期下降1.3个百分点。此外，2023年上半年民营房地产投资增速远低于全市平均水平。

2. 成本高企、资金紧张问题依然存在

制造业方面，41.4%的企业反映"资金紧张"，在企业遇到的各类问题中位居第二；反映"物流成本高""原材料或商品成本高""劳动力成本高"的企业占比分别为33.5%、32.3%和24.6%，分别位居第三至第五。非制造业方面，43.0%的企业反映"资金紧张"，在各类问题中位居第三；反映"劳动力成本高""原材料或商品成本高""物流成本高"的企业占比分别为46.8%、22.1%和15.3%，分别位居第二、第四和第五。

3. 重点行业震荡运行，恢复基础尚不稳固

汽车制造业景气不足。在新能源车冲击传统车企、日系车市场需求下降等因素作用下，2023年上半年上海市民营汽车制造业PMI均值为41.6，整体呈现收缩态势。乘联会数据显示，1—5月全国乘用车市场累计零售量在2022年同期购置税减免政策尚未实施的低基数情况下仅增长4.2%。电子信息产品制造业震荡运行。2023年上半年上海市民营电子信息制造业PMI均值为50.6，总体呈现扩张态势。但各月波动频繁，1、3、5、6月份指数在收缩区运行，2、4月指数在扩张区运行。

（二）下阶段促进民营经济发展的相关建议

上海市应全面贯彻落实《中共中央 国务院关于促进民营经济发展壮大的意见》，进一步促进民营经济高质量发展。

1. 积极解决需求不足问题

激发民间投资活力。落实《上海市加大力度支持民间投资发展若干政策措施》，在未来医院、智能工厂、智慧交通、城市建设等经济社会发展的关键领域精准有序实施一批既利当前又利长远、投资潜力大带动能力强的示范项目，吸引民间资本参与。聚焦绿色数据中心、氢能基础设施等领域继续实施一批

新基建重大示范工程,要更好发挥示范工程的带动作用,继续发挥政府贴息的撬动作用,支持民营企业投资新基建项目。加快调整优化房地产政策,推出有利于房地产市场平稳健康发展的政策举措,研究构建房地产业新发展模式,促进民营房地产投资良性发展。培育内需消费体系。发挥上海在长三角产业、物流协同方面的龙头带动作用,畅通国内大循环,形成大工厂和大市场协同效应。以大宗消费为抓手,落实减税补贴政策,支持大型商贸企业和电商平台发放消费优惠券,支持文创、旅游、体育产业发展,优化购物节方案,鼓励发展夜间经济,提振疫后消费信心。积极主动扩大开放。支持民企拓展多元化的海外市场,培育核心竞争力,加快构建以国内大循环为主体、国内国际双循环相互促进的新发展格局。鼓励汽车、生物医药等高附加值产品开拓国际市场,鼓励跨境电商、海外仓、市场采购等外贸新业态发展。支持外贸综合服务企业发挥带动作用,推动跨境电商与其他业态联动互促、融合发展。

2. 注重加大精准服务力度

持续做好助企纾困。全面落实新能源汽车免征车辆购置税、增值税小规模纳税人、小型微利企业和个体工商户"六税两费"减免等减税降费政策,对符合条件的制造、批发零售等企业继续按月全额退还增值税增量留抵税额。重点面向中小微企业和个体工商户,加大减税降费政策力度,优化纳税服务。着力加强要素保障。鼓励金融机构采用续贷、展期等支持民间投资,对符合条件的项目提供政府性融资担保;鼓励在风险可控的前提下尽可能降低小微企业短期贷款门槛,进一步扩大普惠金融覆盖面,加大对小微企业、科技创新、绿色发展等领域支持力度。鼓励各区实施中小微企业贷款贴息贴费。营造公平市场环境。着力破除隐形壁垒,提升服务效能,在招投标中对民间投资一视同仁,保护民间投资合法权益,支持民间资本发展平台经济和创业投资。持续整治违规涉企收费,在财政补助、税费优惠、政府采购等方面对各类市场主体一视同仁、平等对待。

3. 着力促进高质量发展

引导民企投身科技创新。高效配置人才、技术、数据等关键要素资源,强化关键核心技术攻关和科技成果转移转化,积极营造创新生态,提升原始创新能力,引领和创造新的需求。引导和支持民营企业紧跟国家发展战略,加大研发投入,提升科技创新能力,在数字化、智能化、绿色低碳转型等新兴领域打造国际竞争和合作新优势,增强发展后劲。重视高端产业引领发展。充分发挥民营企业科技创新主体地位,瞄准三大先导产业和未来产业等领域加快技术研发与产业化应用,发挥生产性服务业对产业升级的赋能作用,抢抓产业智能化、绿色化、融合化发展机遇,打造更多爆发力强的高增长民营企业,培育一批具有核心竞争力的龙头企业,带动高端产业引领发展。提高企业风险防控能力。创新之中往往伴随着高投入、高风险等不确定性,尤其需要考虑外部经济环境、市场偏好变化等多重因素,警惕商业模式不明、营利模式不清的所谓"风口"。因此,要支持民营企业明确自身优势劣势,立足真实应用场景,提升"走出去"发展竞争力,找到契合未来竞争的发展方向和路径。

三、附录——2023年上半年我市民营工业经济运行分析

随着经济社会恢复常态化运行,全市生产供给持续增加,市场需求逐步恢复,上海市民营工业运行呈现持续恢复态势,规模以上工业总产值、营业收入、利润总额等主要指标均由降转增,增速快于全市平均,工业投资快速增长(见表3-6)。

表3-6 2023年上半年民营规模以上工业主要指标

指标	民营工业		全市工业	
	绝对值(亿元)	同比增长(%)	绝对值(亿元)	同比增长(%)
工业总产值	4 467.69	15.6	18 797.92	11.8
营业收入	5 182.91	15.1	21 550.05	10.2
利润总额	304.76	30.3	1 242.96	17.6

(一)工业生产同比增长,增速快于全市

2023年上半年,上海市民营经济实现规模以上工业总产值4 467.69亿元①,同比增长15.6%,增速高于全市工业3.8个百分点。民营工业总产值占全市工业的比重为23.8%,较2022年同期提高0.9个百分点。

从分行业产值指标看,33个工业行业中,24个行业实现规模以上工业总产值同比增长,较2022年同期增加23个。其中,电气机械和器材制造业(827.84亿元,40.2%)、通用设备制造业(432.53亿元,21.3%)、非金属矿物制品业(211.28亿元,48.5%)、汽车制造业(364.48亿元,17.3%)、金属制品业(228.10亿元,20.1%)和专用设备制造业(382.44亿元,11.0%)等行业产值同比增量居前。

而计算机、通信和其他电子设备制造业(357.26亿元,-8.0%),医药制造业(190.71亿元,-4.4%),纺织业(47.38亿元,-12.2%),纺织服装、服饰业(52.46亿元,-3.8%),文教、工美、体育和娱乐用品制造业(28.39亿元,-5.5%)和燃气生产和供应业(0.75亿元,-56.2%)等行业产值同比减量居前。

(二)营业收入同比增长,增速快于全市

2023年上半年,上海市民营工业实现规模以上营业收入5 182.91亿元,同比增长15.1%,增速高于全市工业4.9个百分点。民营工业营业收入占全市工业的比重为24.1%,较2022年同期提高1.0个百分点。

33个工业行业中,27个行业营业收入同比增长,较上年同期增加21个。其中,电气机械和器材制造业(990.35亿元,36.6%)、汽车制造业(435.16亿元,27.2%)、通用设备制造

---

① 民营经济工业总产值的统计范围包括本市私营、集体、私营控股和集体控股企业。

业(479.60亿元,24.0%)、非金属矿物制品业(239.35亿元,30.9%)、专用设备制造业(457.84亿元,13.7%)和金属制品业(249.74亿元,12.4%)等行业营业收入增量居前。

而医药制造业(200.26亿元,-6.5%),计算机、通信和其他电子设备制造业(395.30亿元,-1.0%),皮革、毛皮、羽毛及其制品和制造业(35.38亿元,-6.1%),化学纤维制造业(2.16亿元,-13.7%),水的生产和供应业(3.17亿元,-6.5%),木材加工和木、竹、藤、棕、草制品业(11.16亿元,-1.8%)等行业营业收入减量居前。

(三)利润总额同比增长,增速快于全市

2023年上半年,上海市民营工业实现规模以上利润总额304.76亿元,同比增长30.3%,增速高于全市工业12.7个百分点。民营工业利润总额占全市工业的比重为24.5%,较2022年同期提高2.8个百分点。

33个工业行业中,31个行业实现不同程度营利,较2022年同期增加3个,其中22个行业营利增长,6个行业营利缩减,3个行业扭亏为盈,仅2个行业出现亏损。实现营利增长的行业中,电气机械和器材制造业(52.67亿元,1.2倍)、通用设备制造业(29.22亿元,1.1倍)、专用设备制造业(39.86亿元,40.6%)、汽车制造业(17.87亿元,1.5倍)、橡胶和塑料制品业(27.91亿元,54.7%)和非金属矿物制品业(11.84亿元,1.2倍)等行业利润总额增量居前。

而计算机、通信和其他电子设备制造业(0.63亿元,-96.9%),医药制造业(35.97亿元,-20.5%),农副食品加工业(3.88亿元,-42.6%),印刷和记录媒介复制业(1.56亿元,-22.7%),电力、热力生产和供应业(1.25亿元,-25.8%),石油加工、炼焦和核燃料加工业(0.27亿元,-60.2%)等行业利润总额减量居前。

(四)受低基数影响,工业投资大幅增长

随着经济社会持续恢复,2023年上半年,上海市民营工业投资需求快速回升,同比由2022年同期下降32.0%转为增长73.9%,增速高于全市平均39.6个百分点,将对下一阶段稳步发展形成支撑。

(供稿单位:上海市工商业联合会,主要完成人:施登定、王倩、刘佳、韩莹、徐玲玲)

专题四

2023年三季度上海民营企业运行状况调查分析

2023年四季度,市工商联开展了三季度民营企业运行状况调查(以下简称"调查",共回收问卷1669份)。总体来看,三季度民营企业经营企稳回升,对未来预期小幅增强,缺工缓解与招工困难并存,建议进一步加大相关政策落地落实力度,加快形成新一轮政策支持,促进民营企业发展壮大。

一、企业经营企稳回升,发展环境持续改善

1. 企业经营逐步企稳,营业收入环比持平的比例明显增加

2023年三季度,46.6%的企业反映营收环比持平,分别比二季度(41.6%)和一季度(38.4%)增加5.0和8.2个百分点。营收环比下降的企业比例持续减少,24.0%的企业反映营收环比下降,分别比二季度(26.5%)和一季度(35.4%)减少2.5和11.4个百分点。

2. 七成以上企业实现营利,企业营利能力持续提升

从2023年三个季度企业的营利情况来看,实现营利的企业比例持续上升。三季度有76.2%的企业实现营利,高于二季度(73.6%)和一季度(73.2%)的比例。同时,亏损企业的比例持续减少,三季度亏损企业占比23.8%,分别比2023年二季度和一季度减少2.7和3个百分点。

3. 企业综合成本上涨势头得到抑制,用工、融资、税费成本压力有所缓解

三季度,反映综合成本上涨的企业占比38.1%,较二季度减少2.5个百分点,比2022年三季度减少12.9个百分点,53.8%的企业反映综合成本维持不变。企业反映成本压力主要来自用工、原材料、房租和税费成本(分别占比76.6%、45.4%、39.0%、28.8%),其中用工成本压力相较于2023年二季度有较大缓解,占比下降4.5个百分点,融资成本压力和税费成本压力占比也分别比2023年二季度下降1.7和0.7个百分点。

4. 从银行贷款的难度和综合成本持续下降,企业融资满足度有待提升

三季度,7.4%的企业反映从银行获得贷款的难度增加,低于二季度(8.4%)和一季度(8.6%)的比例;27.5%的企业反映从银行贷款的综合成本下降,较二季度增加2.6个百分点。但企业融资满足度(已获得融资占所需

融资总额的比重)仍有待提升,有融资需求的企业中,融资满足度低于50%的企业占比26.0%,高于二季度(24.5%)和一季度(25.3%)的比例。

二、未来预期稳中略进,企业投资和订单趋于稳定

1. 企业对宏观经济、营业收入和市场需求的预期趋于平稳,持悲观态度的企业比例下降

三季度,企业对国家宏观经济预期趋于平稳,超过五成企业预期持平;16.0%的企业持悲观态度,比二季度减少2.9个百分点。市场需求预期方面,近半数企业认为市场的需求保持不变,比二季度增加5.2个百分点;约两成企业认为市场需求会下降,比二季度减少5.0个百分点。营业收入预期方面,约五成企业认为营收保持不变,比二季度增加6.4个百分点;两成企业预期营收下降,比二季度减少4.4个百分点。

2. 企业境内投资相对稳健,亚洲地区是境外新增投资的重点区域

三季度,83.6%企业的境内投资额与二季度持平,总体保持平稳发展态势,反映境内投资额增长和下降的企业占比分别为9.5%和7.0%,与二季度相比波动幅度都很小(不超过0.5个百分点)。根据有境外投资业务的企业反映,23.1%的企业增加了境外投资额;企业新增投资最多的分布在亚洲地区,占比约33.8%,其次是非洲地区,占比10.3%。

3. 企业订单量趋于稳定,企业对出口业务预期保持中性

三季度,50.3%的企业反映订单量环比持平,较二季度增加4.8个百分点;反映订单量环比增加和下降的企业分别占24.5%和25.2%,与二季度相比分别减少3.6和1.2个百分点。近七成企业预期四季度出口业务与三季度持平,预期四季度出口业务增长和下降的企业旗鼓相当(分别占16.2%和14.4%)。

三、缺工缓解与招工困难并存,校园招聘作用有待加强

1. 企业缺工情况有所缓和,招工困难仍需重视

三季度,企业缺工问题有所改善,15.9%的企业反映存在缺工情况,环比下降3.5个百分点。除普通一线工人外,其他岗位的缺工情况较二季度都有改善,反映专业技术人员、高级管理人才缺工的企业比例分别减少了9.8个百分点和6.2个百分点。与此同时,反映存在招工困难的企业比例达到23.6%,比二季度和一季度分别小幅减少1.4和1.8个百分点。

2. 校园招聘规模偏小、到岗比例偏低,毕业生的匹配度有待提升

超八成企业的校园招聘规模占整体招聘规模的比例在10%以内,占比超过50%的企

业比例仅1.8%。五成五的企业反映校园招聘人员未全部到岗（其中：近三成企业到岗人数占招聘计划比例低于20%）。企业招不到合适的毕业生存在多种原因，其中，反映毕业生跟不上行业快速发展需求、岗位对学历和经验要求较高、毕业生专业技能不能胜任岗位需求的企业比例分别为20.0%、19.9%和12.4%。此外，毕业生对薪酬、工作内容、工作地点等条件要求高，也是到岗率低的重要原因。

3. 近四成企业未享受到稳就业政策，政策宣贯力度有待加强

三季度，反映享受缓缴社会保险费、失业保险稳岗返还、阶段性降低社保费率等政策的企业占比，分别为25.7%、20.9%和15.1%，但仍有37.8%的企业反映未享受到稳就业相关政策。这与企业对政策的了解程度有关，62.5%的受访企业部分了解，甚至不了解中央和地方支持民营企业稳就业的相关政策。

四、进一步支持民营企业发展壮大的相关建议

1. 加快优化面向民营企业的政策支持

建议政府相关部门尽快梳理近年来出台的各类民企支持政策，提高政策执行的有效性；并研究制定新一轮民营经济支持政策，在扩大投资领域、开放应用场景、降低综合成本等方面，加大对民营企业的政策支持力度。同时，进一步加大涉及民营企业的政策措施在工商联及商协会平台的宣传力度，帮助民营企业集中、高效地获取各级政府部门出台的支持政策，有效扩大相关政策的惠及面。

2. 加大校园招聘就业的支持力度

建议由政府相关部门指导、行业商协会牵头，依托人力资源招聘平台，组织开展系列线上校园招聘专场，通过直接对话、录制视频、提供介绍和招聘材料等多种形式，面向国内外高校毕业生开展线上招聘，扩大校园招聘的覆盖面。同时，组织开展对高校毕业生的职业规划培训，引导树立正确的就业观念。

3. 支持校企合作加强专业化人才培养

针对企业长期存在的专业技术人员缺口大，以及毕业生专业技能难以胜任岗位需求、跟不上行业快速发展需求等问题，建议政府部门通过推动设立产业大学、产业学院、实训基地等多种方式，支持企业与高校开展人才联合培养、委托培养，支持企业专家到高校担任客座讲师、参与课程设置等，培养与企业需求适配性更高的专业化人才。

（供稿单位：上海市工商业联合会，主要完成人：施登定、王倩、刘佳、韩莹、徐玲玲）

专题五

2023 年浦东新区民营企业评价营商环境量化分析

本分析报告在全国工商联万家民营企业评营商环境项目的基础上，结合浦东新区民营企业对本地营商环境的评价，苏州市、上海市民营企业对当地营商环境的评价，以及2020—2023年《浦东新区民营企业评价营商环境量化分析》调研形成数据，就民营经济发展的特点开展2023年相关的调研分析工作，得出如下几点结论。

（1）根据总体情况可知，2023年度营商环境总体满意度略有下滑，需进一步提振企业发展信心；基于五大环境得分排名分析，政务环境依然领先，市场环境和创新环境为相对短板，且政务环境和创新环境或许是导致2023年营商环境满意度略有下降的最主要原因。究其原因，是受当前复杂多变的国际环境及新冠疫情影响，民营企业在生产经营中面临较多的不确定性，承受着较大的生存发展压力，一定程度上影响了民营企业对2023年度营商环境的评价结果。从五大环境来看，2023年度仅市场环境得分相较2022年有小幅上涨，其余四项指标得分普遍呈现下降趋势，但对比得分发现，市场环境和创新环境得分相对较低，对比在全国中的下降位次发现，政务环境同比下降幅度最大，创新环境次之。

（2）不同规模的企业对于营商环境的感受度和满意度有所差别，小微企业满意度相对较低。由于不稳定的外部环境和小微民营企业对环境更敏感、承受力更差的自身特性，导致小微民营企业的满意度评价相对较低。

（3）东部省份更认可上海市营商环境。在本次调研样本中，有30%的企业认为上海市营商环境为全国最优，体现上海市营商环境已获得全国范围内民营企业较为广泛的认可。分不同区域和各个省份来看，东部地区民营企业对上海市营商环境认可度相对最高，中部次之，西部相对较低。

（4）具体到各个维度，在要素环境方面，民营企业对保供稳价政策获得感较强，期望加大融资支持，改善用工环境；在政务环境方面，上海市着力打造便捷高效的政务服务成效显著，但惠企纾困政策的知晓度、普惠度和满意度有待提升；在市场环境方面，整体有所改善，但仍需重点整治民营企业歧视性规定，营造公正透明的市场竞争环境；在法治环境方面，执法司法行为较为规范，立法协商制度有待完善，共建法治民企；在创新环境方面，创新政策落实效果较好，需进一步强化科技赋能人才支撑，助力企业数字化转型。

结合本次问卷调研结果,以及与部分民营企业的探访工作,发现上海市营商环境工作目前主要存在以下几点问题:(1)政务服务效能仍待提升,惠企政策落实效果需关注;(2)市场竞争的隐性壁垒依然存在,公平竞争的市场环境任重道远;(3)科技创新环境活力不足,人才资金配套保障待健全。

对此,本报告提出如下几点建议:(1)深化以企业为核心的服务理念,尊重企业的市场主体地位,以企业需求为导向,倒逼民营企业营商环境的进一步优化。(2)进一步放开民营企业市场准入,实施公平统一的市场监管制度,破除招投标隐性壁垒,加强信用体系建设,释放信用红利,加快破题信用治理的新场景和新应用。(3)做实做优人才工作,完善人才保障服务,多措并举破解技术创新的资金不足,形成长效机制,通过公共服务平台赋能,强化安全保障,激发中小企业数字化转型的内生动力。

最后,本报告对上海浦东新区、上海全市、苏州市的营商环境情况进行数据分析,以及2020—2023年《浦东新区民营企业评价营商环境量化分析》调研形成数据对比,发现浦东新区民营企业对营商环境建设的满意度评价有所上升。

一、要素市场

(一)公共要素服务

企业对上海浦东公共要素服务满意度相对较低,不过用气、用热与用地满意度高于去年水平。5分制的框架下,上海浦东包括用水在内的七大公共要素服务满意度得分依次为4.51分、4.50分、4.52分、4.56分、4.50分、4.34分和4.36分,均低于同期上海全市水平以及苏州水平(见表5-1)。

表5-1 公共要素服务企业满意度得分数据表(2023年) 单位:分

公共要素	上海浦东	上海全市	苏州
用水	4.51	4.56	4.61
用电	4.50	4.53	4.61
用气	4.52	4.54	4.58
用热	4.56	4.57	4.60
用网	4.50	4.51	4.59
用地	4.34	4.46	4.53
交通物流	4.36	4.50	4.49

同时,与2022年相比,用水、用电与交通物流满意度得分下降,尤其是用水方面,减少了0.10分;而用气、用热与用地的满意度得分不同程度地提升,尤其是用热,增加了0.27分(见图5-1)。

进一步,从企业规模角度考虑,大型企业对上海浦东公共要素服务满意度相对较低,尤其是交通物流与用暖方面。数据显示,大、中、小与微型企业对用水等七大公共要素服务满意度评价得分,大型企业排居末尾。其中,交通物流与用暖满意度得分依次3.92分

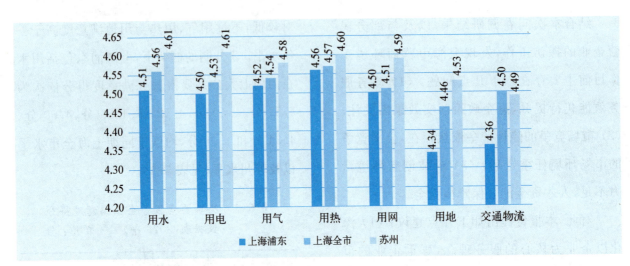

图 5-1 公共要素服务企业满意度得分对比图（单位：分）

和 4.14 分，比上海浦东整体水平分别低 0.44 分和 0.42 分；其余五个方面差距相对较少，如用地满意度得分与上海浦东整体水平仅相差 0.01 分（见表 5-2）。

表 5-2 不同规模企业对上海浦东公共要素服务满意度得分数据表（2023 年）

单位：分

企业规模	用 水	用 电	用 气	用 暖	用 网	用 地	交通物流
大型	4.30	4.40	4.25	4.14	4.40	4.33	3.92
中型	4.48	4.41	4.44	4.55	4.44	4.18	4.31
小型	4.59	4.58	4.65	4.55	4.60	4.48	4.54
微型	4.50	4.55	4.45	4.91	4.42	4.40	4.20

调查显示，与 2022 年相比，上海浦东 25.56% 的企业用水、用电等公共要素成本支出均未增加，该比例低于上海全市水平（28.81%）、但高于苏州水平（20.21%）。在成本支出提升的企业中，电力支出成本增加的企业比例最高，其数值为 52.63%；交通物流与用水支出成本增加的企业比例分别位居第二、三；而仅 3.76% 的企业热力成本有所提升（见表 5-3）。

表 5-3 企业水电等公共要素成本支出增加频率数据表（2023 年）

公 共 要 素	上海浦东	上海全市	苏 州
用水	30.83%	26.59%	22.70%
用电	52.63%	52.15%	49.29%

续表

公共要素	上海浦东	上海全市	苏州
燃气	12.03%	10.77%	18.09%
热力	3.76%	3.50%	6.74%
网络	17.29%	17.29%	7.45%
交通物流	41.35%	36.18%	45.04%
各项成本均未增加	25.56%	28.81%	20.21%

进一步分析,不同规模企业中,用水、用电成本支出增加比例大型企业最高,依次为50.00%和66.67%;小型企业位居第二。对于交通物流成本支出,中、小型企业增加比例较高,分别为44.90%和42.11%(见表5-4)。

表5-4 不同规模企业对上海浦东公共要素成本支出增加频率数据表(2023年)

企业规模	用水	用电	燃气	热力	网络	交通物流	各项成本均未增加
大型	50.00%	66.67%	16.67%	16.67%	33.33%	33.33%	25.00%
中型	28.57%	44.90%	14.29%	0.00	14.29%	44.90%	24.49%
小型	33.33%	59.65%	10.53%	5.26%	14.04%	42.11%	22.81%
微型	13.33%	40.00%	6.67%	0.00	26.67%	33.33%	33.33%

(二)融资支持情况

就上海浦东融资支持情况来看,企业满意度相对较低。数据显示,本地缓解企业"融资难、融资贵"成效满意度得分上海浦东为4.11分,低于同期上海全市水平(4.17分),也低于苏州地区水平(4.30分)。可见,上海浦东地区融资支持程度存在一定的提升空间(见表5-5和图5-2)。

表5-5 缓解企业"融资难、融资贵"成效满意度得分数据表(2023年) 单位:分

指标	上海浦东	上海全市	苏州
缓解企业"融资难、融资贵"成效	4.11	4.17	4.30

从企业规模角度考虑,除小型企业外,大、中与微型企业对上海浦东融资支持情况满意度

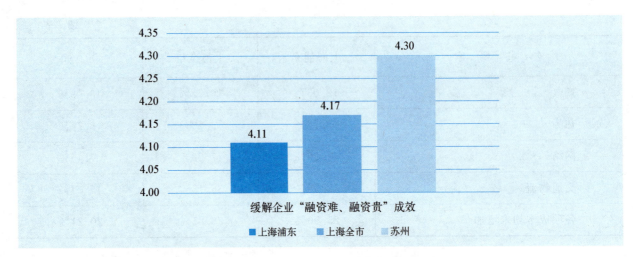

图 5-2 融资支持情况企业满意度得分对比图(单位:分)

相对较低。数据显示,对本地缓解企业"融资难、融资贵"的成效满意度得分大、中与微型企业均低于上海浦东整体水平,尤其是大、微型企业,与整体水平依次相差 0.11 分与 0.38 分(见表 5-6)。

表 5-6 不同规模企业对上海浦东融资支持情况满意度得分数据表(2023 年)

单位:分

指　　标	大　型	中　型	小　型	微　型
缓解企业"融资难、融资贵"成效	4.00	4.08	4.26	3.73

进一步分析,上海浦东企业融资难度升高企业比例相对较高。数据显示,融资难度升高企业比例上海浦东为 17.29%,高于上海全市水平(9.68%)、也高于苏州水平(8.51%),尤其是"略微升高"的企业占比。相反,融资难度下降企业比例上海浦东较低,其数值为 28.57%,低于上海全市水平(33.73%)、也低于苏州水平(43.62%);尤其是"明显降低"的企业比例显著低于上海全市与苏州水平(见表 5-7 和图 5-3)。

表 5-7 企业融资难度变化频率数据表(2023 年)

难度变化	上海浦东	上海全市	苏　州
明显降低	10.53%	14.83%	18.79%
略有降低	18.05%	18.89%	24.82%
没有变化	27.07%	27.40%	32.62%
略有升高	15.79%	7.89%	7.09%

续 表

难度变化	上海浦东	上海全市	苏州
明显升高	1.50%	1.79%	1.42%
不适用/不清楚	27.07%	29.19%	15.25%

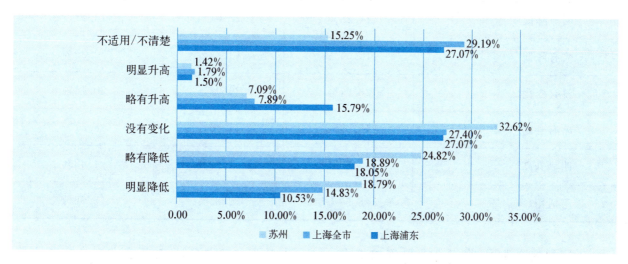

图 5-3　企业融资难度变化频率对比图(2023年)

在上海浦东企业融资难度略有升高的企业中,多为微、中与大型企业。数据显示,"略有升高"企业比例大、中与微型企业高于上海浦东整体水平,尤其是中型与微型企业,与其整体水平依次相差2.58与4.21个百分点。相对地,"明显降低"企业比例大型与中型企业明显低于地区整体水平(见表5-8)。

表 5-8　上海浦东不同规模企业融资难度变化频率数据表(2023年)

企业规模	明显降低	略有降低	没有变化	略有升高	明显升高	不适用/不清楚
大型	0.00	25.00%	41.67%	16.67%	0.00	16.67%
中型	6.12%	12.24%	30.61%	18.37%	2.04%	30.61%
小型	15.79%	26.32%	21.05%	12.28%	0.00	24.56%
微型	13.33%	0.00	26.67%	20.00%	6.67%	33.33%

上海浦东企业融资成本升高企业占比也相对较高。具体而言,企业融资成本总体升高的企业占比上海浦东为16.54%,高于上海全市水平(11.38%)、也高于苏州水平

(9.93%)。相反,融资成本降低企业占比上海浦东最低,其数值为26.32%;上海全市为31.84%,苏州为43.97%(见表5-9和图5-4)。

表5-9 企业融资成本变化频率数据表(2023年)

成本变化	上海浦东	上海全市	苏 州
明显降低	11.28%	12.61%	13.12%
略有降低	15.04%	19.23%	30.85%
没有变化	28.57%	26.92%	30.14%
略有升高	15.04%	9.40%	8.51%
明显升高	1.50%	1.98%	1.42%
不适用/不清楚	28.57%	29.85%	15.96%

不同规模企业中,微型企业融资成本上升占比相对较高,小型企业融资成本下降比例较高。数据显示,2023年企业融资成本上升比例大、中与小型企业依次为8.33%、16.33%与15.79%,均低于上海浦东整体水平,而微型企业该数值为26.67%,高于其整体水平。与此类似,对于企业融资成本下降企业占比,大、中、小与微型企业依次为16.67%、22.45%、35.09%和13.33%,显然除小型企业外,其余三类企业融资成本下降比例均低于上海浦东整体水平(见表5-10)。

图5-4 企业融资成本变化频率对比图(2023年)

表5-10　上海浦东不同规模企业融资成本变化频率数据表(2023年)

企业规模	明显降低	略有降低	没有变化	略有升高	明显升高	不适用/不清楚
大型	0.00	16.67%	58.33%	8.33%	0.00	16.67%
中型	6.12%	16.33%	30.61%	14.29%	2.04%	30.61%
小型	17.54%	17.54%	22.81%	15.79%	0.00	26.32%
微型	13.33%	0.00	20.00%	20.00%	6.67%	40.00%

(三) 资金获取

1. 平均放款周期

就2023年以来企业银行贷款的平均放款周期而言，上海浦东36.84%的企业没有变化，9.02%的企业明显缩短，2.26%的企业明显延长。可见，上海浦东接近六成企业(57.14%)的银行贷款放款周期变化不大，与2022年水平相当(见表5-11)。

表5-11　企业银行贷款平均放款周期变化频率数据表(2023年)

周期变化	上海浦东	上海全市	苏州
明显缩短	9.02%	12.23%	17.02%
略有缩短	15.79%	16.58%	21.63%
没有变化	36.84%	34.06%	40.43%
略有延长	4.51%	4.49%	3.19%
明显延长	2.26%	0.94%	1.06%
不适用/不清楚	31.58%	31.70%	16.67%

2023年以来企业银行贷款平均放款周期延长(包括略有延长与明显延长)的企业，上海浦东比例相对较高。数据显示，苏州地区银行贷款平均放款周期延长的企业占比4.25%，上海全市该比例为5.43%，上海浦东为6.77%(见图5-5)。

2. 贷款利率

数据显示，2023年企业获得银行贷款平均综合年化利率来看，上海浦东30.08%的企业没有变化，9.77%的企业明显下降，0.75%的企业明显升高。可见，总体而言企业银行贷款利率与过去相比，变化不大。不过，银行贷款利率下降的企业占比上海浦东为33.08%，上海全市为35.24%，苏州51.06%，相比较而言，上海浦东银行贷款利率下降企业占比较低(见表5-12和图5-6)。

图 5-5 企业银行贷款平均放款周期变化对比图（2023 年）

表 5-12 过去一年企业获得银行贷款综合年化利率变化频率数据表（2023 年）

利率变化	上海浦东	上海全市	苏 州
明显下降	9.77%	12.05%	16.67%
略有下降	23.31%	23.19%	34.40%
没有变化	30.08%	27.49%	27.30%
略有升高	6.02%	5.01%	3.19%
明显升高	0.75%	0.71%	0.35%
不适用/不清楚	30.08%	31.55%	18.09%

图 5-6 企业银行贷款综合年化利率变化对比图（2023 年）

（四）用工环境

上海浦东企业用工环境满意度得分略低。数据显示，用工环境的三个不同分项中，企业满意度得分均是上海浦东较低。如劳动用工需求满意度得分上海浦东为4.03分，上海全市与苏州均为4.15分；政府开展职业技能培训效果的满意度得分上海浦东与上海全市和苏州依次相差0.08分和0.16分；相关部门处理企业与员工劳动纠纷效果的满意度得分也是上海浦东较低，比上海全市与苏州低0.10分以上。可见，上述三个方面上海浦东还存在一定提升空间（见表5-13和图5-7）。

表5-13　企业用工环境满意度得分数据表(2023年)　　　　单位：分

用 工 环 境	上海浦东	上海全市	苏 州
劳动用工需求	4.03	4.15	4.15
政府开展职业技能培训效果	4.18	4.26	4.34
相关部门处理企业与员工劳动纠纷效果	4.27	4.38	4.43

从企业规模角度考虑，大、中型企业对上海浦东用工环境满意度相对较低。数据显示，在三个不同分项中，中型企业满意度得分依次为3.96分、4.14分和4.22分，均低于上海浦东整体水平；大型企业除劳动用工需求外，其余两项满意度得分也低于地区整体水平，两者差距接近0.20分。值得注意的是，微型企业对相关部门处理企业与员工劳动纠纷效果的满意度也相对较低，其得分仅4.00分（见表5-14）。

图5-7　企业用工环境满意度得分对比图（单位：分）

表5-14 不同规模企业对上海浦东用工环境满意度得分数据表（2023年） 单位：分

企业规模	劳动用工需求	政府开展职业技能培训效果	相关部门处理企业与员工劳动纠纷效果
大型	4.08	4.00	4.08
中型	3.96	4.14	4.22
小型	4.04	4.23	4.43
微型	4.20	4.27	4.00

（五）要素环境改善

为营造更好的要素环境，企业认为上海浦东最需要加大工作力度的三个方面依次为增强企业招聘服务的针对性、强加道路交通建设和为企业降低物流成本。企业占比分别为50.38%、41.35%和40.60%。尤其是增强企业招聘服务的针对性方面，半数企业认为其工作力度需进一步加强（见表5-15）。

表5-15 完善要素环境需加大工作力度占比数据表（2023年）

工作方向	上海浦东	上海全市	苏州
完善水电气热网等基础设施配套	24.06%	25.08%	26.24%
加强道路交通建设	41.35%	35.90%	32.27%
保障企业用地需求	25.56%	25.22%	36.17%
为企业降低物流成本	40.60%	39.35%	46.10%
加大企业融资支持	37.59%	36.42%	29.79%
增强企业招聘服务的针对性	50.38%	38.83%	36.88%
其他	2.26%	3.54%	0.71%

与上海全市、苏州相比，认为需要提高上海浦东企业招聘服务的针对性、加大企业融资支持和加强道路交通建设的企业比例较高。数据显示，认为需要提高企业招聘服务针对性的企业占比上海全市比上海浦东低11.55个百分点，苏州比其低13.50个百分点；而选择加大融资支持选项的企业占比苏州比上海浦东低7.81个百分点，加强道路交通建设企业占比也是上海浦东较低，且差距超3个百分点。这一定程度上说明，企业对提高上海浦东企业招聘服务针对性等三个方面的需求较为迫切（见

图5-8)。

进一步,调查显示上海浦东43.61%的企业在公共要素、物流、融资与用工等方面并没有遇到较大困难或问题。该数值高于上海全市水平(42.56%),但低于苏州水平(55.32%),如表5-16所示。

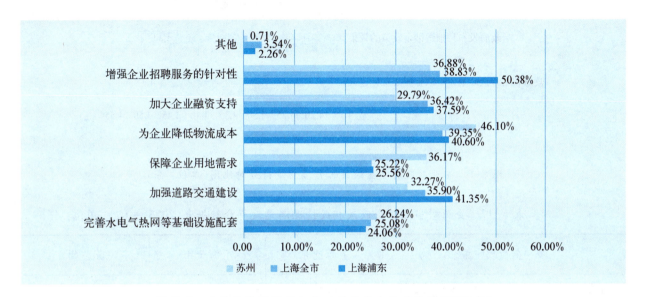

图5-8 完善要素环境需加大工作力度占比对比图(2023年)

表5-16 企业公共要素、物流等方面,没有遇到较大困难或问题频率表(2023年)

指　　标	上海浦东	上海全市	苏　州
在水电气热网、物流、融资、用工等方面,没有遇到较大困难或问题	43.61%	42.56%	55.32%

二、政务环境

(一) 涉企政策

数据显示,上海浦东企业对包括政府制定涉企政策、听取企业家意见建议在内的四个方面满意度依次为4.33分、4.34分、4.34分和4.29分。可见,企业对上海浦东涉企政策工作满意度水平较高。

不过,企业对上海浦东涉企政策满意度低于上海全市,更低于苏州。四个分项企业满意度得分均是上海浦东最低、苏州最高。其中,申请惠企政策兑现情况上海浦东比苏州低0.21分,申请惠企政策的简单便捷度两地相差0.15分。可见,上述四方面企业满意度评价上海浦东与苏州存在一定差距。这也表明,上海浦东在这些方面存在一定提升空间(见表5-17和图5-9)。

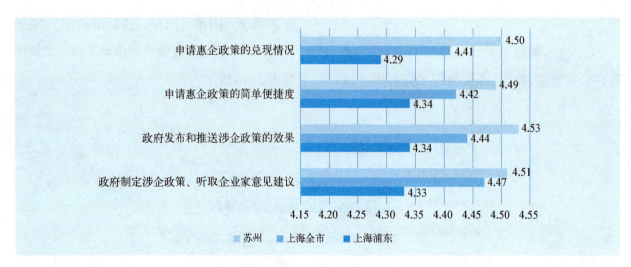

图 5-9　企业对政府涉企政策工作满意度得分对比图（单位：分）

表 5-17　企业对当地涉企政策相关情况满意度得分数据表（2023 年）　　　单位：分

涉 企 政 策	上海浦东	上海全市	苏　州
政府制定涉企政策、听取企业家意见建议	4.33	4.47	4.51
政府发布和推送涉企政策的效果	4.34	4.44	4.53
申请惠企政策的简单便捷度	4.34	4.42	4.49
申请惠企政策的兑现情况	4.29	4.41	4.50

注：第 1 项上海浦东、上海全市与苏州依次有 6、105、10 家企业填写"不适用/不清楚"。

从企业规模角度考虑，大、中与微型企业对上海浦东涉企政策评价满意度相对较低。数据显示，政府制定涉企政策听取企业家意见建议等四个方面微型企业满意度得分均最低，大型企业除申请惠企政策兑现情况外，其余三项也低于地区平均水平，中型企业除申请惠企政策的简单便捷度外，剩余三项也低于地区平均水平。相反，小型企业对涉企政策的满意度得分相对较高（见表 5-18）。

表 5-18　不同规模企业对上海浦东涉企政策相关情况的满意度得分数据表（2023 年）

单位：分

企业规模	政府制定涉企政策、听取企业家意见建议	政府发布和推送涉企政策的效果	申请惠企政策的简单便捷度	申请惠企政策的兑现情况
大型	4.17	4.25	4.33	4.33
中型	4.31	4.31	4.37	4.27

续 表

企业规模	政府制定涉企政策、听取企业家意见建议	政府发布和推送涉企政策的效果	申请惠企政策的简单便捷度	申请惠企政策的兑现情况
小型	4.43	4.42	4.35	4.33
微型	4.14	4.20	4.20	4.20

注：第1选项中大、中、小与微型企业选择"不适用/不清楚"的企业依次为0、1、4与1家。

进一步，调查显示上海浦东对33.08%的企业建立了惠企政策的"免申即享"机制，该比例比上海全市低8.06个百分点，更低于苏州水平（6.81%）。可见，该机制建设方面上海浦东还存在较大的提升空间（见表5-19）。

（二）政商关系

企业对上海浦东政商关系满意度水平总体较高，包括政府诚信履约、积极兑现政府承诺事项在内的三个方面满意度得分依次为4.45分、4.38分和4.44分。不过，其水平低于上海全市，也低于苏州地区；尤其是政府部门为企业解难题、办实事情况的满意度，上海浦东企业比苏州企业低0.10分。可见，上海浦东地区政商关系存在可改进空间（见表5-20）。

表5-19 本地是否建立了惠企政策"免申即享"机制频数表（2023年）

结果	上海浦东	上海全市	苏州
是	33.08%	41.14%	46.81%
否	10.53%	6.66%	6.74%
不清楚	56.39%	52.20%	46.45%

表5-20 政商关系企业满意度得分数据表（2023年） 单位：分

政商关系	上海浦东	上海全市	苏州
政府诚信履约、积极兑现政府承诺事项	4.45	4.51	4.52
政府部门为企业解难题、办实事的情况	4.38	4.45	4.48
政府工作人员与企业交往中践行"亲""清"政商关系的情况	4.44	4.50	4.52

从企业规模角度考虑，微型企业对上海浦东政商关系评价满意度相对较低。数据显示，列举的三个方面，微型企业满意度得分均低于地区平均水平，且差距较为明显。如政府诚信履约、积极兑现政府承诺事项和政府工作人员与企业交往中践行"亲""清"政商关系情况方面微型企业比地区平均水平低0.18分，政府部门为企业解难题、办实事情况方面相差0.12分（见表5-21和图5-10）。

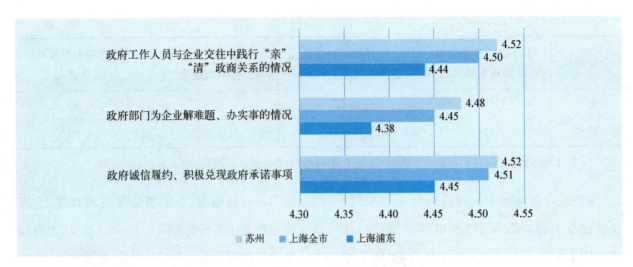

图5-10 政商关系企业满意度得分对比图(单位:分)

表5-21 不同规模企业对上海浦东政商关系评价满意度得分数据表(2023年)

单位:分

企业规模	政府诚信履约、积极兑现政府承诺事项	政府部门为企业解难题、办实事情况	政府工作人员与企业交往中践行"亲""清"政商关系情况
大型	4.33	4.42	4.42
中型	4.51	4.35	4.49
小型	4.47	4.44	4.46
微型	4.27	4.27	4.27

(三)政务服务水平

数据显示,企业对上海浦东政务服务工作满意度较高,包括政府工作人员的服务态度和业务能力在内的七个方面,企业满意度得分不低于4.33分。其中,税费缴纳便利度满意度最高,其数值为4.59分(见表5-22)。

表5-22 政务服务工作企业满意度得分数据表(2023年) 单位:分

政务服务水平	上海浦东	上海全市	苏 州
政府工作人员的服务态度和业务能力	4.41	4.51	4.55
开办企业的便利度	4.50	4.56	4.55
税费缴纳的便利度	4.59	4.57	4.56
落实减税降费及退税缓费政策的情况	4.43	4.48	4.52

续 表

政务服务水平	上海浦东	上海全市	苏 州
工程建设项目审批流程及效率	4.33	4.46	4.54
口岸通关的便利化水平	4.46	4.50	4.56
企业办理注销的便利化水平	4.40	4.47	4.51

注：第2、5、6与7项上海浦东、上海全市与苏州企业中填写"不适用/不清楚"的企业依次为6、147、13家，38、633、41家，57、849、74家和40、647、69家。

图5-11 政务服务工作企业满意度得分对比图（单位：分）

地区比较不难发现，企业对上海浦东政务服务满意度不及上海全市与苏州，税费缴纳的便利度例外。其中，工程假设项目审批流程及效率满意度上海浦东企业满意度得分比上海全市低0.13分，比苏州低0.21分。其余五项与苏州的差距不低于0.05分，与上海全市差距不低于0.04分。可见，这些方面上海浦东地区存在一定的改善空间（见图5-11）。

从企业规模角度考虑，微型企业对上海浦东政府服务水平满意度相对较低。数据显示，微型企业对地区政府服务水平分项评价满意度得分均低于地区平均水平，尤其是企业办理注销的便利化水平，满意度得分仅4.18分（见表5-23）。

（四）拖欠账款

对2023年企业拖欠账款调查显示，上海浦东47.37%的企业没有被拖欠应收账款，其比例高于上海全市（39.87%），与苏州基本持平（见表5-24和图5-12）。

表 5-23　不同规模企业对上海浦东政务服务水平满意度得分数据表(2023 年)

单位：分

企业规模	政府工作人员的服务态度和业务能力	开办企业的便利度	税费缴纳的便利度	落实减税降费及退税缓费政策的情况	工程建设项目审批流程及效率	口岸通关的便利化水平	企业办理注销的便利化水平
大型	4.50	4.36	4.42	4.58	4.22	4.38	4.13
中型	4.37	4.55	4.63	4.39	4.31	4.57	4.31
小型	4.46	4.50	4.63	4.44	4.38	4.43	4.59
微型	4.33	4.40	4.40	4.40	4.30	4.30	4.18

注：第 2、5、6 与 7 项大、中、小与微型企业中填写"不适用/不清楚"的企业依次为 1、2、3、0 家，3、10、20、5 家，4、19、29、5 家和 4、14、18、4 家。

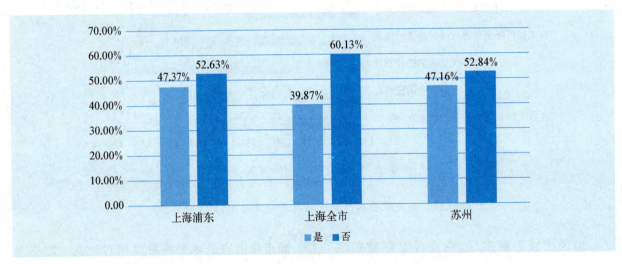

图 5-12　企业是否被拖欠应收账款频率对比图(2023 年)

表 5-24　企业是否被拖欠应收账款频率数据表(2023 年)

结果	上海浦东	上海全市	苏州
是	47.37%	39.87%	47.16%
否	52.63%	60.13%	52.84%

就不同规模类型企业而言，大、中与小型企业被拖欠过应收账款的企业比例较高。数据显示，微型企业被拖欠过应收账款的企业比例仅 6.67%，远低于地区平均水平。其余三类企业被拖欠应收账款的现象较多，企业占比均高于地区平均水平；其中，半数以上大、小型企业均有过被拖欠应收账款现象(见表 5-25)。

在被拖欠应收账款企业中，上海浦东 88.89% 的企业欠款来自民营企业；选择国有企业、政府部门、外资企业和事业单位的企业占比依次为 39.68%、12.70%、12.70% 和 9.52%。可见,2023 年上海浦东企业被拖欠账款主要来自民营企业,国有企业排居第二(见表 5-26)。

表 5-25 不同规模企业是否被拖欠应收账款频数表(2023 年)

企业规模	是	否
大型	58.33%	41.67%
中型	48.98%	51.02%
小型	54.39%	45.61%
微型	6.67%	93.33%

表 5-26 企业被拖欠账款来源占比数据表(2023 年)

部　门	上海浦东	上海全市	苏　州
政府部门	12.70%	15.17%	6.02%
事业单位	9.52%	9.12%	6.02%

续　表

企　业	上海浦东	上海全市	苏　州
国有企业	39.68%	34.72%	18.05%
民营企业	88.89%	91.59%	99.25%
外资企业	12.70%	9.24%	17.29%

在出现账款拖欠的企业中,来自民营企业的比例上海浦东、上海全市和苏州依次为 88.89%、91.59% 和 99.25%;来自国有企业的比例分别为 39.68%、34.72% 和 18.05%。可见,上海浦东企业被拖欠的应收账款来自民营企业的比例相对较低,来自国有企业的比例相对较高(见图 5-13)。

在拖欠企业应收账款清欠工作中,上海浦东存在的三个主要问题依次为协商调解力度不够、无分歧拖欠账款清欠力度不够和有分歧拖欠账款的解决不到位。企业占比分别为 46.03%、44.44% 和 25.40%。尤其是协商调解力度不足,接近半数的拖欠应收账款企业存在该问题(见表 5-27)。

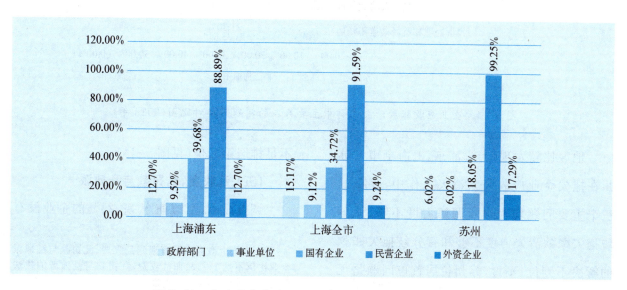

图 5-13　企业被拖欠应收账款来源占比对比图(2023 年)

表 5-27　企业应收账款清欠工作中主要存在的问题频率表(2023 年)

问　　题	上海浦东	上海全市	苏　州
投诉处理和监督渠道不畅通	23.81%	21.80%	15.04%
政府下属二、三级平台公司作为欠款主体没有被列入清欠范围	6.35%	11.14%	11.28%
有分歧拖欠账款的解决不到位	25.40%	30.09%	33.08%
无分歧拖欠账款清欠力度不够	44.44%	40.05%	51.13%
协商调解力度不足	46.03%	40.64%	44.36%
害怕打击报复不敢投诉	7.94%	6.75%	2.26%
其他	14.29%	10.31%	7.52%

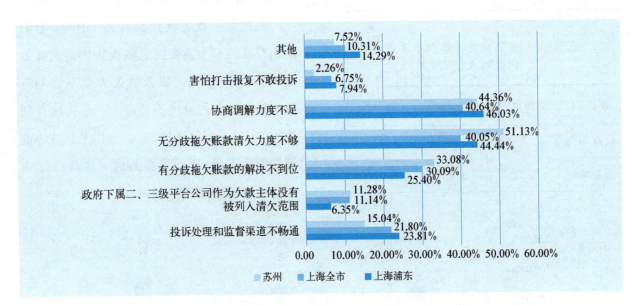

图 5-14　企业应收账款清欠工作中主要存在的问题频率对比图(2023 年)

地区比较发现,上海浦东、上海全市与苏州在拖欠企业应收账款清欠工作中,存在的三个主要问题均为协商调解力度不够、无分歧拖欠账款清欠力度不够和有分歧拖欠账款的解决不到位;不过,苏州位居首位问题是无分歧拖欠账款清欠力度不够,协商调解力度不足排居第二位(见图 5-14)。

(五)乱收费、乱罚款与乱摊派①

调查显示,上海浦东 99.25% 的企业没有

---

① 由于上海浦东没有遇到乱收费、乱罚款与乱摊派企业比例不足 1%,故而乱收费、乱罚款与乱摊派的执法部门与相关投诉的答复或整改情况的满意度不分析,也即 9.1 与 9.2 不分析。

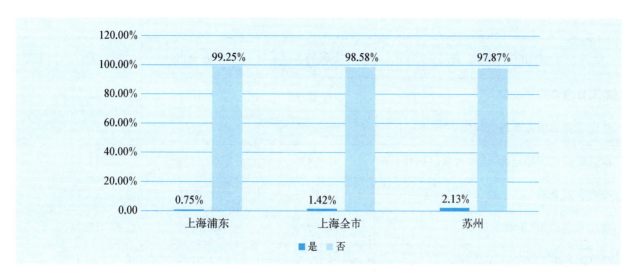

图 5-15　企业是否遇到乱收费、乱罚款与乱摊派情况频率对比图（2023 年）

遇到过乱收费、乱罚款与乱摊派现象，该比例高于上海全市水平（98.58%），也高于苏州（97.87%）。具体数据如表 5-28 和图 5-15 所示。

表 5-28　企业是否遇到乱收费、乱罚款与乱摊派情况频率数据表（2023 年）

结　果	上海浦东	上海全市	苏　州
是	0.75%	1.42%	2.13%
否	99.25%	98.58%	97.87%

（六）政务环境改善

为营造更好的政务环境，上海浦东最需要加大工作力度的是落实好减税降费政策、提升政务服务便利度、快捷度和增强惠企政策稳定性、连续性及协同性。数据显示，57.14%的企业选择落实好减税降费政策，48.87%的企业赞同提升政务服务便利度与快捷度，47.37%的企业坚持增强惠企政策稳定性、连续性及协同性。选择优化政务大厅办事流程和加强部门协同配合企业占比超30%。相对而言，选择公开涉企补贴资金使用情况和整治乱检查、乱收费与乱罚款的企业较少，比例不足 10%；尤其是后者，比例仅3.01%（见表 5-29 和图 5-16）。

表 5-29　政务环境改善最需加大工作力度占比数据表（2023 年）

工作力度方向	上海浦东	上海全市	苏　州
提升政务服务便利度、快捷度	48.87%	47.52%	46.81%
健全涉企收费长效监管机制	15.04%	15.40%	14.89%
改变公务人员对企业"清"而不"亲"的状况	16.54%	14.27%	12.77%

续表

工作力度方向	上海浦东	上海全市	苏 州
落实好减税降费政策	57.14%	53.47%	53.55%
帮助企业解决账款拖欠问题	20.30%	17.24%	17.02%
增强惠企政策稳定性、连续性及协同性	47.37%	37.08%	41.13%
吸收企业家参与涉企政策制定和评估	15.79%	11.62%	12.77%
落实惠企政策"免申即享"	26.32%	19.70%	17.38%
公开涉企补贴资金使用情况	9.77%	9.31%	8.16%
整治乱检查、乱收费、乱罚款	3.01%	6.71%	5.32%
其他	0.75%	2.55%	1.77%

上海全市、苏州与上海浦东情形基本一致，落实好减税降费政策、提升政务服务便利度、快捷度和增强惠企政策稳定性、连续性及协同性位居前三。不过，上海浦东企业比例均高于上海全市与苏州；可见，上海浦东企业相应方面的需求更强。

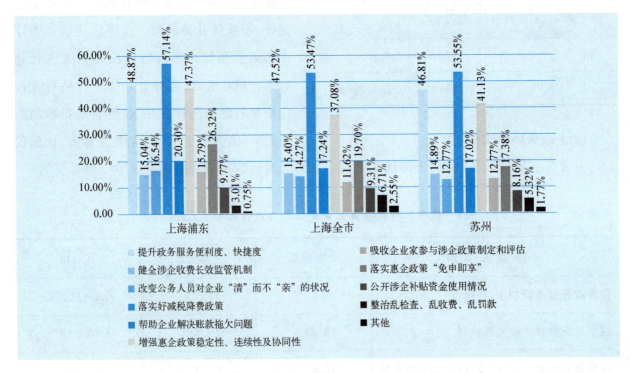

图5-16 政务环境改善最需加大工作力度占比对比图（2023年）

在政务事项办理、企业应收账款清欠等方面,上海浦东41.35%的企业没有遇到较大困难或问题,该比例略低于上海全市(42.61%)、也明显低于苏州(56.74%)。这说明,上海浦东接近六成企业在上述方面会遇到较大困难或问题,该比例明显高于苏州(见表5-30)。

表5-30　在"政务事项办理等方面,没遇到较大困难"的企业占比数据表

指　　标	上海浦东	上海全市	苏　州
政务事项办理、企业应收账款清欠等方面,没有遇到较大困难	41.35%	42.61%	56.74%

进一步分析,对于不同规模类型企业中,大与小型企业在政务事项办理、企业应收账款清欠等方面,没有遇到较大困难或问题的企业比例高于上海浦东整体水平,尤其是大型企业;相反,中与微型企业该比例低于上海浦东整体水平,且程度较大。这说明,相比较而言,中型与微型企业在上述方面更容易遇到困难(见表5-31)。

表5-31　不同规模企业政务事项办理等方面,没遇到较大困难企业占比数据表(2023年)

企业规模	政务事项办理、企业应收账款清欠等方面,没有遇到较大困难企业比例
大型	66.67%
中型	34.69%
小型	43.86%
微型	33.33%

三、法治环境

(一)涉企法规和行政执法情况

企业对上海浦东及时修订或废止不合理的涉企法规、规章及规范性文件情况评价相对较高,其满意度得分为4.40分;且与去年相比,有所提升[①]。地区间比较发现,上海浦东位居末尾;其与上海全市相差0.04分,与苏州相差0.08分(见表5-32)。

表5-32　涉企法规和行政执法情况满意度得分数据表(2023年)　　单位:分

指　　标	上海浦东	上海全市	苏　州
及时修订或废止不合理的涉企法规、规章及规范性文件的情况	4.40	4.44	4.48
社会治安状况	4.62	4.63	4.62

---

① 2022年该项满意度得分为4.39分。

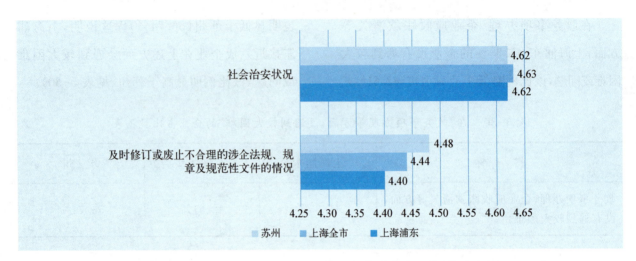

图 5-17 企业对涉企地方性法规等满意度得分对比图（单位：分）

社会治安状况方面，上海浦东企业满意度得分较高，其数值高达 4.62 分，与上海全市、苏州地区水平相当（见图 5-17）。

从企业规模角度考虑，大型与微型企业对上海浦东涉企法规和行政执法情况满意度相对较低。数据显示，大型与微型企业对当地修订或废止不合理的涉企法规、规章及规范性文件情况的满意度得分依次为 4.25 分与 4.27 分，均低于地区平均水平。社会治安状况也是如此，大型与微型企业满意度得分低于地区平均水平（见表 5-33）。

表 5-33 不同规模企业对上海浦东涉企法规和执法情况满意度得分数据表（2023年）

单位：分

企业规模	及时修订或废止不合理的涉企法规、规章及规范性文件的情况	社会治安状况
大型	4.25	4.42
中型	4.45	4.65
小型	4.42	4.68
微型	4.27	4.47

（二）公检法机关的涉企工作

调查显示，企业对上海浦东公检法机关涉企工作情况评价相对较高，包括其对企业内部工作人员腐败行为的惩罚力度情况在内的满意度得分依次为 4.43 分、4.45 分、4.52 分和 4.48 分，均大于 4.40 分，处于相对较高的水平（见表 5-34）。

从企业规模角度考虑，微型与大型企业对上海浦东公检法机关涉企工作满意度相对较低。数据显示，大型与微型企业四个分项满意度得分均低于地区平均水平。尤其是微型企业对公检法机关在侦查办案时,能否做到最大限度减少对正常办公和合法生产经营的影响等方面,满意度得分仅4.18分,与地区平均水平相差0.30分;大型企业对公检法机关对侵犯企业合法权益的违法犯罪行为的打击力度情况,也与地区平均水平相差0.30分(见表5-35和图5-18)。

表5-34 公检法机关涉企工作情况企业满意度得分数据表(2023年)　　单位:分

指　标	上海浦东	上海全市	苏　州
公检法机关对企业内部工作人员腐败行为的惩处力度	4.43	4.52	4.59
公检法机关对侵犯企业合法权益的违法犯罪行为的打击力度	4.45	4.51	4.60
公检法机关在侦查办案时,能否做到最大限度减少对正常办公和合法生产经营的影响	4.52	4.54	4.61
依法保护企业家人身权财产权方面的工作情况	4.48	4.54	4.60

注:上海浦东、上海全市与苏州企业对上述4项填写"不涉及、不清楚"的依次为46、616、68家,46、594、67家,48、604、68家和37、520、55家。

表5-35 不同规模企业对上海浦东行政执法等领域工作满意度得分数据表(2023年)

单位:分

企业规模	公检法机关对企业内部工作人员腐败行为的惩处力度	公检法机关对侵犯企业合法权益的违法犯罪行为的打击力度	公检法机关在侦查办案时,能否做到最大限度减少对正常办公和合法生产经营的影响	依法保护企业家人身权财产权方面的工作情况
大型	4.29	4.22	4.40	4.36
中型	4.47	4.50	4.52	4.41
小型	4.48	4.51	4.65	4.65
微型	4.20	4.27	4.18	4.18

注:上海浦东、上海全市与苏州企业对上述4项填写"不涉及、不清楚"的依次为5、19、17、5家,3、21、18、4家,2、22、20、4家和1、15、17、4家。

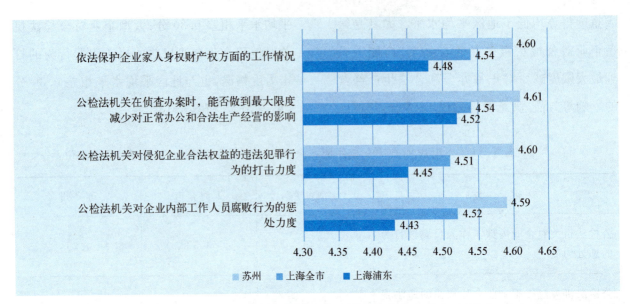

图 5-18　企业对公检法机关涉企工作情况的满意度得分对比图（单位：分）

与上海全市、苏州相比，上海浦东公检法机关涉企工作的企业满意度得分下降。数据显示，列举的四个分项中，上海浦东企业满意度得分均处于末位；其数值低于上海全市水平，更低于苏州地区。

（三）公安机关的涉企工作

对公安机关开展的涉企工作满意度调查显示，上海浦东地区企业满意度相对较高，总体满意度得分为 4.52 分，与 2022 年（4.50 分）水平相比，数值略有提升（见表 5-36）。

表 5-36　企业对公安机关的涉企工作满意度得分数据表（2023 年）　　单位：分

指　　标	上海浦东	上海全市	苏　州
对公安机关处理涉企案件的行为、流程规范性进行	4.52	4.54	4.59

注：上海浦东、上海全市与苏州企业填写"不涉及、不清楚"的分别为 45、590、65 家。

从企业规模角度考虑，除小型企业外，其余类型企业对上海浦东公安机关开展的涉企工作满意度相对较低。数据显示，小型企业对上海浦东公安机关开展的涉企工作满意度得分为 4.68 分，高于地区平均水平；其余三类企业满意度得分低于地区平均水平，尤其微型与大型企业，比地区平均水低 0.15 分（见表 5-37 和图 5-19）。

表 5-37　不同规模企业对上海浦东公安机关涉企工作满意度得分数据表（2023 年）　单位：分

企业规模	对公安机关处理涉企案件的行为、流程规范性进行
大型	4.36
中型	4.47
小型	4.68
微型	4.30

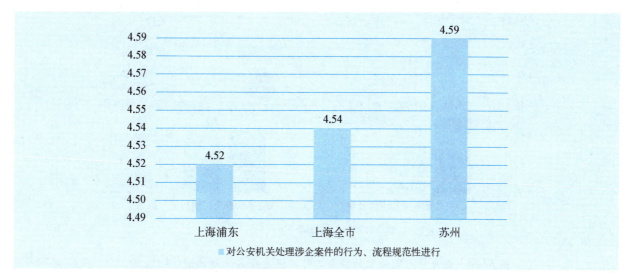

图 5-19　企业对公安机关涉企工作的满意度得分对比图（单位：分）

与上海全市、苏州相比，上海浦东地区公安机关开展的涉企工作满意度略低。数据显示，上海全市和苏州企业满意度得分分别为 4.54 分和 4.59 分，略高于上海浦东水平（4.52 分）。

（四）人民法院的涉企工作

对人民法院开展的涉企工作满意度调查显示，上海浦东企业满意度水平较高，但不及公安机关。数据显示，法院立案效率和审理效率与法院推动解决"执行难"的效果两项涉企工作的企业满意度得分分别为 4.43 分、4.41 分，相对较高。不过，与公安机关（4.52 分）涉企工作满意度得分相比，约低 0.10 分。与 2022 年总体水平相比（4.41 分），上海浦东企业对人民法院涉企工作的满意度评价基本持平（见表 5-38）。

表 5-38　企业对人民法院的涉企工作满意度占比数据表（2023 年）　　　单位：分

指　　　标	上海浦东	上海全市	苏　　州
法院立案效率和审理效率	4.43	4.46	4.57
法院推动解决"执行难"的效果	4.41	4.42	4.57

注：上海浦东、上海全市与苏州企业对上述两项填写"不适用、不清楚"的分别为 43、567、68 家，50、610、74 家。

从企业规模角度考虑，微型与中型企业对上海浦东人民法院开展的涉企工作满意度相对较低。数据显示，微型与中型企业对地区人民法院涉企工作评价满意度得分均不超过 4.35 分，低于地区平均水平。尤其是微型企业两个分项企业满意度得分均为 4.00 分，

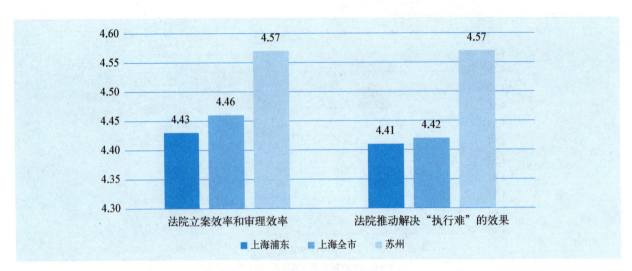

图 5-20　企业对人民法院的涉企工作的满意度占比对比图（单位：分）

比上海浦东整体水平低 0.40 分以上（见表 5-39）。

表 5-39　不同规模企业对上海浦东人民法院涉企工作满意度得分数据表（2023 年）　单位：分

企业规模	法院立案效率和审理效率	法院推动解决"执行难"的效果
大型	4.40	4.44
中型	4.35	4.31
小型	4.66	4.63
微型	4.00	4.00

注：选项中大型、中型、小型与微型企业对上述两项选择"不适用、不清楚"的企业依次为 3、17、25、5 家以及 2、25、22、4 家。

与上海全市、苏州相比，上海浦东人民法院的涉企工作需进一步提升。数据显示，企业对上海浦东人民法院涉企工作的满意度得分均低于上海全市与苏州。例如法院立案效率和审理效率上海浦东企业满意度得分比上海全市低 0.02 分，比苏州低 0.14 分；法院推动解决"执行难"的效果情况企业满意度得分上海浦东比苏州低 0.16 分（见图 5-20）。

（五）司法行政机构及法律服务机构的涉企工作

企业对上海浦东司法机构及法律服务机构开展的涉企工作较为满意。数据显示，包括公益性法律援助、咨询等服务情况在内的两项工作企业满意度得分分别为 4.43 分、4.41 分，超 4.40 分。不过，两项涉企工作企业满意度得分苏州最高、上海全市第二，上海浦东最低；地区间存在一定差距。比如公益性法律援助、咨询等服务情况上海浦东比上海全市和苏州分别低 0.07 分和 0.14 分（见表 5-40 和图 5-21）。

从企业规模角度考虑，微型和大型企业对上海浦东司法机构及法律服务机构涉企工作满意度相对较低。数据显示，列举的两项涉企工作大型与微型企业满意度得分均低于地区平均水平；尤其是微型企业，其满意度得

运　行　分　析

表5-40　企业对司法行政机构及法律服务机构涉企工作满意度得分数据表(2023年)

单位：分

指　　标	上海浦东	上海全市	苏　　州
公益性法律援助、咨询等服务情况	4.43	4.50	4.57
调解仲裁服务的效果	4.41	4.48	4.54

注：上海浦东、上海全市与苏州企业对上述两项填写"不涉及、不清楚"的依次为40、526、54家，33、489、49家。

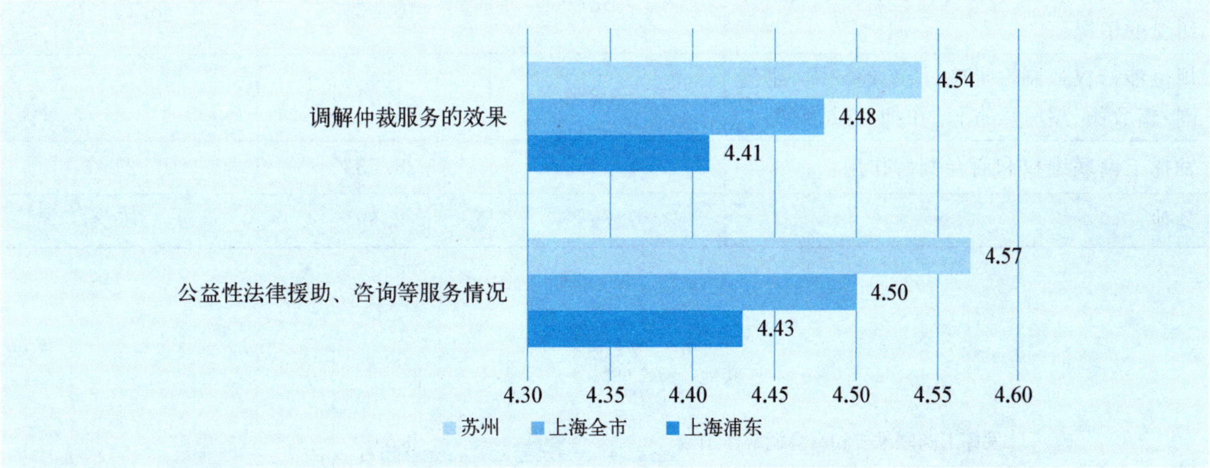

图5-21　企业对司法行政机构及法律服务机构工作满意度得分对比图(单位：分)

分依次为4.13分和3.82分，比地区平均水平低0.30分(见表5-41)。

表5-41　不同规模企业对上海浦东司法等机构涉企工作满意度得分数据表(2023年)

单位：分

企业规模	公益性法律援助、咨询等服务情况	调解仲裁服务的效果
大型	4.40	4.30
中型	4.42	4.49
小型	4.50	4.52
微型	4.13	3.82

注：两大型、中型、小型与微型企业对上述两项选择"不涉及、不清楚"的企业依次为2、16、15、7家，2、12、15、4家。

(六) 法治环境改善

为营造更好的法治环境，企业认为上海浦东最需加大工作力度的三个方面依次为建立健全全民经济投诉维权平台(68.42%)，推行告知、提醒、劝导等执法方式(39.85%)和发挥工商联维权和商会调解作用(34.59%)；持续完善知识产权保护体系比例略微降低(32.33%)，排名第四位(见表5-42)。

与上海全市、苏州相比，认为需要建立健全民营经济投诉维权平台和发挥工商联维权和商会调解作用的企业比例较高。数据显示，上海全市62.73%、苏州63.12%与上海浦东68.40%的企业选择需要建立健全

表 5-42　完善法治环境需加大工作力度占比数据表（2023 年）

工 作 方 向	上海浦东	上海全市	苏 州
建立健全民营经济投诉维权平台	68.42%	62.73%	63.12%
推行告知、提醒、劝导等执法方式	39.85%	36.14%	39.01%
持续完善知识产权保护体系	32.33%	30.51%	32.27%
依法加大对民营企业工作人员腐败行为的惩处力度	15.04%	13.75%	13.12%
防止和纠正利用行政或刑事手段干预经济纠纷的情况	14.29%	10.72%	8.16%
规范涉产权强制性措施，避免超权限、超范围、超数额、超时限查封、扣押、冻结财产	12.03%	11.01%	9.93%
发挥工商联维权和商会调解作用	34.59%	28.53%	20.21%
其他	0.75%	2.69%	3.55%

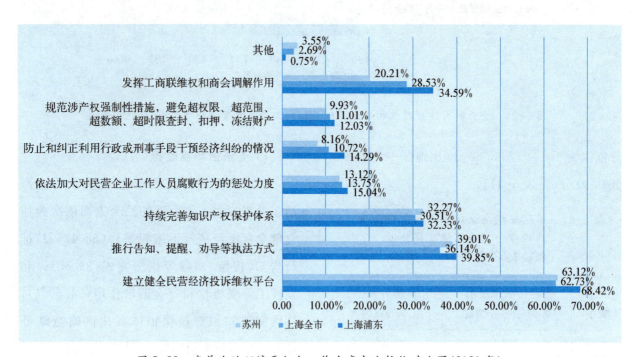

图 5-22　完善法治环境需加大工作力度占比柱状对比图（2023 年）

民营经济投诉维权平台。发挥工商联维权和商会调解作用也是上海浦东企业比例最高，且与上海全市和苏州的差距明显①（见图 5-22）。

对于不同规模企业而言，完善法治环境需加大力度工作的前三位基本相同，均为建

———
① 与上海全市和苏州相比，上海浦东选择发挥工商联维权和商会调解作用的企业占比分别高 6.06 和 14.38 个百分点。

立健全民营经济投诉维权平台,推行告知、提醒、劝导等执法方式和持续完善知识产权保护体系;不过重要程度存在差异。比如中型企业71.43%的企业认为建立健全民营经济投诉维权平台较为迫切,而微型企业60%的企业选择该项工作(见表5-43)。

表5-43 不同规模企业完善法治环境需加大工作力度占比数据表(2023年)

企业规模	建立健全民营经济投诉维权平台	推行告知、提醒、劝导等执法方式	持续完善知识产权保护体系	依法加大对民营企业工作人员腐败行为的惩处力度	防止和纠正利用行政或刑事手段干预经济纠纷的情况	规范涉产权强制性措施,避免超权限、超范围、超数额、超时限查封、扣押、冻结财产	发挥工商联维权和商会调解作用	其他
大型	66.67%	33.33%	25.00%	16.67%	8.33%	8.33%	16.67%	16.67%
中型	71.43%	38.78%	46.94%	18.37%	8.16%	4.08%	14.29%	2.04%
小型	61.40%	33.33%	24.56%	15.79%	14.04%	14.04%	22.81%	3.51%
微型	60.00%	33.33%	26.67%	0.00	0.00	0.00	6.67%	6.67%

对于企业是否遇到涉法涉诉方面难以解决的案件而言,上海浦东42.86%的企业没有遇到过,该比例与上海全市水平(42.37%)相当,但明显低于苏州(56.03%)。这说明,上海浦东近六成企业在上述方面遇到了难以解决的案件,该比例高于苏州(见表5-44)。

表5-44 在涉法涉诉方面,没遇到难以解决案件的企业占比数据表(2023年)

指标	上海浦东	上海全市	苏州
没有遇到涉法涉诉方面难以解决案件企业占比	42.86%	42.37%	56.03%

进一步分析,对于不同规模类型企业中,大与小型企业在涉法涉诉方面,没有遇到难以解决案件的企业比例高于上海浦东整体水平,尤其是大型企业;相反,中与微型企业该比例低于上海浦东整体水平,尤其是微型企业。这说明,大型与小型企业在上述方面更容易遇到难题(见表5-45)。

表5-45 不同规模企业涉法等方面,没遇到难以解决案件企业占比数据表(2023年)

企业规模	没有遇到涉法涉诉方面难以解决案件企业占比
大型	66.67%
中型	36.73%

续 表

企业规模	没有遇到涉法涉诉方面难以解决案件企业占比
小型	47.37%
微型	26.67%

四、市场环境分析

(一)企业对市场准入的满意度较高,但与苏州、上海全市相比略有差距

上海浦东企业对市场准入的满意度较高。其中,对招标投标公开透明度的满意度最高(4.36分),比政府采购公平性(4.29分)和保护市场主体公平竞争(4.29分)高了0.07分。但与苏州、上海全市相比仍略有差距,差距较大的是政府采购公平性的满意度,分别比苏州和上海全市低了0.19分和0.12分。差距较小的是招标投标公开透明度的满意度,分别比苏州和上海全市低了0.09分和0.05分。与2022年相比,2023年政府采购公平性的满意度方面,苏州、上海全市分别提高了0.01分和0.06分,而浦东则降低了0.07分。浦东企业对招标投标公开透明度的满意度也不如去年,降低了0.12分;而苏州和上海全市的满意度水平均提高0.01分(见表5-46)。

表5-46 2023年市场准入的企业满意度得分数据表　　　　　单位:分

市场准入情形	苏 州	上海全市	上海浦东
政府采购公平性	4.48	4.41	4.29
招标投标公开透明度	4.45	4.41	4.36
保护市场主体公平竞争	4.48	4.38	4.29

从上海浦东不同规模的企业对市场准入满意度评价发现,小型企业的满意度最高,大型企业的满意度最低。与2022年相比,2023年微型企业对政府采购公平性的满意度提高了0.51分,而大型、中型和小型企业则分别降低了0.09分、0.23分和0.08分。招标投标公开透明度满意度方面,微型企业提高了0.29分,而大型、中型和小型企业则分别降低了0.16分、0.18分和0.01分。中型企业对市场准入满意度评价的降低幅度明显高于其他类型企业(见表5-47)。

(二)妨碍企业依法平等准入的市场行为和现象分析

企业认为上海浦东仍存在一些妨碍企业依法平等准入和退出市场的行为和现象,主要有以备案、注册、年检、认定、指定等形式设定或变相设定准入障碍(24.81%),对不同所有制企业的相同问题给予差别化处理

(19.55%)，限定经营、购买、使用特定经营者提供的商品和服务(15.79%)，要求在本地设立分公司，方可参加招标投标(14.29%)。以上几方面上海浦东企业的感受度均比苏州企业和上海全市企业更深，特别是在"以备案、注册、年检、认定、指定等形式设定或变相设定准入障碍"方面，分别比苏州和上海全市高了11.74和7.62个百分点(见表5-48和图5-23)。

表5-47　2023年不同规模上海浦东企业对市场准入满意度得分数据表　单位：分

市场准入情形	大型	中型	小型	微型
政府采购公平性	4.08	4.16	4.42	4.40
招标投标公开透明度	3.92	4.31	4.49	4.40
保护市场主体公平竞争	4.00	4.22	4.44	4.20

表5-48　2023年影响企业市场准入的行为评价表

妨碍企业公平参与市场竞争的行为或现象	苏州	上海全市	上海浦东
要求在本地设立分公司，方可参加招投标	12.37%	13.84%	14.29%
以备案、注册、年检、认定、指定等形式设定或变相设定准入障碍	13.07%	17.19%	24.81%
限定经营、购买、使用特定经营者提供的商品和服务	11.66%	12.33%	15.79%
违规干预民营企业生产经营行为	3.89%	4.44%	4.51%
对不同所有制企业的相同问题给予差别化的处理	14.49%	15.45%	19.55%
对招商引入的企业和本土企业区别对待	7.42%	6.99%	9.02%
其他(请说明)	51.94%	49.22%	42.86%

(三)企业对多部门联合检查效果的满意度较高，但与苏州、上海全市相比仍有差距

上海浦东企业对当地实行多部门联合检查效果的满意度较高，为4.38分，但仍比苏州、上海全市分别低0.099分和0.098分。其中，接受过"双随机，一公开"检查的企业占37.59%，比苏州和上海全市分别低23.19和6.2个百分点。在接受检查的企业中69.49%的企业认为是检查频次是合适的，与苏州和上海全市的占比基本相同。15.25%的企业认为比较频繁，仅有5.08%的企业认为非常频繁，3.39%的企业认为比较少(见图5-24和表5-49)。

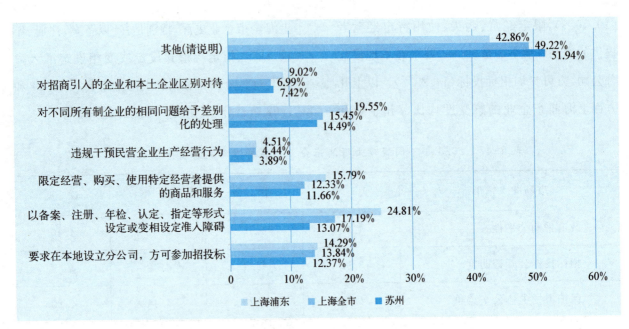

图 5-23 2023年影响企业市场准入的行为评价图

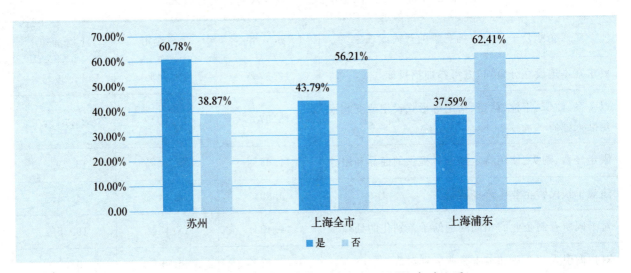

图 5-24 2023年是否有"双随机，一公开"检查对比图

表 5-49 2023年企业接受监管部门检查的频次分析

频 次	苏 州	上海全市	上海浦东
非常频繁	3.91%	5.67%	5.08%
比较频繁	22.35%	16.02%	15.25%
合适	65.92%	69.15%	69.49%

续 表

频 次	苏 州	上海全市	上海浦东
比较少	6.15%	5.57%	6.78%
非常少	1.68%	3.58%	3.39%

从上门检查方式分析，45.1%的上海浦东企业接受过多个部门联合检查，比苏州高

0.85个百分点,比上海全市低4.6个百分点。33.33%企业接受过多个部门就不同事项多次上门检查。11.76%的企业接受过单个部门就同一事项反复上门检查(见表5-50)。

表5-50　2023年企业上门检查的方式分析

检 查 方 式	苏　州	上海全市	上海浦东
多个部门联合检查	44.25%	49.74%	45.10%
多个部门就不同事项多次上门检查	36.21%	31.53%	33.33%
单个部门就同一事项反复上门检查	9.77%	6.88%	11.76%
单个部门就不同事项多次上门检查	9.77%	11.85%	9.80%

（四）产业发展环境较好,商会发挥作用较充分

上海浦东重点产业的集聚发展水平、产业链上下游企业协同发展的环境较好,为4.23分,但仍比苏州低0.77分,比上海全市低0.09分。其中,44.36%的企业认为商会组织发育水平和发挥作用非常充分,42.86%认为发挥比较充分,仅有0.75%认为非常低。与苏州上海全市相比,商会发挥的作用仍有提升空间。47.16%的苏州企业认为商会发挥作用非常充分,比上海浦东高2.8个百分点;50.54%的上海全市企业为商会发挥作用非常充分,比上海浦东高6.18个百分点(见表5-51)。

表5-51　2023年本地商会组织发育水平和发挥作用分析

指　　标	苏　州	上海全市	上海浦东
非常充分	47.16%	50.54%	44.36%
比较充分	38.30%	37.36%	42.86%
一般	14.18%	10.58%	10.53%
比较低	0.35%	1.32%	1.50%
非常低(几乎没有商会)	0.00	0.19%	0.75%

（五）企业主要投资在医疗、环保、金融和市政工程领域

上海浦东78.95%的企业在2023年没有增加投资,仅有21.05%的企业增加投资了,比苏州低了12.64个百分点,比上海全市低了0.54个百分点。增加投资的企业主要投资在

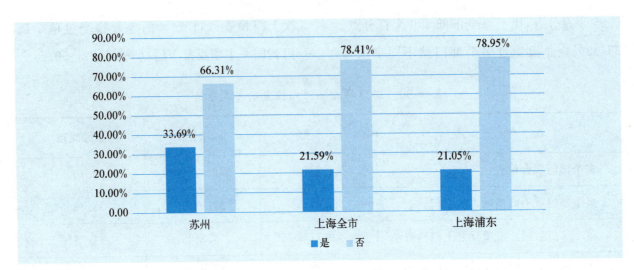

图 5-25　2023 年企业是否增加投资对比图

医疗(28.57%)和环保(21.43%),其次是市政工程(10.71%)和金融(10.71%),养老、体育、电力、天然气占比均在 10%以下,而通信、铁路、石油、水利则无企业投资。苏州企业则主要投资在环保(42.11%)、电力(10.53%)、市政工程(6.32%)和金融(6.32%)领域。上海全市企业增加的投资主要集中在环保(20.57%)、市政工程(19.26%)、医疗(18.82%)和金融(12.47%)领域(见图 5-25、表 5-52 和图 5-26)。

表 5-52　2023 年企业新增投资领域对比表

投资领域	苏　州	上海全市	上海浦东
市政工程	6.32%	19.26%	10.71%
养老	4.21%	11.38%	7.14%
医疗	4.21%	18.82%	28.57%
体育	2.11%	3.94%	3.57%
电力	10.53%	7.66%	7.14%

续　表

投资领域	苏　州	上海全市	上海浦东
通信	3.16%	2.19%	0.00
天然气	3.16%	2.19%	3.57%
铁路	0.00	0.88%	0.00
石油	0.00	0.44%	0.00
金融	6.32%	12.47%	10.71%
水利	0.00	2.41%	0.00
环保	42.11%	20.57%	21.43%
其他	44.21%	40.04%	42.86%

(六)半成企业投资领域准入门槛没有变化

大部分企业认为投资准入门槛没有变化,甚至略有降低(见表 5-53),48.28%的上海浦东企业认为没有变化,比苏州和上海全市分别高了 11.55 个百分点和 11.34 个百分点。20.69%的企业认为略有降低,6.9%的

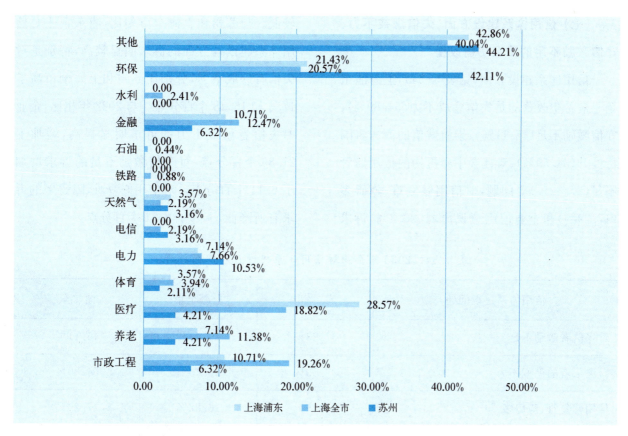

图 5-26　2023 年企业新增投资领域对比图

企业认为明显降低,比苏州和上海全市低了 3.3 个百分点和 5 个百分点。仅有 20.69% 的企业认为投资门槛略有升高。

表 5-53　2023 年企业对投资准入门槛的评价

准入门槛	苏州	上海全市	上海浦东
明显降低	10.20%	11.89%	6.90%
略有降低	18.37%	14.23%	20.69%
没有变化	36.73%	36.94%	48.28%
略有升高	19.39%	18.47%	20.69%
明显升高	6.12%	2.12%	0.00
不适用/不清楚	9.19%	16.35%	3.44%

（七）信用体系建设方面，失信惩戒不力、守信激励不足的情况仍需改善

信用体系建设方面（见表5-54），上海浦东企业最希望改善的是失信惩戒不力（54.89%）、守信激励不足（45.11%）、崇尚诚信的商务氛围待提升（34.59%）、对社会中介机构的信用监管不足（27.82%）等问题，对信用修复难、障碍多（17.29%）和企业信用意识薄弱（20.3%）诉求较低。与苏州和上海全市相比，浦东企业对信用体系建设各方面的诉求明显较高，特别是对失信者惩戒不力，分别比苏州和上海全市高了17.3和16.48个百分点。与2022年相比，企业对失信者惩戒不力的诉求明显提高，增加了21.89个百分点，对守信激励不足的诉求增加了6.11个百分点。对信用修复难、障碍多的诉求有所降低，下降了5.71个百分点。

表5-54 2023年企业对信用体系建设存在问题评价

信用体系建设问题	苏 州	上海全市	浦 东
对守信者激励不足	37.23%	40.43%	45.11%
对失信者的惩戒不力	37.59%	38.40%	54.89%
信用修复难、障碍多	15.25%	16.82%	17.29%
对社会中介机构（如代理、审计、监管、鉴定等）信用监管不足	22.70%	20.12%	27.82%
企业信用意识薄弱	17.02%	16.67%	20.30%
崇尚诚信的氛围待提升	21.20%	27.26%	34.59%
其他（请说明）	10.25%	10.25%	5.26%

（八）避免政策执行"一刀切"是企业对优化市场环境的最大期许

为营造更好的市场环境，上海浦东企业希望在以下四个方面加大力度（表5-55）：避免政策执行"一刀切"（45.86%），纠正对民营企业的歧视性、不公平对待（39.85%），提高政府监管的公平性、规范性和简约性（39.1%），破除市场壁垒（35.34%）。在优化市场环境方面，浦东企业除了在规范和降低中介机构收费，提高政府监管的公平性、规范性和简约性两方面诉求比苏州企业低外，其他方面的诉求均高于苏州企业。特别是在纠正对民营企业的歧视性、不公平对待方面，比苏州企业高了12.9个百分点。与上海全市相比，浦东企业对纠正对民营企业的歧视性、不公平对待，避免政策执行"一刀切"的诉求明显高于上海全市企业，分别高了9.15和7.46个百分点，而在破除市场壁垒，规范和降低中介

机构收费方面的诉求分别比上海全市低 0.66 和 0.35 个百分点(见表 5-55 和图 5-27)。

表 5-55 2023 年企业对优化市场环境的期许

优化市场环境政策	苏州	上海全市	浦东
破除市场壁垒	28.72%	35.99%	35.34%
规范和降低中介机构收费标准	34.75%	30.42%	30.08%
纠正对民营企业的歧视性、不公平对待	26.95%	30.70%	39.85%
提高政府监管的公平性、规范性、简约性	42.91%	36.14%	39.10%
避免政策执行"一刀切"	38.65%	38.40%	45.86%
提升监管部门工作人员素质	10.60%	11.81%	17.29%
其他(请说明)	4.24%	5.72%	1.50%

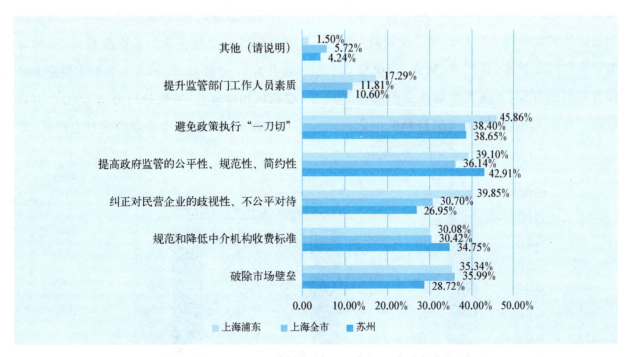

图 5-27 2023 年企业对优化市场环境的期许

五、创新环境

（一）创新资源与创新政策环境较好，企业对高新技术企业、科技型中小企业扶持政策落实效果的满意度最高

参与调查的133家浦东企业中，有63家企业了解本地创新环境或有科技创新需求，占47.37%，比苏州企业低10.08个百分点，比上海全市高0.94个百分点（见图5-28）。

上海浦东企业对创新资源与创新政策环境满意度的评价在4.34～4.55分（见表5-56），平均4.46分，认同感较强。对高新技术企业、科技中小企业扶持政策落实效果（4.55分）、专精特新中小企业扶持政策落实效果（4.52分）、科技创新服务和成果转移转化政策落实效果（4.52分）的满意度较高，对监管部门对新技术、新产业、新业态、新模式设置初创包容期、审慎观察期效果的满意度较低。与2022年相比，对专精特新中小企业扶持政策以及科技创新服务和成果转移转化政策落实效果的满意度均有所提高，分别增加了0.1分和0.8分。

比较浦东、上海全市和苏州企业的满意度，浦东企业对创新资源与创新政策环境满意度的平均值均比两者低，比上海全市低0.098分，比苏州低0.068分。除了对科技创新服务和成果转移转化政策的落实效果满意度高于苏州外，对其他各项的满意度均低于苏州和上海全市，特别是在监管部门对新技术、新产业、新业态、新模式设置"初创包容期""审慎观察期"效果方面仍需改善，分别比上海全市低了0.2分，比苏州低了0.18分（见图5-29）。

比较不同规模企业对创新资源和创新政策环境满意度的评价（见表5-57），发现上海浦东小型和微型企业的满意度最高，平均分分别为4.51分和4.46分，而大型和中型企业的满意度相对较低，平均分均为4.43分。对表中的第1、5、6项小型企业的满意度较高，而

图5-28 2023年了解当地创新环境或有科技创新需求企业占比图

表 5-56　2023 年企业创新资源与创新政策环境满意度比较　　　　单位：分

创新资源与创新政策环境	苏 州	上海全市	上海浦东
科技创新平台满足企业需求情况评价	4.51	4.52	4.39
监管部门对新技术、新产业、新业态、新模式设置"初创包容期""审慎观察期"效果评价	4.52	4.54	4.34
对本地创新创业氛围的满意度评价	4.52	4.56	4.45
对高新技术企业、科技型中小企业扶持政策落实效果评价	4.59	4.59	4.55
"专精特新"中小企业扶持政策的落实效果评价	4.54	4.58	4.52
科技创新服务和成果转移转化政策的落实效果评价	4.50	4.57	4.52

图 5-29　2023 年企业对创新资源与创新政策环境的满意度评价（单位：分）

表 5-57　2023 年不同规模浦东企业对创新资源与创新政策环境满意度比较　单位：分

创新资源与创新氛围	大 型	中 型	小 型	微 型
科技创新平台满足企业需求情况评价	4.40	4.31	4.50	4.25
监管部门对新技术、新产业、新业态、新模式设置"初创包容期""审慎观察期"效果评价	4.40	4.27	4.38	4.50

续 表

创新资源与创新氛围	大 型	中 型	小 型	微 型
对本地创新创业氛围的满意度评价	4.40	4.47	4.42	4.50
对高新技术企业、科技型中小企业扶持政策落实效果评价	4.60	4.53	4.58	4.50
专精特新中小企业扶持政策的落实效果评价	4.40	4.47	4.62	4.50
科技创新服务和成果转移转化政策的落实效果评价	4.40	4.53	4.54	4.50

微型企业对第2、3项的满意度较高,大型企业第4项的满意度较高(见表5-57)。

(二)企业对政府支持科技研发情况的满意度较高,特别是政府落实研发费用加计扣除政策力度和实效方面好感度较高

浦东企业对政府支持科技研发情况的满意度较高,在4.37~4.58分,平均为4.49分,但与苏州和上海全市相比仍略有差距,比苏州低0.027 5分,比上海全市低0.062 5分。浦东企业对政府落实研发费用加计扣除政策的力度和实效的满意度较高,为4.58分,比苏州高0.05分,比上海全市低0.03分。浦东企业对政府采购民营企业创新产品力度和效果的好感度较低,为4.37分,与苏州和上海全市的差距也相对较大,比苏州低0.12分,比上海全市低0.13分(见图5-30和表5-58)。

比较不同规模浦东企业的满意度,可以发现微型企业对政府支持本地企业科技研发情况的满意度最高,平均为4.63分,其次为小型企业(4.55分)和大型企业(4.5分),中型企业最低4.42分。大型企业对本地保护企业知

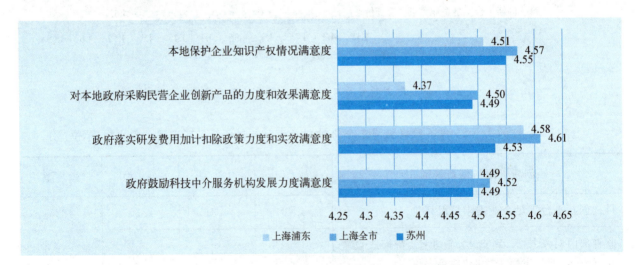

图5-30 2023年企业对政府支持科技研发情况的满意度评价(单位:分)

识产业情况满意度较高,小型企业对政府鼓励科技中介服务机构发展力度满意度较高,微型企业则在政府落实研发费用加计扣除政策力度和实效方面以及对本地政府采购民营企业创新产品力度和效果方面的满意度较高(见表5-59)。

表5-58 2023年企业对政府支持本地企业科技研发情况满意度比较   单位:分

支持企业科技研发情况	苏 州	上海全市	上海浦东
政府鼓励科技中介服务机构发展力度满意度	4.49	4.52	4.49
政府落实研发费用加计扣除政策力度和实效满意度	4.53	4.61	4.58
对本地政府采购民营企业创新产品的力度和效果满意度	4.49	4.50	4.37
本地保护企业知识产权情况满意度	4.55	4.57	4.51

表5-59 2023年浦东不同规模的企业对政府支持本地企业科技研发情况满意度比较

单位:分

支持本地企业科技研发情况	大 型	中 型	小 型	微 型
政府鼓励科技中介服务机构发展力度满意度	4.40	4.31	4.50	4.25
政府落实研发费用加计扣除政策力度和实效满意度	4.40	4.27	4.38	4.50
对本地政府采购民营企业创新产品的力度和效果满意度	4.40	4.47	4.42	4.50
本地保护企业知识产权情况满意度	4.60	4.53	4.58	4.50

(三)创新人才档案管理、人才落户及签证等吸引和留住人才的政策好感度较高,而创新人才引进、培育力度政策仍需改善

上海浦东企业对本地创新人才服务政策满意度的平均分为4.47分,比苏州低了0.03分,比上海全市低了0.04分。对创新人才档案管理、人才落户及签证、职称评定、奖励激励措施等留住和吸引人才政策的满意度较高,为4.49分,比苏州低0.05分,比上海全市低0.03分。对创新人才引进、培育政策的满意度较低,为4.45分,比苏州低了0.04分,比上海全市低了0.06分。

与2022年相比,上海浦东企业对创新人才配偶就业、子女入学、住房保障等服务的满意度明显提高,增加了0.16分。对创新人才档案管理、人才落户及签证、职称评定、奖励激励措施的满意度也提高了,增加了 0.07 分。而对创新人才引进和培育力度则降低了 0.01 分。整体分析,企业对本地创新人才服务政策的满意度与 2022 年相比,显著提高了(见表 5-60 和表 5-61)。

表 5-60　2023 企业对本地创新人才服务政策的满意度评价　　单位:分

创新人才服务政策	苏 州	上海全市	上海浦东
政府帮助企业引进、培育创新人才情况	4.49	4.51	4.45
创新人才档案管理、人才落户及签证、职称评定、奖励激励措施	4.54	4.52	4.49
创新人才配偶就业、子女入学、住房保障等服务	4.48	4.48	4.46

表 5-61　2023 浦东不同规模的企业对本地创新人才服务政策的满意度评价　　单位:分

创新人才服务政策	大 型	中 型	小 型	微 型
政府帮助企业引进、培育创新人才情况	4.60	4.33	4.50	4.75
创新人才档案管理、人才落户及签证、职称评定、奖励激励措施	4.80	4.43	4.46	4.75
创新人才配偶就业、子女入学、住房保障等服务	4.80	4.40	4.42	4.75

从上海浦东不同规模企业对本地创新人才服务政策的评价分析,微型企业的评价最高,平均为 4.75 分,其次是大型企业(4.73 分)和小型企业(4.46 分),中型企业的评价最低,平均为 4.39 分。浦东大型、微型和小型企业对创新人才服务政策的满意度均高于苏州,差距主要源于中型企业平均比苏州少了 0.19 分。与上海全市相比,大型和微型企业的满意度较高,而小型和中型企业的满意度分别少了 0.006 分和 0.107 分。

(四)企业对政府支持本地企业数字化转型政策的满意度较高

浦东企业对政府支持企业普及应用技术效果的满意度为 4.48 分,比苏州低了 0.05 分,比上海全市低了 0.04 分。在政府以技术改造、"智改数转"等方式支持企业数字化转型、智能化升级、绿色化发展效果方面,满意度较高,为 4.54 分,与苏州持平,比上海全市高 0.03 分(见表 5-62)。

大型企业对本地支持数字化转型政策的满意度最高,平均为 4.6 分;其次为小型企业,平均为 4.54 分;微型企业平均分为 4.5 分,中型企业对本地支持数字化转型政策的满意度最低,平均为 4.465 分(见表 5-63)。

表5-62　2023企业对本地支持数字化转型政策的满意度评价　　　　　　　　单位：分

数字化转型政策	苏　州	上海全市	上海浦东
政府支持企业普及应用数字技术的效果	4.53	4.52	4.48
政府以技术改造、"智改数转"等方式支持企业数字化转型、智能化升级、绿色化发展效果	4.54	4.51	4.54

表5-63　2023不同规模浦东企业对本地支持数字化转型政策的满意度评价　　单位：分

创新人才服务政策	大　型	中　型	小　型	微　型
政府支持企业普及应用数字技术的效果	4.60	4.43	4.50	4.50
政府以技术改造、"智改数转"等方式支持企业数字化转型、智能化升级、绿色化发展效果	4.60	4.50	4.58	4.50

（五）企业期待政府引进创新人才、帮助企业打通与高校、科研院所合作的渠道

为营造更好的创新环境，上海浦东企业希望在以下三个方面加大力度优化创新环境（见表5-68）：创新人才引进（63.49%）、帮助企业打通与高校及科研院所合作的渠道（57.14%）、加大政府采购创新产品力度（26.98%）。在优化创新环境方面，浦东企业的诉求除了创新人才引进，其他方面均高于苏州，特别是在加大财政税收政策和大力发展科创金融方面分别比苏州高了13.05和11.11个百分点。与上海全市相比，除了创新人才引进和大力发展科创金融外，浦东企业的诉求均高于上海全市企业，特别是在帮助企业打通与高校、科研院所合作的渠道方面，比上海全市高了10.45个百分点（见表5-64和图5-31）。

表5-64　2023年企业对优化创新环境的期许

优化创新环境政策	苏　州	上海全市	浦　东
创新人才引进	63.58%	65.01%	63.49%
帮助企业打通与高校、科研院所合作的渠道	48.77%	46.69%	57.14%
加大政府采购创新产品力度	16.05%	21.77%	26.98%
支持科技领军企业牵头组建创新联合体	22.22%	18.41%	22.22%
大力发展科创金融	0.00	15.06%	11.11%

续表

优化创新环境政策	苏 州	上海全市	浦 东
加大财政税收政策支持	34.57%	40.08%	47.62%
加大创新平台建设力度	12.96%	12.11%	19.05%
支持中小微企业数字化转型	20.37%	22.18%	22.22%
其他	0.62%	1.83%	3.17%

六、营商环境

（一）创新环境逐渐优化，法治环境和政务环境较好，市场环境和要素环境有待提升

企业对营商环境的总体评价为4.43分，其中对法治环境（4.56分）、政务环境（4.47分）和创新环境（4.47分）的满意度较高，对要素环境和市场环境的满意度略低，分别为4.41分和4.37分。与2022年相比，2023年企业对要素环境、政务环境、法治环境、创新环境和营商环境的总体满意度均有所提高，

图5-31　2023年企业对优化创新环境的期许（单位：%）

分别提高了 0.03 分、0.06 分、0.07 分、0.09 分和 0.03 分,而对市场环境的满意度则略有降低,减少了 0.01 分。

与苏州、上海全市相比,上海浦东企业对营商环境的满意度稍显不足,营商环境总体评分比苏州低 0.06 分,比上海全市低 0.04 分。与苏州和上海全市的差距均主要在要素环境和市场环境方面,分别比苏州低了 0.12 分和 0.10 分,比上海全市低了 0.11 分和 0.09 分。企业对法治环境的好感度较好,与苏州持平,比上海全市高 0.01 分。

与 2022 年相比,2023 年与上海全市的差距基本相当,由 2022 年的 0.03 分略提高到 2023 年的 0.04 分;与苏州的差距逐渐缩小,由 2022 年的 0.11 分降低到 2023 年的 0.06 分。其中,创新环境与苏州的差距缩小最大,由 2022 年的相差 0.12 分降低到 2023 年 0.02 分(见表 5-65 和图 5-32)。

表 5-65 2023 年企业对营商环境满意度评价 单位:分

营商环境	苏州	上海全市	上海浦东
要素环境	4.54	4.53	4.41
政务环境	4.54	4.56	4.47
市场环境	4.47	4.46	4.37
法治环境	4.56	4.56	4.56
创新环境	4.49	4.47	4.47
营商环境总体评价	4.52	4.50	4.46

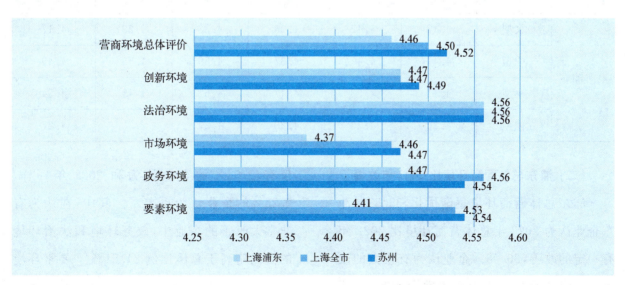

图 5-32 2023 年企业对营商环境满意度评价(单位:分)

从不同规模企业对营商环境满意度的评价分析（见表5-66），小型企业对营商环境满意度最高，为4.54分，其次为中型企业(4.49分)和微型企业(4.27分)，大型企业(4.17分)的满意度最低，大型企业对市场环境的满意度仅为4.08分，拉低了营商环境整体满意度。

苏州大型企业（4.68分）和中型企业(4.62分)对营商环境的满意度最高，分别比浦东高0.52分和0.13分，其次是微型企业比浦东高0.08分，而小型企业则比浦东低0.1分。上海全市大型、中型和微型企业满意度较高，分别比浦东高0.32分、0.06分和0.2分。小型企业满意度较低，比浦东低0.06分。

表5-66 2023不同规模企业对营商环境满意度的评价   单位：分

地 区	企业规模	要素环境	政务环境	市场环境	法治环境	创新环境	营商环境总体评价
苏 州	大型	4.68	4.73	4.55	4.82	4.64	4.68
	中型	4.64	4.64	4.62	4.63	4.59	4.62
	小型	4.44	4.43	4.37	4.48	4.42	4.44
	微型	4.43	4.43	4.29	4.46	4.29	4.34
上海全市	大型	4.52	4.60	4.45	4.55	4.48	4.49
	中型	4.57	4.60	4.49	4.59	4.52	4.55
	小型	4.51	4.53	4.46	4.56	4.46	4.48
	微型	4.50	4.55	4.43	4.53	4.43	4.47
上海浦东	大型	4.42	4.42	4.08	4.33	4.33	4.17
	中型	4.41	4.47	4.37	4.59	4.55	4.49
	小型	4.47	4.53	4.47	4.67	4.49	4.54
	微型	4.20	4.33	4.20	4.27	4.20	4.27

（二）浦东总体营商环境比2022年改善了

浦东总体营商环境逐渐优化，33.83%浦东企业认为2023年总体营商环境比2022年有一定的改善，30.08%企业认为有较大的改善，24.81%的企业认为有非常大的改善，而仅有9.02%的企业认为和2023年一样，2.26%的企业认为更差了。其中，在认为有非常大改善的企业中，政务环境和法治环境的占比略高于总体比例24.81%，要素环境（24.06%）、市场环境（23.31%）和创新环境

(24.06%)则略低。认为有较大改善的企业中,要素环境(32.33%)和政务环境(32.33%)的占比高于总体比例 30.08%,市场环境(27.82%)、法治环境(29.32%)和创新环境(29.32%)则略低。认为有一定改善的企业中,市场环境(35.34%)、法治环境(34.59%)和创新环境(34.59%)所占比例略高于总体比例 33.83%,政务环境和市场环境则略低。整体分析,8 成以上的企业都认为营商环境改善了。企业对法治环境和政务环境改善的感受度最高,占 89.47%;对市场环境改善的感受度相对较低,占 86.47%。

浦东企业对营商环境改善的感受度与苏州和浦东相比略有差距,"有非常大的改善"的感受度苏州企业和上海全市企业均比浦东企业高。整体分析,92.2%的企业认为苏州总体营商环境改善了,比浦东高 3.48 个百分点。其中,认为创新环境、政务环境、要素环境和法治环境改善的企业占比分别比浦东高 3.87、2.41、2.37 和 2.37 个百分点,而市场环境则比浦东低 1.36 个百分点。

89.94%的企业认为上海全市总体营商环境改善,比浦东高 1.22 个百分点。其中,创新环境、政务环境、要素环境、市场环境分别比苏州高 1.69、1.55、1.55、0.65 和 0.4 个百分点(见表 5-67)。

表 5-67　2023 年企业对营商环境改善情况的评价

营商环境		苏 州	上海全市	上海浦东
要素环境	有非常大的改善	26.95%	29.90%	24.06%
	有较大的改善	27.66%	31.03%	32.33%
	有一定的改善	36.52%	29.33%	32.33%
	一样	7.09%	8.36%	11.28%
	更差	1.77%	1.37%	0.00
政务环境	有非常大的改善	28.37%	30.85%	24.81%
	有较大的改善	28.72%	31.51%	32.33%
	有一定的改善	34.75%	28.67%	32.33%
	一样	7.45%	8.08%	10.53%
	更差	0.71%	0.90%	0.00
市场环境	有非常大的改善	25.53%	28.96%	23.31%
	有较大的改善	28.37%	30.18%	27.82%

续表

营商环境		苏州	上海全市	上海浦东
市场环境	有一定的改善	31.21%	27.73%	35.34%
	一样	7.09%	7.70%	9.02%
	更差	7.80%	5.43%	4.51%
法治环境	有非常大的改善	28.01%	31.65%	25.56%
	有较大的改善	31.21%	29.90%	29.32%
	有一定的改善	32.62%	28.58%	34.59%
	一样	7.45%	9.16%	10.53%
	更差	0.71%	0.71%	0.00
创新环境	有非常大的改善	27.30%	30.89%	24.06%
	有较大的改善	29.08%	30.00%	29.32%
	有一定的改善	35.46%	28.77%	34.59%
	一样	6.38%	9.02%	12.03%
	更差	1.77%	1.32%	0.00
总体营商环境	有非常大的改善	26.60%	31.32%	24.81%
	有较大的改善	33.33%	29.85%	30.08%
	有一定的改善	32.27%	28.77%	33.83%
	一样	5.32%	7.75%	9.02%
	更差	2.48%	2.31%	2.26%

（三）企业对企业经营及所在行业发展的信心比较乐观

2023年，浦东企业对企业经营和所在行业发展的信心比较乐观，均为4.38分。对企业经营的信心比苏州低0.01分，与上海全市相当。对所在行业发展的信心比苏州高0.04分，比上海全市高0.03分（见表5-68）。

从浦东不同规模企业对企业经营和所在行业发展信心分析（见表5-69），在企业经营方面，大型企业更有信心，为4.6分，其次是小型（4.5分）和微型（4.5分）企业，中型企业的得分最低（4.43分）。在对所在行业发展的信心方面，大型企业最高，为4.6分，其次为小型企业，4.58分；中型和微型企业信心相对较低，均为4.5分。

表5-68 2023年企业对企业经营和所在行业发展信心的评价　　　　单位：分

发展信心	苏州	上海全市	上海浦东
对企业经营的信心	4.39	4.38	4.38
对所在行业发展的信心	4.34	4.35	4.38

表5-69 2023年不同规模浦东企业对企业经营和所在行业发展信心的评价 单位：分

浦东企业发展信心	大型	中型	小型	微型
对企业经营的信心	4.60	4.43	4.50	4.50
对所在行业发展的信心	4.60	4.50	4.58	4.50

（四）三成五左右的企业在未来一年内有扩大投资的打算

35.34%的浦东企业在未来一年内有扩大投资的打算，比苏州高0.94个百分点，比上海全市高2.13个百分点(见图5-33)。

（五）民营经济发展的社会氛围较好

浦东企业普遍认为本地民营经济发展的社会舆论氛围变好了。19.55%的企业认为好了非常多，比苏州低0.66个百分点，比上海全市低了2.42个百分点；35.34%的企业认为好了很多，比苏州高0.59个百分点，比上海全市高3.12个百分点；23.31%的企业认为好了一些，比苏州低0.1个百分点，比上海全市低了1.07个百分点。仅有3.76%的企业认为变差了，比苏州高2.7个百分点，比上海全市低0.03个百分点。整

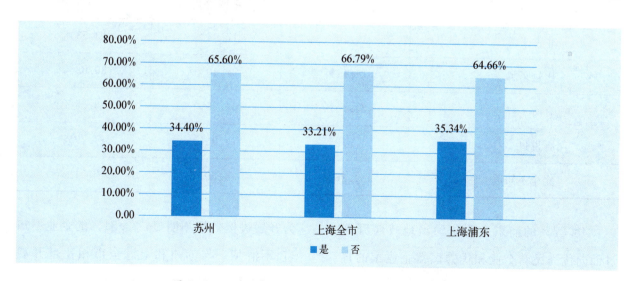

图5-33 2023年企业未来一年内的投资意愿对比图

体分析，78.22%的浦东企业认为民营经济发展社会舆论氛围变好了，比苏州低0.17个百分点，比上海全市低0.35个百分点（见表5-70）。

表5-70　2023年本地民营经济发展的社会舆论氛围变化情况

社会舆论氛围变化	苏　州	上海全市	上海浦东
好了非常多	20.21%	21.97%	19.55%
好了很多	34.75%	32.22%	35.34%
好了一些	23.40%	24.37%	23.31%
变化不大	20.57%	17.71%	18.05%
变差了	1.06%	3.73%	3.76%

38.35%的浦东企业对民营经济31条意见精神有所了解，30.83%的企业比较了解，13.53%的企业非常了解。仅有3.01%的企业完全不知道。"非常了解"的企业占比与苏州差距较大，少了5.97个百分点，比上海全市少了3.52个百分点。"比较了解"的企业占比比苏州高6.71个百分点，比上海全市高3.43个百分点。整体分析，82.71%的企业了解民营经济31条意见精神，比苏州高4.69个百分点，比上海全市高4.06个百分点（见表5-71）。

表5-71　2023年企业对民营经济31条意见精神的了解情况

了解情况	苏　州	上海全市	上海浦东
非常了解	19.50%	17.05%	13.53%
比较了解	24.11%	27.40%	30.83%
有所了解	34.40%	34.20%	38.35%
听说过	17.73%	17.05%	14.29%
完全不知道	4.26%	4.30%	3.01%

48.87%的浦东企业认为当地政府开展过面向优秀民营企业和优秀民营企业家的宣传活动，而且效果很好。25.56%的企业认为开展过但效果不明显，23.31%的企业不知道、不清楚。与苏州和上海全市相比，"开展过，效果很好"的企业占比比苏州低5.38个百

分点,比上海全市低了3.23个百分点。"开展过,效果不明显"的企业占比比苏州高6.77个百分点,比上海全市高6.72个百分点(见表5-72)。

表5-72 2023年面向优秀民营企业和优秀民营企业家宣传活动开展情况

宣传活动开展情况	苏州	上海全市	上海浦东
开展过,效果很好	54.26%	52.10%	48.87%
开展过,效果不明显	18.79%	18.85%	25.56%
没有开展过	5.32%	6.00%	2.26%
不知道,不清楚	21.63%	23.05%	23.31%

(六)浦东企业认为上海、浙江、广东是营商环境最好的三个省市,上海、深圳、北京是营商环境最好的三个城市

上海全市、浦东和苏州地区的企业普遍认为营商环境最好的省市为上海、浙江、广东和江苏,但四个省市的营商环境满意度在三个地区企业的排名情况略有区别(见表5-73)。浦东企业认为营商环境最好的三个省市为上海(55.6%)、浙江(22.56%)和广东(24.8%);与上海全市企业的看法一致,但占比略有区别,上海为62.02%、浙江为21.77%、广东为22.86%;而苏州企业则认为是江苏(44.62%)、浙江(28.37%)和广东(22.34%)。企业对于自身所在省份营商环境的满意度较高。

表5-73 2023年企业认定的营商环境最好的三个省市

地区	省市	占比	省市	占比	省市	占比
苏州	江苏	43.62%	浙江	28.37%	广东	22.34%
	浙江	18.08%	广东	19.8%	浙江	18.08%
	上海	12.41%	上海	19.85%	上海	18.08%
	广东	9.57%	江苏	13.47%	江苏	14.89%
	北京	6.74%	深圳	2.48%	北京	4.25%
上海全市	上海	62.02%	浙江	21.77%	广东	22.86%
	浙江	11.53%	北京	17.9%	浙江	18.18%
	北京	8.64%	上海	16.29%	江苏	17.29%

续　表

地　区	省市	占比	省市	占比	省市	占比
上海全市	广东	5.76%	江苏	13.6%	上海	9.06%
	江苏	3.64%	深圳	5.34%	深圳	8.92%
上海浦东	上海	55.6%	浙江	22.56%	广东	24.8%
	浙江	15.78%	上海	20.3%	江苏	20.3%
	广东	8.27%	北京	20.3%	浙江	19.55%
	北京	7.51%	广东	12.03%	深圳	9.77%
	江苏	4.5%	江苏（深圳）	8.27%	北京	9.02%

表5-74　2023年企业认定营商环境最好的三个城市

地　区	城市1	占比	城市2	占比	城市3	占比
苏　州	苏州	30.85%	杭州	20.21%	杭州	13.82%
	杭州	12.76%	苏州	12.4%	广州	12.76%
	上海	12.4%	深圳	11.7%	上海	11.7%
	深圳	7.44%	上海	9.9%	苏州	9.9%
	北京	6.02%	广州	8.86%	深圳	9.57%
上海全市	上海	56.6%	杭州	17.05%	深圳	16.67%
	杭州	9.87%	北京	16.65%	杭州	12.51%
	深圳	7.93%	上海	15.68%	广州	12.19%
	北京	7.88%	苏州	6.8%	苏州	8.36%
	苏州	2.5%	广州	5%	北京	7.37%
上海浦东	上海	54.88%	北京	22.56%	深圳	21.05%
	杭州	12.78%	上海	18.04%	杭州	20.3%
	深圳	11.27%	深圳	14.28%	广州	12.03%

续表

地　区	城市1	占比	城市2	占比	城市3	占比
上海浦东	北京	6.77%	杭州	10.52%	苏州	9.02%
	苏州	2.26%	广州	6.77%	北京	6.05%

从城市角度分析(见表5-74),苏州、上海全市和浦东的企业普遍认为上海、深圳、杭州、苏州和北京五个城市的营商环境最好。企业对于自身所在城市营商环境的满意度最高。浦东企业认为营商环境最好的前三个城市是上海(54.88%)、北京(22.56%)和深圳(21.05%);上海全市企业认为上海(56.6%)、杭州(17.05%)和深圳(16.67%)营商环境最好。而苏州企业则对苏州(30.85%)、杭州(20.21%)营商环境的满意度最高。

浦东企业认定本市营商环境最好的是浦东,占36.84%;上海企业认为本市营商环境最好的城市即上海,占36.89%。苏州企业认为本省营商环境最好的三个城市是苏州(45.4%)、南京(15.96%)和无锡(17.38%)(见表5-75)。

表5-75　2023年企业认定本省(市)营商环境最好的前三个城市(区)

地　区	城市1	占比	城市2	占比	城市3	占比
苏　州	苏州	45.4%	南京	15.96%	无锡	17.38%
	昆山	9.57%	无锡	15.6%	常州	9.22%
	上海	6.38%	苏州	12.4%	南通	6.73%
	南京	5.32%	上海	8.16%	南京	6.38%
	杭州	3.9%	杭州	6.38%	上海	4.6%
上海全市	上海	36.89%	上海	14.07%	上海	9.16%
	浦东	10.95%	北京	9.26%	深圳	8.27%
	北京	4.82%	杭州	6.18%	广州	6.66%
	徐汇	3.73%	深圳	5.24%	浦东	6.04%
	杭州	3.54%	浦东	4.06%	杭州	4.72%

续　表

地　区	城市 1	占比	城市 2	占比	城市 3	占比
上海浦东	浦东	36.84%	北京	14.28%	深圳	9.77%
	上海	32.33%	上海	13.53%	杭州	9.77%
	深圳	6.02%	闵行区	8.27%	徐汇	6.05%
	杭州	3.76%	深圳	6.05%	广州	6.01%
	苏州	3.76%	徐汇	5.26%	苏州	5.26%

浦东企业普遍认为浦东的营商环境有所改善，占 24.8%；30.89% 的上海企业认为上海的营商环境有所改善。苏州企业则认为苏州的营商环境有所改善（见表5-76）。

表5-76　2023年企业眼中本省（市）营商环境有所改善的前三个城市（区）

地　区	城市 1	占比	城市 2	占比	城市 3	占比
苏　州	苏州	25.5%	苏州	10.64%	苏州	8.51%
	昆山	9.92%	无锡	9.21%	无锡	8.51%
	上海	6.02%	上海	7.45%	常州	7.09%
	无锡	4.96%	南通	7.44%	南京	5.67%
	常州	4.25%	深圳	4.61%	昆山	5.32%
上海全市	上海	30.89%	上海	11.20%	上海	8.08%
	北京	4.25%	北京	8.50%	深圳	6.28%
	浦东	7.18%	杭州	4.96%	广州	6.00%
	杭州	2.93%	深圳	4.35%	杭州	3.68%
	深圳	2.41%	苏州	3.40%	北京	3.12%
上海浦东	浦东	24.8%	北京	11.3%	深圳	8.27%
	上海	24.06%	上海	9.77%	杭州	6.77%
	杭州	4.5%	闵行	6.76%	广州	5.26%
	深圳	3.75%	苏州	5.26%	松江	5.26%
	北京	3%	深圳	4.51%	奉贤	4.5%

七、企业基本信息

被调查的浦东企业主要集中在建筑业（9.02%）、机械制造业（7.52%）、房地产业（6.77%）和电气设备业（5.26%）。苏州企业主要集中在机械制造业（21.28%）、纺织服装（15.25%）和新材料（9.57%）。上海全市企业主要集中在建筑业（11.01%）、机械制造（8.36%）和商业零售（6.94%）。2023年被调查企业行业分布如表5-77和图5-34所示。

表5-77 2023年被调查企业行业分布

行　业	苏　州	上海全市	上海浦东
能源	3.55%	1.51%	2.26%
原材料	5.32%	1.61%	0.75%
新材料	9.57%	3.50%	3.76%
机械制造	21.28%	8.36%	7.52%
建筑业	3.19%	11.01%	9.02%
电气设备	3.55%	1.75%	5.26%
商业零售	2.48%	6.94%	3.76%
交通运输	1.77%	2.65%	3.76%
汽车与零配件	4.96%	2.69%	3.01%
消费电子	1.77%	0.94%	0.75%
纺织服装	15.25%	1.94%	1.50%
酒店餐饮	1.06%	2.79%	3.76%
教育	1.06%	0.94%	—
文化传媒	0.71%	4.02%	3.01%
食品	1.06%	2.83%	3.01%
贸易	1.06%	2.50%	4.51%
医疗保健	1.42%	3.07%	0.75%

续 表

行　业	苏　州	上海全市	上海浦东
生物制药	1.06%	1.84%	4.51%
金融	0.71%	2.27%	1.50%
软件服务	2.48%	5.72%	3.76%
互联网	0.71%	3.07%	2.26%
IT硬件	—	0.47%	0.75%
电信	0.35%	0.28%	—
公用事业(水、电、煤气)	1.06%	0.19%	0.75%
房地产	2.84%	6.00%	6.77%
其他(请填写)	11.70%	21.11%	23.31%

被调查浦东企业填表人员以部门负责人为主(见表5-78和表5-79),占50.38%;其次是浦东办事人员占28.57%。职工人数方面,19.55%的浦东企业职工人数为21~50人,17.29%为51~100人,占比较高;职工人数2 000人以上的占比相对较低,为3.76%。上

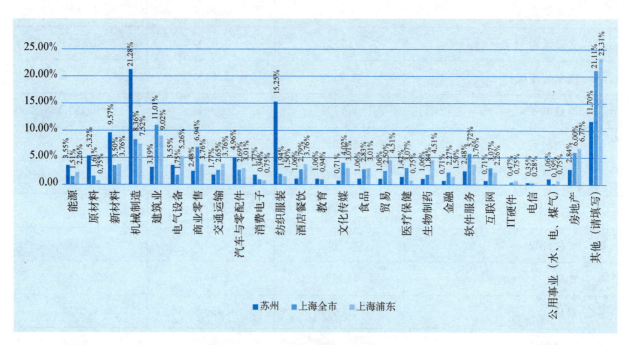

图5-34　2023年被调查企业行业分布

海全市被调查企业的职工人数也集中在"21~50人"和"51~100人",占比分别为18.04%和17.9%;苏州则以"301~1 000人"和"101~200人"的企业为主,分别占20.57%和15.96%。

表5-78 2023年企业填表人员职务分布表

职　　务	苏　州	上海全市	上海浦东
董事长、总裁	4.26%	11.71%	9.02%
副总裁、首席运营官等	4.96%	7.51%	9.02%
部门负责人	52.48%	46.01%	50.38%
部门内设团队负责人	7.45%	6.33%	9.02%
普通办事人员	34.40%	31.98%	28.57%

表5-79 2023年被调查企业员工数量分布表

员工数量	苏　州	上海全市	上海浦东
10人及以下	5.32%	15.59%	9.02%
11~20人	9.93%	13.37%	8.27%
21~50人	11.35%	18.04%	19.55%
51~100人	15.25%	17.90%	17.29%
101~200人	15.96%	13.84%	14.29%
201~300人	12.41%	6.66%	8.27%
301~1 000人	20.57%	8.93%	15.79%
1 001~2 000人	5.32%	2.93%	3.76%
2 000人以上	3.90%	2.74%	3.76%

营收总额方面,上海浦东、上海全市和苏州均以营业收入在1亿~10亿元的企业为主,占比分别为30.08%、21.07%和36.17%。其次是5 001万~1亿元和1 001万~3 000万元,占比均在10%以上(见表5-80)。

表5-80　2023年被调查企业营收总额分布表

营 收 总 额	苏 州	上海全市	上海浦东
100万元及以下	3.19%	12.80%	6.77%
101万～300万元	5.67%	7.56%	3.76%
301万～500万元	4.96%	6.90%	3.76%
501万～1 000万元	7.80%	9.26%	11.28%
1 001万～3 000万元	13.12%	14.31%	11.28%
3 001万～5 000万元	6.38%	9.64%	9.77%
5 001万～1亿元（包含1亿元）	12.41%	11.20%	12.78%
1亿～10亿元（包含10亿元）	36.17%	21.07%	30.08%
10亿～50亿元（包含50亿元）	7.45%	5.57%	8.27%
50亿～100亿元（包含100亿元）	1.42%	0.76%	1.50%
100亿元以上	1.42%	0.94%	0.75%

（供稿单位：浦东新区工商业联合会）

专题六

2023年静安区民营经济发展情况

静安是中国近代民族工商业的发源地，有着深厚的工业基因和商贸底蕴。在静安发展的不同时期，民营经济都发挥了十分重要的作用。2023年，静安区委、区政府深入学习宣传贯彻习近平新时代中国特色社会主义思想和党的二十大精神，贯彻落实《中共中央 国务院关于促进民营经济发展壮大的意见》，认真落实市委、市政府部署要求，紧紧围绕"两个健康"做好引导和服务工作，通过完善机制、增能培育、优化环境等举措不断推动静安民营经济高质量发展。

一、静安区民营经济发展基本情况

静安区高度重视民营经济发展，不断加大政策扶持力度，着力优化营商环境，为民营企业拓展发展空间、提升市场竞争力创造更好条件。广大民营企业充分发挥自身优势，坚持稳中求进，在活跃市场、扩大就业、促进消费、增强创新活力、增加经济总量和财政收入等方面发挥了重要作用。

截至2023年底，静安区实有私营企业47 687户，同比增长10%；实有个体工商户18 408户，同比下降3.5%。民营经济占到全区市场主体总量的83%。2023年，全区私营个体经济贡献税收96.19亿元，占全区税收11.35%，同比增长19.96%。

民营经济作为静安区域经济的重要组成部分，活跃度高，创新性强，龙头企业规模和带动效应显著。在静安科技企业中，民营企业数量占比超过九成，全区专利授权基本由民营企业获得；全区近300家大数据核心企业中，民营企业占据八成以上。广大民营企业在稳定增长、促进创新、增加就业、改善民生等方面发挥了重要作用。

静安区目前共有民营企业总部26家。从行业分布看，主要涉及软件信息、人力资源、新能源汽车、批发零售、交通物流、金融服务等领域。从规模能级看，龙头企业中集聚了百雀羚、新湖期货、风语筑、蔚来汽车、智联易才等各行业优秀企业代表。其中，拥有77年历史的百雀羚已成长为中国护肤领导品牌，并于2017年成为国际化妆品化学家联合会（IFSCC）在中国的首个金级会员。风语筑专注于城市规划馆、博物馆、纪念馆、科技馆、企事业单位展厅等工程的全案一体化，并成功在上海主板上市。蔚来汽车专注于智能电动汽车制造,代表国产高端电动汽车参与全球竞争。智联易才依托全链路一体化HR SaaS+综合服务平台提供一站式人力资源综合解决方案。

二、推进民营经济发展的主要举措

(一) 整合各类资源,优化企业发展环境

一是完善体制机制。充分发挥民营经济发展联席会议、民营经济圆桌会的作用,以及推进产业园区转型升级领导小组、文创领导小组等工作机制,进一步畅通政企沟通渠道,及时协调解决各类问题诉求,助力民营企业实现更好发展。结合重点企业"服务包"等工作,加大民营企业走访力度,协调部门之间企业服务重大事项,切实提升服务企业质效。

二是优化服务网络。依托区域"1+4+14+74"四级企业服务网络,重点发挥267人的中小企业服务专员队伍作用,通过联系走访、政策宣传和诉求收集,为企业提供"一对一"专属指导,实现陪伴式、全生命周期服务。依托4家国家级中小企业公共服务示范平台等为企业提供专业化指导。2023全年,共计走访联络企业50 053家次,举办活动365场,服务企业36 680家次。

三是强化要素保障。建立保障民营企业发展"民商事协调"机制,成立"静安区民营企业家法律工作站"。每季度定期开展"检察护航民企发展"检察开放日活动,加强企业法律风险防范意识。持续开展防范和化解中小企业账款拖欠问题专项行动,实现无分歧欠款化解率100%。建立街镇"园区中小企业服务站",结合"中小企业服务月",围绕企业关心的惠企政策、创新创业税收优惠等领域,召开"中小企业梯度培训政策分享会"。

(二) 激发创新活力,提升企业发展能级

一是加大培育力度。通过开展专精特新企业成长营等项目,加大对优质中小企业的培育力度。截至目前,全区共有制造业单项冠军2家、国家级专精特新"小巨人"企业7家、市级专精特新中小企业160家、市级创新型中小企业326家,梯度培育效应逐步显现。实施《静安区关于加大力度培育本土优质企业的行动方案(2023—2025年)》,聚焦重点行业和领域,加大对创新能力强、发展潜力大、成长速度快的本土优质企业培育力度,按照"一企一策"进行针对性辅导,定制一揽子政策组合包,支持民营经济发展壮大。

二是搭建赋能平台。推荐19家企业申报创新型企业总部。推荐2家企业入选"2023年度规上制造业企业数字化诊断服务商"。组织区内26家企业参与2023"创客中国"中小企业创新创业大赛,其中2家企业入围前100强,2家获评"2023上海最具投资潜力50佳创业企业"。支持企业参加国内外各类展会,组织正先电子、恒跃医疗、热像科技参与第十八届中国国际中小企业博览会,推荐创图网络科技、鲁班软件参加第十二届APEC技术交流暨展会。

三是营造良好氛围。进一步弘扬企业家精神,广泛宣传民营企业家重要作用和积极贡献,发挥优秀民营企业家引领示范作用,带动更多民营企业健康成长。推荐4名民营经济人士获第六届上海市优秀中国特色社会主义事业建设者表彰,10人获2023静安区人才奖项。

(三)加大政策扶持,助力企业发展壮大

一是落实纾困政策。《静安区提信心扩需求稳增长促发展行动方案》的制定出台,推动经济加快恢复发展。落实政策性担保贷款贴息贴费,2023年共有151家企业获得财政贴息贴费政策支持,金额为843万元。支持行业企业稳岗扩岗,全面落实本市稳岗留工10条政策措施,对本区邮政快递业一线从业人员给予财政补贴,共支付409.56万元用于邮政一线从业人员元旦、春节期间在岗补贴。制定本区春节返岗交通补贴方案,发放补贴金额共34 500元。落实一次性吸纳就业补贴,惠及企业609家,发放补贴金额共191.8万元。

二是加大产业扶持。出台静安区产业科技创新政策,加大对高新技术、专精特新等科技型企业扶持力度。制定《静安区关于加快推进"上海市北高新民营企业总部集聚区"建设的实施意见》,持续优化静安区民营经济发展环境,加快推进"上海市北高新民营企业总部集聚区"建设,促进民营经济做大做优做强,实现高质量发展。

三是促进银企对接。深化"政会银企"四方合作机制,加强民营企业融资供需对接。引导区内银行推进无缝续贷增量扩面、完善"四贷"长效机制,通过银税贷、链捷贷等金融产品,为民营企业提供多样化贷款支持。截至2023年11月末,区内重点银行普惠金融贷款余额387.58亿元。

(四)加强政企联动,提振民营企业发展信心

一是加强互动沟通。召开静安区促进民营经济高质量发展大会,制定发布《2023年静安区促进民营经济高质量发展行动计划》。定期举办民营经济圆桌会,解决诉求,凝聚共识。召开2023年静安区投资促进大会,举办静安区经济贡献二百强企业颁奖仪式,进一步提振民营企业发展信心,激发企业发展活力。

二是推进政企合作。会同市经信委开展民营企业进市北活动。赴北京、福州、深圳等地召开多场重点推介会,邀请新大陆科技、海峡基石等多家翘楚民营企业参与,推动务实合作。南西功能区与福州市民营企业家协会达成战略合作意向,架起两地企业发展合作桥梁。2023年度,共有3家区管企业与民企合作投资4个项目,涉及行业包括广告业、区块链服务业、金融服务业等,总投资规模约3亿元,进一步推进国企民企联动发展。

三是精准定制服务。开设"政策一站通"专栏,涵盖政策匹配、政策体检、项目月历、政策订阅等等"套餐式"功能,提供覆盖企业全生命周期一站式政策服务。制定标准化标签规则，形成覆盖民营、中小微、个体工商户等受影响较大行业类型的动态标签库，累计形成120个涉企标签，持续为全区企业提供如证照到期、综合纳税、专项资金、免申即享等主动提醒服务，实现精准推送，让企业能够及时享受符合自身的各类政策优惠和便利。

（供稿单位：静安区工商业联合会）

专题七

2023年嘉定区民营经济运行分析报告

2023年，全区坚持稳中求进工作总基调，全力以赴提信心、扩需求、稳增长、促发展，推动经济社会发展平稳有序。民营经济实力持续壮大，在支撑税收、吸纳就业、创新发展、扩大投资等方面发挥积极作用。

一、民营经济发展基本情况

（一）民营企业稳步增加，吸纳外劳保持稳定

2023年，在经济全面恢复，营商环境优化，政策力度加大，法治保障强化等利好因素作用下，民营企业总体保持平稳发展态势。一是民营企业注册数量稳步增加，截至2023年末，全区工商登记注册的民营企业28.1万户，同比增长3.5%，占工商注册单位总量的96.2%，同比降低0.1个百分点。二是民营企业注册资本保持增长，全区实有民营企业注册资本金12 760.2亿元，同比增长1.1%，但户均注册资本持续下降，为453.6万元/户（见图7-1）。三是民营企业吸纳外地劳动力保持稳定，截至2023年10月，全区外地劳动力41.8万人，其中民营企业吸纳外地劳动力36.1万人，占全区86.3%，比重与2022年末持平。

图7-1　2020—2023年民营企业规模情况

（二）民营税收领先增长，支撑作用不断增强

2023年，全区不断推进税费优惠政策落实落地，打造惠企减负的税收营商环境，民营经济对全区税收的支撑作用进一步增强。一是民营税收增长领先全区。全区实现税收总收入739.1亿元，同比增长4.4%，其中民营企业实现税收收入437.1亿元，同比增长23.0%，高于全区18.6个百分点。二是民营税收占比不断提升。民营企业税收占全区税收总额的59.1%，比重较2022年末提高8.9个百分点。分税种来看，民营企业缴纳增值税217.1亿元，同比增长40.0%；缴纳企业所得税100.4亿元，同比增长24.0%；缴纳个人所得税67.9亿元，同比增长8.1%（见表7-1）。

表7-1　2023年民营企业税收完成情况

指　标	2023年	2022年	同比增长
全区税收总额	739.1亿元	708.1亿元	4.4%
民营税收	437.1亿元	355.2亿元	23.0%
增值税	217.1亿元	155.1亿元	40.0%
企业所得税	100.4亿元	81.0亿元	24.0%
个人所得税	67.9亿元	62.8亿元	8.1%

（三）民营技术中心加快聚集，创新动能培育壮大

2023年，全区稳步推进新一轮科创中心重要承载区三年行动，抓牢院地、校地科技园、张江嘉定园等重点载体，聚焦科技成果转化企业，充分发挥载体集聚效应，助力塑造民营发展新动能。一是民营企业科技含量持续增强，国家级专精特新企业实有83家，同比增加13家，民营企业占比达90%；有效高新技术企业2527家，同比增加74家，民营企业约占80%；全区拥有各级民营企业技术中心203个，占企业技术中心总量的58.5%，比重较2022年末提高1.4个百分点，按等级看，分别为国家级6个、市级73个、区级124个，2023年新认定数量合计21个。二是民营企业发展实力稳步提升，全区上市企业35家，其中民营上市企业30家，同比增加5家，且均为民营企业；全区共有市级民营企业总部50家，区级民营企业总部24家，其中本年分别新增4家市级、8家区级民营企业总部。

二、规上民营企业经济运行情况

（一）固定资产投资增势良好，民间投资活力增强

全区固定资产投资规模继续扩大，其中民间投资是扩大整体投资、稳定经济增长的重要力量。一是民间投资活力逐年增强，2023年全区完成固定资产投资579.6亿元，同比增长9.6%，其中民间投资完成266.5亿元，同比增长14.5%，高于全区4.9个百分点。二是民间投资占比持续提升，民间投资占全区固定资产投资总额的46.0%，比重较

2022年末提高2.0个百分点。

（二）工业生产持续承压，民营企业效益领先

2023年，规模以上工业完成工业总产值4504.4亿元，同比增长0.1%。其中民营实现工业产值1175.8亿元，同比下降2.4%，低于全区平均2.5个百分点。汽车产业负重承压，全区汽车产业完成工业总产值2890.9亿元，同比增长2.7%，拉动全区产值增长1.7个百分点，其中民营实现汽车产业产值383.3亿元，同比下降1.1%，低于全区3.8个百分点。民营经济效益更优，全区规模以上工业企业产值利润率5.4%，其中民营企业产值利润率8.0%，高于全区2.6个百分点。

（三）商业经济总体平稳，民营企业走势分化

2023年，商贸流通稳步改善，消费市场平稳增长。从商品销售总额看，民营走势快于全区，全区实现限额以上商品销售总额7463.3亿元，同比增长1.7%。其中民营实现商品销售总额3780.9亿元，同比增长5.1%，增幅高于全区3.4个百分点，占全区总量的50.7%，比重较2022年末提高2.5个百分点。从社会消费品零售总额看，民营恢复弱于全区，全区实现社会消费品零售总额1607.8亿元，同比增长5.4%，其中民营实现社会消费品零售额1358.9亿元，同比下降2.6%，低于全区8.0个百分点，占全区总量的84.5%，比重较2022年末下降7.6个百分点。

（四）规上服务业小幅下降，民营企业保持增长

2023年，受龙头企业拖累影响，规上服务业同比下降。全区规上服务业实现营业收入1609.3亿元，同比下降3.0%，其中民营企业保持增长，实现营业收入887.7亿元，同比增长0.5%，高于全区3.5个百分点，占全区总量的55.2%，比重较2022年末提高2.5个百分点。

三、民营经济运行问卷调查情况

参与问卷调查的166家民营企业，主营业务涉及第一产业（农业及相关产业）33家，占19.9%；第二产业（工业及建筑业）54家，占32.5%；第三产业（金融及服务业务）63家，占38.0%；多元化经营16家，占9.6%。从企业规模来看，大型企业15家，占9.0%；中型企业54家，占32.5%；小型企业73家，占44.0%；微型企业24家，占14.5%。

（一）企业运营概况

1. 总体运行趋势向好

调查显示，八成多企业经营状况变化不大，明显改善比恶化的多3.6个百分点；四季度企业营业收入持平和增长的占82.5%，增长比下降多23.5个百分点；主要产品订单量持平和增长的占80.1%，增长比下降多13.9个百分点；境内投资额持平和增长的占96.4%，增长比下降多6.6个百分点；五成多企业有进出口业务，其中持平和增长的占

84.8%，增长比下降多5.4个百分点。

2. 经营压力持续增加

调查显示，综合成本持平和增长的占95.2%（同比增加9.5个百分点），增长比下降多44.0个百分点；人力、原材料、物流成本增长占比居前三，分别为45.8%、42.2%、35.5%，增长比下降分别多40.4、39.8、33.1个百分点；主要产品库存率持平和增长的占78.9%（同比增加2.5个百分点），增长比下降多14.5个百分点；应收账款累计余额持平和增长的占87.3%（同比增加4.4个百分点），增长比下降多22.3个百分点；资产负债率50%以上占33.1%（同比增加1.0个百分点）。

3. 预期信心尚显不足

企业当前最大的担忧是生产经营成本上升、国内经济承压、国际形势多变，分别占比62.1%、58.4%、49.4%；对宏观经济、市场需求、营业收入、国内投资预期增长的占比依次为30.1%、27.7%、29.5%、13.9%，同比分别下降7.8、10.2、7.6、4.7个百分点；员工数量、薪资水平预期增长的占比为19.9%和22.3%，同比分别下降3.0和6.3个百分点；45.2%企业认为生产经营恢复至疫情前水平还需要一年以上，21.1%认为2024年一季度只能恢复到30%以下。

（二）企业需求意愿

1. 加大宣传培训力度

七成多企业认为"加强优秀民营企业宣传力度""选树宣传优秀企业家典型，积极弘扬企业家精神"对持续营造关心促进民营经济发展壮大的社会氛围能发挥更大作用，近五成认为表彰奖励对本人事业发展具有十分重要的激励作用。对党的创新理论和路线方针政策非常了解的企业不足两成，培训内容选择上以习近平新时代中国特色社会主义思想、企业经营管理、重要会议精神解读位列前三，分别占53.6%、52.4%、47.0%。

2. 强化针对性政策供给

与2022年相比，企业最期待的政策前三位，除了"延续优化税费优惠""促进传统产业改造升级"外，新增了"恢复和扩大消费"，并跃居需求第一位；对《关于强化人社支持举措 助力民营经济发展壮大的通知》中的十一项举措，企业认为最需要的是"加强民营企业技能人才培养"，占64.5%，其次是"支持民营企业稳岗扩岗""降低用工成本"，均占47.6%。

3. 破解发展瓶颈问题

四成多企业认为，当前制约企业发展最突出的方面是"市场准入难，新产品上市审批难，在市场竞争中遭遇所有制歧视或规模歧视"，以"行政审批前置条件过多过繁，变相设定准入障碍"为反映最集中的问题；其次是"要素公平获取难，尤其是金融资源和土地资源"，占了近四成，而"高层次人才缺乏完善的配套支持政策，高素质人才需求缺口很大"是反映最集中的问题。

四、"2023年万家民营企业评营商环境"问卷调查情况

2023年8月,全国工商联开展"万家民营企业评营商环境"企业问卷调查,本区有152家企业参与填报,其中以制造业居多,为70家,占比46.1%;其次是软件和信息技术服务业,为14家,占比9.2%,其他还涉及建筑业、商务服务业、零售业、批发业等20多个行业。

(一)整体表现

2023年本区营商环境满意度总体得分为90.59分,名列全市前列。从一级指标五大环境来看,本区的市场环境表现最优,为90.00分;其次是创新环境,为89.64分;其后依次为法治环境86.20分、政务环境84.78分、要素环境81.15分。

从二级指标来看,企业对本区执法情况的满意度得分较高,为88.65分;而融资支持情况的满意度较低,为67.74分;另外,本区用工环境的满意度情况有待加强(79.88分)。

从三级指标来看,本区社会治安状况为最优指标(90.60分)。其次,减少侦查办案的影响(88.26分)、侵犯企业合法权益的惩处力度(87.09分)等指标表现也较好。相对而言,企业对融资成本(65.90分)和融资难度(69.59分)的满意度得分较低,融资环境有待改善。另外,企业劳动用工需求(76.58分)、政府开展职业技能培训效果(80.51分)、工程建设项目审批(81.14分)等细项指标有待加强。

(二)问题分析

1. 成本问题待改善

融资支持情况下的融资难度和融资成本的满意度得分相对较低,分别为69.59分和65.90分,结合企业诉求也发现企业发展存在融资难、成本较高的问题,一些企业提到"融资利息高、用工成本高,招人难度大""股权融资较为缓慢""电费费用太高"等问题。

2. 政务效果有待加强

本区在司法方面的满意度评分相对较低,其中立案效率和审理效率为82.53分、执行效率为81.76分。部分企业在调研中也反馈了"政务事项一次完不成,跑了很多次""胜诉但执行难,被告人转移财产,无法获取相关线索""应收账款催收老大难问题,没有有效渠道进行逾期催收"等,其中有多家企业提到了"法院诉讼周期较长"的问题,并提出"建议法院应当建立一个对话渠道,让企业的诉求得以表达"。

3. 用工问题需重视

用工环境中的企业劳动用工需求、政府开展职业技能培训效果,及处理企业与员工劳动纠纷的效果的评分相对较低,依次为76.58分、80.51分、82.55分。企业在诉求建议中提到存在用工难、人才不足的问题,具体为"公司员工多为专业技术人才,用工成本高""创新人才招聘难度大""阻碍创新最大问题应该是人才引进及资金投入"。

五、对策建议

1. 加强典型引导和培训支持

积极整合各方资源，在先进典型宣传、形势政策引导、企业管理辅导等方面形成合力，共建有利于民营经济高质量发展的良好氛围，让广大企业在嘉定安心投资、放心发展。通过区内主流媒体组织专题报道，加大对优秀民营企业家先进事迹和突出贡献的宣传，讲好创新创业故事，让民营企业家树立形象，增强荣誉感和归属感。邀请区领导和有关部门负责同志为民营经济人士作形势报告和政策宣讲，引导他们改善心理预期、提振发展信心。支持民营企业加强与著名外企和优秀国企交流合作，不断提升经营管理水平。

2. 推动政策有效落地

加快"一网优服"平台建设，尽快形成政策统一发布渠道；分析政务大数据，开展政策、企业"双画像"，实现政策精准找企业。推动落实涉企政策制定事前征询合作备忘录机制，多听取民营企业意见建议。组织开展政策落地"回头看"，对企业关注度高的政策加强跟踪监督和评估，以适当形式向社会通报政策实施情况和效果，回应企业关切。

3. 营造更加公开公正的环境

进一步完善各类政企沟通平台，坚持常态化对话机制，促进政企之间更加充分地沟通信息与需求，实现相互理解与支持。不断优化相关法规和政策，在市场准入、要素获取、权益保护等方面落实一些举措。借鉴国际国内最佳实践，提高审批的智能化水平，减少人为干预，推动审批流程简便化、透明化。加强企业法律援助，帮助企业更好地理解和运用法律。

4. 坚持深化金融服务

推进中小微企业信用体系建设，积极搭建信息共享平台，探索"信贷＋信用"小微企业普惠金融模式试点。持续发挥区大数据产融合作服务平台作用，提高企业融资对接和贷款审批发放效率，推动普惠小微贷款增量扩面。加强政府产业基金对民营科技企业的融资支持，如引导战略性新兴产业基金对科技型中小微企业的直接融资支持，提高财政资金配置效率。加大重点目标企业上市培育力度，支持通过上市挂牌、发行债券、并购重组、再融资等方式发展壮大。

5. 不断完善人才用工保障

适当向民营中小企业倾斜人才政策，特别是解决企业高管以及拟引进人才的住房和子女安置问题，重点关注区内先导产业以及园区创新创业企业，加速产业集群及人才生态建设。及时收集排摸本区重点产业相关企业在工种、资质、数量等方面的用工需求，通过购买服务等方式，提供专业化培训服务，针对缺乏市场供给的科目开设专项培训，提升职业技能培训的针对性和覆盖面，为企业发展提供人力支撑。

（供稿单位：嘉定区工商业联合会）

专题八

2023年奉贤区促进民营经济发展情况

2023年，奉贤区坚定促进民营经济发展"两个毫不动摇"的信心贯彻落实市委、市政府的工作要求，在区委、区政府的坚强领导下，立足全局，精准施策，精心服务、激发活力，全力推动民营经济平稳健康发展。

一、全区产业发展基本情况

全区上下坚持"稳中求进"工作总基调，工业生产稳步增长，重点行业支撑有力，固定资产投资增幅提高，发展质量稳步提升。2023年1—11月，全区规上工业完成产值2549.8亿元，同比增长4.3%，完成全年目标的87.9%。1—11月，我区的地区生产总值增速位居全市郊区第三，在地产值增速排名郊区第三。经济发展新动能快速成长。1—11月，医药制造业、化学原料和化学制品制造业、汽车制造业等六个主要行业合计完成产值1799.5亿元，同比增长6.5%。1—11月，全区战略性新兴产业完成产值1112.2亿元，可比增长6.7%。1—11月，全区共完成工业固定资产投资145.0亿元，完成全年目标的99.3%，同比增长18.3%。

二、2023年促进民营经济发展工作成效

1. 培育创新动能，厚植企业培育沃土

完善培育梯度，加大培育力度。《奉贤区"专精特新"企业梯度培育管理暂行办法》的修订印发，持续优化我区专精特新企业培育机制，在首次获得国家级专精特新"小巨人"称号奖励金额50万元政策不变的情况下，企业首次获得市级"专精特新"称号奖励，从原有的5万元提升到10万元。目前，全区共有创新型中小企业1086家，市级"专精特新"企业709家，国家级专精特新"小巨人"38家，区级专精特新"小巨人"培育企业54家、区级"单项冠军"培育企业41家。落实科技创新相关政策，发布实施《奉贤区中小企业科技创新活力区三年（2023—2025）行动规划》，设立"奉贤区支持创新创业发展专项资金"，进一步加快推进活力区建设。入库科技型中小企业1700家，新增高新技术企业认定295家。推进优化营商环境平台建设，举行"'贤'创未来 '商'行天下——2023'贤商大会'暨上海青年创新创业50人奉贤分论坛"，进行"百大

贤商"表彰,发布相关政策,成立长三角产业联盟南上海中心,启动上海青年创新创业接力站,举办2023生物医药产业论坛、2023上海中医药与天然药物国际大会、"贤城众创·畅想未来"奉贤区2023年创业大赛、第八届中国创新挑战赛(上海)东方美谷专场赛技术需求发布会等活动,进一步激发企业创新创业活力。

2. 缓解融资困难,降低企业融资成本

(1) 积极协调银行加大信贷支持力度。深化"政会银企"四方合作机制,依托"5.27为企服务日"主题活动,破解企业融资难问题。区内28家银行贷款余额1727亿元,比年初增长2.9%,其中企业贷款1095亿元,比年初增长5.5%。(2) 持续推进"基金＋基地"高质量发展。制定《关于"基金＋基地"赋能园区开发管理建设的实施意见(试行)》,设立20亿元奉贤区产业发展引导基金,出资10亿元参股上海国有资本投资母基金,截至目前,已落地"基金＋基地产业"项目11个,储备重点项目9个。(3) 深入贯彻落实金融扶持政策。围绕税会税企沟通交流合作、民营企业知识产权保护,区工商联联合区税务局、区委政法委、区市场监管局、区水务局等举办上海市民营经济圆桌会(奉贤)专场活动4场。兑现"三个一百"科技型企业贴息贴费1425万元,上市挂牌补贴1300万元。

3. 服务企业效能提升,加强政企沟通

(1) 持续深化线上"企业直通车"建设。已向2.3万户企业直通车用户累计发布2306期,内容多达8893条。政策平台实时归集9个委办局、9大类,累计入库119项惠企产业扶持政策,内容涵盖创业引导、研发转换、企业创新、节能环保和投融资服务等各个方面。充分发挥周三"贤商汇"品牌优势。根据企业需求,开展多元化政策服务和专业服务,主题涉及数字化转型、产业政策解读、科技与人才政策解读等热点,累计开展220场,累计服务人数9500余人次。(2) 持续精简优化涉企服务。做实"一企一码"场景应用,全市首创"龙湖天街商铺服务"、城管执法开具"电子责令整改通知书"场景。设立税收共治点,企业"足不出户"实现办税服务,已累计办结9364条远程办税申请,累计解决1.68万条涉税难题,节省单户企业办税来回路程约40分钟。(3) 持续推进人才建设,深化"校政企"三方"贤才共育"机制,与武汉大学、华中科技大学达成生物医药重点产业专业人才培养输送协议,成立上海市奉贤区驻哈尔滨工业大学、驻北京工业大学招才引智工作站。结合高校毕业季主题,开展线上线下系列招聘活动176场,助力企业推出岗位近万个。(4) 持续做优法律保障。联合区司法局,开展民营企业法治体检专项活动,有针对性地帮助60家企业解决实际问题。联合区市场监督管理局出台《关于服务奉贤区民营经济高质量发展的若干措施》,成立"奉贤区民营经济质量和标准化工作委员会"。

4. 保护合法权益,协调解决企业诉求

深入开展重点企业"服务包"工作,完成

174家区级重点企业走访联系的全覆盖,收集企业诉求141条,已对接解答(决)125条,持续关注企业发展需求。开展防范和化解中小企业账款拖欠问题专项行动,加快推进清理对中小微企业无争议欠款,持续强化各部门、各单位服务意识、加强监督检查,确保无新欠款出现。规范行政监管和执法,落实轻微违法行为依法不予行政处罚清单,全区465余家企业依据清单不予处罚,以单行法罚则的最低罚款金额计算,减免罚款金额约1 559.72万元。研究制定《市场监管领域轻微违法违规行为记分管理》区级标准,2023年以来,适用从轻、减轻处罚案件共计611件,不予处罚120件。

(供稿单位:奉贤区工商业联合会)

2023 发展环境

上海民营经济

专题九

上海加大力度促进民营经济发展壮大

2023年7月,国家印发了《中共中央 国务院关于促进民营经济发展壮大的意见》,随后,国家发展改革委等八部委联合发布《关于实施促进民营经济发展近期若干举措的通知》,充分体现了国家对民营经济的高度重视和对民营经济人士的深切关怀。为进一步促进民营经济健康发展,上海积极学习领悟中央文件精神,聚焦民营企业在投资经营中遇到的难点和问题,研究上海市促进民营经济发展壮大工作举措,进一步优化民营经济发展环境,推动上海民营经济高质量发展和民营企业发展壮大。

一、多措并举支持民营经济发展壮大

上海高度重视民营经济的发展,为持续优化民营经济发展环境,推进民营经济转型升级、高质量发展,先后出台了一系列促进民营经济发展的政策措施,充分激发民营经济发展活力。

(一)形成重点领域任务举措

围绕上海民营经济发展和民营企业关注的痛节问题和困难,聚焦深度融入现代化产业体系、提升科技创新能力、支持扩大民间投资、强化融资政策支持、持续优化营商环境、培育世界一流企业、健全服务民营企业机制等七个重点领域,形成促进上海市民营经济发展壮大七个重点领域任务分工表,明确31条具体举措和相关责任部门分工,合力促进上海民营经济发展壮大。

(二)全力优化民营经济发展生态环境

《上海市加强集成创新持续优化营商环境行动方案》聚焦九个方面、推出51项任务实施针对性涉企政策改革,持续完善企业服务和监管,着力提升企业满意度。政务服务方面,聚焦企业反映突出的"问询难、办事繁"现象,进一步优化在线帮办、深化"AI+政务服务"能力建设,构建线上线下全面融合服务体系。政策服务方面,针对企业反映政策"找不到、不好懂、兑现难"等问题,推动设立惠企政策综合窗口,建立政策发布、解读、宣传"三同步"机制,推进政策"免申即享"。企业服务方面,全面推行网格化企业服务模式,推动政府部门建立代办帮办制度,为企业提供更贴心周到服务。精准高效监管方面,推动监管信息共享互认,推进风险监测预警和非现场监管,尽量减少对市场主体不必要干扰。

（三）出台促进民间投资政策文件

《上海市加大力度支持民间投资发展若干政策措施》聚焦营造公平的市场准入环境、优化民间投资环境、完善民间投融资服务、引导民间投资高质量发展等4个方面，提出提振民间投资信心的"20条"，提出"支持民营企业依法平等准入，依法开展投资""将政府采购工程面向中小企业的预留份额阶段性提高至40%以上的政策延续至2023年底"等系列支持政策。

（四）建立常态化政企沟通机制

召开上海市民营企业座谈会，邀请涵盖第一、二、三产业和大、中、小规模的民营企业参会，听取和了解企业结合自身实际、行业特点和国内外环境等因素，分析的企业自身和所在行业发展现状以及面临的新情况、新特点和新趋势，反映的生产经营过程中遇到的一些实际困难，以及就上海进一步优化民营企业发展环境、推动民营经济高质量发展提出的意见建议。针对企业在座谈会上反映的问题诉求，梳理形成问题清单进行研究，切实为上海民营企业和民营企业家发展、民营经济发展壮大提供更完善的体制机制保障。

二、上海民营经济发展面临问题

上海非常重视民营企业，为民营经济发展营造了较好的营商环境。但在当前国际环境的复杂多变、我国经济发展由高速增长进入高质量增长的换挡期的大背景下，本市民营企业还面临着不小的压力、困难和挑战。

（一）头部领军企业不够突出

过去三十年，上海存在国企、外企较强，民企长而不大的现象。根据全国工商联发布的2023年民企500强目录，上海企业未进入前30强，上海民企前三强东方希望、复星集团、上海找钢网分别位列第35、44、60位。

（二）创新创业成长成本较高

根据经济学人智库"2023年全球生活成本"调查，上海排名第12位，在内地城市排名最高，国际上仅次于美国洛杉矶。2022年，上海科研设计用地平均成交价格368.1万元/亩，工业用地平均成交价格62.3万元/亩，仓储用地平均成交价格108.6万元/亩，明显高于周边地区。

（三）民营企业融资难问题仍然存在

部分企业反映，银行等金融机构对贷款融资仍然有顾虑和限制，民营企业贷款仍存在门槛高、抵押率低、贷款利率偏高等现象。

三、促进民营经济进一步发展壮大的政策建议

民营经济是推进中国式现代化的生力军，是高质量发展的重要基础，是推动我国全面建成社会主义现代化强国、实现第二个百年奋斗目标的重要力量。上海将继续加快落实中央要求，围绕强化法治保障、加强民营经济形势监测、健全政企沟通机制、优化营商环

境、深化区域合作交流等方面,进一步促进上海民营经济高质量发展。

(一)完善民营经济发展法治保障体系

稳定的法治环境可以为民营企业和民营经济发展提供相对稳定可预期的经营环境,保护企业合法权益,减少经营风险。我国已有《外资企业法》和《外商投资法》,建议加强促进民营经济发展相关立法研究,比如研究民营经济促进法或民营企业促进法,不断完善民营经济发展法治保障体系。

(二)加强民营经济形势监测

进一步强化民营经济发展形势综合分析,建立健全民营经济形势监测指标体系,动态监测民营经济发展情况,及时了解民营经济和民营企业发展特点,大力总结推广民企典型做法和优秀案例。

(三)健全完善政企协商沟通机制

完善促进民营经济高质量发展联动协同工作机制,定期召开现场会,多渠道听取民营企业意见建议,协调推进解决民营经济发展和民营企业经营中的困难和问题,优化企业诉求结果跟踪和反馈工作流程,持续完善听取、办理、反馈工作闭环,依法依规为企业纾困解难。

(四)开展民营企业营商环境专项调研

加强与第三方机构合作,聚焦民营企业关心的打破市场隐形壁垒问题,进一步解决企业生产经营中的问题、困难和需求,着力营造促进民营经济发展壮大的公平竞争市场环境。

(五)持续深化长三角地区民营企业合作交流

充分利用长三角地区互联网、物联网、5G等产业发展优势,推动各项生产要素在长三角地区更大范围内畅通流动,推动长三角地区民营企业产业链、创新链、价值链深度融合,加强互学共建。

(供稿单位:上海市发展和改革委员会)

专题十

培育竞争优势
提升经营主体竞争力　推进高质量发展

一、质量支撑

(一) 开展中小企业质量提升帮扶行动

全市建成72个高效实用质量基础设施"一站式"服务项目,融合计量、标准、认证认可、检验检测、质量管理等要素资源,涵盖生物医药、人工智能、新能源汽车等产业,向企业、产业、区域提供全链条、全方位、全过程质量基础设施综合服务。

(二) 发挥质量奖励导向作用

全市共有24个组织和个人申报第五届中国质量奖,8个企业入围第五届中国质量奖候选名单;95个组织和个人申报2023—2024年上海市政府质量奖,55个组织和个人进入现场评审。

(三) 优化"上海品牌"认证工作机制

150个企业持有"上海品牌"认证有效证书,涉及191项产品和服务,覆盖高端装备、医疗器械、民用消费品等产品领域以及养老、会展、文旅等服务行业。

协调上海品牌国际认证联盟携3个获证企业及8个获证品牌商品赴泰国、新加坡巡展,搭建"上品"标志走出国门、让海外市场和消费者深入了解上海品牌的平台。

(四) 开展小微企业质量管理体系认证提升行动

组织37家认证机构,精准帮扶662个小微企业导入质量管理体系或提升体系运行效能。自2021年开展提升行动以来,各区先后出台8项激励政策,累计补贴549.6万元。

(五) 培育高素质质量和标准化人才

建立企业质量标准化管理人员库,指导各区、相关行业组织及企业集团培训500名首席质量官和200名标准化总监。建立企业首席质量官和标准化总监相关能力评价及使用管理等地方标准,提高企业在聘任、使用、培训等工作方面的规范化水平。推出6门免费线上学习质量标准化管理"应知应会"基础课程,举办5期中小企业质量提升公益培训和市级标准化总监高级研修示范班,帮助1万个中小企业提升质量标准化意识和素质。

二、标准引领

(一) 优化地方标准化技术委员会

结合本市产业发展标准化需求,新组建

氢能、生态农业公共服务环境保护、碳达峰碳中和地方标委会。目前，上海共有45家地方标委会，涵盖农业、城市节能环保服务业高新技术管理、公共服务、高新技术、服务业、节能环保6个领域。

全国率先成立上海市数据标准化技术委员会、信息标准化技术委员会、信息安全标准化技术委员会、社会管理和公共服务标准化技术委员会等，服务城市数字。

（二）开展国家级、市级标准化试点工作

共承担国家级标准化试点示范项目216项，充分发挥先行先试、示范带动作用。其中，农业领域84项；社会管理和公共服务领域45项；服务业领域64项；其他领域23项。例如，商贸流通提质增效专项标准化试点项目——以标准化推动流通新技术、新业态、新模式发展，提升服务品质，促进商贸流通品牌化、绿色化、数字化改造。

组织开展市级标准化试点项目1400项，推动科技创新成果标准化，服务上海高新技术产业升级、长三角一体化发展等。其中，农业领域345项；高新技术领域267项；服务业领域315项；社会管理和公共服务领域231项；节能环保领域119项，其他领域123项。例如，数字化无人农场、智慧农业、优质稻米全产业链信息化等标准化试点等，助力现代都市农业与数字化建设深度融合；AI智能工业焊接机器人、钢铁行业智能巡检云平台、分布式网络无线传感等标准化试点，发挥标准化对高新技术产业的引领作用。

三、技术服务

（一）推动产业计量测试能力提升

《上海市产业计量测试中心建设指引》面向战略性新兴产业等经济社会重点领域产业发展的计量测试需求，进一步明确产业计量测试中心功能定位，更好服务产业链供应链韧性和安全水平提升，推动产业迈向价值链中高端。在核电仪器仪表、商用大飞机、智能网联汽车、民用航空发动机、海洋动力装备等领域培育推动5家国家产业计量测试中心落地上海，培育并批准生物医药等6家市级产业计量测试中心筹建，有力支撑C919大飞机适航取证、国产智能网联汽车研发创新等产业创新发展。

"十四五"期间，本市产业计量测试中心已累计服务产业产值约56亿元，涉及企业数量超1.9万家，提供产业计量设备资源供给超15亿元，自研设备近100套。

（二）加强计量基础和前沿技术研究

加强国家时间频率计量中心上海实验室建设，对接金融领域需求开展高精度授时技术示范应用，建立广域网多路径NTP网络授时系统，实现对电力系统时间实时溯源。加快生物计量技术创新，参与"国际人类表型组"等大科学计划，着力推动人体精密测量前沿技术与标准创新。稳步推进"悬臂式光波导生物纳米几何计量与智能检测技术研究""面向飞机制造的大尺寸测量及溯源技术研究"等国家和市级重点项目,相关科技成果成功应用于C919、ARJ21等飞机制造。

2023年,市计测院获批中国博士后科学基金面上项目1项、市场监管总局技术保障项目1项、市科委项目4项和市技术性贸易措施应对专项项目1项。

(三)加快构建现代检验检测发展新格局

聚焦机器人、工业互联网、汽车电气化等新兴产业领域,上海市已建成51个国家质检中心,并围绕三大先导产业培育建设高密度系统级芯片、创新生物制品、生成式人工智能、氢能动力产品、营养与健康食品等首批5个上海市质检中心,打造高端检验检测平台,提升产业支撑力、科技创新力、服务保障力和平台带动力。

开展检验检测促进产业优化升级行动,围绕对接产业链升级需求、促进重点产品质量提升、服务保障碳达峰碳中和、优化检验检测技术服务等四方面任务,加强检企供需对接,推进23个试点项目落地落实、做优做强。搭建检验检测服务平台23个;开展技术帮扶2 099次;研制检验检测标准1 032项;帮扶企业降本提产2.19亿元,其中10个试点项目入选2023年长三角检验检测促进产业优化升级典型案例。

组织开展上海市检验检测创新案例征集评选活动,评选并发布10项年度创新案例,获评案例涵盖集成电路、生物医药、人工智能、生命健康、汽车、高端装备、先进材料等多个重要产业领域,以及检验检测服务构建"双循环"格局、支撑"双碳"目标、助力乡村振兴、推动数字化转型等方面的创新发展成果。

四、帮扶产业发展

(一)推进广告业高质量发展

国家级园区带动各类产业集聚载体联动发展的"1+X"雁阵体系基本成形。嘉定中广国际园区通过首轮国家广告产业园区考核,获评全市服务业创新发展示范区。普陀、青浦广告园区被认定为首批市级广告产业园区。徐汇、浦东、杨浦、静安、黄浦、宝山、长宁先后创建数字广告园区。徐汇区创建滨江数字广告产业集聚区。金山区创建数字广告创新工场。

全市17 050个企业取得"数字广告"经营范围,全市广告业营收2 489.19亿元,同比增长18.7%。首轮上海市数字广告业高质量发展创新案例征集中,从155个申报案例中评选出十大创新案例及20个入围案例。

(二)落实广告业恢复发展支持政策

对1 566个提供广告服务的单位和个人,按其2022年第四季度实际缴纳文化事业建设费的50%给予资金支持1.97亿元。

(三)鼓励支持广告业开展跨境服务贸易

连续三年纳入本市《上海市服务贸易促进指导目录(2023年版)》,将广告业列为专业服务贸易部分的培育重点。推动5家广告企业获得本市促进服务贸易支持资金。上海广告业跨境服务入选国务院服务贸易发展部际联席会议办公室第三批全面深化服务贸易创新发展试点"最佳实践案例"。

（四）开展食品生产"大企带小企携手共发展"活动

引导食品生产大企业、第三方机构、行业协会、高校等社会各方力量与中小微企业通过结对合作等方式，共享资源优势，发挥带动效应，构建社会各方力量与中小微企业相互帮助、相互促进的产业生态，释放发展活力，助力整个食品产业链发展。

（五）推动检验检测结果采信与认证机构互认

发放各类国际认证证书7万余张，覆盖20多个国家和地区，引进25项国际认证制度或认证产品。市局报送的《低蓝光产品双证互认满足消费者健康新需求》获国家认监委质量认证"小而美"国际互认合作首批优秀案例。

（供稿单位：上海市市场监督管理局）

专题十一

关于进一步构建亲清政商关系问卷调查的情况分析

2022年10月16日,习近平总书记在党的二十大报告中提出:"全面构建亲清政商关系,促进非公有制经济健康发展和非公有制经济人士健康成长。"2023年2月,习近平总书记在《求是》发表重要文章强调:"各级领导干部要为民营企业解难题、办实事,构建亲清政商关系。"习近平总书记关于亲清政商关系构建工作的重要部署,为新时代亲清政商关系的全面建设落实指明了方向,明确了要求。

为更好地学习贯彻相关指示精神,了解掌握上海的亲清政商关系现状,上海市民营经济研究会成立专题调研课题组,开展了"进一步构建亲清政商关系"问卷调查,共回收501份有效问卷。

一、当前亲清政商关系的基本特点

（1）超过四分之三的受访者对亲清政商关系构建情况回答"很好"和"好"。受访者中,回答"很好"和"好"的共占77.6%,其中回答"很好"占38.7%,"好"占38.9%;本次调查可以反映出大多数受访者给出了积极的、正面的总体感受和评价,显示上海市营商环境、亲清政商关系建设总体取得较好成效（见表11-1）。

表11-1 亲清政商关系构建情况调查结果

选　　项	小　计	比例(%)
很好	194	38.7
好	195	38.9
一般	98	19.6
较差	7	1.4
很差	4	0.8
（空）	3	0.6
本题有效填写人次	501	

(2) 关于"把民营企业和民营企业家当作自己人"在实际工作中的感受,超过 70%的受访者回答"很好"和"好"。受访者中,回答"很好"和"好"的共占 71.0%,其中回答"很好"占 36.9%,"好"占 34.1%。以上数据和上面的总体评价数据相呼应,因而能够反映优化营商环境、构建亲清政商关系的总体情况(见表 11-2)。

表 11-2 "把民营企业和民营企业家当作自己人"调查结果

选 项	小 计	比例(%)
很好	185	36.9
好	171	34.1
一般	126	25.2
较差	7	1.4
很差	8	1.6
(空)	4	0.8
本题有效填写人次	501	

(3) 在"亲""清"关系上,"清"的认可度明显大于"亲"。受访者中,"清"的认可度达到 86.0%,而"既清又亲"的仅占 47.7%,表明亲清政商关系建设总体取得较好成效,同时突出在"清而不亲"方面还需要进一步加强和完善(见表 11-3)。

表 11-3 "亲""清"关系调查结果

选 项	小 计	比例(%)
既亲又清	239	47.7
清但不够亲	192	38.3
亲但不够清	29	5.8
既不亲又不清	37	7.4
(空)	4	0.8
本题有效填写人次	501	

(4) 对民营企业不"亲"的主要表现是不一视同仁、有避嫌心理。受访者中,49.5%的认为一些领导干部、公职人员对民营企业与国有企业区别对待,不能一视同仁,重国有、轻民营;47.7%的认为对民营企业有避嫌心理,不联系、不关心,怕存在道德风险。说明受访者中认为对这两个方面的表现存在困惑与问题,亟待得到重视并采取对策有效解决(见表11-4)。

表11-4 政府对待不同所有制企业态度调查结果

选 项	小 计	比例(%)
对非公有制经济企业有避嫌心理,不联系,不关心	239	47.7
同非公企业接触交往不坦荡真诚,脸好看、事不办	141	28.1
对非公与公有制企业不一视同仁,重国有、轻民营	248	49.5
对非公企业合理诉求不认真负责,不作为、多推诿	123	24.6
同非公企业交往做不到不能清亲,没好处、就不亲	67	13.4
其他	30	6.0
(空)	28	5.6
本题有效填写人次	501	

二、不够"亲"的主要原因分析

(1) 主观原因有五个方面。受访者中,认为对民营企业不够"亲"的主观原因,按受访者选择比例由高到低依次为:一是缺少勇于担当的责任意识和当好"店小二"的服务精神,占48.5%;二是没有充分认识到民营企业在经济社会发展中的重要作用,占44.5%;三是把握不准交往尺度,感觉多一事不如少一事,干脆与企业少打交道甚至不打交道,占41.7%;四是没有从政治高度认识党中央新时代亲清政商关系政策部署的重要意义,思想认识没有到位,占41.5%;五是怕牵扯到企业不良商业行为中,存在"爱惜羽毛"心理,怕企业家出问题对个人发展不利,占37.9%(见表11-5)。

表11-5 不够"亲"的主观原因调查结果

选 项	小 计	比例(%)
缺少勇于担当的责任意识和当好"店小二"的服务精神	243	48.5

续 表

选 项	小 计	比例(%)
没有充分认识到民营企业在经济社会发展中的重要作用	223	44.5
把握不准交往尺度,感觉多一事不如少一事,干脆与企业少打交道甚至不打交道	209	41.7
没有从政治高度认识党中央新时代亲清政商关系决策部署的重要意义,思想认识没有到位	208	41.5
怕牵扯到企业不良商业行为中,存在"爱惜羽毛"心理,怕企业家万一出问题对个人发展不利	190	37.9
其他	21	4.2
(空)	24	4.8
本题有效填写人次	501	

（2）客观原因有四个方面。受访者中,认为对民营企业不够"亲"的客观原因,按受访者选择比例由高到低依次为：一是政商沟通交流的渠道平台不多、不够完善,占51.3%；二是民营企业政策不少,但不落地或不够落地,申请标准、程序烦琐,占50.7%；三是激励机制、容错机制不健全,激励不足,考核机制不够完善,占45.3%；四是政商交往正面清单、负面清单等制度规范不够健全完善,交往界限不清晰,占39.9%（见表11-6）。

表11-6 不够"亲"的客观原因调查结果

选 项	小 计	比例(%)
政商沟通交流的渠道平台不多、不够完善	257	51.3
政策不少,但不落地或不够落地,申请标准、程序烦琐	254	50.7
激励机制、容错机制不健全,激励不足,考核机制不够完善	227	45.3
政商交往正面清单、负面清单等制度规范不够健全完善,交往界限不清晰	200	39.9
其他	16	3.2
(空)	20	4.0
本题有效填写人次	501	

另外当前部分企业家不"亲"党政干部的原因，63.5%的认为缺少沟通交流的有效渠道和平台，这也和上面51.3%的认为党政干部、公职人员不"亲"民营企业家的客观原因为政商沟通交流的渠道平台不多、不够完善相互对应（见表11-7）。

表11-7　部分企业家不"亲"党政干部的原因调查结果

选　项	小　计	比例(%)
缺少沟通交流有效渠道和平台	318	63.5
一些党政干部疏远企业家	113	22.6
一些党政干部不担当不办实事	176	35.1
部分干部不重视企业家的意见建议	154	30.7
一些政商交往呈圈子化，没办法进入	149	29.7
怕官员出问题受到牵连	76	15.2
市场需求不旺，前景不明，不准备再投	114	22.8
其他	11	2.2
（空）	16	3.2
本题有效填写人次	501	

三、进一步构建亲清政商关系的对策建议

5月24日，上海市时隔五年再次召开促进民营经济高质量发展大会，充分彰显市委、市政府对上海市民营经济的高度重视，广大民营企业和民营企业家深受鼓舞，下一步关键是要将"声势"转化为"胜势"。

（一）进一步加强领导，完善机制

进一步做深做实促进民营经济发展联席会议机制，统战部、工商联要进一步发挥好牵头作用，使之真正成为一个发现问题、梳理问题、解决问题的常态化工作机制。

（二）进一步推动相关政策落地落细落实

深化"政会银企"工作品牌，在政、会、银、企四方的作用发挥上，"会"的作用还有进一步的发挥空间，"会"的作用发挥好了，强化统战性也就有了基础；加强调研督查，进一步倾听企业诉求，找准问题，把握关键，完善政策，推动落实，并对落实情况建立督查制度；定期开展支持民营企业发展政策落实情况的第三方评估工作，防止政策"重复堆砌"，支持相关研究机构和智库的发展。

（三）进一步统一思想，加强宣传引导

进一步提高认识，目前党政干部对促进

民营经济发展重要意义的认识从上到下是递减的,越到操作层面越是"顾虑重重",要建立和完善构建亲清政商关系的"正面清单"和"负面清单";做好正面典型案例宣传,以"优秀中国特色社会主义事业建设者"先进典型宣传为抓手,积极引领网络舆论,全面提振民营企业家发展信心;建立完善诚信评价机制,完善商业贿赂犯罪档案查询系统,鼓励企业诚信经营。

（四）进一步加强干部队伍建设,完善法治保障

强化担当作为,加强党性锤炼,争当服务民营企业的金牌"店小二";建立健全容错机制,使党政干部在服务民营企业中放下包袱、担当尽责;加强法治保障,建议研究制定《上海市促进民营经济高质量发展条例》,切实按照亲清原则和要求,为民营企业创造更好的营商环境,进一步提升涉企刑事法治科学性、规范性,进一步健全完善涉企刑事立法、司法的民营企业发展权益维护和法治保障。

（供稿单位：上海市民营经济研究会,主要完成人：赵福禧、李建伟）

专题十二

上海民营企业高质量发展路径指南

在深入开展学习贯彻习近平新时代中国特色社会主义思想主题教育之际，上海市工商联通过开展上海民营企业高质量发展路径研究，明确上海民营企业发展现状，探索上海民营企业高质量发展路径，持续赋能上海民营经济高质量发展。

本次调研通过六个层面开展调查研究：一是举行"民营企业高质量发展大家谈"活动，全市16个区一百多家民营企业畅谈对高质量发展的认识和体会；二是与上海市安徽商会、上海市江苏商会等异地商会进行座谈交流，听取商会会长班子对推进高质量发展的意见建议；三是举行直属商会座谈调研，9家直属商会分头开展商会会员高质量发展调研并在会上分享了有关情况；四是联合第三方力量走访黑湖科技、帜讯信息、达观数据、中青芳华、思尔腾、红料理、驴妈妈、嘉岩供应链、中昊针织等十多家不同行业高质量发展代表性民营企业，总结企业高质量发展的有益经验；五是与市司法局等职能部门进行座谈，了解企业合规经营有关情况；六是进行民营企业高质量发展问卷调研，共收集有效调研问卷276份。

在以上调研工作的基础上形成相关调研报告，梳理分析了当前民营企业高质量发展中存在的五大问题，探寻并总结出民营企业实现高质量发展的五大理念、"五化"路径和"五新"方法。期盼以此形成对民营企业高质量发展的方向指引，持续赋能上海民营企业高质量发展和上海民营经济高质量发展。

一、民营企业对高质量发展的认识

2023年4月21日，习近平总书记主持召开二十届中央全面深化改革委员会第一次会议，会议指出，促进民营经济发展壮大，要引导民营企业在高质量发展中找准定位，通过企业自身改革发展、合规经营、转型升级，不断提升发展质量。"找准定位、改革发展、合规经营、转型升级，不断提升发展质量"成为党中央对民营企业高质量发展提出的重要关键词。

结合"民营企业高质量发展大家谈"中广大民营企业对高质量发展的认识和体会，本篇报告将上海民营企业的高质量发展概括为四个方面的特质。

（一）具有清晰的发展定位

"企业要实现高质量发展，从自身角度来说：要找准市场定位。"在民营经济高质量发展大家谈中，上海东福网络科技有限公司CEO王海锋如是说道。首先，清晰的发展定位能够帮助企业明确自身的目标和使命。一个企业只有明确了自己的目标，才能在市场竞争中立于不败之地，实现长期稳定发展。同时，明确的使命也能够提高企业的社会责任感和创新能力，从而更好地适应市场变化和社会需求。其次，清晰的发展定位能够帮助企业精准把握市场机遇。市场竞争激烈，企业只有在市场中找到自己的定位，才能够更好地抓住市场机遇。通过分析市场需求和竞争状况，企业可以确定自己在市场中的发展方向和重点，进而更好地制定营销策略和产品战略，提高市场竞争力。最后，通过明确发展定位，企业能够更好地规划资源配置，减少资源浪费和重复投入，提高资源利用效率。

（二）始终坚持合规经营

"在风险管理与合规能力方面，建立完善的风险管理和合规体系，有效防范和应对各种潜在风险。"科大讯飞（上海）科技有限公司总经理谢何对于加强企业合规经营，谈了自己的理解。首先，合规经营是企业发展的基础。企业必须遵守国家法律法规和行业规范，做到真实、透明、合法经营，才能获得社会的信任和认可，建立良好的企业形象和品牌价值。同时，企业合规经营也能够避免违法违规行为带来的风险和损失，保护企业的合法权益和员工的权益，维护企业的长期发展和可持续发展。其次，合规经营是企业履行社会责任的基本要求，只有企业在遵守法律法规和规范管理的基础上，才能更好地为社会创造价值，实现企业和社会的共赢。最后，合规经营是企业品牌建设的重要内容。企业在市场竞争中，需要树立自己的品牌形象。只有做到合规经营，才能建立起企业的诚信品牌，提高企业的知名度和美誉度，增强企业的品牌价值和市场竞争力。

（三）推进科技、产品、管理的持续创新

在调研走访民营企业过程中，上海聚隆园林建设公司董事长单耀晓表示："在数字化浪潮下，创新转型是引领企业继续高质量发展的重要动力。"正如单耀晓所说，创新是民营企业谈得最多、最频繁的一点。首先，民营企业作为科技创新的重要主体，具有独特的灵活性和敏捷性，天然的基因让他们能够在科技创新方面走在前列。其次，随着市场竞争的加剧和消费者需求的不断变化，市场环境在不断驱动民营企业进行产品创新，不断满足消费者的需求，提高产品质量和性能，从而赢得更多的市场份额。最后，通过管理创新，提升企业经营管理水平，推动管理工作朝着精细化的方向发展，提高资源利用效率，适应市场变化和社会需求，进而实现可持续发展的目标。

（四）积极进行转型升级

随着国际政治经济格局深刻调整，新一轮科技革命和产业变革深入发展，民营企业

对于转型升级比以往任何时刻都更加迫切。正如君合律师事务所上海办公室主任邵春阳所说:"民营企业家要在发展中注重转型升级,注重对创新科技的研发,创造协同创新的产业生态。"首先是产业转型。随着市场需求和技术进步的变化,产业结构也在不断变化。为了适应市场需求,民营企业迫切希望加速产业转型,从传统制造业向高端制造业、服务业和新兴产业转型。通过产业转型,企业可以提高产品质量和技术水平,拓宽市场占有率,实现可持续发展。其次是经营方式转型。中小民营企业迫切希望以专精特新为方向,聚焦主业、苦练内功、强化创新,提高竞争力和市场占有率。最后是数字化转型。伴随着数字经济的蓬勃发展,民营企业在基于互联网和信息技术的基础上,实现数字化、智能化、网络化和数据化,不断推动企业的新一轮转型升级。

结合新时代下党中央对民营企业高质量发展的方针部署以及广大民营企业对高质量发展的认识和体会,以上四大民营企业高质量发展内涵将成为引领民营企业高质量发展的方向标,成为民营企业开展高质量发展工作的重要抓手。

二、上海民营企业在高质量发展过程中面临的问题

市工商联通过调研问卷的发放回收、企业实地走访、企业家调研座谈等方式,分别收集了民营企业在高质量发展过程中的大量问题与现象,并将其进一步归纳分析,形成了以下五大核心问题。

(一)民营企业发展信心普遍不足

在当前经济下行周期影响下,市场表现普遍低迷,消费总量收缩。据国家统计局上海调查总队发布,2023年上海5月CPI跌幅同比下降1.4%,5月份上海工业生产者价格同比双双下降。6月份,本市CPI环比下降1.9%。其中,消费品价格下降最明显,达4.1%。

民营企业是民间投资的主力军,民间投资力度减弱,亦体现了民营企业的信心不足。数据显示,2022年国内民间投资完成31万亿元,同比增长仅0.9%。其中固定资产投资中,民间投资经历了连续负增长,1—5月、1—6月、1—7月的同比增速为-0.1%、-0.2%、-0.5%。

人口红利消失导致总需求量收缩。2013年上海市人口数量为2 399万人,十年后的2022年人口数量为2 475万人,十年来上海市人口数量几乎停滞,再加上人口老龄化愈加严重,导致十年来上海消费群体与需求量处于存量甚至减量状态。民营企业市场基本盘的收缩,直接导致了广大民营企业,特别是中小民营企业的全线预期收益的降低。

流量红利消失导致企业获客动销难。在拼多多、抖音两个现象级互联网应用出现后,流量红利基本消失,线上线下再难出现现象级的增量渠道创新,加之人口基本盘的收缩,导致民营企业更加难以获客、难以将产品服

务动销。

此外,经营环境的不确定性增加也是导致发展信心不足的重要原因。近年来,内外部环境不确定性均在增加,国内投资与出口、生产与消费受到严重影响,对于民营企业,这一系列影响及其连锁反应,如库存积压、应收账款拖欠等,使企业的现金流更加紧张。

除外部环境因素外,民营企业自身发展水平低也是导致自身发展信心不足的关键点。如有的企业没有认识到合规经营的重要性,导致企业经营误入歧途;有的企业的品牌建设水平低,没有形成企业自身的顶层设计规划;有的企业虽然有品牌顶层设计规划,却没有合适的人去执行,人才招不来留不住;有的企业在面对快速变化的市场环境时,仍没有进行管理与生产的数字化转型,导致企业运作效率低下……在外部多变、高压的环境下,民营企业自身存在的诸多问题会被暴露和放大,随时可能成为压死骆驼的最后一根稻草。

(二)民营企业品牌建设水平低,常陷入低价竞争

品牌建设即品牌顶层设计,是统筹民营企业产品、品牌、传播、销售的"发展总纲",指导着企业及内部各业务版块的发展方向。在当下经济下行压力的影响下,品牌的作用更加凸显,人们会有意地控制试错成本,在消费时更加倾向于选择大品牌或足够差异化的品牌。许多企业由于缺少对自身品牌的差异化定位与引爆,在消费者心中缺乏良好的品牌

效应,导致企业通过低价竞争争取市场,反而不断压缩着自身的生存空间,阻碍着企业的持续高质量发展。究其原因,是以下四个方面没有明确。

一是没有明确卖什么。产品是品牌的基础与依托。若无法基于自身能力与市场机会对自身产品发展清晰规划,则难以给到消费者购买的理由,品牌建设也就无从谈起。二是没有明确说什么。一个不会表达的产品无法引起顾客的注意。在明确卖什么的基础上,需要针对产品的定位、卖点、包装等"产品语言"进行针对性的设计,产品才能具有与消费者的沟通能力。三是没有明确怎么说。品牌建设的前提是有足够的产品及品牌曝光,若缺少相应的宣传渠道及宣传方式,那么再好的产品也无法被人知晓。四是没有明确怎么卖。产品和服务的体验是用户接触品牌的重要方式,因此将产品卖出去很重要。如果仅靠品牌宣传曝光,却无法让用户体验到产品服务,则品牌印象将无法深入植根于消费者心智当中。

(三)民营企业人力资源管理水平低,人才招不来留不住

人是企业运作发展的根本,好的人力资源管理能够使员工最大程度发挥人效,提高企业运作效率,使企业的顶层设计充分落地和实现;差的人力资源管理通常使企业陷入人才招不来留不住、员工用不好不好用的尴尬境地。

在经济下行压力加大的外部环境以及企业生存压力增加的内部环境下,民营企业普

遍选择开源节流。一方面需要通过高级人才促进商业模式与技术上的创新突破，以此挖掘市场增量，突破当下发展困境；另一方面急需提高员工的单位人效，实现降本增效。企业人力资源管理水平的重要性更加凸显。然而目前仍有大量民营企业的人力资源管理水平堪忧，深受人力问题困扰。具体来说，目前制造业民营企业在人力资源管理水平发展方面，仍受到以下方面的制约。

一是缺乏正确的人力资源管理观念。人力资源管理的根本观点是建立一种有效的管理机制以最大限度地获取人才、培养人才、发挥人才的潜力。然而，许多民营企业对这一观念的理解仍然停留在事务性管理层面，以组织、协调、控制、监督人与事的关系为职责，谋求人与事相宜为目标，以事为中心，要求人去适应事，强调使用而轻培育，将人视为本钱算人头账，而不算人力资本账，使人力资源管理水平停留在较低的层次上。

二是缺乏人力资源战略规划。民营企业的发展迅速，但近年来人力资源供不应求，尤其是中高级管理人员和技术人才的缺乏，企业发展的后劲不足。对人才只用不养，缺乏充分开发培养、合理使用、有效管理人才的观念。这种观念使得企业人才的能力发展停滞不前，损伤了员工的积极性与创造性，并难以吸引人才。

（四）传统企业的数字化转型存在一定困难

民营企业数字化转型既有助于提高企业的生产运营效率、提供更好的产品服务体验和探索商业模式创新，又能促进大中小型企业融通发展，提升产业链韧性，为民营经济发展开辟新空间。数字化转型对于上海民营经济与民营企业发展的重要性不言而喻。然而民营企业，尤其是传统型企业的数字化转型道路仍存在诸多难题，其背后是涉及企业发展观念、组织架构以及基础设施及人才供给等的系统性问题。具体来讲，可分为三大方面。

一是转型认知差导致企业"不愿转"。数字化转型不仅仅是互联网技术的革新，更需要发展数字化人才，塑造成长型思维。但因宣传力度不够、传统观念难以改变等因素，导致企业高管人员缺乏对数字化转型的深刻理解，尤其是没有感受到转型的急迫性和必要性。

二是转型成本高导致企业"不能转"。对于传统行业来讲，数字化转型需要重构公司文化、战略、管理运营等诸多问题，牵扯到人力、物力和财力各方面成本。除此之外，新兴数字技术的运用、员工的数字化培训等都是企业难以承担的成本开支，导致企业融资压力骤增，转型推进困难。

三是转型能力弱导致企业"不会转"。小微企业数字化基础薄弱，信息系统覆盖率较低，导致数字化设备难以对接，技术应用能力不足。缺乏创新型人才，数字化人才建设能力不足。因此，小微企业难以凭借自身力量有效实现数字化转型。

（五）中小企业存在合规经营管理体系不完善问题

合规经营管理对于民营企业的意义在于促进企业的发展行稳致远，同时其也对民营企业的人、财、物方面提出了更高的要求，包括合规管理认知的建立、合规管理制度的制定与落实等。对于民营企业尤其是中小民营企业来说，合规经营管理体系的建立仍然有所缺失。

一是缺少完善的合规体系。具体表现在合规体系以点代面，内容缺失系统性、不全面。在企业走访过程中，尤其是中小企业，仍面临着企业决策权集中、监督权不足等现象，企业治理结构不合理，难以形成有效的内部制衡机制。而一些企业存在"一股独大""三会一层"不健全、董事长与总经理合二为一等问题，导致企业决策失灵、风险难以有效控制。

二是合规管理认识薄弱。由于中小企业的人、财、物有限，企业在缺少完善的合规体系的同时，通常对于合规管理的认识也相对薄弱，导致对合规人员教育培训工作落实不到位，合规人员不能及时学习专业的合规管理工具、方法，工作模式较为落后，工作效果容易产生系统性缺失。如企业经营管理人员法商素养较低、公司的法务作用缺位、聘而不用等现象仍在民营企业中存在。

三是过于追逐短期效益。一些民营企业为了追求短期效益，可能会采取一些不合规的经营行为，从而降低了合规经营水平。这种行为不仅会对企业自身造成风险和损失，也会损害市场秩序和公平竞争环境。上海银保监局指出，民营企业要认识并处理好合规与效益的关系，合规与效益相辅相成、一失则万无，合规也能创造价值，不要算经济利益短期的小账，而要算合规长期的大账，只有每位企业家秉承合规理念，走合规康庄大道，才能成为合规马拉松的赢家。

本篇报告通过问卷调研、企业走访、企业家座谈等多种方式，将上海市民营企业目前面临的诸多问题进行了详细阐述。面对问题，民营企业首先需要树立高质量发展理念，总结和践行高质量发展路径，实践应用高质量发展方法，系统性地提升企业高质量发展水平，以此持续赋能上海民营经济的高质量发展。

三、民营企业实现高质量发展的路径突破

通过对企业的实地调研和多方面走访，本篇报告对民营企业当前的发展现状进行了盘整，并针对企业面临的问题进行了提炼和分析。根据调研结果，针对民营企业实现高质量发展，总结出以下路径。

（一）民营企业应牢固树立五大发展理念，坚定发展信心

民营企业是当前最活跃、最富有创造力、最具有竞争力的市场主体，也是经济社会发

展的重要基础。在中国经济稳定复苏、发展的当下,民营经济在市场的复苏和提升中发挥着重要作用。而民营经济的高质量发展,离不开信念、主业、创新、效益、社会责任五大理念。

坚定理想信念和发展信心。贝泰妮集团联合创始人董俊姿提出:"伟大的时代需要我们坚定信念,勇毅前行。"在外部环境复杂的当下,只有保障内部的稳定和持续性发展,企业才能拥有克服困难、奋勇争先的意志力和决心,经受住投资者、消费者和政府的考验,为市场、行业持续不断地创造动力。因此,企业要在明白外部环境、明确内部战略、明晰行业趋势的前提下,从愿景、战略、目标等方向为企业树立信念,坚定发展的根本。如上海老字号"英雄",以中国制造为信念,坚持"国产当自强不息"的卓越追求,始终在匠心制造的道路上不断前行。伴随着老字号的焕新,"英雄"也以一以贯之的精神行走在路上。再如上海冠华不锈钢制品有限公司,两代人坚守主业,以一口好锅为原点持续发扬匠心精神和坚持。旗下自主品牌"喜时"锅具被评为上海名牌、上海市著名商标以及上海首发经济引领性本土品牌,见证了一段民营企业转型发展史。

坚守主业,做精主业。企业的核心业务和竞争力是企业的命脉,也是企业的立身之本、发展之魂。民营企业只有专注于自身主业发展、不断提高产品和服务的质量,才能在行业和专业里做深、做精,最终赢得客户的信任和产业的高度,实现长期稳定的发展和增长,为民营经济做好飞跃和升级。如上海安诺其集团股份有限公司董事长纪立军提出要专注主业,打造百年企业。他说:"要坚守实业、做精主业,以立志做百年企业为发展目标,在自己擅长的领域深耕细作。要从规模的扩张转为质量的提升、品牌的拓展和标准的制定,以过硬的产品质量、良好的售后服务、企业的信誉积累来逐步获得消费者认可,打造知名品牌。"

加强自主创新,以创新驱动发展。企业发展过程中势必面临着增长点的寻求和竞争力的凸显,创新就是其中最重要的内驱力。民营企业要通过技术的进步、生产效率的提升、商业模式的开发等创新形式和方式适应不断变化的外部环境,从而推动民营经济结构化可持续性发展。如上海西井科技立足技术创新之根,不断提升智能驾驶产品实力,走出了中国科技品牌的一条独特之路。西井科技董事长谭黎敏说,当前已经不是靠一种原生技术"一招鲜"走遍天下的时代,单一团队在发展中必然会遇到视野瓶颈,更需要产业链各个环节的协同创新,因此谭黎敏希望开放一个平台,能够去吸引更多生态上下游的企业创新。再如上海柘中电器股份有限公司董事长陈仁军说:"创新永远是企业发展的主题,没有创新就没有企业前进的动力。我们得益于创新,感恩于这个好时代。"

着力提升发展质效,实现经济效益、社会效益相统一。企业经营成果的直接反映就是效益,也是企业自身创造的社会、经济价值。这要求民营企业不仅着眼于外部,也要从内部夯实管理制度、做好结构优化和资源配置,为企业的发展实现降本增效、提升营利能力,为民营经济的发展注入活水。上海市工商联纺织服装商会会长、上海新台宏投资有限公司董事长方世俊说:"提质增效是纺织企业高质量发展的内在要求,产值和效益是企业生存的根本。因此,提质增效是必由之路,设备智能化、工序规范化、运行标准化是企业提质增效的关键。"上海聚隆绿化发展有限公司董事长单耀晓也提出,要着力从传统的高投入、高消耗和低产出、低效益向低投入、低消耗和高产出、高效益转变。

积极履行社会责任。民营企业在追求经济利益的同时,不仅使用了社会资源,也承担着促进社会公平、环境保护和可持续发展的责任。因此民营企业不仅要遵守法律法规、合规经营,也要从回馈社会的层面尽到自身义务,为民营经济的发展树立良好的形象。如浦江物业在发展同时不忘社会责任,通过爱心助残、热心助学、对口扶贫等方式,先后出资建立助残、助学、慈善基金。据统计,其累计捐款捐物 66 项次,金额达 927.2 万元,为光彩事业作出了一份贡献。上海运良企业发展有限公司董事长陆贤提出,民营企业要承担社会责任,积极参与公益事业和环保行动,以提升企业的社会形象和公信力。可以通过捐赠、志愿服务、环保行动等方式履行社会责任。

(二)"五化"路径是民营企业高质量发展的必由之路

当前民营企业的发展面临着诸多内外环境的因素影响,从产品、场景、服务等维度上都有着不同的忧虑点。面对诸多困局,民营企业最重要的是做好"五化",跑通高质量发展的模式和路径。

1. 品类化

品类化是指企业将自身产品与所在品类进行绑定,使其产品成为行业的代表性产品,企业自身成为行业第一品牌。品类化是企业占领行业核心资源、打造自身品牌的最佳渠道。成功的品类化能够快速为企业树立行业壁垒、抢占用户心智,从而将品牌和品类实现深度绑定,隔绝竞争者发挥空间,最终实现品类与品牌的市场共振。纵观我们耳熟能详的品牌,无不是将自身品牌与所在品类相锚定,品类便是品牌的化身,品牌便是品类的表达。

"不成第一就成唯一",民营企业可以通过两大方式达成品类化发展。

第一,基于企业在所处品类中的龙头实力地位。这要求企业具备强大实力,通常处于行业第一梯队甚至龙头地位,企业通过营销宣传加深品牌与品类的绑定关系,以此扩大自身的行业影响力,稳固龙头地位。水星家纺是家纺行业的龙头企业,常年稳坐行业前三名,其以"好被芯 选水星"为品牌核心战略,持续强化水星"被芯"核心品类的优势,水星也以此在 2021 年、2022 年连续两年成为全国被芯销量冠军,成功实现了水星品牌与"被芯"品类的深度绑定。

第二，通过品类创新成为品类唯一。当企业在所处行业中无法成为行业第一时，便需要通过品类创新成为品类的开创者，以此将自身品牌品类化。这要求企业敏锐地把握好市场需求的细分、融合趋势，在原有品类的基础上进行微创新，打响以该品类为基础的新品牌。黑湖科技将传统的制造业数字化转型工具进行了微服务创新，创新开发出"黑湖小工单"新品类，使一线制造业工人扫一次码就是一次服务，一次称量就是一次服务。黑湖将自身品牌与"小工单"这个细分品类绑定，实现了品牌认知度传播度的打响与引爆，通过品类化，使黑湖品牌成了"小工单"品类的不二之选。

2. 人群化

人群化是企业将大众人群按照不同的标准进行分类，并针对某一特定人群开展系列业务。企业通过深挖目标人群的痛点痒点与需求诉求，开发最匹配最贴合的产品服务，通过探索目标人群背后的品牌触点，让品牌成功触达并打动目标用户。

在产品服务日益丰富饱和的当下，需求在愈发细化垂化，人群也随之细化垂化，同一种产品服务已经愈发难以同时满足"一群人"。在这种情况下，企业将目标消费者锚定至一批垂直人群，是符合需求演变规律的明智之举，也是促进企业事半功倍的高效之举。

做好人群化，企业需要准确判断客群的痛点，进行客群渠道、场景、需求的精准判断，以此为基础对客群进行深度服务。通过数字化手段，私域抓取、链接，将客群分级、分类、分层，采用内容、活动、优惠等增强黏性成为可行的手段。

B站的人群化策略，便是锚定"Z世代"人群进行发力。用户近82%为中学生和大学生。B站准确把握用户群体"独生子女"身份所带来的"孤独感"情绪痛点以及社交需求，将"弹幕"作为公司的核心文化以及产品的核心功能之一，也因此收获了用户与视频作者的高互动率。根据数据统计，在B站每月有220万名创作者上传770万个视频，月互动66亿次。

3. 场景化

场景化是指企业围绕某一特定场景，基于场景背后的需求打造产品服务，并在产品服务的使用体验和宣传推广上，与该场景紧密绑定，从而实现产品服务的场景化打造。其好处在于，通过场景化的打造，消费者处于该场景下就会想到并使用该企业的产品服务，产品服务通过这一特定场景，打造成为消费者生活的一部分，与消费者形成长期、紧密、深度绑定，提高企业客群的稳定性。

场景化要求企业在洞察到某一特定场景的市场机会的基础上，围绕场景的用户诉求打造高匹配度的产品服务，同时需要找到该场景背后的各类消费人群，有节奏地触达人群。

OPPO音乐手机通过"音乐"的独特定位以及"红蓝音乐节"品牌发布会等场景的打

造,将OPPO手机和音乐、年轻人挂钩,成功将OPPO音乐手机成功打入目标消费群体,并将该品牌手机与年轻用户的听歌场景相绑定,OPPO也凭借音乐手机的定位在国内竞争激烈的手机市场异军突起,稳坐头部宝座。

在做好场景化的基础上,企业往往会通过场景的延展,拓宽产品服务所对应的场景范畴,以此进一步扩大用户群的覆盖面。

2015年12月,家纺行业的龙头企业罗莱家纺正式更名为罗莱生活。品牌名称变更的背后是自身业务的结构性转型,也是终端消费场景的转变。"家纺"变"生活",是其业务方向开始向大家居和智能家居方面拓展,品牌和产品所锚定的消费场景也从单一的家纺产品的购买使用延伸为家居产品的购买使用。消费场景的拓展,使企业在相关拓展消费场景的产品销量剧增,如今以床垫为代表的家居类产品线所贡献的营收已达11.8亿元,占企业总营收的22.31%。

4. 平台化

平台化是企业通过产业链的纵向深耕,打通产业链上中下游形成产业链平台,或通过横向链接,串联多产业多业态资源形成产业生态平台,并串联B、G、C端不同端口。通过平台化,让产品服务和用户客户之间达成一站式合作、生态式协同关系。

平台化是民营企业从百亿迈向千亿转型发展的必由之路。根据锦坤原创"五亿五图"模型,民营企业在做到所在品类的领导地位后,唯有做到平台化转型发展,才能够打破发展瓶颈,跨越百亿、迈向千亿级营收。

根据所在领域和面向端口的不同,新平台整体可分为两类。

第一类是以C端为主要服务对象的产品型平台和服务型平台。这类平台通过承载产品的售卖、服务的提供,为消费者提供解决生活需求的集散地。如携程通过出境游、本土短途游的一站式服务,以住宿预订和交通票务等产品为核心,抓住中高端商旅流量基本盘,成为国内出游服务第一平台。再如小红书以90后年轻女性为主要用户群体,通过好物分享、内容互动等形式,打造集内容、电商、社区等功能为一体的服务型平台。

第二类是以B端、G端为主要服务对象的功能型平台。这类平台通过产业链的纵向深耕或横向链接,为产业生态内的各企业提供合作的平台和空间。如药明康德作为制药行业的研发共享平台,通过串联医药研发服务、大健康产业孵化、医药投资,形成一体化打包服务,助力医药产业实现深度链接与整合,成长为国内唯一一家进入到全球前列的医药研发CRO巨头。

5. IP化

IP化是企业将创意、创新和知识资产转化为一套认识、认知、认可的品牌和品牌价值识别体系,是企业实现品牌价值传播的重要一环。

IP这一概念经由互联网而兴起,并与品牌产生了深度联系。IP化是企业和品牌的全新表达和塑造方式,这不仅能让品牌更人格化、情感化,从而与消费者建立更深的联系,也能够塑造更持久的品牌传播黏性。成功的IP化可在消费者心中加深品牌认知认可,形成品牌信仰,更可转化为商业化的产品和内容,带来巨大的显性商业价值。

打造好的IP,需要三步走。

第一步是塑造IP核心价值。文化价值是IP的内核,塑造IP核心价值是塑造IP的第一步,也是最重要的一步,核心价值的塑造决定了品牌IP所面向的受众群体的范围与价值,好的IP能够让品牌IP赢在起跑线。小熊尼奥围绕"艺术+知识+勇气"这一核心价值观塑造自身IP,精准地切入了当下最广泛儿童群体精神成长的核心诉求,为小熊尼奥奠定了广泛、忠实的用户群体。

第二步是基于核心价值的创新表现形式。同一行业中不同企业品牌的IP,通常面临着核心价值相似、雷同的问题,这时基于核心价值的创新表现形式就变得尤为重要,谁能够将同质化的IP核心价值进行表现形式创新,谁就能够建立IP的认知优势与认可优势,从而高高筑起自身的竞争壁垒。小熊尼奥基于"艺术+知识+勇气"这一核心价值观,创新式地引入、利用AR增强现实技术,开发出了《口袋动物园》《神笔立体化》等儿童启蒙玩具,与市面上小猪佩奇、小飞侠等老品牌、老产品形成了创新呈现优势,实现了"用科技为儿童造梦"的使命,为孩子们创造了一个极富创意的梦想世界,真正让小朋友做到寓教于乐。

第三步是品牌IP的多维触达形式。当前宣传媒介的碎片化、去中心化,也使品牌IP的营销触达发生多维化转变,品牌的营销与IP的表达并不只是线上线下多维渠道的布局,也是动漫、歌曲、产品、游戏等内容触达形式的创新。优秀的IP触达是多维多角度的,以此形成用户触点的生态构建,让品牌IP深植于消费者心智。小熊尼奥除打造儿童启蒙玩具外,还将自身IP内容融入了52集的动画片《小熊尼奥之梦境小镇》中,该动画全网已超过1亿次播放。此外,精品舞台剧、主题乐园、跨界合作、游戏等围绕IP的产品内容也正在陆续制作,未来将共同做大小熊尼奥IP,形成小熊尼奥的IP生态。

(三)拥抱高质量发展的"五新"方法,塑造发挥民营企业核心竞争力

当明确了民营企业自身高质量发展的五条路径后,就需要确定企业拥抱市场的具体方法。"五新"方法助力民营企业找到实现高质量发展的市场切入角度。

1. 新消费

新消费是在新时代新环境下,人们产生新的消费理念,以此形成的新消费行为和现象。一方面,随着物质供给的不断富足、生活水平的不断提高,人们的消费观念更加注重生活质量和消费质量,消费行为更加注重满足人们的发展型需求,消费金额不断攀升,产品服务更加偏好品质化、个性化、特色化,呈现消费升级趋势。例如,尽管受消费下行压力影响,国内金银珠宝消费仍然逆势冲高,数据显示，2023年上半年，限额以上金银珠宝零售总额同比增长17.5%，远高于社会消费品零售总额8.2%的增长率。另一方面，由于内外部环境的不确定性增加，相当一部分消费者更加重视预算控制，减少浪费，产品服务的选择更加注重性价比和与自身需求的契合度，呈现消费降级趋势。调研显示，2023年上半年消费者心态普遍呈现决策更理性、预算控制更突出的特点，"预算管理消费""买性价比最高的商品""消费更谨慎"是2023年用户消费习惯的前三位，分别占比49%、44%、43%。然而，消费升级和消费降级只是新消费的现象，消费分级才是新消费的本质。

如拼多多的火爆，正是立足于产品性价比和SKU丰富这一巨大优势，以下沉市场的消费升级为切入点，也同样满足了大众消费者消费降级的需求，从而在竞争激烈的电商市场上争夺出大块蛋糕。拼多多2023年第一季度实现营收376亿元，同比增长58%，运营利润69.3亿元，同比增长222%，鲜明地体现了消费分级的新消费本质。

2. 新业态

新业态是在技术革新、需求倒逼和产业升级的社会市场背景下，通过产业、行业、企业、技术间的分化、融合、跨界整合，所形成的新型商业形态。首先是信息技术的革新所产生的新业态，从个人电脑到互联网，再到云计算，物联网和大数据，以及方兴未艾的基于5G的万物互联，电子信息技术的发展以及其与产业链的结合，都会催生出了大量的新业态。

其次是需求倒逼所产生的新业态，随着消费者的需求愈加细分化，民营企业也随之锚定愈发垂直的细分市场和目标人群，单对单的精准需求满足趋势愈发明显，因此一旦需求发生变化就会成为企业拓展新业态的重要机会。最后是产业升级所带来的新业态机会，在产能过剩的今天，产业链利润区已从中游制造加工转移至下游产品服务和品牌渠道，因此需求的引领和产品渠道的创新成为当下新业态的集中爆发点。

在经济下行压力增加的背景下，民营企业亟待通过产品服务与商业模式的微创新寻找业绩的突破口，民营经济也亟待通过存量优化带动增量提升，而新业态便是很好的解决之道。企业做好新业态，一方面需要关注需求变化、技术革新和产业升级所带来的增量空间；另一方面需要关注存量空间中产业、行业与企业间的价值分化与价值组合。

新业态的具体表现形式通常分为两类，新品类的创新和新物种的诞生。

新品类通常是基于已有产品进行微创新，以实现不同消费者的不同需求满足，如喜马拉雅将看书翻转为听书，重新定义了电台，以声音平台打造创业孵化器，为大量主播创造就业环境。喜马拉雅不仅变革了阅读行业，还创造性地将音箱设备也做成互联网，将喜马拉雅重构为教育平台的一种新方式。

新物种同样是产品创新，与新品类的区别在于其创新力度较大，产品通常从无到有诞生。如社区团购,诞生于2016年,是以生鲜市场切入、依托线下城市社区和社区微信群、采取"线上预定,线下自提"方式的新零售模式。其与外卖生鲜平台相比,优势在于更加便捷地选购和取货,与更加人情化、参与感更强的购物氛围。社区团购的出现,为生鲜零售市场增添了全新的业态与市场空间。

3. 新技术

新技术是企业硬实力的革新,是企业创新驱动发展的根基与核心,也是企业的核心竞争力。

在激烈的市场竞争环境中,民营企业更需要开辟发展新赛道、新行业,塑造发展新动能、新增量,从根本上说,还是要依靠新技术的突破。

通过新技术开辟新赛道、新行业,是刺激消费、赢得竞争、扩大内需的重要途径。近年来,新一轮科技革命加速演进,人工智能、大数据、区块链、5G通信等新兴技术与产业深度融合、加快应用,培育了互联网医疗、智能终端、远程办公、共享生活等新赛道、新行业,经济发展的增量空间不断开辟。以新技术开创的新赛道新行业,通常具有引领性发展、颠覆性创新、爆发式成长等特性,往往是市场的"无人区"、竞争的制高点,是引领民营企业高质量发展的新动能。

智能文本机器人是机器人流程自动化(RPA)行业中聚焦智能文本处理的细分新赛道,达观数据作为智能文本机器人新赛道的第一梯队企业,其基于RPA技术,结合自身先进的自然语言处理、智能文档处理等AI算法模型新技术,聚焦专业报告等长文本处理领域,并通过该垂直领域的应用,不断优化迭代自身算法模型进化,从而实现了其在智能文本机器人行业的技术领先与竞争优势,荣获全球三十大最佳创业公司、全球三十大最佳创业公司等资质。

5G消息,是在5G信息技术成熟和技术应用规范日渐完备背景下诞生的新行业。帜讯信息作为5G消息行业的引领者,以企业数智化服务平台结合AI技术为核心产品,专注为企业提供5G信息技术应用,为不同企业开发出基于智能手机的新型5G消息载体,成为5G消息应用领域的领军企业。

4. 新模式

新模式是将产品服务以更便捷、更低成本、更短渠道地触达消费者,并达成消费创收的创新模式。

在消费需求愈发多元、竞争环境日益激烈、经济强调存量整合的当下,"变化"已成为唯一的"不变"。触达消费者的渠道和载体在不断去中心化,更细小、更分散、更垂直、更具黏性的渠道载体争相涌现,谁能够准确捕捉到细分需求并通过创新或多元整合,占领卡位对应的新渠道和新载体,谁就能够在激烈的市场竞争中开辟出一方净土,获得持久稳定的营利空间。

因此企业在进行新模式的打造时,需要锚定自身主营业务和核心人群,敏锐捕捉新需求,以创新和多元整合开拓新渠道和新载体,开辟蓝海市场,助力企业营收快速增长。

德必易园突破了行业单一园区布局的商业模式,通过打造德必 WE、运动 LOFT、DoBe Space 等,将园区内的产品服务模块化、品牌化,并通过直投、并购、加盟托管、品牌特许四种方式,打通了长三角区域市场,将文创园区变为连锁化、可复制的新渠道。

此外,德必易园改变了行业以租金为营利点的单一营利渠道,通过有温度、有服务、有便利的文创产业园构建,承载了区域的玩、商、服,并为园区企业提供一站式服务,增加了多重营利点,构建了全新的产业园商业新载体。

5. 新组织

新组织是企业组织为适应当下充满不确定性的市场环境,在管理机制和运作机制上的创新变革。新型人才机制和管理机制的打造,能够使企业在经营环境不确定性增加的当下,根据市场格局和业务诉求灵活调整企业人才架构,让企业管理模式快速适配业务需求。这要求企业构建中高层合伙人体系和中基层的灵活用工机制,并根据业务打造和管理敏捷创新型内部团队,做到人才创新、机制创新、管理创新。

一是新人才,构建中高层合伙人体系。企业需要建立一套完善的人才选拔和培养机制,将关注点从传统的人才招聘转向人才培养和成长。合理的合伙人激励机制,可以激发中高层人员的创造力和责任感,使其与企业共同成长,保障企业业务增长和拓展的人才储备。

华莱士利用合伙人制度,让员工、房东争相开店。在公司内部,华莱士允许员工跟公司一起投钱开新店,大家按比例承担风险、分享收益,这样员工就不再是一个打工者,而是为自己谋事业的合伙人。为了提升合伙人来源,华莱士实行"老带新"师徒制。让老店长塑造新店长,让老店长持股新店10%,享有年底分红。如今华莱士在全国开设有两万家门店。

二是新机制,构建中基层的灵活用工机制。近年来随着市场竞争压力的加大,企业的业务需求和用工需求也随之频繁调整。企业只有具备劳务派遣、远程办公等多种灵活用工机制,才能更好地适应市场和业务发展的变化。

顺丰速运是中国最大的民营快递物流公司之一,其在构建灵活用工机制方面有着积极的实践。顺丰开发并提供了多样化的非核心工作岗位,包括全职、兼职和临时工作等,根据业务需要灵活招聘所需岗位人才。同时顺丰实行弹性工作制度,允许员工根据自身情况选择工作时间和工作地点。员工可以根据工作负荷和个人需求来调整工作时间。此外,顺丰还提供远程办公模式,让企业员工上岗不受物理空间限制。这种机制使得顺丰能够根据市场需求和业务波动灵活调配资源,更好地提供高效服务和适应市场变化。

三是新管理,根据业务打造并管理敏捷创新型内部团队。为更好地匹配市场环境变化和新技术新工具的发展,更好地承接容纳新人才、新机制的产生,传统的强调层级控制的管理思维和管理模式亟待被敏捷管理思维和灵活高效团队所替代,新型管理方式注重团队协作、快速决策和快速迭代,能够更好地应对如今市场变化和业务需求。

华为在以IPD(集成产品开发)流程打造敏捷创新型内部团队方面具有丰富经验。首先,鼓励跨部门间的紧密协作和沟通,传统的垂直组织结构被打破,有助于加快决策速度;其次,团队成员被授权在各自的领域内通过快速试错的方式进行迭代和优化;最后,团队根据项目的需要,可以调动不同部门和人员的资源,解决了资源瓶颈,优化了组织资源利用效率。

上海民营企业作为上海民营经济主体,需要以自身高质量发展推动上海市民营经济的高质量发展。民营企业只有牢固树立五大高质量发展理念,并以其为指导,在企业侧找到匹配自身发展现状的"五化"发展路径,在市场侧应用匹配竞争格局的"五新"发展方法,方能优化企业的内部发展难题,拥抱外部市场机会,实现企业自身的高质量发展,进而推动上海市民营经济的高质量发展。

四、总结

在深入开展学习贯彻习近平新时代中国特色社会主义思想主题教育之际,为明确上海民营企业发展现状,探索上海民营企业高质量发展路径,持续赋能上海民营经济高质量发展,通过与民营企业家、市工商联直属商会、异地商会、代表性民营企业等主体进行调研座谈等六个层面开展调查研究,明确了对民营企业高质量发展的正确认识,梳理了民营企业五大发展困境,总结了五大高质量发展理念、"五化"发展路径和"五新"发展方法。

其中,关于高质量发展的五大理念、"五化"路径和"五新"方法,成为本篇报告为民营企业高质量发展指引方向的重要成果,期望为上海民营企业在后续生产经营实践中形成方向性指引和实践性指导,为上海民营经济高质量发展助力。

本篇报告通过对民营企业高质量发展理念、路径、方法进行系统性阐述,主要旨在为企业家们提供围绕企业高质量发展的系统性框架。

市场形势千变万化,未来随着企业能力、竞争格局和消费者需求的不断演变,适应企业高质量发展的理念、路径和方法的具体内容亦会发生改变,但本篇围绕高质量发展的框架结构将持续提供思考推演高质量发展内容的科学角度,为民营企业高质量发展持续指引方向。

(供稿单位:上海市工商业联合会,主要完成人:杨茜、吴娟、沈宇峰、仝敏)

专题十三

关于《上海市提信心扩需求稳增长促发展行动方案》（"32条"）政策落实情况评估及建议

在中共二十大、中央统战工作会议、中央经济工作会议和2023年全国两会上，习近平总书记就促进民营经济高质量发展作出系列重要指示。陈吉宁书记在促进民营经济高质量发展大会上指出，推动民营经济健康发展、高质量发展，是事关全局的重大工作。2023年7月，《中共中央 国务院关于促进民营经济发展壮大的意见》明确提出，"及时做好总结评估。在与宏观政策取向一致性评估中对涉民营经济政策开展专项评估审查"。为提振市场预期和信心，推动经济发展开好局起好步，市政府2023年初制定发布了《上海市提信心扩需求稳增长促发展行动方案》（以下简称"32条"）。为了更大范围、更全面、更真实地了解"32条"政策落实情况及本市民营企业经营情况，上海市工商联课题调研组，通过问卷调查和企业访谈相结合的方式，开展调查研究工作。本次调研共回收有效问卷1078份，其中大型企业50家，中型企业311家，小微企业717家。结合问卷调查和企业访谈，形成调研报告。

一、"32条"政策落实总体情况

（一）企业对"32条"政策总体较为满意

调研显示，企业对"32条"政策的总体满意度约为78.94%。从企业类别来看，大企业总体满意度较高，达到84%，中小企业满意度则相对较低。从具体单项政策来看，企业对"助企纾困行动"（77.18%）满意度最高，其次是"营造国际一流营商环境行动"（76.07%）和"恢复和提振消费行动"（75.05%）；对"扩大有效投资行动""援企稳岗扩岗行动""产业创新提升行动"等政策，选择"一般"或"不满意"的企业比例相对较高。但总体来看，各单项政策满意度差异较小（见图13-1）。

（二）企业的政策整体受益程度超五成

调研显示，约57%的受访企业表示享受到了"32条"政策支持。与此同时，也有近43%的企业表示未享受到相关政策支持。未享受到政策的企业中，48.98%的企业表示"不知道有该项政策"，41.31%的企业表示"缺乏政策实施细则，找不到申报渠道"，22.80%的企业认为申报手续过于繁杂，需要

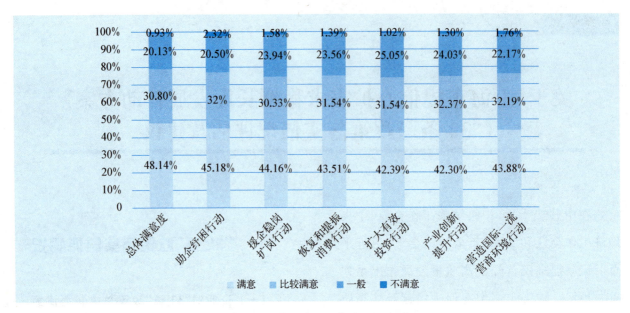

图13-1 "32条"政策总体满意度

简化(见图13-2)。

(三) 援企稳岗扩岗降低企业成本

"32条"政策援企稳岗扩岗行动从降低企业社保成本、发放企业招工补贴和支持发展新就业形态等多个方面,为企业稳岗扩岗带来切实支持。调研显示,直接降低企业用工成本的措施惠及度更高,如64.43%的企业表示享受到补缴缓缴社会保险费和补缴期间免收滞纳金政策,39.98%享受到阶段性降低失业、工伤等社会保险费率政策;缺工企业实行清单式管理和针对性服务和招录失业人员或上海市2023届高校毕业生等政策由于属于间接支持政策,政策惠及度相对不足,分别仅有16.01%和15.92%(见图13-3)。

(四) 提消费稳外贸助力企业发展

一是新能源车置换补贴政策最受欢迎。调查显示,延续实施新能源车置换补贴,符合条件并购买纯电动汽车的,给予每辆车10 000元的财政补贴政策覆盖面最广,文旅、体育、餐饮、零售等专项消费券和实施绿色智能家

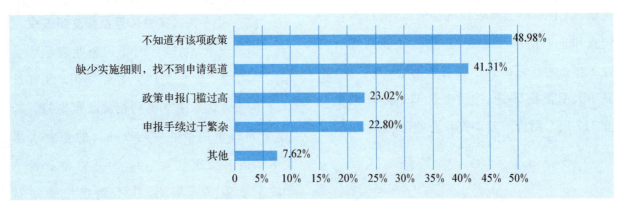

图13-2 企业未享受"32条"政策的原因

发展环境

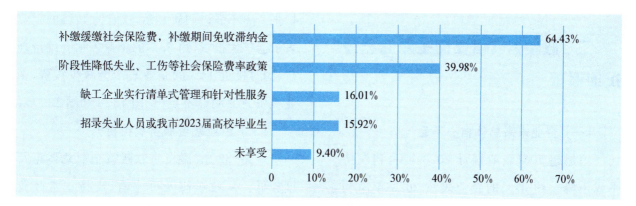

图 13-3　援企稳岗扩岗政策享受度

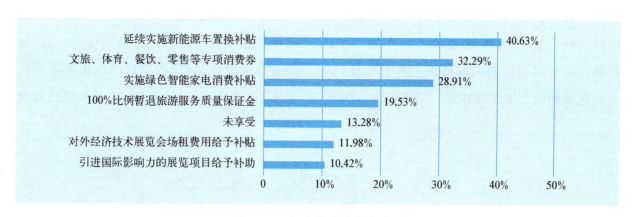

图 13-4　提消费政策享受情况

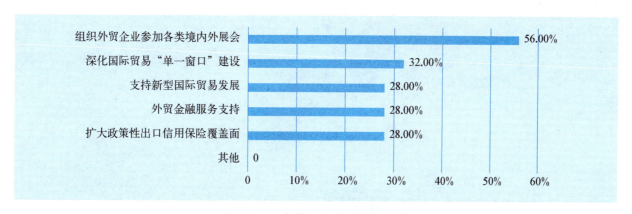

图 13-5　外贸企业更关注的政策

电消费补贴,按个人消费给予支付额10%、最高1000元的一次性补贴政策紧随其后。二是组织参加境内外展会政策更受外贸企业欢迎。调查显示,组织外贸企业参加各类境内外展会和深化国际贸易"单一窗口"建设等政策更受企业欢迎。支持新型国际贸易、外贸金融服务支持和扩大政策性出口信用保险覆盖面等政策紧随其后(见图13-4和图13-5)。

二、政策落实存在的主要问题及企业诉求

（一）企业未来总体信心不足

一是超 70% 企业预计 2023 年净利润持平或下降。约 37% 的企业表示 2023 年净利润基本持平，超过 35% 的企业认为净利润将出现下滑，其中约 13% 的企业表示净利润将出现大幅下滑，与此相比，仅有不到 2% 的企业预计净利润会出现大幅增加。总的来看，企业对净利润总体预期较差。二是企业总体扩张意愿不强。调研显示，仅有约 17% 的企业表示会扩大投资，约 68% 的企业表示会维持现状，同时接近 15% 的企业表示会减少投资，企业投资意愿明显不足（见图 13-6 和图 13-7）。

（二）企业融资服务有待提升

一是"32 条"融资贷款政策企业总体惠及度较低。从政策惠及度来看，支持正常经营的中小微企业融资周转无缝续贷惠及度最高，但也只是略高于 50%，说明中小微企业无缝续贷困难还是比较大。延期还本付息，延期贷款正常计息，免收罚息的政策惠及度仅有 42.53%，说明延期还本付息政策落地效果

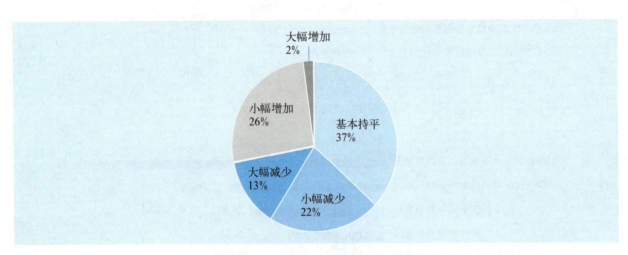

图 13-6　企业预期 2023 年净利润情况

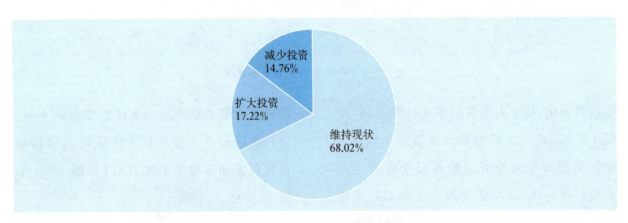

图 13-7　企业 2023 年投资意愿

不佳;市融资担保中心融资担保费率0.5%,区级继续减半收取为24.56%;通过政府性融资担保机构获得的银行贷款,实行贴息贴费为32.66%。二是企业更关注融资担保服务需求。受访中小企业更关注融资担保服务需求,约54.17%的企业选择了加大民营企业信贷力度,完善融资担保体系(见图13-8和图13-9)。然而上海现有各类融资担保机构仅10家,受托管理资金共131亿元,与国内重点省区市相比存在较大差距,如:北京有17家,资本金265亿元;江苏146家,资本金478亿元;浙江61家,资本金221亿元;安徽143家,资本金649亿元。

(三) 外贸企业形势不容乐观

一是超1/3的外贸企业订单出现下滑。调研显示,与2022年同期相比,约有36%的外贸企业订单数量出现下滑。究其原因,66.67%的企业认为国际市场需求减弱是企业订单下滑的主要原因,各有33.33%的企业表示各种贸易壁垒风险加大和生产原料价格上涨也对出口产生较大影响,也有22.22%的企业表示当前进出口运输成本上升,与此同时,出口订单也存在转移到其他地区的现象,主要是从欧美市场向东南亚、南美、俄罗斯等新兴市场转移(见图13-10)。二是外贸企业参展支持有待提升。调研中外贸企业反映,企

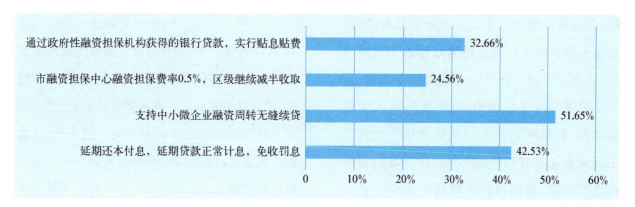

图13-8 金融政策落实情况

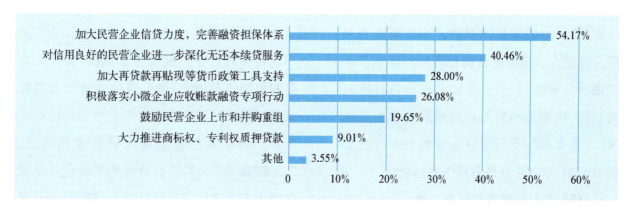

图13-9 企业更关注的金融支持政策

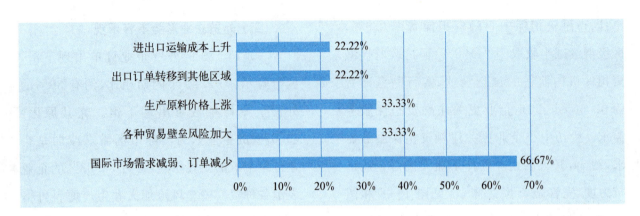

图 13-10　企业外贸订单下降的主要原因

业对外贸参展需求强烈,但外贸参展存在成本高、展位贵、一位难求等问题,希望政府能够进一步加大外贸参展支持力度。此外,上海"32条"政策仅是表示"组织外贸企业参加各类境内外展会",并没有给予明确的资金支持,企业获得感相对不足。而南京发布的《南京市推动经济运行率先整体好转若干政策措施》指出,"对南京外贸企业赴境外参加展会、拜访洽谈等商务活动中,所产生的出入境机票费用,按照不超过50%的比例给予支持",明确对企业赴境外参展产生的出入境机票费用进行补贴,该举措直接降低了企业的参展成本。三是企业商务签证办理不畅。2023年以来,多个国家宣布陆续取消或放宽入境防疫限制,出境需求快速释放。不少企业管理层及外贸人员需要经常前往海外洽谈业务和踏勘项目现场,但当前签证办理预约排队时间较长,特别是经贸关系密切的欧美主要国家"一号难求",导致部分企业海外业务受到明显影响,增加企业经营成本和风险。

(四)企业招聘意愿弱用工难

调研显示,企业招工意愿在下降,同时也反映出招工成本高、符合条件的高素质应聘者少等问题。一是企业招工意愿较低。调研显示,与2022年相比,约55%的企业预计员工数量基本持平,约25%的企业预计会出现减少,仅有20%的企业表示员工数量会有所增加。此外,预计企业员工数量会大幅减少的企业有54家,占比约5%,是预计员工数量大幅增加的企业数量的5倍,这充分显示出企业招工意愿较低,正在降低成本。二是企业用工存在困难。调研显示:56.75%的企业表示人员成本高,企业招工成本大;36.46%的企业认为符合条件的应聘求职者较少;36.27%的企业认为公司员工流动性大、工作稳定性差(见图13-11和图13-12)。

(五)消费政策力度略显不足

"32条"政策,从促进大宗消费、支持文旅市场和会展行业发展等方面,进一步加大恢复和提振消费力度,但与其他省区市出台的政策相比,"32条"在促消费上的支持还略有不足。一是绿色智能家电消费支持不足。"32条"提出,对本市消费者购买绿色智能家电等个人消费给予支付额10%、最高1 000元的一次性补贴。而《深圳市关于促进消费持

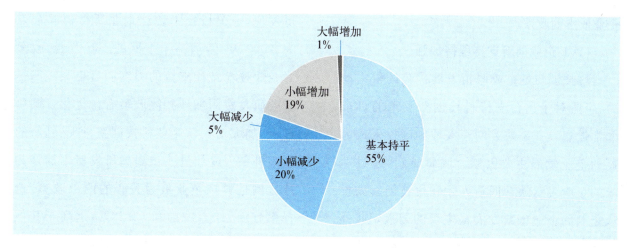

图 13-11　企业预计 2023 年员工变化情况

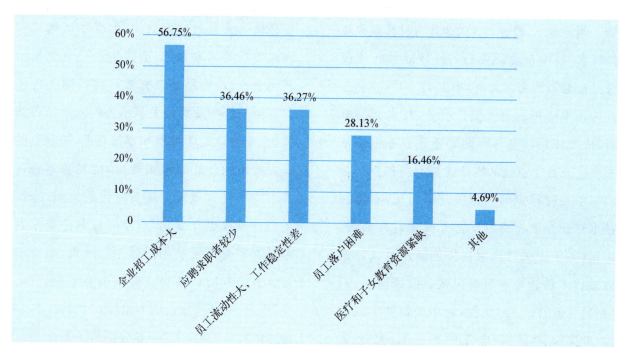

图 13-12　企业用工存在的主要困难

续恢复的若干措施》对于绿色智能家电等个人消费给予支付额 15%、最高 2 000 元的一次性补贴,支持力度明显高于上海。二是消费文旅支持力度不足。在消费文旅政策支持方面,上海"32 条"多为鼓励支持类政策,缺乏相关直接奖励和降低文旅企业成本的政策。苏州发布的《关于推动经济运行率先整体好转的若干政策措施》则明确指出要加大文旅消费支持力度,对于文旅消费优秀活动给予不超过其实际投资额的 20%、最高不超过 30 万元的奖补;同时对提供广告和娱乐服务的单位和个人,按应缴费额的 50% 减征归属地方收入的文化事业建设费。上海在消费文旅支持方面,大多为鼓励支持类政策,缺乏相关直接奖励和降低文旅企业成本的政策。

（六）企业创新支持亟待加强

科技创新是企业厚植发展优势的根本动力，企业对于出台支持科技创新政策的诉求非常强烈。一是缺乏创新人才和高投入成为制约企业发展主要因素。调研显示，超过一半的企业表示缺乏创新人才和科技创新高投入是制约企业创新发展最主要的因素。此外企业还表示缺乏外部技术支持，也在制约企业创新发展。二是企业科技成果转化需求强烈。调研显示，超过2/3的企业有科技成果转化需求，其中企业最关心的科技成果转化服务是投融资服务。此外，有超过30%的企业认为技术应用示范及推广服务、技术交易服务、成果转化信息与咨询服务等服务也非常重要。三是企业技术转让支持有待加强。与北京中关村特定园区相关政策相比，上海在技术转让企业所得税支持方面还有待加强。根据《关于中关村国家自主创新示范区特定区域技术转让企业所得税试点政策的通知》（财税〔2020〕61号）文件，对中关村特定区域内（朝阳园、海淀园、丰台园、顺义园、大兴-亦庄园、昌平园等六个园区）注册的居民企业，"符合条件的技术转让所得，在一个纳税年度内不超过2 000万元的部分，免征企业所得税；超过2 000万元部分，减半征收企业所得税"。而上海现行政策为"居民企业符合条件的技术转让所得不超过500万元的部分，免征企业所得税；超过500万元的部分，减半征收企业所得税"。对比北京中关村和上海政策可发现，中关村技术转让企业所得税起征点为2 000万元，远高于上海的500万元，政策对企业技术转让支持的力度明显更大。四是企业研发费用加计扣除政策有待优化。调研显示，加大对民营企业科技创新、产品创新的政策补贴力度和进一步提高研发费用加计扣除比例是科技企业最为关心的两项政策，选择率分别为57.92%和53.20%，远高于其他政策。此外，关于研发费用加计扣除政策，有企业反映，公司拥有某项产品技术特许权，每年会投入大量的研发费用，但受生产场地和环保要求等因素制约，会将生产环节委托给其他企业，待商品制造完成后将其购入再销售。由于其在发票流上显示为购入产品再销售，企业被认定为批发和零售企业，按现行的研发费用加计扣除政策规定，批发和零售行业不能享受该政策。随着时代的发展，企业的经营模式也在变化，直接以行业分类来判断是否享受研发费用加计扣除政策，略有不妥。五是专精特新企业奖励尚有差距。"32条"提出，对新认定市级专精特新中小企业、国家专精特新"小巨人"企业分别给予不低于10万元和30万元的奖励。而《深圳市人民政府关于加快培育壮大市场主体的实施意见》则表示，对入选省级、国家级的专精特新中小企业，最高奖励20万元、50万元。六是科创服务支持有待加强。科技企业在不同的生命周期阶段，需要不同的科技创新服务支持，可能同时需要风险投资、信贷、法律、会计、咨询、人力资源、知识产权和成果转化等一系列专业化的服务。调研时,相关企业反映市场上科创服务机构众多、良莠不齐,企业难以辨别,往往需要花费大量的时间和精力筛选,希望能够有一个平台为企业提供一站式的科创服务(见图13-13、图13-14和图13-15)。

三、提信心扩需求稳增长促发展的对策建议

(一) 全力推动企业信心恢复

一是千方百计恢复企业投资信心。提振跨国公司和国内龙头企业在沪投资信心,实行"一企一专员"制度,及时了解跨国公司和国内龙头企业面临的困难和政策诉求。加大中小微企业走访频率,定期召开中小微企业座谈会,听取关于优化营商环境和落实惠企政策的意见建议。加快企业支持政策落到实处,充分利用网上政务平台、新媒体、服务热线等载体,建立涉企政策信息公开和推送平台,消除企业"信息孤岛",优化政策申领程序,加大免审即享力度,提升企业政策享用便利度。二是营造公平市场环境。破除制约民

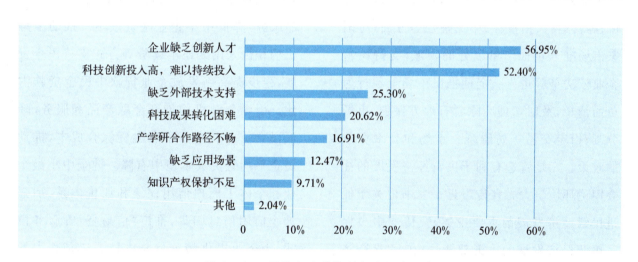

图13-13 制约企业科技创新的主要因素

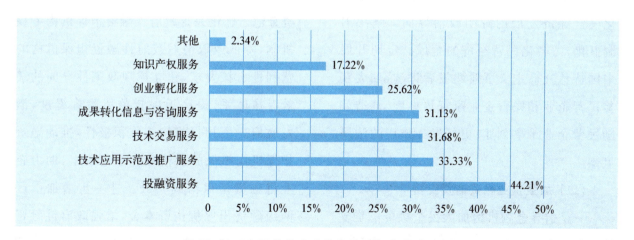

图13-14 企业科技成果转化最迫切需要的服务

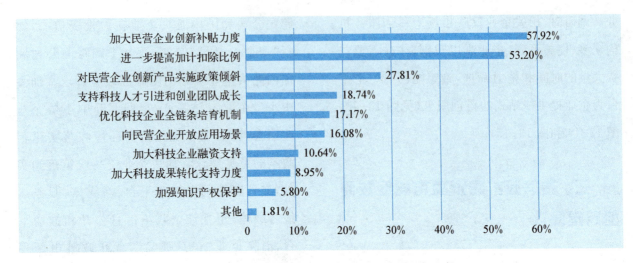

图13-15 支持创新型企业加快成长的政策诉求

营企业发展的各种壁垒,在市场准入、审批许可、经营运行、招投标、军民融合等方面,对国家市场准入负面清单以外的领域,支持民营企业依法平等进入。定期推出市场干预行为负面清单,及时清理废除含有地方保护、市场分割、指定交易等妨碍统一市场和公平竞争的政策。三是营造有利于民营经济发展的社会舆论环境。大力宣传习近平总书记关于促进民营经济发展的重要论述,宣传党中央促进民营经济发展的决策部署,宣传民营经济在推进中国式现代化中的重要作用,形成强化民营经济发展的鲜明政治导向。坚决遏制丑化、污名化民营经济的歪风。定期开展中国特色社会主义事业建设者评选,加大获奖民营企业和民营企业家宣传力度,营造鼓励民营企业干事创业、更好发挥作用的浓厚氛围。

(二)加强企业融资信贷支持

一是引导金融机构加大民企融资信贷支持。着力优化融资环境,构建更加合理的风险共担机制,大力发展普惠金融,创新金融产品服务,降低中小企业融资成本。推动金融机构积极采用无还本续贷等方式支持民企发展,稳步提高新发放企业贷款中民企贷款占比。引导金融机构创新金融产品和服务,降低民企贷款利率水平和融资综合成本,推动民企平均融资成本稳中有降。健全中小微企业和个体工商户信用评级和评价体系,加强涉企信用信息归集,推广"信易贷"等服务模式,为企业提供精准信贷支持。二是着力发挥政府性融资担保支持作用,扩大融资担保资金池。优化完善政府性融资担保机构考核机制,降低或取消对政府性融资担保机构的营利性考核要求,建立体现政策性导向的绩效考核体系,提高担保贷款风险容忍度,激发政府融资担保机构工作积极性,推动融资担保机构担保放大倍数在5倍以上,助力企业将融资担保落到实处。进一步增加市区两级融资担保机构资本金,增强政府性融资担保机构增信能力,稳步提升民营企业首贷率。

（三）助力外贸企业开放发展

一是打通国际国内两个市场。积极对接DEPA、CPTPP等高标准国际经贸规则，提升制度型开放水平，有序放开市场准入。加快推动国际市场多元化，在稳住欧美市场的同时，支持助力民营企业拓展东南亚、拉丁美洲、非洲等新兴市场。引导建立出口转内销的市场平台，帮助部分专注于海外代工的民营企业弥补缺少品牌、营销手段和销售渠道的劣势，走出销售困境，确保产业链、供应链畅通运转，促进国内消费提质升级。二是着力降低企业进出口成本。制定新一批外贸进口、出口、新业态和自主品牌百强企业名单，加强通关、外汇和退税等便利化政策支持。鼓励商业银行继续加大对外贸企业账户服务费、结算手续费等费用减免力度。推动行业协会、大型企业产业链供需对接，加强原材料保供对接服务，降低企业原材料成本。三是加大外贸企业参展支持力度。对上海外贸企业赴境外参加展会、拜访洽谈等商务活动中，所产生的出入境机票费用，按照不超过50%的比例给予支持。重点加大通过自主品牌参加境内外展会的外贸企业支持力度，对其实际发生的参展费用，给予一定比例的经费支持。四是优化企业商务签证办理。建立企业出入境备案白名单制度，建议有关部门将海外业务活动频繁的企业纳入白名单并提供给相关国家驻中国领事机构，为其提供商务签证办理的绿色通道。增加商务签取号数量，通过相关单位协调，推动相关国家驻中国领事机构区分签证取号排队类型，在控制总量的情况下，按需增加商务签取号数量。

（四）加大企业用工支持力度

一是完善企业用工支持政策。聚焦本市重点产业领域，分行业、分类别、分批次组织开展线上线下专场招聘会，强化供需精准对接，满足企业招工需求，助力人才求职就业。加大职工培训和技能提升补贴支持力度，对本单位实际用工的从业人员开展与本单位主营业务相关的各类线上职业培训予以补贴支持。加大企业新学徒制培训支持力度，对培训达到初级工、中级工和高级工水平等级别给予一定的补贴支持。二是发挥人力资源机构作用。发挥人力资源机构招聘核心优势，对人力资源服务机构成功推荐符合条件的失业人员、就业困难人员并实现稳定就业的，分别给予1 000元/人、1 500元/人的职业介绍补贴。积极搭建对接交流平台，支持企业与人力资源机构、劳务派遣机构加强合作，充分调动市场和社会力量满足企业用工需求。

（五）强化提振消费政策支持

一是加大绿色智能家电等个人消费支持。提升个人消费支付额补贴比例和最高补贴金额的标准，对本市消费者购买绿色智能家电等个人消费给予支付额15%，最高2 000元的一次性补贴。二是加大文旅消费支持力度。加大文旅消费活动支持力度，对于文旅消费优秀活动给予不超过其实际投资额的

20%、最高不超过30万元的奖补；同时对提供广告和娱乐服务的单位和个人，按应缴费额的50%减征归属地方收入的文化事业建设费。

（六）完善企业创新发展环境

一是加强企业创新人才队伍建设。支持创新型企业面向全球"揭榜挂帅"，发布技术研发需求，吸引高水平创新人才和团队参与项目研发。鼓励企业建立海外研发和成果转化中心，吸引海外人才开展关键核心技术攻关、产业化应用研究。鼓励高校开展"工程硕博士"人才培养新模式，通过与行业协会、企业、科研院所等一起设计培养目标、制定培养方案、实施培养过程，探索校企联合培养高素质复合型人才的有效机制。鼓励学徒式、带教式的人才培养模式，培育产业急需的高素质应用型、复合型、创新型人才。支持产业科技人才引进和创业团队成长，加大人才住房、子女教育等资源供给。二是完善孵化转化体系。按照"一平台一方案"的方式，支持有能力、有意愿的科技企业建设专业化、品牌化、国际化的概念验证中心，开展技术验证和商业验证"两条腿"走路，打通成果转化"最初一公里"。试点建立科技成果转化概念验证引导资金，鼓励投资机构、技术转移机构等投资早期科技成果。加快培育一批专业化、品牌化和国际化的高质量孵化器，培育"超前孵化"新模式，探索未来产业孵化新范式，加速育孵硬科技企业。面向企业开放应用场景构建需求，推动新技术的示范应用，使其成为科技成果转化加速器。三是支持企业参与重点科研平台建设。支持民营企业参与国家级和市级重点实验室、技术创新中心、工程技术研究中心、制造业创新中心等重点科研平台建设，加强行业共性技术问题的应用研究，打造"产学研用"深度融合的高端协同创新平台，促进形成内生驱动力、核心竞争力、先进生产力。四是打造创新型企业集群。着力提升张江科学城、闵行大零号湾、杨浦科创带、临港新片区等重点创新区域能级，进一步优化创新生态环境，加快推动各类创新型企业集聚，培育一批根植于本土的科技领军企业，打造创新型企业集群，形成完备的创新生态链、产业链和价值链。五是加快建立科创服务生态圈。着力完善科技创新服务体系建设，打通从"0—1—10—100"的全链条科技创新服务体系。加强政府引导，支持科创服务龙头企业牵头，建立科创服务战略联盟，涵盖科学研究、成果转化、创业孵化、知识产权、科技金融、咨询、法律、人力资源等科创服务各行业领域顶尖机构，加强联盟成员务实合作，共享信息资源，共创特色品牌，加快形成各类要素集聚的科创服务生态圈，为科技企业提供多层次、专业化的"一站式"科创服务。六是降低企业创新成本。加大企业研发支持力度，推动研发费用加计扣除比例由原先的100%提升至110%~120%。优化研发费用加计扣除政策认定模式，紧跟企业实际经营模式变化趋势，聚焦企业是否真实在进行研发，是否确实拥有技术特许权等，将该类企业列入可适用研发费用加计扣除政策的范围内。立足上海主导产业发展需要,积极争取国家支持,在张江国家自主创新示范区内率先将技术转让企业所得税起征点由现有的500万元提升至2 000万元,并逐步向全市推广复制。加大新认定的专精特新中小企业支持力度,对新认定市级专精特新中小企业、国家专精特新"小巨人"企业的奖励,分别提升至不低于20万元和50万元。

(供稿单位:上海市工商业联合会,主要完成人:施登定、王倩、李琳、芮晔平、朱加乐)

专题十四

服务浦东新区重点民营企业高质量发展研究

长期以来,浦东民营经济对浦东经济发展做出了突出贡献,在浦东创新引领和经济转型发展上起到重要的作用,是激发浦东经济发展后劲和潜能的重要因素,助推浦东迈向高质量发展的重要力量。而推进浦东民营企业尤其是重点民营企业的高质量发展,需要积极培育具有全球影响力的创新型领军企业,大力弘扬企业家精神和科学家精神,建设高层次创新人才队伍,打造一流的营商环境,为民营企业的发展提供更为开放而又有活力的发展环境。

一、浦东新区民营企业发展现状概述

(一)浦东民营经济产业结构不断优化,企业实力逐步增强

近年来,浦东新区民营企业呈现量大质优、成长快、创新强的特点,为浦东稳定增长、促进创新、增加就业等发挥了重要作用。目前,浦东民营企业占比已超过八成,且主要集中在第三产业。据统计,截至2020年底浦东全区私营企业共有23.42万户,注册资本4.48万亿元,其中20.80万户(注册资本4.17万亿元)集中在第三产业。2020年浦东新区共新设私营企业2.67万户,占新设企业总量的92.09%;注册资本4178.17亿元,主要集中在科学研究和技术服务业、租赁和商务服务业,分别为1619.89亿元和1013.90亿元,占总民营注册资本比重的63.04%。

民营企业的实力逐步增强,成为浦东经济发展的重要力量。在全国工商联评选的"2021中国民营企业500强"榜单中,浦东新区上榜的民营企业有6家,占上海全市21家的28%。在"2021上海民营企业100强"榜单中,浦东民营企业上榜数量为18家。从总部企业来看,截至2021年底上海累计认定民营企业总部388家,其中浦东为88家,占总数的22.7%。浦东88家民营总部企业吸纳超15万人就业,成立分支机构近1500家,年营业收入累计超8000亿元,其中过百亿元的超20家,过千亿的有1家。这88家民营总部企业主要分布于实体制造、现代金融、贸易、物流、研发、信息领域。

(二)民营企业创新活力不断提升,高质量发展的势头明显

1. 民营企业成为推动优质科创企业对接境内外多层次资本市场重要力量

截至2021年底,上海境内外上市企业共

618家,首发募集资金共计10 049亿元;其中,民营(中小企业)上市企业396家,占总数64%,首发募集资金共计4 438亿元,占总体比例达44%。近年来,浦东民间固定资产投资规模不断扩大,投资领域逐步拓宽。据统计,2021年浦东新区民间固定资产投资351.42亿元,占全区投资总额2 716.18亿元的12.9%;同期增长25.7%,高于全社会固定资产投资增速15个百分点。从企业看,截至2022年9月30日,浦东累计共有63家民营企业境内上市(包括科创板、创业板),占上海民营上市公司总数(223家)的28%;其中,浦东科创板上市民营企业达23家,占浦东科创板上市企业总数(43家)的53%,且主要集中在集成电路、生物医药等浦东先导产业。

2. 民营企业占高新技术企业比重超八成,成为科技创新主力军

2020年上海三年有效期内高新技术企业数量17 012家,较2016年的6 938家增幅高达145.2%,其中82.34%是民营企业;高企工业总产值1.53万亿元,营业收入实现3.43万亿元,分别占全市规模以上企业相关指标的44%和46%,并实缴税收1 142亿元;研发总投入为1 264亿元,占全市研发总投入的七成。浦东新区高企数量位列全市第一,仅张江就有超9 000余家高新技术企业集聚发展。

2020年上海高新技术企业创新投入100强贡献了全市高企34%的科技活动经费,其中内资占比达47%。100强企业主要集中在电子信息、高技术服务、生物与医药三大领域。浦东有53家企业上榜,其中,民营企业13家,占浦东总数的四分之一,包括上海华为技术有限公司(第一名)、药明康德(第七名)等知名科技企业。

3. 民营独角兽企业和细分市场的"隐形冠军"异军突起

根据《2021胡润全球独角兽榜》榜单,上海有71家企业上榜,位居全国第二①,较2020年的47家,增幅超过50%。浦东有29家企业上榜,占全市总数的40%,总估值3 880亿元;其中,民营企业12家,占浦东总数的41.3%,总估值2 050亿元。浦东12家民营企业平均估值171亿元,高于浦东总平均估值134亿元;其中,美腕网络科技(电子商务)、万德(金融科技)以380亿元估值位居浦东所有上榜企业榜首。这些企业主要分布于半导体、金融科技、生物科技、人工智能等行业领域;其中华勤通讯以195亿元估值成为上海估值最高的半导体独角兽企业,在全国同领域其估值仅次于地平线机器人(北京)的320亿元(见附录14-1)。

同时,根据《2021胡润瞪羚企业榜》榜单,全国共有171家企业上榜,上海以54家的上榜数量位列全国第一,北京39家位列第二。浦东27家企业上榜,占全市的一半,其中民营企业9家,主要分布于企业服务、人工

---

① 2021年全国(包括港澳台地区)38个城市拥有独角兽企业,前面五名依次为:北京(91家)、上海(71家)、深圳(33家)、杭州(22家)、广州(10家)。北京、杭州、上海独角兽企业总估值都超过了万亿元。

智能、生物科技、物流等行业领域(见附录14-2)。

(三)民营龙头、创新型领军企业引擎作用还有待进一步激发

一方面与兄弟省区市相比仍有差距,上海民营龙头、领军型创新企业规模与北京、深圳相比差距明显。从2021中国民营企业500强名单分析来看,上海入围企业的数量跟北京持平,分别为21家、22家,但上海上榜企业平均营收1.3万亿元,却不及北京平均营收3.3万亿元的一半,浦东上榜企业平均营收为0.34万亿元。前十强民企名单中,北京有2家:京东(7 686.25亿元)、联想(4 165.67亿元);深圳有4家:华为(8 913.68亿元)、正威国际(6 919.37亿元)、腾讯(4 860.25亿元)、万科(4 191.12亿元)。上海最高排名为第42位的新城控股(1 474.75亿元),浦东为第52位的东方希望集团(1 256.59亿元)。

另一方面,近年来,上海及浦东培育和引进新兴企业的力度和成果明显,仅2021年上海共有39家新上榜独角兽企业,可谓数量惊人,但上海独角兽企业缺乏龙头带动。2021年上海独角兽数量位列全国第二,数量仅次于北京,但平均估值仅为167亿元,在全国仅排名第七,远低于前三甲:杭州平均估值696亿元、北京423亿元、深圳244亿元。值得一提的是,深圳32家独角兽企业中有22家是民营企业,超过三分之二的民营企业平均估值达到245亿元。北京、杭州各有一家超万亿独角兽企业,分别为字节跳动(2.25万亿元)、蚂蚁集团(1万亿元)。估值超过1 000亿元独角兽企业中,北京、杭州、深圳各有2家,上海仅有估值排名第一的小红书(1 300亿元),浦东估值并列榜首的为美腕网络科技和万德(380亿元)。同时,腾讯、阿里巴巴、百度、京东、小米、美团等互联网巨头已成为投资独角兽最多的平台型企业,根据2020年独角兽相关数据统计,约50%的独角兽都与上述企业相关联。而上海及浦东则缺乏互联网产业巨头。

二、浦东民营企业高质量发展面临困难

(一)民营企业相对规模小,缺少领军型企业

浦东新区作为上海科创中心核心功能区,肩负"引领区"建设的核心使命,全力做强创新引擎,打造自主创新新高地。企业是创新的主体,民营企业是浦东新区深入实施创新驱动发展战略、实现科技自立自强的重要力量。浦东虽已拥有相当数量的准一流民营企业,但距离创新型领军企业还有一定差距。目前,浦东新区虽然高新技术企业、科技"小巨人"企业蓬勃发展,但缺少像华为、腾讯、大疆、海康威视、科大讯飞这样具有国际化视野和强大创新能力的本土科技企业。同国际著名科创中心城市或区域相比,上海的差距更大。从"2021年世界R&D(研究与开发)投入100强企业榜单"的分布来看,硅谷有17家,

东京有10家,首尔有4家,北京有8家,深圳有3家,而上海只有1家①。中国民营企业中,研发投入排名靠前的还有百度(第64位)、中兴(第84位)、蚂蚁金服(第119位)、美团(第120位)、美的(第122位)、联想(第149位)、小米(第151位)、比亚迪(第155位)、京东方(第161位)等,没有一家上海民营企业上榜。

同时,与国内深圳等城市相比,上海及浦东企业稳健有余,但创新活力相对较差,缺乏冒险精神,创新文化开放性和包容性也相对不足。仅以深圳的华为为例,根据"中国2021民营500强"研发费用投入排名,华为以1419亿元蝉联榜首,为第二至第五位(阿里、腾讯、吉利、百度)企业研发费用综合的1.05倍,而华为也成为全球研发投入排名仅次于谷歌的第二大公司,在全球申请了20万件专利。缺乏创新龙头企业已成为制约浦东新区进一步提升自主创新能力的最大障碍。

(二) 融资成本高,融资渠道待进一步拓宽

"融资难融资贵"一直是影响民营企业发展的重要因素之一。目前浦东已形成了以科技信贷、创业投资、多层次资本市场为主,保险资金、政策性金融、银行理财资金等各类金融业态相互协作的科技金融生态圈。同时,科创板、上海股交中心等交易市场构建了浦东多层次资本市场的成熟科技金融体系。但浦东民营企业创新发展仍然面临融资渠道多样化不足、融资成本高、信用审查过严等困难。

一是银行贷款门槛高、周转期短、抵押物要求过高、手续繁杂等导致融资成本过高;银行征信体系不健全,对民营企业融资担保要求高。近年来,商业银行为促进民营企业提供投融资便利、优化营商环境推出多项举措,但其更多集中在办理业务的便利化和服务的个性化上,而针对民营中小企业专享贷款以及降低企业融资成本等措施则相对较少。民营企业在"获得"贷款便利性方面有所提升,但融资贵问题还有待进一步缓解。

二是科技创新资本多元化不足。目前,浦东民营企业尤其初创期企业的创新资金来源仍以自有资金为主,政府各类财政资金为辅,银行信贷、市场化创业投资或天使投资等进入意愿较低。一方面,科技型中小民营企业的核心竞争力基于创新产生的无形资产,现有银行体系对无形资产的估值存在较大能力短板,企业的创新能力难以转化为融资能力。同时,提供科技贷款担保或保险的机构专业化程度有待进一步提升。近年来浦东已陆续推出"履约贷""小巨人贷""创投贷"等"3+X"科技信贷体系,但成功比例有待提高。另一方面,市场化创业投资或天使投资"难投小""难投早"。深圳、杭州等地积极探索实践跟投机制、风险补偿、不设期限让利、与孵化机构结合等管理创新,而上海孵化载

---

① 北京8家分别为:中国建筑集团(第46位)、中国铁路集团(第59位)、中国交通建设集团(第63位)、百度(第64位)、中国铁道建筑集团(第66位)、中石油(第80位)、中国电力建设集团(第82位)、中国中车集团(第100位);深圳3家为:华为(第2位)、腾讯(第33位)、中兴通讯(第84位);上海1家为:上汽集团(第83位)。

体的创投功能发挥有限。根据2018年全球风险投资数据,北京的风投规模已超过纽约,列世界第一位,而上海的风投规模仅为北京的三分之一,纽约的一半,上海与北京的差距进一步扩大。对于正在建设科创中心和创新策源地的浦东而言,"投资阶段前移"是大趋势,浦东需要继续出台创新的科技金融举措,以适应新时代民营科技产业发展需求。

(三)民营企业获得政府补贴的力度较小

首先,民营中小企业税收优惠政策效果不明显。为降低企业税费负担,增强企业活力,国家实施了结构性减税政策,对重点扶持的高新技术企业实施税收优惠和补贴。而浦东民营企业尤其是中小民营企业税收优惠政策效果不明显。这主要是由于浦东民营企业规模较小,盈利能力较弱,而政府补贴通常与税收挂钩,民营企业税收贡献相对较小,难以直接形成降低运营成本的作用。

其次,在重大科研项目评比规则设置时,存在资质、规模、专利等隐性标准,专家评审时更偏重科研院所和国有大型企业,民营企业需要一个更公平、友好、稳定的创新生态环境来不断发展,提升自主创新能力。

(四)民营企业自主创新能力待提升

浦东民营企业科技与研发人员数、科技活动支出、技术开发项目数、科技成果等都有大幅提升,高质量发展的势头非常明显,但与浦东外商及港澳台企业实力还有差距。

一是长期过于重视外资企业的政策导向。外资企业为浦东的经济发展做出了巨大贡献,但其对本地创新策源能力的形成作用有限。多年来,在沪外资企业R&D投入占全市企业R&D总投入的比重一直在50%以上,这一比例不仅高于国际著名科创中心城市(国际平均比重在30%~40%,如美国和日本仅为5%~15%),也高于北京、深圳等国内相似发展条件的城市。研究显示,如果外资企业R&D占比超过40%,就会对当地企业的发展和技术创新产生明显的"挤出效应"。外资企业在华科研项目往往只是其整个研发过程中的一个模块,研发成果多以内部转移为主,技术溢出较为有限。同时,近年来欧美等西方国家对华技术出口管制措施日益严厉,通过吸引外资企业来增强自主创新能力难以实现。

二是高成本阻碍民营企业自主创新能力的提升。浦东民营企业普遍规模偏小,高新技术企业的生产成本、人力成本都相对较高,而新冠疫情的影响,民营企业面临着较为严重的成本问题,这将进一步降低企业对创新的投入,从而阻碍企业自主创新能力的提升。

三是创新管理能力相对薄弱是制约浦东民营企业自主创新能力提升的一个短板。创新战略方面,存在战略制定与市场需求不匹配、战略制定方法不科学以及战略制定偏离国家产业导向等问题。在研发管理方面,缺乏专业化的研发管理人才和对研发管理投入不足是存在的主要问题。在知识产权保护方面,运用知识产权资源的能力和水平较低,存在知识产权保护意识薄弱、知识产权管理制度不健全、不熟悉知识产权国际规则、不熟悉相关政策和法规以及无法找到合适的中介机构等问题。

（五）高层次创新及专业人才引进困难

近年来，上海在高层次创新人才的引进和培养上，与深圳、苏州、杭州等城市相比，政策力度和丰富性相对不足。这主要原因是房价引起的人力成本问题、职业发展空间小和薪酬待遇低、产业匹配度低以及外迁城市的政策优惠吸引等。同时，浦东民营企业在高层次创新人才缺失方面的问题尤为严重。浦东民营企业规模相对偏小，因此在资源占有、政策偏好以及发展能力等方面与大中型企业差距较大，无法在竞争中引进或留住高层次创新人才。另外，除了高层次的技术研发人才供给不足之外，缺乏创新型本土企业家也是制约浦东民营企业自主创新能力提升的一个重要原因。

三、对策建议

（一）构建更有效平台和交流机制

一是提高政治站位，服务发展大局，充分发挥工商联政企桥梁作用。民营经济迈向高质量发展，经济地位作用不断凸显，对工商联工作提出了更高要求。浦东工商联要着力提升服务能力，团结协作开创发展新局面，在服务"两个健康"工作中，紧紧围绕高质量发展、一流营商环境打造和长三角一体化等国家战略和发展大局，高站位、全视野，潜心创新服务机制和服务平台；以服务浦东民营经济新发展为本、以服务引领区建设为新使命，加强民营经济人士思想政治建设，建设高素质民营经济代表人士队伍，支持服务民营经济高质量发展，建立健全政企沟通协商制度，切实发挥工商联和商会作用，引导民营企业融入浦东改革发展的大局。

二是着力提升服务能力，加强政策的沟通与对接，提升扶持精准度。积极搭建政企平台，精准落实助企纾困政策，构建多部门联合的政策宣传体系，创新宣传形式，发挥新媒体传播作用，增强政策内容宣传可读性。对产业链关键环节民营企业等予以重点关注，加强政策宣传和培育力度。切实找准当前民营企业发展的痛点、堵点和难点，深入开展调查研究，为政府宏观决策建言献策。实行民营重点企业及高新技术企业科技服务机构名录管理，严格名录清单更新机制，提升对科技服务企业的管理。

三是探索长三角商会、行业协会互联互通发展模式，形成产业链互补。首先，建立行业公共服务平台，探索资金扶持政策。联合长三角各地行业协会、商会，通过举办年会、论坛、展会等方式给企业搭建有效交流互动的平台，并给予相应的资助，促进行业产学研交流，为企业沟通互动、创新升级、高质量发展提供机会。支持行业协会、商会参与行业标准制定，并给予专项资助（可按照参与国际、国家标准、行业标准、团体标准等给予不同标准资助）。联合长三角区域行业协会、商会建立综合服务平台和信息交流平台,实现区域内信息共享,降低行业协会的运行成本,为政府制定产业政策、行业发展规划提供可靠依据。其次,在集成电路、生物医药、新能源汽车、人工智能等重点产业领域,鼓励长三角区域相关产业龙头企业主要负责人组建产业委员会,推进区域间产业协会交流学习,以项目运作为平台,探索深化合作新模式,帮助企业拓展国内外市场,引领行业发展。最后,优先选择一些基础实、影响大、实力强的行业协会、商会重点扶持,强化其在助力企业技术创新、品牌建设、信息化改造等方面的能力。支持长三区域相同或相近的行业协会商会、行业龙头企业等联合区域高校和科研院所建立产业链联盟,共同推动相关产业协同发展,深化研发攻关、市场开拓、技术标准、人才培养、权益保护等方面合作。

(二) 优化营商环境,发挥领军企业及企业家主力军作用

一是重视领军型、独角兽、隐形冠军型企业的培育、引进与拓展。首先,立足浦东,面向长三角,吸纳全国资源力量,发挥异地商会、行业协会和企业协会的作用,引导以商招商,聚焦人工智能、生物医药、集成电路等关键领域前瞻性布局,精准支持有成为领军企业潜力、以全球为市场、有全球化战略的准一流本土企业,整合开放更多资源,在政策、资源、服务等方面予以倾斜。其次,围绕浦东及上海的产业优势领域,关注区域内现有独角兽、行业隐形冠军企业,对重点产业企业在重大项目、重大节点上给予快速推进的便利措施,在税收优惠、人才使用方面出台专门政策,帮助企业快速成长为领军企业。最后,鼓励和支持一批科技领军企业联合大学、科研院所的力量,协同攻克科技前沿和新兴领域"卡脖子"关键核心技术。依托浦东重大原始创新策源地建设优势,吸引并发挥科技领军企业资源集聚、需求凝练、创新孵化和生态构建等方面的引领作用,强化新技术产业化规模化应用。

二是制定个性化服务支持方案,支持民营龙头企业创建科技领军企业,支持创新型中小企业发展壮大,构建民营科技企业梯度培育体系。首先,引导民营企业面向集成电路、生物医药、人工智能等重点产业创新需求,开展关键技术研发与应用,为产业创新发展提供技术支撑,为企业孵化培育发展提供创新服务;遴选重点产业链中的关键"卡脖子"环节企业,开展跟踪辅导服务,扩充高新技术幼苗企业培育库。其次,完善链式创新体系建设。构建领军企业及国有大企业创新需求与民营中小微企业创新供给的融通创新链条。鼓励民营中小微企业与行业头部及大型企业开展技术研发合作,帮助民营企业在技术细分领域深耕研发。推动领军企业优势资源向中小企业有序、友善地开放,引导上下游关联民营中小微企业快速向领军企业集聚,协同创新,形成全产业链协同、全供应链融通的完整产业生态体系。

三是大力弘扬企业家精神和科学家精

神,建设高层次创新人才队伍。引导民营企业组织高水平应用基础研究,支持民营企业参与核心技术攻关,弘扬优秀企业家精神,带领企业占据行业科技创新的制高点。树立优秀创新企业家典型,通过领军人才带动形成上海高新技术企业积极创新氛围。利用上海的国际化和长三角辐射引领优势,通过各种创新政策和服务集聚各类高层次创新人才,加快打造一支具有爱国、诚信、社会责任和国际视野等特质的高层次创新人才队伍。提高高层次创新人才队伍的主人翁意识和责任感,以人才推动上海企业自主创新能力的提升,实现科技自立自强。

(三)拓宽民营企业融资多元化渠道,降低融资成本

一是引导政府产业基金加大对民营科技企业的融资支持力度,如引导上海市创业投资引导基金、天使引导基金、引领区产业发展基金等加大对民营企业,尤其是初创期科技型民营小微企业的直接融资支持,以提高财政支持科技型中小微企业资金需求的配置效率。促进保险公司通过投资民营企业股权、债权、资产支持计划等形式,为符合要求的民营企业提供长期低成本资金支持。

二是完善融资服务平台,鼓励多种资本来源融资服务体系。首先,支持有条件的民营企业在多层次资本市场以上市挂牌、发行债券、并购重组、再融资等方式发展壮大,加大民营企业在主板、创业板、新三板、科创板的上市培育力度,支持有条件的民营企业到境外上市融资。其次,鼓励支持大企业、孵化器联合、众创空间设立若干产业投资基金,撬动社会力量,完善民营中小微企业融资体系,强化种子期创新企业投资。依托大企业创新开放中心、技术创新中心等载体,增强创新创业载体对于民营中小企业投资引导功能。吸引社会慈善资本参与中小微企业创新,优先向中小微企业提供短期过渡性资金支持。

三是加快信用担保体系制度创新。首先,积极推进政府对于支持民营高新技术产业融资的信用背书体系构建。其次,鼓励建立和发展社会信用调查评估等中介机构,推进中小微企业信用体系建设,联合银证共建中小微企业信用体系,积极搭建中小微企业信息共享平台,建立守信联合激励和失信联合惩戒机制,建立贷款风险补偿机制,探索"信贷+信用"小微企业普惠金融模式试点。

四是进一步完善银行贷款渠道。首先,加大对民营企业的融资支持力度,对有市场、有效益、能回款,但资金周转暂时困难的企业,给予贷款贴息、担保费率补贴等扶持。其次,进一步推行"科技贷""科技保"业务,开展多样化担保贷款(如技术、知识产权、商标、品牌等无形资产质押)的服务模式,利用自主知识产权和股权等无形资产以非变现质押方式给予贷款。再次,鼓励商业银行优化科技风险定价和信贷考核体系,丰富投贷联动模式,实现科技企业信贷风险与收益的匹配。最后,多渠道加大对科技企业的信贷支持,鼓励银行根据不同企业的特点,帮助其寻找合适的银行融资产品;结合科技企业全生命周期发展特点,开发具有针对性的信贷产品或服务。

(四)强化服务平台建设,提升民营企业自主创新能力

一是促进政产学研合作,提升民营企业创新能力。首先,加大对走专精特新发展路径的民营企业和行业"隐形冠军"的支持力度,特事特办,在关键领域核心技术上做深做透。在市场需求引导方面,增加民营高新技术企业产品在政府采购项目的技术部分评分权重,扩充民营企业产品市场。其次,把民营企业作为参与基础研究的重要力量,支持企业加强与高校院所、科研机构合作,着力解决民营企业参与科研攻关信息不对称、渠道不畅通等问题,完善产学研用协同创新机制,促进基础研究、应用研究与技术创新高效结合、相互促进。

二是进一步完善科技服务体系。首先,联合多部门建立规范的科技服务体系,通过引导建立和发展包括知识产权保护法律、创新政策支持、创业投融资渠道、管理咨询服务等服务内容,从研发投入、成果转发、人才队伍、项目管理、知识产权等方面开展全方位的辅导服务,全力挖潜扩容,形成全方位的科技创新服务。其次,加大知识产权保护和运营管理。加大对重复侵权、故意侵权企业的惩戒力度,建立长三角失信企业联合惩戒机制,降低民营企业维护知识产权成本;编制发布中小微企业知识产权保护指南,鼓励企业加强风险防范机制建设;加强知识产权侵权鉴定能力建设,研究建立侵权损害评估制度。

三是完善科技公共服务平台、孵化器等建设。首先,强化面向中小微企业创新导向服务的平台建设,滚动发布专业技术服务平台清单,按照性质和类别对开放平台进行分类管理、分类支持。进一步深化平台开放共享机制,形成各类创新要素互联互通的中小微企业创新服务生态。支持组建技术开放平台联盟,发挥行业组织和第三方机构的力量。其次,鼓励更多大企业、孵化器及科研院所、创新实验室等平台成立面向大中小微企业的"发展联盟";通过政策奖励等方式,推动知名企业的技术资源、服务资源、市场资源、导师资源进入"大企业创新资源库",面向民营中小微企业提供高层次孵化服务。

四是助力民营企业布局新赛道,抓住数字化转型时机。首先,鼓励有条件的民营龙头企业、头部企业开放数据资源,提升上下游协同效率,带动中小企业融入数字化应用场景和产业生态。其次,鼓励数字化服务商向中小企业和创业团队开放平台接口、数据、计算能力等数字化资源,为民营中小企业数字化转型提供更加实用易用、成本低廉的数字化产品、工具和服务。最后,加快数据资源和应用场景开放。在保障数据安全和个人信息安全前提下,有序加大应用场景开放程度,通过政府购买、协议约定等方式引入民营中小微企业。

（五）完善民营企业人才引进与培育制度

一是拓宽民营企业人才准入条件。通过适当向民营企业尤其是中小微企业倾斜人才政策，放宽中小微企业员工人才优惠门槛等方式，提升中小微企业对于高新技术人才的吸引力度，解决中小微企业人才紧缺难题。

二是完善人才引进配套服务。关注民营企业引进人才的住房需求，增强其对人才的吸引力。在规划房屋租赁、建设人才公寓等政策方面对于民营企业尤其是科技企业给予倾斜，降低城市房价高对人才的挤出效应；继续完善社会保障体制，解决民营企业引进人才"后顾之忧"。

三是完善人才培养机制。定期开展民营高新技术企业高管、技术骨干在运营管理、技术技能以及企业家精神方面的培训，创新企业人才培育体系。充分发挥浦东在长三角、全国和国际上的影响力，助力民营科技领军企业设立高新技术企业海外研发机构和联合实验室，开放配置全球创新资源，利用具有全局带动作用和重大引领作用的战略性新兴项目辐射和吸引国内外高层次人才，提高人才吸引度。

（供稿单位：浦东新区工商业联合会）

附录

附录14-1 2021浦东新区胡润全球独角兽企业名单

序列	全国排名	企业	估值（亿元）	行业	成立年份	主体公司	备注
1	28	美腕	380	电子商务	2014	美腕（上海）网络科技有限公司	民营
2	30	万得	380	金融科技	2005	万得信息技术股份有限公司	民营
3	42	万能钥匙	320	软件服务	2013	上海连尚网络科技有限公司	民营
4	43	小度科技	320	消费品	2020	上海小度技术有限公司	
5	65	银联商务	195	金融科技	2002	银联商务股份有限公司	
6	70	喜马拉雅	195	娱乐	2012	上海喜马拉雅科技有限公司	民营
7	71	华勤通讯	195	半导体	2005	华勤技术股份有限公司	民营
8	88	健适医疗	160	健康科技	2019	健适医疗科技（上海）有限公司	
9	107	黑芝麻智能	130	人工智能	2017	黑芝麻智能科技（上海）有限公司	
10	128	翔捷科技	115	半导体	2015	翔捷科技股份有限公司	民营
11	130	思特威	115	半导体	2017	思特威（上海）电子科技股份有限公司	
12	132	兆芯集成	115	半导体	2013	上海兆芯集成电路有限公司	
13	140	赢彻科技	105	人工智能	2018	赢彻科技（上海）有限公司	民营
14	151	燧原科技	100	人工智能	2018	上海燧原科技有限公司	
15	187	明码生物科技	100	生物科技	2015	明码（上海）生物科技有限公司	民营
16	197	国科量子	85	量子科技	2016	国科量子通信网络有限公司	
17	201	维昇药业	85	生物科技	2018	维昇药业（上海）有限公司	
18	216	纵目科技	70	软件服务	2013	纵目科技（上海）股份有限公司	
19	217	梦饷集团	65	电子商务	2017	上海众旦信息科技有限公司	
20	221	安翰医疗	65	健康科技	2008	上海安翰医疗技术有限公司	
21	227	创领心律	65	健康科技	2014	创领心律管理医疗器械（上海）有限公司	

续表

序列	全国排名	企 业	估值(亿元)	行 业	成立年份	主 体 公 司	备注
22	231	城家公寓	65	共享经济	2014	丞家(上海)投资有限公司	民营
23	233	缔脉生物	65	生物科技	2016	缔脉生物医药科技(上海)有限公司	
24	245	宏信建发	65	企业服务	2014	上海宏信建设发展有限公司	
25	256	擎朗智能	65	机器人	2010	上海擎朗智能科技有限公司	
26	279	Soul	65	社交媒体	2015	上海任意门科技有限公司	民营
27	280	斯微生物	65	生物科技	2016	斯微(上海)生物科技股份有限公司	
28	284	特赞	65	企业服务	2015	特赞(上海)信息科技有限公司	民营
29	294	Xtransfer	65	金融科技	2017	上海夺汇网络技术有限公司	民营

附录 14-2 2021 浦东瞪羚企业名单

序列	企业信息	掌门人 联合创始人	行业	企业主体	备注
1	爱科百发	邬征	生物科技	上海爱科百发生物医药技术股份有限公司	
2	岸迈生物	吴辰冰	生物科技	上海岸迈生物科技有限公司	
3	冰鉴科技	顾凌云	企业服务	上海冰鉴信息科技有限公司	民营
4	鼎航医药	Laura Elaine Benjamin	生物科技	上海鼎航生物科技有限公司	
5	斗象科技	谢忱	企业服务	上海斗象信息科技有限公司	民营
6	高仙机器人	程昊天	机器人	上海高仙自动化科技发展有限公司	
7	海和生物	丁健	生物科技	上海海和药物研究开发股份有限公司	
8	瀚博半导体	钱军	半导体	瀚博半导体(上海)有限公司	
9	恒翼生物	李元念	生物科技	恒翼生物医药(上海)股份有限公司	民营
10	极目生物	胡海迪	生物科技	极目峰睿(上海)生物科技有限公司	
11	科望医药	纪晓辉、卢宏韬	生物科技	科望(上海)生物医药科技有限公司	
12	鹍远基因	高远、张鹍、张江立 刘强、刘蕊	生物科技	上海鹍远生物技术有限公司	民营
13	盟科医药	袁征宇	生物科技	上海盟科药业股份有限公司	
14	沐曦集成电路	陈维良	半导体	沐曦集成电路(上海)有限公司	民营
15	纽脉医疗	虞奇峰、秦涛	健康科技	上海纽脉医疗科技股份有限公司	
16	七牛云	许式伟、吕桂华	企业服务	上海七牛信息技术有限公司	民营
17	森亿智能	张少典	人工智能	上海森亿医疗科技有限公司	民营
18	厦泰生物	蒋文斌	生物科技	上海厦泰生物科技有限公司	
19	上海南芯	阮晨杰	半导体	上海南芯半导体科技股份有限公司	
20	思路迪医药	熊磊	生物科技	思路迪生物医药(上海)有限公司	
21	斯微生物	李航文	生物科技	斯微(上海)生物科技股份有限公司	

续 表

序列	企业信息	掌门人 联合创始人	行业	企业主体	备注
22	小鱼易连	袁文辉、赵兴国、李勤	企业服务	上海赛连信息科技有限公司	
23	药明奥测	李革	生物科技	上海药明奥测医疗科技有限公司	民营
24	宜明昂科	田文志	生物科技	宜明昂科生物医药技术（上海）有限公司	
25	益方生物	王耀林	生物科技	益方生物科技（上海）股份有限公司	
26	优萃生物	刘晓坤	消费品	上海优萃生物科技有限公司	
27	运去哪	周诗豪	物流	上海汇航捷讯网络科技有限公司	民营

专题十五

浦东新区企业合规管理现状与需求分析

一、企业合规管理发展现状概述

（一）中央企业、大型国有企业合规建设已步入合规建设强化实施阶段

强化合规管理、防范合规风险已经成为全球企业发展的新趋势。2016年，国资委发布了《关于在部分中央企业开展合规管理体系建设试点工作的通知》，在中央企业正式拉开合规制度建设的帷幕。2018年，国资委和发改委分别印发《中央企业合规管理指引（试行）》《企业境外经营合规管理指引》，对央企境外合规管理提出全面、系统的要求和指导。随后，各地方国资委密集出台地方国有企业合规管理指引，旨在促进企业依法经营、强化风险及合规管理、保障企业持续健康发展。目前，国有企业从合规部门设置、全覆盖的合规体系搭建、合规制度宣传与贯彻等方面已全方位开展合规工作。中央企业、大型国有企业的合规管理日益体现行业特色、企业特色。

2022年，中央及各国有企业逐步开启"合规管理强化年"，正式进入专项合规管理强化建设阶段。2022年8月，国务院国资委发布了内容更全、要求更高、措施更实的《中央企业合规管理办法》（国资委令第42号，以下简称《合规办法》），并已于2022年10月1日开始执行。《合规办法》突出刚性约束，在内容和措施上更加全面翔实，并对中央企业的合规制度建设提出更高的要求。特别是《合规办法》要求中央企业构建分级分类的合规管理制度体系，强化对制度执行情况的检查。同时明确要求中央企业结合实际设立"首席合规官"岗位，领导合规管理部门开展工作。《合规办法》第二十一条还明确规定，对于中央企业"三重一大"事项中"重大决策事项"的合规审查意见"必须由首席合规官签字，对决策事项的合规性提出明确意见"。《合规办法》还明确要求中央企业应当在反垄断领域、反商业贿赂领域、生态环保领域、安全生产领域、劳动用工领域、税务管理领域及数据保护领域这7个领域制定合规管理具体制度或者专项指南，并结合具体情况在重点领域以及合规风险较高的业务领域制定合规管理具体制度或者专项指南。

毫无疑问，《合规办法》实施后，企业合规制度建设必将成为各中央企业接下来一段时间内制度建设的重要任务，也将成为中央企业乃至地方国企以及其他类型企业开展合规管理工作的基本依据及重要参考。

（二）民营企业仍处于合规管理初期，构建符合实际的合规体系迫在眉睫

与大型央企和国企形成鲜明对比的是，当前，我国民营经济在法治化进程中依然存在一些难点和痛点。大多数民营企业依然是各种法律风险的易发区、高发区。这些企业的负责人缺乏规则意识，法治意识较为薄弱，由此导致的相关违法犯罪案件呈整体递增态势，对这些企业加强合规管理工作刻不容缓。2019年12月4日，中共中央、国务院发布《关于营造更好发展环境支持民营企业改革发展的意见》。该意见要求推动民营企业守法合规经营，依法经营、依法治企、依法维权，认真履行环境保护、安全生产、职工权益保障等责任。2021年3月，《中华人民共和国国民经济和社会发展第十四个五年规划和2035年远景目标纲要》明确要求民营企业守法合规经营，鼓励民营企业积极履行社会责任。

从合规建设的发展趋势来看，企业、政府、行业协会和司法机关将构成合规建设中四位一体的运行机制，各主体在这一运行机制下各自发挥自己的作用和优势，共同促进全社会合规建设机制的健康发展：企业和员工是合规建设的实施主体；政府是合规建设的执行和监管主体；行业协会是推动合规建设的中坚力量；司法机关则是合规建设的监督者和激励主体。

由此可见，作为政府管理和服务企业的助手，工商联作为各行业协会和商会的所属阵地，是推动企业合规建设必不可少的重要力量，有能力也有责任帮助企业练好依法治企"内功"，通过帮助企业合规建设为企业保驾护航。

二、浦东新区民营企业合规管理基本情况

（一）合规意识已初步建立，但体系性、深度认知亟待加强

合规是企业长久持续经营的基本要求。这一理念在不同行业、不同规模的民企中已形成共识。不过，对于合规涵盖的范围、合规管理的新近发展等，不同民企的认识差异较为明显，多数企业对"如何合规"尚未形成成熟认知。

1. 企业对合规概念的认识情况

以企业应当遵循的合规的范围为例，几乎所有被调查民企均认同依据法律法规开展经营活动的重要性。同时，普遍认同企业内部规章的制约作用。大部分企业将行业准则或者规范也视为经营活动的重要依据。只有近半数企业认为合规应包括国际条约（见图15-1）。

从上述数据可见，合规概念以及合规应包含符合法律、法规、单位规章制度的理念深入人心。但行业自律规则、我国缔结或者参加的国际条约以及诚实守信的道德准则等其他合规并不为被调研民企广泛知晓。人员访谈的结果也基本上与调查问卷反映的情况相

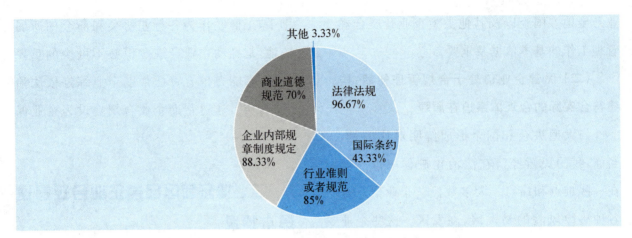

图 15-1 2022 年调查问卷：浦东新区民营企业对合规概念的认识情况

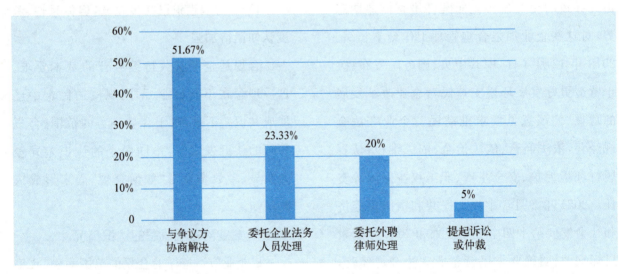

图 15-2 2022 年调查问卷：浦东新区民营企业纠纷解决情况

似。尽管参与人员访谈的多为民企合规管理人员或者与合规相关的法务人员、内控部门成员，但鲜有企业能较为清楚地认知企业合规管理的必要性、我国开展的企业合规改革情况以及企业如何进行合规体系建设并实施合规管理等。

2. 民营企业纠纷解决情况

从被调研企业商事活动纠纷解决方式来看，也从一个侧面证明了民营企业已有合规风险管理的意识，但体系性管理风险的能力亟待提高。过半数的民营企业更倾向于私下协商解决纠纷，剩余23%的企业选择委托企业法务人员处理。只有20%的企业选择委托外聘律师处理，5%的企业诉诸诉讼或仲裁解决纠纷(见图15-2)。在纠纷后的追责环节中，绝大多数民营企业会根据规章制度，追究相关责任人员的责任并为企业制定后续的整改措施，有15%的企业虽然没有建立健全的规章制度但仍会选择追究责任人相应责任，仅有5%的企业选择不予追究责任人员相关责任(见图15-2)。

(二)合规管理组织建设基础良好,但专门合规管理部门组建比例不高

最近几十年我国政府一直在企业内大力推行法律风险管理体系、全面风险管理体系、企业内控体系等。受企业现代化管理理念的影响,浦东新区多数民企风险防范意识较高,内设风险管理部、内控部、法务部的企业数量相对较多,这为民企进一步推进合规管理体系搭建了较好的组织基础。

相比之下,浦东新区民企中真正成立专门合规管理部门的企业数量有限。在已搭建合规管理体系的民企中,名称为"合规(管理)部"的企业数量可谓凤毛麟角。大多数企业将部分合规管理职责交由风控或者法务部门负责,并鲜少设置负责合规事务的专职岗位人员。较多已经实施合规管理的企业采用合规事务多部门分担或多部门组建合规管理委员会的形式,将企业合规事务分配到财务、审计、内控、人事行政或者知识产权、法务等各部门中。在尚未建设合规管理体系的民企中,基本上没有专门负责合规管理职能的岗位人员。企业未设立专门合规管理部门,有设置必要性和节约成本的考虑。大多数民企认为即便尚未成立专门合规部门,企业法务部、风险管理部、核查部、内部监督系统等都是避免企业风险、确保企业遵从国家法律法规义务的保障部门和系统。

调研中,也有相当数量的民企存在合规组织建设水平相对落后的情况。它们既无专门合规部门,也无专门合规岗位设置,甚至无企业风控或者法务部门、岗位人员的存在。这类企业在市场竞争环境下的合规风险极大,合规意识和相关建设具有现实紧迫性(见图15-3)。

组建专门的合规管理部对民企而言并非追求时尚与潮流,而是可以至少体现如下功能:对企业合规风险进行识别、评估和监督;评估合规风险后与各部门进行沟通与处置;垂直授权组织企业全员合规义务教育、咨询和人员监督;代表企业与政府部门、司法部门

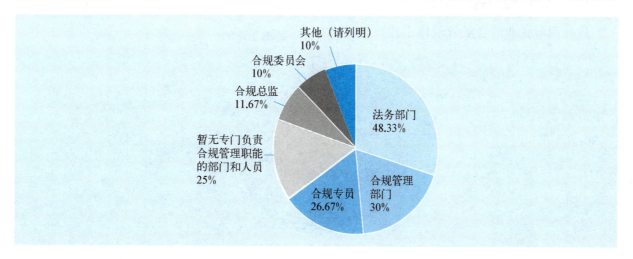

图15-3 2022年调查问卷:浦东新区民营企业合规部门的设立情况

等沟通与联络；合规管控措施的有效性评估以及持续改进；定期制作并发布合规报告；企业内部犯罪行为调查和追踪等。上述功能的部分可借助原有企业各部门来完成，但因为合规管理部门具有避免违反法律和最广大规范及商业秩序的功能适当性，设立专门的企业合规部门有助于企业全员加强对合规管理的认知和该部门工作职责范围的区分。企业其他部门共同或者联合负责合规事务，无论在组织上的配合度，还是管理细节和要求等方面都存在着较大的不确定性，本身就存在合规管理风险。

（三）合规机制建设不健全，全面合规体系建设困难重重

总体来看，浦东新区民企的合规管理体系或者相关体系建设的情况较好。课题组选取合规管理体系建设情况、企业合规机制建设情况、海外业务合规管理需求情况、内部违规调查情况、《商业行为准则》发布情况以及审查商业合作伙伴情况等力求客观公正地作出判断。

1. 合规管理体系建设情况

从被调研企业的合规管理体系建设整体情况来看，浦东新区民营企业的合规管理体系建设情况良好，但尚未实现合规建设全覆盖。70%的企业已经开始建设合规管理体系。同时，既建立全面合规管理体系，又有专业合规管理体系的企业已占到28.33%。不过仍有30%的民营企业尚未搭建合规管理体系（见图15-4）。在已建立合规管理体系的民企中，大多数企业已建立部分专项合规管理体系，如劳动人事合规体系、知识产权管理体系或合同管理体系等。构建全面合规管理体系的民企数量较少，充分表明大多数从专项合规到全面合规覆盖的企业面临着高成本的合规压力以及合规管理人才紧缺等现实困难。

2. 企业合规机制建设情况

在具体的合规机制建设方面，几乎所有已搭建合规管理体系的企业均制定了合规管理制度和相关执行系统。半数企业与员工签署了合规承诺书，三分之一企业定期完成企业合规报告的撰写，合规手册的制定，并已建立企业违规管理与问责机制。也有企业开展合规管理信息化建设并建立合规风险数据库（见图15-5）。

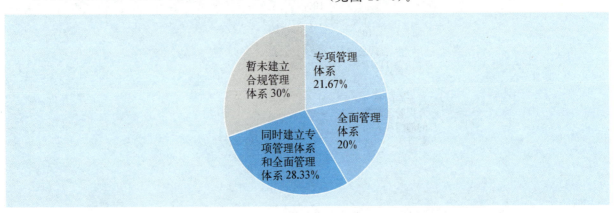

图15-4　2022年调查问卷：浦东新区民营企业合规管理体系建设情况

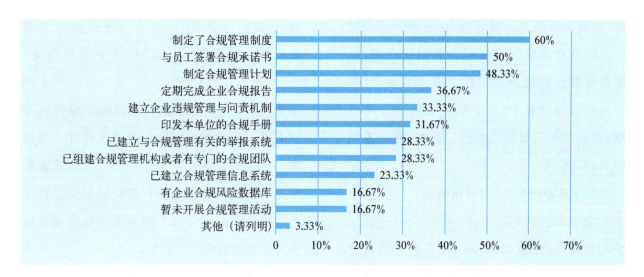

图 15-5　2022 年调查问卷：浦东新区民营企业合规机制建设情况

图 15-6　2022 年调查问卷：浦东新区民营企业海外业务合规管理需求情况

3. 海外业务合规管理需求情况

被调研的绝大多数企业还涉及海外经营业务。在面向海外业务模块时，各企业对于劳动风险、知识产权风险、经济制裁风险以及国家安全风险的管控尤为看重，其次是出口贸易限制或出口管制风险、数据合规风险、商业贿赂腐败风险，以及外汇管制风险等（见图15-6）。这说明企业对于涉外、新型、复杂合规风险的应对意识日益强烈，合规风险管理的主动性增强。

4. 内部违规调查情况

从被调研企业的合规保障机制来看，过去两年内，绝大多数企业均在内因驱动下自发建立了违规调查机制并在必要情况下开展违规调查。25%的企业将违规调查写入了企业制度文件中，并切实按照文件开展违规调查工作，发现并及时处罚了违规事件。25%的企业开展过违规调查，但未发现违规事件。近17%的企业有明确的违规调查机制或程序，但尚未开展过违规调查，也存在少部分的企业既没有明确的违规调查机制或程序，也未曾开展过违规调查工作。由此可见，合规机制在运行过程中，各企业建设情况千差万别，合规机制建设的完整性、全面性有待不断提升（见图15-7）。

5.《商业行为准则》发布情况

为避免因员工的违规行为给企业造成损失的情形，过半数的企业已经发布了约束企业员工行为的《商业行为准则》。此类企业若未来被诉，则可凭借切实有效的《商业行为准则》获取相应的"法律红利"，使企业合法利益从涉案员工所侵犯的利益中剥离出来。不过，令人遗憾的是，另有40%尚未发布的企业与近7%的企业认为不需要发布任何类似文件。这种情况说明企业对于外部合规监管对企业的影响，以及企业如何免除或减轻部分员工责任对企业不良影响的重要性认识不足。这在一定意义上减损了企业合规管理体系运行的有效性（见图15-8）。

6. 审查商业合作伙伴情况

每个商事主体在开展经营活动时不免与

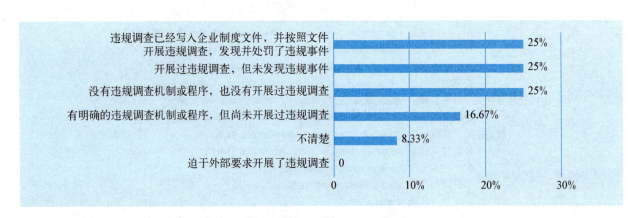

图15-7 2022年调查问卷：浦东新区民营企业近两年内部违规调查情况

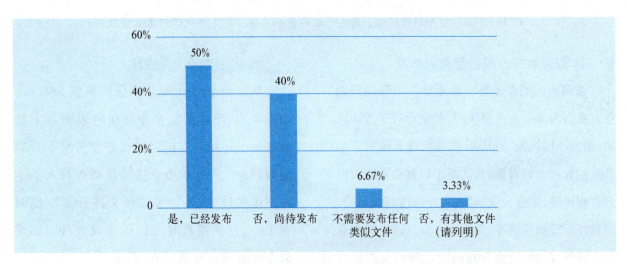

图15-8 2022年调查问卷：浦东新区民营企业《商业行为准则》发布情况

其他商事主体开展合作,各调研企业在此方面也应当给予重视。近72%的被调研企业称会严格审查商业合作伙伴的合规管理情况,其中42%的企业侧重关注商业伙伴是否建立了合规管理体系,另30%的企业则重点关注商业伙伴合规管理的有效性。也有小部分被调研企业未曾审查商业合作伙伴的合规管理情况,并将原因归咎于不知道如何审查以及认为不存在审查的必要性(见图15-9)。

(四)合规管理内生动力不足,合规文化亟待培育

合规文化建设的水平直接关系到企业核心竞争力的提升。

1. 企业合规理念贯彻情况

合规管理是一个顶层设计的问题,合规工作是自上而下的推进过程。从被调研企业的合规文化建设情况来看,各企业均存在较好的合规意识,对于合规的重要性给予高度认可。超过70%的企业将合规管理视为企业发展的根本保障,15%的企业认为合规应首先从企业最高管理层开始自上而下进行推动,剩下13.33%的企业认同合规是企业全体员工的基本行为准则(见图15-10)。

企业合规工作能否顺利开展,最重要的因素是企业高层的重视程度。仍有部分民企负责人和管理层对于企业合规的认识存在偏差。规模较小的民企负责人尚未将合规建设列入议事日程。更多企业负责人认为企业创业阶段生存压力大,合规管理应向业务发展让步。也有企业家认为合规管理会束缚企业发展的步伐,降低管理效能。

2. 业务部门怠于配合合规部门完成合规管理

企业合规管理离不开业务部门的支持和配合,企业合规的众多事务需要业务部门落地完成。这会增加业务部门的工作量,检视自身工作的问题与不足。由此,在合规工作推进上,各部门相互推诿、缺乏配合的情况较为常见。部分员工会将合规事务视为合规管理部门的工作转嫁,主观上有将自己和所在

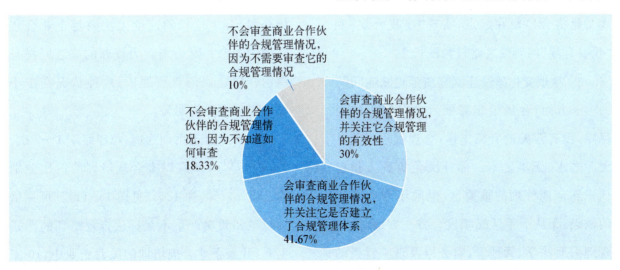

图15-9 2022年调查问卷:浦东新区民营企业审查商业合作伙伴的情况

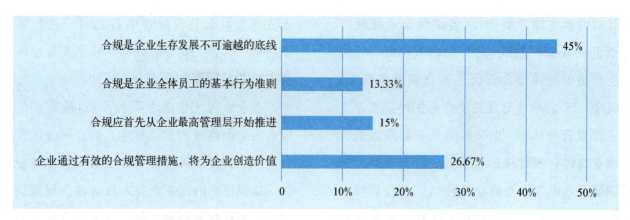

图 15-10　2022 年调查问卷：浦东新区民营企业合规理念贯彻情况

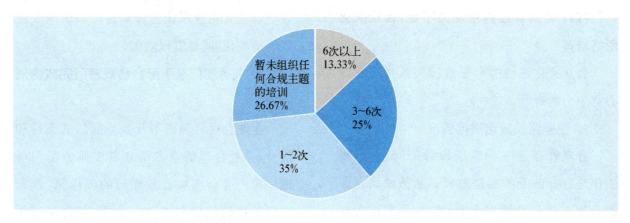

图 15-11　2022 年调查问卷：浦东新区民营企业组织开展合规培训情况

部门排除在合规事务之外的心理。长此以往，合规工作只能是纸面合规、消极合规，合规文化将会停留在起点，实现"要我合规"到"我要合规"的转变之路较为漫长。

3. 合规文化建设还面临资源短缺的问题

一方面，合规工作需要人力、财力、物力保障，没有匹配的资源支撑，合规管理只能是无源之水、无本之木。部分民企负责人虽已认识到合规管理的重要性，但限于专业知识的缺乏，无从下手情况频发。另一方面，合规管理需要法学、管理学、财务以及理工背景的复合型人才，还需要更强的战略思维和统筹协调学习能力，同时要熟悉本行业、本企业业务和管理情况。这样的人才很难在市场上直接获取，人才培养的速度无法满足企业合规管理的需要。财力与物力资源的缺乏同样是制约合规建设的重要原因，这种状况在中小民企表现得更为明显。

以企业合规培训为例，每年组织 1~2 次、3~6 次，以及 6 次以上合规培训的占比分别为：35％、25％和 13％（见图 15-11）。可见培训数量和频次严重不足。从合规培训的形式上看，开展企业合规培训的民营企业中，10 家企业仅选择通过企业各部门自行开展培训，

10家企业仅选择通过法务或合规人员进行内部培训,3家企业仅通过聘请外部专家或律师完成年度培训。剩余的21家企业中,有6家企业同时吸纳了三种形式,剩余企业则同时选择了某两种形式进行结合。上述数据中可以看出,由法务或合规专员进行内部培训成了各民营企业更加青睐的形式。这意味着企业内部的法务人员和合规专员的合规认识部分决定了企业合规意识的高度。由企业各部门自行组织培训的形式紧随其后,但基于综合成本的考量,仅有少部分企业聘请外部专家或者律师进行内部合规培训。合规培训的对象不再仅是法务部门或合规专业人员,范围扩展至业务部门,人事部门,财务部门,企业管理层,新入职员工等。

从被调研企业的合规管理需求来看,被调研企业以合同风险合规管理,以及信息安全与数据合规管理的需求为主,分别占比36.67%和26.67%。财税合规风险管理、知识产权风险合规管理的需求量持平,均占8.33%。另有少部分企业将合规需求重心落在环境保护合规管理、商业贿赂和腐败风险合规管理,及劳动人事风险合规管理上(见图15-12)。

三、浦东新区企业合规建设典型案例

(一) 合规组织建设典型案例

从被调研企业的实际情况看,合规组织的设立因企业规模、主营业务特点等的不同而基本可以划分为三种合规组织建设形式。

1. 设立合规部或者合规委员会专门处理合规事务

为应对提高上市公司治理水平的要求,根据上市公司证券监管相关规定,上市公司或拟上市的公司均设立内控合规机构,旨在

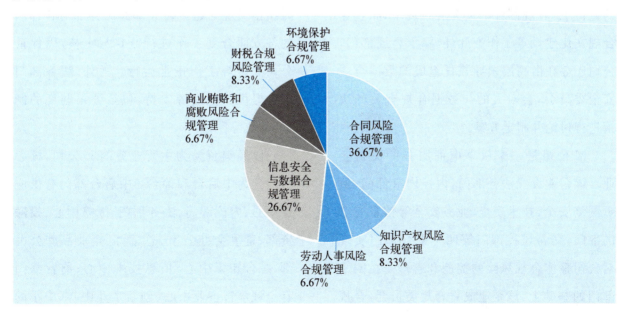

图15-12 2022年调查问卷:浦东新区民营企业合规管理需求情况

通过推动上市公司设立内控合规机构,着力强化上市公司内控理念,将风险管理和合规管理要求嵌入业务流程,有效防范上市公司违法违规行为夯实基础。这方面有代表性的公司做法如下。

H公司是一家于2017年在创业板挂牌上市的公司,主要为用户提供数据采集、数据管理及数据运营服务。基于对于公司上市的要求,该公司设立了专门的合规部门,合规部由6名专职成员、1名首席合规官、3名合规专员和1名合规研究员组成。合规部门的职能主要有三大方面:一是从公司整体管理的层次上,首席合规官基于公司的业务情况和行业发展的规划,制定整体的合规管理规划和年度计划,合规部门负责落实规划和计划的内容;二是对产品和业务合规性进行管控,合规部会重点参与对产品、业务、服务合规性的评估和监督;三是从员工的合规意识与文化的宣传上,合规部会牵头开展合规培训、企业合规文化建设等工作。此外,除了合规部门,公司还存在由高层领导兼任组成的数据合规安全委员会,会对大的与数据合规有关的决策进行讨论并制定方案。

M公司是一家从事电商服务的民营企业。该企业设置法务部门,内控内审部门,负责网络安全、技术安全、业务安全等信息安全的部门,交易风控部门等四个平行部门实现对公司整体合规风险的控制和管理。在四个部门的基础上,该企业成立合规委员会,合规委员会的成员由各部门负责人组成,运行机制方面,涉及企业疑难复杂法律纠纷,则采取投票制的解决方式,达成解决方案后,交由法务部门处理。

2. 通过健全的公司组织结构实现企业的合规管理

部门企业虽然没有设立专门的合规部门,但是由于公司组织机构相对健全,通过正常公司治理结构以及各自职能的发挥能够实现对企业的合规管理。

O公司是一家主营业务为细胞培养基研发生产和生物药委托开发生产服务(CDMO)的民营企业。其有关风险控制、企业内控、法律纠纷处理等事务由财务部、法务部、人事部等分别根据各自的职能负责,基本满足公司风险控制和合规要求。在横向上,各部门之间分工明确,互相合作但不互相干扰。在纵向上,各部门内部有着合理的分级,层层审核有利于做好日常业务事项的合规性审查,及时纠正发现问题。财务部和法务部对各部门的各方面合规工作进行监督与审核,以保证公司的合规工作正常运行。另外,法务部门还会提供一些资源支持,包括公司制度的制订、修改等。

以经销贸易为主营业务的L公司,核心部门分为中后台和前台:中后台部门有供应链中心、内控部门、法务部门、战略中心、投融资部、董事会办公室、总裁办、企业品牌公关部、综合知识中心、信息技术中心;前台部门有全域零售事业中心、创新事业中心(中小的新的平台,中小样的品牌等)、品牌事业中心

（自有品牌）。该公司内控部门主要负责制度管理、授权审批管理、内部审计、合规管理（反腐败和内部流程）、风险管理，合规组织管理运行体系良好。

3. 根据企业实际情况设置相应的风险把控部门

还有部分企业，由于其行业特点，没有成立法律部门，但通过外聘律师提供外部支持，也能满足基本的法律风险管理和合规管理需求。Z公司成立于2015年，从事高端康复机器人和智能康复综合解决方案研发与产业化，其合规管理建设有其特有的特色。企业没有设立法务部门，但是由于其主营业务是医疗器械，成立了专门的法规小组研究医疗器械法规，提供法律和政策支持。劳动合同相关由行政部人力资源小组负责。企业人工智能业务涉及数据、知识产权专业事务，相关的合规管理由专门知识产权小组负责处理。对外签订合同方面，事先设置涵盖各类业务范围的标准化合同条款，销售部门可直接在交易中使用标准合同签订合同。但如遇到合同个性化条款，或者标的额较大的重大交易合同，和合同拟定后则由外部律师审核把关后再予以签订。

（二）合规体系构建机制典型案例

1. 全面合规管理体系典型案例

公司治理机构相对健全的企业普遍认为其通过公司内设机构的正常履职能够实现公司合规体系构建的需求。

O公司，其全面合规管理体系建设已相对成熟。

第一，在制度与程序方面，企业拥有自己的企业行为准则，包括企业愿景、使命、价值观等。公司及公司各部门都有其运作的制度，公司员工遵从制度进行工作。

第二，企业的合规运作有较为完善的组织结构。在横向上，各部门之间分工明确，互相合作但不互相干扰。在纵向上，各部门内部有着合理的分级，层层审核有利于做好日常业务事项的合规性审查，及时纠正发现问题。

第三，财务部和法务部对各部门的各方面合规工作进行监督与审核，以保证公司的合规工作正常运行。另外，法务部门还会提供一些资源支持，包括公司制度的制订、修改等。

第四，公司有着完善的举报机制，当员工发现其他同事有不合规行为时，可向上级或直接向法务部门进行举报，公司鼓励员工举报并严格保密，对举报属实并减少公司风险损失或有其他贡献者，会按规定给予奖励。

第五，公司会定期组织培训和沟通，确保员工了解最新的法律法规、监管规定、企业内部规章制度，财务制度等方面内容，有利于合规工作的顺利进行。

2. 以专项合规为基础逐步健全全面合规体系案例

部分企业以与其主营业务关联最为密切的合规风险点为侧重，定向性做好某专项合规管理体系，并以此为基础逐步完善全面合规管理体系。

H 公司主营业务与数据密切相关,而数据合规在当下的监管要求又较为复杂。为了实现数据合规、梳理数据合规的制度流程和人员分配,公司开始建立数据合规管理体系,并希望此基础上不断开拓专项,如反不正当竞争合规、反腐败合规等。2021 年第四季度开始,公司聘请了专业的合规顾问,进行全面的风险识别和评估,在已经建构的专项合规管理体系的基础上,细化风险管理流程、内控管理制度,用了更加简便的一种方式把曾经的体系进行梳理,形成了全面合规管理体系。

3. 专项合规体系典型案例

L 公司在专项合规体系建设上经历一个逐步演变的过程。由于公司主营业务以商业贸易为主,2017—2018 年公司曾经制定实施过反腐败的政策。2021 年公司委托专业法律服务机构诊断公司整个合规体系,其中包括人力资源的合规、法务的合规等。由于电商贸易的普及,目前而言,对于公司最主要的合规风险为数据合规,对此,公司也于今年委托外部专业机构就目前的数据系统及管理情况进行了调研,出具了数据合规的评估报告,并希望在此基础上逐步完善其他方面的合规体系。

在国家对数据进行强监管的环境下,企业数据合规是当前很多互联网企业面临的头等合规风险,在此次调研中,H 公司在数据专项数据合规方面的建设具有典型性。

遇有数据合规风险事件时,该公司合规部门和法务部门会进行合作。对外,由法务部门对合同的审查进行把控,涉及敏感的数据问题,会提交至合规部门,由其进行双轮审核。对内,公司员工自身如何使用数据并保障数据安全,由合规部门进行把控,合规部门对此也采取了多种手段进行风险管控:积极申请相关认证,目前已经通过了 ISO 27701 和 ISO 27001 的认证,正在准备国内的相关认证。除此之外,部门也按照公安的要求对员工操作系统进行等级保护,公司会准予采购数据安全专项技术管理工具的预算。

(三) 合规运行与保障机制典型案例

企业合规管理体系的运行一般分为事前、事中、事后三个阶段,每个阶段的重点任务分别是风险预防、风险控制以及风险应对。

1. 制定合规专项文件,合规管理有据可依

H 公司目前针对公司合规管理的制度制定了三级文件,基本涵盖了合规管理工作的制度依据。第一级文件主要是从宏观上明确整体的合规管理政策,向员工传递合规高于一切的理念、说清楚公司目前合规管理的职责以及介绍公司对合规管控的流程。第二级文件若干专项合规制度:数据合规、反腐败、反不正当竞争的合规规范文件,针对不同的专项内容又制定了若干个管理规范,明确员工的行为标准。第三级文件即为对于员工手册的修订,融入了合规管控的要求、明确了员工绩效考核的标准和投诉举报机制。此外,公司每月都会对最新的合规政策进行梳理。

O公司包括各部门的管理制度、合同管理制度、招投标管理制度、对外长期投资管理制度、对外短期投资管理制度、财务会计核算制度、重大风险预警机制和突发事件应急处理机制、财产清查盘点制度等各项制度。

2. 将合规管理体系融入企业日常管理体系，合规管理落在实处

如上所述，H公司目前的合规制度相对完备，并已经将上述三级文件放入OA审批流程，合规效果相对可控，只要员工进行一项操作必须经过OA审批并留痕，实质上已经将所有的风险点放入OA流程中进行控制和识别。该企业试图将合规管理体系融入日常的管理体系之中，虽然可能会降低业务部门的效率，但是公司也在平衡中有所取舍，争取不合规成为企业负担，使其更加符合公司发展的需要。

3. 审查交易对象，关注外部合规环境

H公司在业务上较多涉及与外部专家的技术探讨，会评估境外专家是否在公共社交平台发表过不当政治言论，公司也会格外关注数据跨境交流。虽然公司没有对外的贸易往来，但也会关注出口管制，会担心自己的产品是否会受到美国的制裁。公司虽然涉及境外的贸易，从源头上进行风险管控。但是近期美国停止向中国开放网络漏洞的名录可能会影响公司的业务。针对该风险，公司也积极参与行业内的交流，抱团取暖。

4. 通过鼓励违规举报促进内部合规

O公司有比较完备的违规举报奖励机制。当员工发现公司内有违规行为，一般首先向自己所在部门的主管举报，然后由主管告知法务部门或其他相关部门进行解决。必要的时候可以直接向法务部门举报。举报可采用匿名形式举报，最大限度保证举报人的安全。如有核实，公司会对违规人员予以处罚，必要时会送至相关部门处理，并对举报人予以奖励。该机制奖惩并存，且能保证举报人的安全，可以让员工敢于举报、有动力举报，对发现违规事件能起到很好的作用。

（四）合规文化建设典型案例

公司负责人以及管理层对于合规管理工作的重视是合规文化建设的重要方面。大部分被调研企业表示其管理层非常重视风险管控与合规管理工作。通过发放合规手册、对员工进行合规培训、与员工签订合规相关的协议，如保密协议、廉洁协议等，约束员工的行为。

1. 企业创始人高度重视，从制度源头把控合规风险

Z公司由于其创始人具有很高的风险意识和合规意识，在制定业务规则时就注意从源头把控风险，防止合规风险的发生，企业运营实践证明也确实没有发生大的合规风险事件。

为了减少销售医疗器械过程中的舞弊和商业贿赂风险，该企业在设计业务制度时明确，只提供标准化产品，同一产品经销商价格统一，该企业只负责交付与服务，不参与经销商渠道销售端。在商业招待方面，实行非必要不招待,招待金额有金额限制。在销售薪酬制度设计上,不鼓励员工通过销售实现暴富,超额奖励不包含销售返利。

L公司负责人也非常重视合规问题,对于公司对外签订的合同,会根据法务初步审核的摘要逐个签字审核,并经沟通确认后决定是否签署。如果公司负责人认为签订这项合同存在风险,会让业务部门负责人承诺自担风险。

2. 部门间相互培训,整体强化管理层的合规意识

O公司强化管理层对于风险的认知和合规的管理,公司组织财务部、法务部、内审部、人事部等各部门间互相培训,根据各自的职责进行风险管控和合规管理工作,法务部对照各项管理制度,定期对重点风险环节和合规管理工作进行梳理、监督,确保各部门责任落实到位。

3. 提升培训效率,培训效果深入人心

M公司非常重视合规培训,通过各种形式强化员工的合规风险意识,其培训形式也是别具特色,值得借鉴。一方面,该公司通过内部的学习平台录制合规知识课程,通过组织企业廉政知识答题的形式强化公司员工遵规守法的意识;另一方面,公司还举办合规定期和不定期的培训,邀请涉及相关部门的法律、信息安全、审计进行联合讲课;此外,公司举办过"红线越"活动,宣传廉政知识,播放推广小视频,将宣传知识设置成屏保等,时刻提醒员工不能"越红线"。

此外,M公司还制定了专项的反腐败合规、反不正当竞争合规和数据合规的年度培训计划。在公司的合规培训上,一方面,对于入职员工,公司会基于现有的合规体系开展合规风险管控流程的培训并进行考核;另一方面,公司会制定常规的年度培训计划,具体到每个季度、每半年要推出各类形式的课程(线下培训、线上直播、录播课程)。公司对于合规培训存在多轮次计划和实施情况。

四、浦东新区企业合规管理需求分析及建议

(一)浦东新区民企合规建设的完善路径

民企在高度不确定的商业环境中长期生存。以合规管理的确定性来应对经营环境的不确定性,是民企可持续发展的基础。为此,民企应从合规意识、合规体系建设和合规文化培育方面全面提升企业治理能力和治理水平。

1. 合规意识提升:从外到内、自上而下

合规意识的培养应从外到内、自上而下。民企合规是法治社会背景下企业可持续发展的必然要求。企业面临大量法律、法规监管规定,行业准则和企业章程、规章制度约束以及国际条约、规则等要求。目前,以ISO为代表的多边组织正积极推进合规体系认证落地。可以毫不夸张地说,企业生存和发展已植根于完整覆盖合规管理要求的土壤下。这样的治理环境新变化应首先令民企负责人知

晓。为此,企业主要负责人、管理人员应培养和提升合规意识,了解企业生存、发展所处的合规风险环境状况及其最新发展动态;进而从管理视角意识到企业自身存在和面临的风险,以及这些风险的内部控制和治理流程是否足以应对合规风险,是否与外部合规要求保持一致。

自上而下是合规运行有效且理想的方式,却是民企合规建设的一大痛点。一方面民企负责人对合规建设的重视程度和认识程度可能直接影响民企合规建设的深度和广度。大多数民企缺乏企业主要负责人合规强制责任机制,由此导致的结果是民企全员对合规的重视程度及合规建设积极性远低于国企及外企。另一方面,加强民企管理层的合规意识也有助于拉长合规管理线条,将合规风险预防及管理思维通过制度或者管理流程延伸至业务部门。

2. 合规体系建设:从业务到管理再到法律

合规管理是静态管理与动态管理的融合。静态管理侧重"纸面合规",即合规管理制度体系的建立与完善。合规管理制度是企业合规管理的总纲,通常企业会发布经公司管理层审批通过的合规管理制度文件群。合规体系不仅包括制度体系,还包括合规动态管理,即运行机制,是合规制度在具体执行层面的结构关系和运行方式。

合规管理体系的核心作用是确保"外规内制"的贯彻与遵从。合规管理体系建设的主线是"预防合规风险、依规处置违规事件和责任人"。因此,企业内部制度是否完善、管理是否到位直接决定着合规是否真正落地。

合规体系建设要建立在企业业务发展的基础上。如果不与业务相结合,企业合规体系就失去了着力点。目前,企业合规的各类规范、制度、指引明晰且种类丰富。但如何把这些规范标准和要求落实到业务上来则困难重重。为此,需要按照业务逻辑和其运行规律为主线,分析业务参与部门和外部关系方之间的法律关系,识别可能存在的风险,制作风险清单。合规部门通过合规风险评估机制和流程对已识别的合规风险进行评估,建立不同等级的合规风险处置方案。由此,为企业合规成本支出的方向与大小提供最直观的考量依据。合规风险处置方案包含应急应对措施和常规风险应对措施,即制定有针对性的合规管理制度和工作指引或合规手册。输出具有企业自身特点的合规制度和手册是合规管理固化、规范化的过程,也是企业内部"立法"过程,有助于将企业外部合规管理要求"内化"至企业每一业务流程,提高企业全员的法律和合规管理意识,提高管理效能,增加合规管理的可预见性。

3. 合规文化培育:从解决诉争到常规建设

民企合规建设任重道远,无法一蹴而就。而合规文化建设在合规管理体系中具有举足轻重的地位和作用。合规文化是合规的灵魂,是企业全体成员在较长一段时间内形成、积淀并传承的遵章守纪、依法合规的思想观念、价值标准、道德规范和行为方式的集合。它本质上是企业规章制度与人的意识的结合，决定着合规体系实施效能。由于合规文化需要全体员工内在心理认同和外化行动配合，合规文化建设非一朝一夕之功。除开展持续有效的合规教育和培训外，企业也可以通过鲜活的案例教育全体员工"千里之堤毁于蚁穴"，小违规也会带来大麻烦。

当然，将企业已经或者正在遭遇的合规纠纷作为典型案例开展现身说法，对于企业全体的教育意义将更加明显。企业遭遇的各类诉争总会与企业合规风险以及合规风险管理有着密切关系。分析本企业发生的合规讼争也有助于审视和评估企业合规管理体系，检验合规工作成果和问题；并优化合规管理体系，反哺合规。这往往也是企业合规持续推进的契机。

（二）助力民企合规建设的思路与建议

民企合规是我国合规建设的重点，也是工作难点之一，在助力民企合规建设方面，提出如下建设思路与下一步工作建议。

1. 加强工作联动、调动区内资源，实现"强联系"和"建机制"相结合

积极借助相关政府部门及代表性行业商会力量，在民企合规建设方面，把"重要性"和"紧迫性"结合起来，努力让更多民企积极参与合规建设工作中，推动民企将合规管理融入业务全过程，改造经营模式，提升民企合规建设"获得感"，促使更多企业主动开展合规建设。

2. 区分企业和培训对象开展差异化合规培训

浦东新区民企规模不同、类型多样。他们合规建设水平差异大、合规需求各有不同。可以先采用不同标准对民企聚类分析后，制定不同的合规帮扶策略，尽最大可能满足不同民企的合规建设需求，开展体现差异化需求的各有侧重的合规培训，提升民企合规建设水平。以小型、初创民企为例，这类企业合规培训的重点领域可包括劳动合规、环境保护合规、财税合规、安全生产合规、合同合规等企业常规专项合规体系建设培训。中大型民企则可提供体现企业经营特点或者产业链安全的合规培训，如数据合规管理体系、供应链合规管理体系等。

3. 聘请专业人员提供合规管理诊断式服务

浦东新区民企合规管理体系建设与运行水平千差万别，合规管理效果差强人意。未来，可以聘请专业合规人员定期为已开展合规体系建设的民企提供合规管理诊断服务，或就企业合规体系建设的具体问题提供专项专业服务，为民企合规建设水平的提高提供切实可行的帮助。同时，浦东新区部分民企的合规建设已经走在行业甚至国内前沿，若可以探索建立"一帮一"对口帮扶机制，将有力带动整个浦东新区民企合规建设步伐，提振营商环境的进一步优化。

（供稿单位：浦东新区工商业联合会）

专题十六

徐汇民营经济运行情况及健康发展指数研究

2022年10月16日,中国共产党第二十次全国代表大会在北京人民大会堂开幕。习近平代表第十九届中央委员会向大会作报告。报告指出:"我们要构建高水平社会主义市场经济体制,坚持和完善社会主义基本经济制度,毫不动摇巩固和发展公有制经济,毫不动摇鼓励、支持、引导非公有制经济发展。"改革开放以来,我国民营经济经历了从小到大、从弱到强的发展过程。据国家市场监督管理总局的数据,截至2022年9月底,民营经济市场主体超过1.57亿户,其中私营企业4740.8万户、个体工商户1.1亿户。

为了充分发挥工商联与民营企业联系沟通机制作用,做好民营企业运行监测,做到底数清、情况明,及早发现风险苗头,更加精准地支持服务民营经济高质量发展,本研究对徐汇区民营经济展开分析并构建民营经济发展指标体系,为政府制定惠企、帮企政策提出意见建议。

一、徐汇区民营经济发展现状

(一)徐汇区民营企业分布情况

2022年,徐汇区"四上"①纳统企业共计4 481家,其中民营企业数2 379家,占比52.4%,下降8.4个百分点。受跨区迁移、关停、转规等因素,民营企业较上年末减少288家。

1. 企业分布情况

批发和零售、租赁和商务服务业超五成。2022年,批发和零售业民营企业有861家,租赁和商务服务业343家,分别占36.2%、14.4%,合计超五成。信息传输、软件和信息技术服务业282家,占比11.9%,位居第三。住宿和餐饮业、科学研究和技术服务业,分别有247家、172家,占比分别为10.4%、7.2%,位居第四、第五。房地产业(127家)和建筑业(111家)企业数均超百家,其他行业民营企业数均不过百。公共管理、社会保障和社会组织行业,民营企业数仅有4家,居于末位。

2. 企业变化情况

首先,批发和零售业企业数下降明显,文化、体育和娱乐业企业下降幅度最大,高达21.4%。2022年,批发和零售业民营企业合计861家,较2021年减少96家,占总减少企业的33.3%,高于其他行业。其次,租赁和商

---

① "四上"企业包括规模以上工业、有资质的建筑业、限额以上批发和零售业、限额以上住宿和餐饮业、有开发经营活动的全部房地产开发经营业、规模以上服务业法人单位。

务服务业、信息传输软件和信息技术服务业分别减少61家、43家,分别占总数的21.2%、14.9%。从波动幅度来看,文化、体育和娱乐业最明显,企业数减少6家,减少21.4%;其次为教育业、租赁和商务服务业,企业数分别下降16.7%、15.1%(见表16-1)。

表16-1 徐汇区2022年民营企业分布变化情况　　　　单位:家

行业门类	2022年	2021年	变化数
批发和零售业	861	957	−96
租赁和商务服务业	343	404	−61
信息传输、软件和信息技术服务业	282	325	−43
住宿业住宿和餐饮业	247	274	−27
科学研究和技术服务业	172	194	−22
房地产业	127	135	−8
教育	40	48	−8
建筑业	111	118	−7
文化、体育和娱乐业	22	28	−6
金融业	54	59	−5
卫生和社会工作	28	31	−3
交通运输、仓储和邮政业	24	25	−1
居民服务、修理和其他服务业	29	30	−1
制造业	30	30	0
水利、环境和公共设施管理业	5	5	0
公共管理、社会保障和社会组织	4	4	0
合计	2 379	2 667	−288

四大主导产业民营企业数均减少20%左右,生命健康企业数下降远超其他主导产业。2022年,徐汇区民营企业中四大主导产业中共有297家,占民营企业比例为12.5%,占比与2021年基本持平。其中,生命健康122家,较2021年减少30家,超过其他三大产业。从

企业波动幅度看,人工智能企业数波动明显,减少21.2%。生命健康、现代金融、文化创意波动率分别为19.7%、19.4%、18.8%(见表16-2)。

表16-2 徐汇区四大主导产业民营企业数变化情况　　　　　单位:家

四大主导产业	2022年	2021年	变化数
生命健康	122	152	-30
文化创意	69	85	-16
人工智能	52	66	-14
现代金融	54	67	-13
合　　计	297	370①	-73

(二)徐汇区民营经济发展规模

1. 从营业收入看

2022年,徐汇区民营企业营业收入总计4 543.51亿元,同比下降9.3%,两年平均增长2.3%。

营业收入行业集中度较高,批发与零售业居首。2022年,批发与零售业实现营业收入1 713.60亿元,占民营企业总营收的37.7%,规模上远超其他行业。信息传输、软件和信息技术服务业位居第二,实现营业收入1 170.91亿元,占比25.8%。金融业以384.03亿元位列第三,占比8.5%。租赁和商务服务业、科学研究和技术服务业实现营业收入分别为357.85亿元、260亿元,占比分别为7.9%、5.7%,分别位列第四、第五。房地产业、建筑业等多个行业营业收入均不超200亿元,占比也均在5%以下。公共管理、社会保障和社会组织因公益属性营业收入为0。

民营营收跌幅较2022年上半年进一步收窄至8.4%,建筑业下半年恢复明显。2022年,民营经济营收下降8.4%,跌幅较2022年上半年进一步收窄,约2个百分点。建筑业回暖明显,营业收入同比增速从2022年上半年的-44.4%收窄至-28.7%,跌幅收缩15.8个百分点;其次,卫生和社会工作、住宿和餐饮业,跌幅收缩分别为14.6个百分点、11.6个百分点,全年营业收入同比增速下降至-21.1%、-35.5%;科学研究和技术服务业,2022年上半年营业收入同比增速为-2.0%,全年为-1.9%。全年来看,仅有房地产业,制造业,信息传输、软件和信息技术服务业营业收入实现正增长;教育行业受"双减"政策影响,跌幅进一步扩大至83%。

民营四大主导产业营收均实现正增长,其中人工智能发展规模及增速均可观。2022年,民营四大主导产业实现营业收入2 136.30亿元,增长9.6%,占整个民营经济的47.0%。其中,人工智能为771.40亿元,增长13.2%;文化创意,实现营业收入699.11亿元,增长12.3%;生命健康、现代金融分别实现336.65亿元、329.14亿元,分别增长2.0%、4.9%。

2. 从从业人员看

从业人员前五行业集中度为73.3%,信息传输、软件和信息技术服务业就业贡献最大。2022年,徐汇区民营企业总从业人员为

---

① 2021年存在一家企业属于多个主导产业。

22.84万人,较2021年减少3.7万人。其中,信息传输、软件和信息技术服务业从业人员最多,高达6.50万人,占比28.4%,远超位居第二的批发和零售业(3.30万人)。租赁和商务服务业、建筑业从业人数分别排名第三、第四,分别为2.51万人和2.44万人,占比均大于10%。其他行业从业人数均少于2万人。

信息传输、软件和信息技术服务业从业人员在下半年流出明显。2022年,民营企业从业人员整体较2021年减少3.7万人,具体来看,主要受两方面影响,一是受"双减"政策影响,教育行业从业人员缩水严重,从业人员减少高达1.7万人;二是离沪人员增加,尤其在住宿和餐饮、信息软件服务业、批发和零售等多个行业,全年从业人员减少约3 000人。值得注意的是,信息软件服务业从业人员由增转降,2022年上半年同期增加3 574人,2022年下半年从业人员减少7 773人(见表16-3)。

表16-3 徐汇区民营企业各行业从业人员情况　　　　单位:人

行 业 门 类	2022.12	2021.12	2022.6	2021.6
信息传输、软件和信息技术服务业	64 983	68 111	67 247	63 673
批发和零售业	32 997	35 826	34 145	35 498
租赁和商务服务业	25 129	27 227	25 514	26 274
建筑业	24 391	26 911	18 777	21 193
科学研究和技术服务业	19 868	22 633	21 111	23 526
房地产业	16 052	16 731	15 848	16 695
住宿和餐饮业	10 753	14 191	10 688	13 776
金融业	9 490	9 787	9 469	10 158
教育	5 886	23 051	6 355	15 747
制造业	5 563	5 389	5 340	5 372
卫生和社会工作	4 402	4 681	4 536	4 698
居民服务、修理和其他服务业	4 267	5 257	4 570	5 422
交通运输、仓储和邮政业	3 374	4 219	3 870	4 586

续 表

行 业 门 类	2022.12	2021.12	2022.6	2021.6
文化、体育和娱乐业	699	863	762	891
水利、环境和公共设施管理业	463	481	478	508
公共管理、社会保障和社会组织	95	94	91	87
合计	228 412	265 452	228 801	248 104

四大主导产业从业人员"一增三减"，仅人工智能实现正增长。2022年，人工智能从业人员合计2.52万人，较2021年增加811人；生命健康1.73万人，较2021年减少约600人；文化创意约1.20万人，较2021年减少942人；现代金融0.83万人，较2021年减少280人，合计民营四大主导产业共6.28万人，较2021年减少881人。

3. 从资产总额看

资产总额前五行业集中度85.9%，信息传输、软件和信息技术服务业资产占比最高。2022年，徐汇区民营企业资产总额为6194.46亿元，资产总额前五行业集中度85.9%。其中，信息传输、软件和信息技术服务业资产总额为2559.55亿元，占比为41.3%，远超其他行业。批发和零售业资产总额为1067.87亿元，排名第二，占比为17.2%。其他行业资产均不超千亿规模。租赁和商务服务业以816.68亿元，位列第三，占比为13.2%。房地产业、科学研究和技术服务业位居第四、第五，资产总额为511.71亿元、362.82亿元，占比为8.3%、5.9%。公共管理、社会保障和社会组织和金融业的资产项均为0。

文化、体育和娱乐业及房地产业资产疫后回暖明显。2022年，徐汇区民营企业资产较上年增加408.6亿元，增速为10.4%。受双减政策等影响，教育业资产增速较2021年有显著下滑，降幅为-57.8%。其他行业除建筑业、交通运输仓储邮政业、水利环境和公共设施管理业资产总额略有下降或持平外，资产总额在2022年均有所上升。从恢复情况来看，文化、体育和娱乐业恢复情况最显著，同比增速由负转正（从2022年上半年-57.7%到20.7%）；其次为房地产业，同比增速从2022年上半年0.5%增长到21.2%，2022年下半年增长20.8个百分点。

民营四大主导产业资产增速高于民营整体，超14个百分点。2022年，四大主导产业总资产合计3356.68亿元，增长24.4%，占整个民营的54.2%。其中，人工智能资产为1585.03亿元，增长34.1%；文化创意资产为1175.4亿元，增长22.1%；生命健康资产为

382.53亿元,增长10.8%;现代金融为213.74亿元,增长2.6%。

4. 从利润总额看

利润总额前五行业集中度97.2%,住宿和餐饮业,文化、体育和娱乐业及水利、环境和公共设施管理业等五个行业表现亏损。2022年,徐汇区民营企业取得利润总额413.88亿元。其中,信息传输、软件和信息技术服务业表现亮眼,实现利润总额294.70亿元,占比达71.2%,远超其他行业。金融业、批发和零售业以58.48亿元、27.72亿元,位列第二、第三,分别占14.1%、5.5%。制造业、科学研究和技术服务业位居第四、第五,实现利润34.93亿元、18.71亿元,占比分别为4.6%、1.8%。值得注意的是,住宿和餐饮业,文化、体育和娱乐业及水利、环境和公共设施管理业等五个行业受影响在2022年表现亏损。

建筑业、制造业和交通运输、仓储和邮政业有所恢复,教育行业在2022年摆脱负利润。2022年,徐汇区民营企业利润总额相比2021年下降24.9%。其中,建筑业利润增长92.6%,制造业实现49.2%的增幅,交通运输、仓储和邮政业增长20.1%,另外,教育行业在2022年摆脱负利润的情况,实现正利润,而文化、体育和娱乐业虽然利润仍为负值,但是亏损情况相比去年有所减少。从2022年的利润数据来看,除上述几个行业外,其余行业受2021年上半年影响整体利润较2021年均有所下降,其中水利、环境和公共设施管理业下降幅度最大,而住宿餐饮在2021年经历短暂恢复后又出现大幅度下滑,下降幅度高达542.0%。

民营人工智能利润大幅滑落掣肘四大主导产业。2022年,民营四大主导产业实现518.12亿元,较2021年下降15.4%,降幅低于民营整体。其中,人工智能实现241.96亿元,下降24.4%,与民营整体利润下滑幅度基本持平;生命健康为16.89亿元,略下降1.8%;文化创意为185.19亿元,略下降1.9%;现代金融为74.06亿元,下降14.8%。

(三)徐汇区民营经济发展效益

1. 从利润率看

民营企业利润率有所上升,信息传输、软件和信息技术服务业利润率最高。2022年,徐汇区民营企业利润率为13.3%。其中,信息传输、软件和信息技术服务业为48.6%,位列榜首。制造业位居第二,实现利润率25.9%。交通运输、仓储和邮政业紧随其后,位列第三,利润率为6.4%。住宿餐饮业表现盈亏,利润率为-19.0%。

制造业和教育业利润率增幅居前,远超其他产业。2022年,徐汇区民营企业利润率较2021年下降3.1个百分点。其中,制造业和教育业分别6.5%、5.2%,增幅居前。交通运输、仓储和邮政业增速排名第三,利润率提升1.6个百分点,紧随其后的是建筑业,利润率较去年提高1.4个百分点。除此之外,其他行业受影响利润率相比2021年均有所下降,其中房地产业在所有行业中降幅最大,降幅为23.6%。

民营四大主导产业利润率超民营整体水平,实现"一增三降"。2022年,民营四大主导产业利润率为48.1%,远超民营平均利润率,同比较2021年低20多个点。四大主导产业中,仅现代金融实现利润率实现增长,人工智能、生命健康、文化创意利润率较2021年均有所下滑,其中人工智能利润率滑坡最严重。

2. 从劳动生产率看

文化体育和娱乐业、批发和零售业、金融业劳动生产率位居前三。2022年,徐汇区民营企业平均劳动生产率为198.92万元,增长6.4%。文化体育和娱乐业、批发和零售业、金融业位居前三,劳动生产率分别为1 121.77万元、519.32万元、404.67万元。其中,文化、体育和娱乐业的劳动生产率远超位居第二的批发和零售业,更是比金融业多一倍以上,这主要与该行业属性相关,从业人数较少,且近年人数呈下降趋势导致。排名第四和第五的为交通运输、仓储和邮政业与制造业,劳动生产率分别为262.28万元和206.51万元。其他行业的劳动生产率均在平均水平(198.92万元)以下。

房地产业及交通运输、仓储和邮政业劳动生产率增长明显。房地产业由于在2022年营业收入有较大幅度增长,并且人员规模略有减少,因而劳动生产率增长幅度最大,达到了31.4%。随着经济活动的逐渐恢复,交通运输、仓储和邮政业劳动生产率增速明显,增加了13.4个百分点,高于平均水平(6.4%)。而水利、环境和公共设施管理业和教育业营业收入大幅度下降,劳动生产率分别下降33.6%和33.4%。

四大主导产业劳动生产率引领民营经济,文化创意表现亮眼。2022年,民营四大主导产业劳动生产率为340.23万元,较2021年增长25.62万元,超于民营整体水平。其中,文化创意劳动生产率最高,实现583.13万元,增长3.5%;现代金融为394.37万元,增长8.4%;人工智能306.22万元,增长9.5%;生命健康为195.02万元,增长5.5%。

3. 从人均利润[①]看

民营企业人均利润18.12万元,金融业遥遥领先。2022年,徐汇区民营企业人均利润为18.12万元。金融业以61.62万元稳居榜首,信息传输、软件和信息技术服务业以45.35万元位居第二。制造业实现人均利润33.94万元位居第三。交通运输仓储和邮政业实现人均利润16.10万元,位居前四。批发和零售业、科学研究和技术服务业等其余行业人均利润均不过十万元,建筑业、教育等行业只实现了微薄利润。其中,文化体育和娱乐业以及水利、环境和公共设施管理业亏损较大,尤其是文化、体育和娱乐业,人均亏损28.15万元。

民营企业整体人均利润下降,少数行业

[①] 人均利润:利润总额与从业人员之比,其中从业人员数采用统计报表中各企业上报数。

人均利润逆势上涨。2022年,民营企业人均利润整体较2021年下降2.6万元,同比下降12.8%。多数行业实现人均利润负增长,个别行业呈现数倍负增长,如水利、环境和公共设施管理业,住宿和餐饮业,居民服务、修理和其他服务业出现大幅滑坡。但仍有部分行业逆势上涨,如教育业正逐步摆脱"双减"政策等影响,人均利润由负转正。

民营四大主导产业中生命健康逆势而上,人均利润实现正增长。2022年,民营四大主导产业人均利润为82.52万元,同比下降16.6%,下降幅度超于民营平均水平。其中,文化创意最高,人均利润高达154.47万元,下降9.3%;人工智能,人均利润为96.05万元,同比下降26.7%;现代金融为88.74万元,同比下降11.9%;生命健康为97.86万元,同比增长1.6%。

(四)徐汇区民营经济发展创新

1. 从研发费用看

信息传输、软件和信息技术服务业研发费用投入最多,占民营企业总研发费用七成以上。2022年,徐汇区民营企业研发费用196.84亿元。其中,信息传输、软件和信息技术服务业遥遥领先,研发费用高达155.26亿元,占78.9%。排名第二的是科学研究和技术服务业,研发费用21.83亿元,占11.1%。其他行业的研发费用占比之和约为10%。

民营企业研发费用较2021年较大提升,增速达14.0%。2022年,信息传输、软件和信息技术服务业研发费用在百亿规模的基础上较2021年进一步增加14.6%。制造业研发费用较去年接近翻倍,增幅达86.8%。教育业出现研发费用大幅度下降情况,是降幅最大的行业,达-74.5%。住宿和餐饮业由于整体研发费用较低,故可能由于个别企业的波动导致行业波动较大,因此研发费用降幅达到74.0%,仅次于教育业。房地产业,建筑业,金融业,居民服务、修理和其他服务业,公共管理、社会保障和社会组织等五个行业因行业属性原因研发费用为0。

民营四大主导产业中仅现代金融研发费用加缩,其他三大产业投入增长超20%。2022年,民营四大主导产业研发费用投入180.03亿元,同比增长28.9%,超于民营平均增长水平。其中,人工智能投入最高,高达110.13亿元,同比增长24.0%;文化创意52.4亿元,同比增长42.6%;生命健康16.92亿元,同比增长28.6%;现代金融5.90亿元,同比下降33.2%。

2. 从研发投入强度看

民营企业研发投入强度为4.3%,信息传输、软件和信息技术服务业研发投入强度最高。2022年,民营企业平均研发投入强度为4.3%。其中,信息传输、软件和信息技术服务业高居榜首,达13.3%。科学研究和技术服务业与制造业研发投入强度均为8.4%,并列前三。教育业和水利、环境和公共设施管理业尾随其后,分别为1.1%和1.0%,其他行业的研发投入强度较弱,均不足1%。

民营四大主导产业中人工智能研发投入强度最高,文化创意投入强度力度最大。2022年,民营四大主导产业研发投入强度为8.4%,同比增长1.3个百分点。其中,人工智能研发投入强度为14.3%,文化创意为7.5%,生命健康为5.0%,现代金融为0.2%。与2021年相比,四大主导产业除现代金融略有下降,其他主导产业均有所提高。

二、徐汇区民营经济健康发展指数

(一) 民营经济发展指数指标体系构建

为了更加科学地对比目前徐汇区民营经济各行业之间、各产业之间的发展水平,拟建立一套发展指数模型进行评价,便于各产业之间的横向对比及未来的纵向对比。指标选择中充分考虑数据的可获得性、科学性及可比性。课题组构建了"四力模型"对民营企业发展竞争力进行综合评价。"四力模型"从"发展实力""发展活力""发展动力"和"发展潜力"等四个维度进行综合考量。

1. 构建民营企业发展指数指标体系

民营经济综合发展指数包含:"发展实力"指数、"发展活力"指数、"发展动力"指数、"发展潜力"指数4个维度,共涉及14个二级指标(见表16-4)。

表16-4 民营经济发展"四力模型"评价指标体系

一级指标	二级指标	单 位
发展实力	企业数	家
	企均营业收入	亿元
	企均从业人员	人
	企均资产	亿元
	企均利润	亿元
发展活力	营收增速	%
	从业人员增速	%
	资产增速	%
	利润增速	%
发展动力	利润率	%
	劳动生产率	万元/人
	人均利润	万元/人
发展潜力	研发费用	亿元
	研发投入强度	%

"发展实力"包含企业数、企均营业收入、企均从业人员、企均资产和企均利润5个二级指标。

"发展活力"包含营收增速、从业人员增速、资产增速和利润增速4个二级指标。

"发展动力"包含利润率、劳动生产率和人均利润3个二级指标。

"发展潜力"包含研发费用和研发投入强度2个二级指标。

2. 发展指数客观赋权法和评价体系建立

本专题运用混合法对指标进行赋权，发展实力、发展活力、发展动力、发展潜力等一级指标采用等权处理，各占25%；二级指标为避免主观性，采用熵值法进行赋权。熵值法是一种客观赋权法，是指根据各项指标观测值所提供的信息大小来确定指标权重的数学方法。具体原理如下。

设有m个样本，n个评价指标，形成原始数据矩阵

$$\begin{bmatrix} X_{11} & X_{12} & \cdots & X_{1n} \\ X_{21} & X_{22} & \cdots & X_{2n} \\ \vdots & \vdots & \ddots & \vdots \\ X_{m1} & X_{m2} & \cdots & X_{mn} \end{bmatrix}$$

对某项指标X_i，指标值X_{ij}的差距越大，则该指标在综合评价中所起的作用越大；如果某项指标的指标值全部相等，则该指标在综合评价中不起作用。另外，为了解决多目标评价问题，一般原则是"多目标归一"，即采用某种函数形式合成一个目标，将多目标评价转为单目标评价。为了使不同指标数据能直接运算，首先要用极值法对数据进行无量纲化处理。

正向指标：

$$z_{ij} = \frac{x_{ij} - \min(x_j)}{\max(x_j) - \min(x_j)}$$

负向指标：

$$z_{ij}^* = \frac{\max(x_j) - x_{ij}}{\max(x_j) - \min(x_j)}$$

其中，正向指标的无量纲化值z_{ij}为标准化后第i个样本的第j个指标的数值，z_{ij}^*同理；$\max(x_j)$为最大值；$\min(x_j)$为最小值；$i=1,2,\cdots m$；$j=1,2,\cdots,n$。注：本模型暂未涉及负向指标。

计算第i个指标下第j个样本占该指标的比重：

$$p_{ij} = \frac{z_{ij}}{\sum_{i=1}^{m} z_{ij}} \quad (i=1,2,\cdots,m; \quad j=1,2,\cdots,n)$$

计算第i个指标的熵值：

$$q_i = -k \sum_{i=1}^{m} p_{ij} \ln(p_{ij})$$

其中，$k>0$，$\ln()$为自然对数，$q_i>0$。式中常数k与样本数m有关，一般$k=1/\ln(m)$，则$0 \leqslant q \leqslant 1$。

计算第i个指标的信息效用值：

$$d_i = 1 - q_i$$

计算各项指标的权重：

$$w_i = \frac{d_i}{\sum_{i=1}^{n} d_i}$$

计算各样本的综合得分：

$$t_i = \sum_{j=1}^{n} w_i \times p_{ij} \quad (i=1,2,\cdots,m)$$

由于所得数据均为小数，为了便于对比，在此基础上用功效系数法对指标打分：

$$n_i = t_i \times 40 + 60$$

n_i 为指标得分,60 为基准分,最高分为 100 分。

依据评价指标体系,通过上述方法,计算得到"2022 年徐汇区民营经济各行业发展指数",反映不同行业的发展水平情况。需要说明的是,由于评价指标采用规模以上企业的部分指标数据,评价结果可能与整体情况略有差异。

(二)民营经济发展指数实证研究

1. 民营经济整体发展指数

2022 年,徐汇区民营经济发展指数为 65.1(见表 16-5),其中动力指数最高,高达 66.6;潜力指数为 65.3;实力指数和活力指数略低于民营整体,分别为 64.2、64.3。

表 16-5 2022 年徐汇区民营经济各行业发展指数明细

行　业	发展健康	实　力	动　力	活　力	潜　力
信息传输、软件和信息技术服务业	70.5	69.0	67.5	65.9	79.6
科学研究和技术服务业	65.9	63.8	67.0	63.6	69.2
批发和零售业	67.5	69.1	66.9	66.7	67.2
制造业	66.4	65.5	67.9	65.5	66.7
租赁和商务服务业	65.3	64.8	66.8	63.6	66.2
建筑业	64.8	64.0	66.9	62.9	65.6
房地产业	64.7	63.7	67.7	63.3	64.1
住宿和餐饮业	63.5	63.0	65.5	62.3	63.2
教育	62.9	62.3	63.9	62.6	62.9
卫生和社会工作	63.6	62.4	66.7	62.8	62.5
居民服务、修理和其他服务业	63.2	62.0	66.3	62.4	62.1
水利、环境和公共设施管理业	63.0	61.8	65.3	62.9	61.9
交通运输、仓储和邮政业	64.6	64.6	66.9	65.1	61.9
文化、体育和娱乐业	65.4	62.6	67.1	70.3	61.7
民营整体	65.1	64.2	66.6	64.3	65.3

第一，综合发展指数——信息传输、软件和信息技术服务业稳居第一，指数远超其他行业。

信息传输、软件和信息技术服务业的发展最强劲，综合发展指数高达70.5，远超其他行业。批发和零售业，综合发展指数为67.5位居第二；制造业综合发展指数为66.4，位居第三；科学研究和技术服务业、文化体育和娱乐业以及租赁和商务服务业综合发展指数差距不大，略高于65。其他行业的综合发展指数均在65以下，教育业居末，仅为62.9。

第二，实力指数——批发和零售业位居第一，信息传输、软件和信息技术服务业紧跟其后。

批发和零售业实力指数为69.1，略高于信息传输、软件和信息技术服务业（69.0），位居榜首。其次为制造业，实力指数为65.5。租赁和商务及交通运输、仓储和邮政业，分别为64.8、64.6。教育、居民服务修理和其他服务业及水利、环境和公共设施管理业实力指数居末三位。

第三，活力指数——文化、体育和娱乐业一枝独秀。

文化、体育和娱乐业活力指数最高，为70.3，高于排名第二的批发和零售业（66.7）。信息传输、软件和信息技术服务业排名第三，为65.9。住宿和餐饮业受疫情影响，活力指数为62.3，居于末位。

第四，动力指数——制造业位居第一，房地产业、信息传输软件和信息技术服务业尾随其后，位居前三。

制造业动力指数亮眼，为67.9，位居榜首，略高于房地产业（67.7）以及信息传输、软件和信息技术服务业（67.5）。水利环境和公共设施管理业、教育业，居于末二位。

第五，潜力指数——信息传输、软件和信息技术服务业居于榜首，远超位居第二的科学研究和技术服务。

信息传输、软件和信息技术服务业潜力指数为79.6，远超位居第二的科学研究和技术服务业（69.2）。紧跟其后的为企业数较多的批发和零售业，潜力指数为67.2。制造业、租赁和商务服务业潜力指数分别为66.7、66.2，依次位居第四、第五；文化体育和娱乐业潜力居末，指数仅为61.7。

2. 四大主导产业民营发展指数

2022年，民营四大主导产业发展健康指数为67.2（见表16-6），高于民营整体。其中，实力指数最高，为70.4；活力指数为70.0；潜力指数为66.3，超于动力指数（61.9）。从民营四大主导产业指数来看，除动力指数低于民营整体，其他指数均超于民营整体。

第一，综合发展指数——人工智能第一，文化创意紧跟其后，现代金融第三，生命健康居末位。

整体来看，人工智能民营发展高于其他主导产业，综合发展指数为70.3；文化创意略次之，为67.6；现代金融与之差距较小，为67.4；生命健康，为63.4，居于末位。

表16-6 徐汇区民营四大主导产业发展指数明细

四大主导产业	发展健康	实力	动力	活力	潜力
人工智能	70.3	80.2	62.2	66.7	71.9
文化创意	67.6	71.5	62.2	70.6	66.0
现代金融	67.4	66.0	61.6	80.6	61.5
生命健康	63.4	63.9	61.7	62.2	65.7
四大主导产业	67.2	70.4	61.9	70.0	66.3

第二,实力指数——人工智能第一,文化创意次之,现代金融仅高于生命健康。

在规模上,人工智能具有一定优势,实力指数远超于其他主导产业,为80.2。除此之外,其他行业实力指数均未超过80,文化创意为71.5;现代金融66.0;生命健康表现最弱,为63.9。

第三,活力指数——现代金融远超于其他主导产业,文化创意次之,人工智能、生命健康依次居于末二位。

现代金融发展势头相比其他产业更强劲,活力指数高达80.6,高于其他主导产业。文化创意次之,为70.6;人工智能尾随其后,为66.7;生命健康居末,仅为62.2。

第四,动力指数——人工智能、文化创意并列第一,生命健康略高于现代金融。

在发展动力上,人工智能与文化创意并列第一,均为62.2,紧随其后的生命健康、现代金融指数分别为61.7和61.6。

第五,潜力指数——人工智能稳居榜首,文化创意、生命健康尾随其后,现代金融居末位。

人工智能潜力指数为71.9;文化创意为66.0,略高于生命健康(65.7);现代金融居末,仅为61.5。

三、徐汇民营经济发展SWOT分析

通过对徐汇区民营经济各行业、各产业的深入分析与发展指数的建立,能够较清楚地看到徐汇区民营经济的发展面临的机遇与挑战。SWOT分析是用定性的方法对于企业、区域产业的内部活动及其目标与外部环境的动态平衡过程进行细致的分析,为企业发展、产业方向的选择提供了很好的技术支持,通过比较得出自身发展的内部环境的优势、劣势和外部发展的机会、威胁,最终用矩阵比较的方法得出发展策略的选择方案。本专题将采用SWOT分析法总结徐汇区民营经济发展的优势和短板,围绕壮大四大产业、培育优质企业、带动区域高质量发展方面继续分析,从而形成有针对性的对策建议。

一般而言,区域产业的机会和威胁是由所处的外部环境所赋予的,而区域产业发展的优势和劣势则是针对区域产业的内部而言的,因此可以对SWOT的四个关键因素:S(优势)、W(劣势)、O(机会)、T(威胁)进行二维划分,以更好地体现矩的交叉影响作用的理念。据此,得到徐汇区民营经济发展的优势、劣势、机会和威胁。

(一)徐汇区民营经济的优势

随着市场经济的发展,以中小企业为主的民营企业正逐步成为徐汇区经济的亮点和生力军,在关系国计民生的各个行业均有民营企业的身影。尤其是在近几年的发展中,徐汇区民营企业的重要性逐渐凸显:民营企业数占比超五成,创造营业收入占比超三成,利润占比近四成,资产总额占比近四分之一,研发费用占比超七成等。

1. 徐汇区民营经济基础扎实,恢复能力强

民营经济2022年上半年营收同比下降10.3%、利润同比下降33.3%,2022年全年同比降幅均有所收窄,其中利润降幅收窄超7个百分点。可见,徐汇民营经济基础扎实,恢复能力强。

2. 优势行业龙头型、旗舰型企业集聚、龙头带动作用凸显

民营企业中多个行业龙头企业选择在徐汇区安家,助力四大产业发展。例如,徐汇区依托漕河泾、滨江地区,吸引阿里、腾讯、网易等龙头企业相继落户,成为全国人工智能产业高地。这些龙头企业在整个行业中发挥了举足轻重的作用。以信息传输、软件和信息技术服务业为例,该行业民营企业数共计282家,2022年营业收入1 170.92亿元。其中,排名前10的企业营业收入共计777.97亿元,占比近七成,即排名前10的龙头企业虽然数量仅占该行业民营企业总数的不到4%,但是却创造了行业内接近70%的营业收入。

3. 信息传输、软件和信息技术服务业发展水平较高,为徐汇区筑牢数字底座,加速数字化转型步伐

徐汇区民营经济中信息传输、软件和信息技术服务业不仅总发展指数高居榜首,而且发展实力、发展动力和发展潜力三个细分指数均表现优秀、发展活力指标表现良好,几乎是一个"全能型选手"。这为徐汇区抓住"数字化转型"的历史机遇,大力发展数字经济、在线新经济、文化新经济,深化新一代信息技术与制造业融合发展、推动传统产业转型升级,构建各产业融合升级的产业经济高地,建设上海在线新经济发展先行区提供动力。

4. 四大主导产业协同发展,生命力旺盛,领头雁作用明显

通过发展指数模型发现,徐汇区依托高端资源要素集聚的优势,人工智能、生命健康、文化创意和现代金融四大产业集群齐头并进、互相渗透、各具优势,为培育壮大四个"千亿级"产业集群积蓄力量。多家企业同时

属于四大产业中的两个及以上,信息传输、软件和信息技术服务业带动数字化转型多点发力,产业之间协同效应强,在民营经济中领头雁作用显著。

(二)徐汇区民营经济的劣势

1. 信息传输、软件和信息技术服务业行业从业人员波动较大,不利于行业稳定发展

2022年,信息传输、软件和信息技术服务业从业人员从年初增加3 000到下半年流失7 000多人,从业人员不够稳定,易造成高端人才流失。

2. 四大主导产业高端人才缺乏

人才的缺乏,尤其是高精尖人才的缺乏是制约徐汇区民营经济发展的关键和瓶颈。放眼国际,知识密集型产业属性内在要求是人才已成为业内共识。从数据来看,徐汇区民营经济2022年四大主导产业从业人员6.28万人,仅占民营总从业人员的27.5%。此外,徐汇区民营四大产业的从业人员结构明显呈现"两头大中间小",即人员主要集中基础岗位上,而创意人才、高技术人才和高精尖管理人才缺乏,精通各个产业环节的复合型人才更是稀缺。

3. 高端商业商务发展能级还需提升

经济发展迫切需要高端服务业的供给。徐汇区民营服务业是依托纺织业制造业发展起来的,目前已经发展成以批发和零售业、租赁服务业为主的产业结构,但徐汇区的批发零售业和租赁服务业大多数还处于低端技术活动环节,产业附加值低。

(三)徐汇区民营经济的机会

1. 政策环境愈发利好,政府愈发重视

党的十八大以来,以习近平同志为核心的党中央始终充分肯定民营经济的重要地位和作用。2023年两会期间,习近平看望参加全国政协十四届一次会议的民建、工商联界委员,并参加联组会,听取意见和建议,为民营经济和民营企业家撑腰打气,为民营企业高质量发展释放了信号、指引了方向。随着民营经济重要性凸显,国家还将会出台更多的有关加快民营经济发展等方面的文件,强烈的政策导向会给民营经济发展提供更广阔的空间。

2. 区位优势显著

上海是中国最大的城市,徐汇是上海核心地区之一。城市经济持续快速增长,国际化大都市建设稳步推进,在中国乃至国际的经济金融贸易方面都占据着重要的地位,目前国内最大的网络游戏公司、最大的网上拍卖市场、最大的在线旅游服务企业、最大的人才招聘机构都在上海,上海的大都市特征为徐汇区民营经济的发展奠定了良好的基础。

(四)徐汇民营经济的威胁

1. 市场竞争激烈

徐汇民营经济整体水平虽然在上海占据较高的排位,但并未形成领先优势,在全国市场中竞争力较低。上海由于过高的人力成本、商务成本使得许多与毗邻上海的长三角地区城市利用交通便利、地域广阔的优势,

在市场和城市品牌上"搭上海的便车",对上海地域优势的形成造成阻挠。而徐汇作为上海市中心区,相较于其他区,经营成本"更上一层楼",对于民营企业的生存而言,压力较大。

2. 民营四大主导产业进入壁垒大

四大主导产业都几乎是复合型的产业,带有科技属性,和科技结合需要大量的资金和技术支持。科技成果转化率低、周期长,企业资本积累较少,普遍存在融资难、融资贵问题,这些均不利于新的民营企业进入市场,国企在这方面普遍比民企更有优势。

(供稿单位:徐汇区工商业联合会)

附录

附录16-1 2022年徐汇区民营企业100强名单

排名	单位名称	行业门类	是否户管备案	是否注册在徐汇	2021年排名
1	上海米哈游天命科技有限公司	信息传输、软件和信息技术服务业	是	是	1
2	上海米哈游影铁科技有限公司	信息传输、软件和信息技术服务业	是	是	3
3	腾讯科技（上海）有限公司	信息传输、软件和信息技术服务业	是	是	2
4	上海晨光科力普办公用品有限公司	批发和零售业	是	是	4
5	东方财富证券股份有限公司	金融业	是	是	6
6	上海自如企业管理有限公司	房地产业	否	否	22
7	华夏人寿保险股份有限公司上海分公司	金融业	否	是	7
8	上海腾讯企鹅影视文化传播有限公司	文化、体育和娱乐业	是	是	5
9	乐推（上海）文化传播有限公司	租赁和商务服务业	否	否	8
10	上海曼伦商贸有限公司	批发和零售业	是	是	10
11	阿里巴巴（上海）有限公司	信息传输、软件和信息技术服务业	是	是	21
12	上海美凯航空服务有限公司	交通运输、仓储和邮政业	否	否	14
13	上海韩泰轮胎销售有限公司	批发和零售业	是	是	11
14	上海领程贸易有限公司	批发和零售业	否	否	13
15	上海天天基金销售有限公司	金融业	是	是	9
16	上海龙旗科技股份有限公司	科学研究和技术服务业	是	是	30
17	网宿科技股份有限公司	信息传输、软件和信息技术服务业	否	否	18
18	杉德支付网络服务发展有限公司	金融业	是	是	19
19	上药铃谦沪中（上海）医药有限公司	批发和零售业	否	否	17

续　表

排名	单位名称	行业门类	是否户管备案	是否注册在徐汇	2021年排名
20	上海君至国际贸易有限公司	批发和零售业	否	否	12
21	中蠡能源科技集团有限公司	批发和零售业	否	否	27
22	瀚恒网络科技(上海)有限公司	批发和零售业	否	否	47
23	平安健康保险股份有限公司	金融业	否	是	16
24	上海复宏汉霖生物制药有限公司	制造业	是	是	59
25	迅付信息科技有限公司	金融业	是	是	54
26	上海雅马哈建设摩托车销售有限公司	批发和零售业	否	否	44
27	上海汇付数据服务有限公司	金融业	否	是	24
28	上海仲璇电子科技有限公司	批发和零售业	否	否	32
29	上海海吉雅医药有限公司	批发和零售业	是	是	25
30	上海博观瑞思传媒科技有限公司	租赁和商务服务业	否	否	34
31	上海联恩商钥互联网科技股份有限公司	批发和零售业	否	否	38
32	通标标准技术服务(上海)有限公司	科学研究和技术服务业	是	是	36
33	上海鹰角网络科技有限公司	信息传输、软件和信息技术服务业	否	否	40
34	上海保越实业有限公司	批发和零售业	是	是	37
35	上海网之易璀璨网络科技有限公司	信息传输、软件和信息技术服务业	是	是	50
36	上海博泰悦臻电子设备制造有限公司	制造业	否	否	80
37	上海天华建筑设计有限公司	科学研究和技术服务业	否	否	26
38	上海商汤智能科技有限公司	信息传输、软件和信息技术服务业	是	是	20
39	上海众叙文化传媒有限公司	租赁和商务服务业	否	否	82
40	上海中山立大实业有限公司	批发和零售业	是	是	41

续 表

排名	单位名称	行业门类	是否户管备案	是否注册在徐汇	2021年排名
41	上海富瀚微电子股份有限公司	信息传输、软件和信息技术服务业	是	是	65
42	上海和黄白猫有限公司	制造业	是	是	46
43	上海中软华腾软件系统有限公司	信息传输、软件和信息技术服务业	是	是	52
44	辉正（上海）医药科技有限公司	科学研究和技术服务业	是	是	51
45	上海馨舟船舶物资有限公司	批发和零售业	否	否	28
46	上海凯诘电子商务股份有限公司	批发和零售业	否	否	29
47	上海博闰国际贸易有限公司	批发和零售业	否	否	45
48	上海丝绸集团股份有限公司	批发和零售业	否	否	53
49	上海复宏汉霖生物技术股份有限公司	科学研究和技术服务业	否	否	—
50	上海泰坦科技股份有限公司	批发和零售业	是	是	63
51	上海本来生活信息科技有限公司	批发和零售业	否	否	70
52	平安健康保险股份有限公司上海分公司	金融业	否	否	81
53	上海馨越供应链有限公司	批发和零售业	否	否	72
54	上海菲旭贸易有限公司	批发和零售业	否	否	75
55	上海巨人统平网络科技有限公司	信息传输、软件和信息技术服务业	是	是	62
56	上海万科物业服务有限公司	房地产业	否	否	68
57	上海久彰电子商务有限公司	信息传输、软件和信息技术服务业	是	是	83
58	上海盛豪科技有限公司	批发和零售业	否	否	—
59	上海索电数码科技有限公司	批发和零售业	否	否	48
60	上海爱建信托有限责任公司	金融业	否	是	31
61	上海七十迈数字科技有限公司	信息传输、软件和信息技术服务业	否	否	55
62	上海云林化工有限公司	批发和零售业	否	否	73
63	上海镁信健康科技有限公司	租赁和商务服务业	否	是	64

续　表

排名	单位名称	行业门类	是否户管备案	是否注册在徐汇	2021年排名
64	上海芯约电子科技有限公司	批发和零售业	否	否	—
65	上海创米科技有限公司	科学研究和技术服务业	否	否	56
66	上海睿创国际贸易有限公司	批发和零售业	否	否	39
67	上海中实进出口贸易有限公司	批发和零售业	否	否	57
68	乐推传视（上海）信息技术有限公司	租赁和商务服务业	否	否	94
69	固安捷贸易有限公司	批发和零售业	是	是	—
70	双齐国际贸易（上海）有限公司	批发和零售业	否	否	85
71	付临门支付有限公司	金融业	否	否	74
72	上海润欣科技股份有限公司	批发和零售业	是	是	99
73	上海友蒿新能源科技有限公司	批发和零售业	否	否	—
74	苏门犀（上海）资产管理有限公司	批发和零售业	否	否	35
75	上海畅普斯数码科技有限公司	批发和零售业	否	否	88
76	上海环胜广告有限公司	租赁和商务服务业	否	否	66
77	上海国际科学技术有限公司	批发和零售业	是	是	58
78	上海住建工程有限公司	建筑业	否	否	89
79	上海菁英房地产经纪有限公司	房地产业	是	是	43
80	上海宏力达信息技术股份有限公司	信息传输、软件和信息技术服务业	否	否	84
81	津味实业（上海）有限公司	批发和零售业	是	是	79
82	上海闻泰信息技术有限公司	信息传输、软件和信息技术服务业	否	否	—
83	上海市住安建设发展股份有限公司	建筑业	否	否	90
84	丽人丽妆（上海）电子商务有限公司	批发和零售业	是	是	78
85	上海和利稀土集团有限公司	批发和零售业	否	否	—

续 表

排名	单 位 名 称	行 业 门 类	是否户管备案	是否注册在徐汇	2021年排名
86	上海肖克利信息科技有限公司	批发和零售业	否	否	—
87	上海叶心材料科技有限公司	批发和零售业	否	否	—
88	上海蒂凯姆实业有限公司	批发和零售业	是	是	—
89	上海佩琪信息技术有限公司	租赁和商务服务业	否	否	—
90	上海游族信息技术有限公司	信息传输、软件和信息技术服务业	否	否	69
91	上海常必鑫新能源科技有限公司	科学研究和技术服务业	否	否	—
92	上海审时信息科技有限公司	租赁和商务服务业	否	否	—
93	顽踞(上海)供应链管理有限公司	批发和零售业	否	否	67
94	上海水羊国际贸易有限公司	批发和零售业	否	否	—
95	均瑶集团上海食品有限公司	批发和零售业	否	否	—
96	斑马网络技术有限公司	信息传输、软件和信息技术服务业	是	是	—
97	上海天艺建筑装饰工程有限公司	建筑业	否	否	—
98	上海海尔施医疗器械有限公司	批发和零售业	是	是	—
99	甄十信息科技(上海)有限公司	科学研究和技术服务业	否	否	—
100	上海宸源新能源技术有限公司	批发和零售业	否	否	—

注：按2022年营业收入进行排序；"—"为2021年未上榜徐汇区民营企业100强名单企业；2022年徐汇区民营企业100强属地率为41%。

附录16-2 2022年营收前100位民营企业按增幅排名前20位

2022年营收排名	企业名称	行业门类	增幅(%)	属地情况
49	上海复宏汉霖生物技术股份有限公司	科学研究和技术服务业	606.5	否
6	上海自如企业管理有限公司	房地产业	170.2	否
73	上海友蒿新能源科技有限公司	批发和零售业	118.2	否
100	上海宸源新能源技术有限公司	批发和零售业	105.5	否
24	上海复宏汉霖生物制药有限公司	制造业	82.4	是
16	上海龙旗科技股份有限公司	科学研究和技术服务业	81.9	是
11	阿里巴巴(上海)有限公司	信息传输、软件和信息技术服务业	68.9	是
36	上海博泰悦臻电子设备制造有限公司	制造业	64.7	否
22	瀚恒网络科技(上海)有限公司	批发和零售业	60.0	否
25	迅付信息科技有限公司	金融业	60.0	是
39	上海众叙文化传媒有限公司	租赁和商务服务业	58.9	否
58	上海盛豪科技有限公司	批发和零售业	57.5	否
64	上海芯约电子科技有限公司	批发和零售业	56.6	否
4	上海晨光科力普办公用品有限公司	批发和零售业	41.2	是
69	固安捷贸易有限公司	批发和零售业	39.1	是
92	上海审时信息科技有限公司	租赁和商务服务业	38.4	否
2	上海米哈游影铁科技有限公司	信息传输、软件和信息技术服务业	35.6	是
26	上海雅马哈建设摩托车销售有限公司	批发和零售业	35.5	否
96	斑马网络技术有限公司	信息传输、软件和信息技术服务业	34.3	是
94	上海水羊国际贸易有限公司	批发和零售业	34.2	否

附录16-3 2022年营收前100位民营企业按降幅排名前20位

2022年营收排名	企业名称	行业门类	降幅(%)	属地情况
84	丽人丽妆(上海)电子商务有限公司	批发和零售业	−14.9	是
29	上海海吉雅医药有限公司	批发和零售业	−15.3	是
61	上海七十迈数字科技有限公司	信息传输、软件和信息技术服务业	−17.0	否
65	上海创米科技有限公司	科学研究和技术服务业	−17.1	否
67	上海中实进出口贸易有限公司	批发和零售业	−18.8	否
76	上海环胜广告有限公司	租赁和商务服务业	−19.0	否
59	上海索电数码科技有限公司	批发和零售业	−19.7	否
37	上海天华建筑设计有限公司	科学研究和技术服务业	−24.9	否
46	上海凯诘电子商务股份有限公司	批发和零售业	−25.7	否
77	上海国际科学技术有限公司	批发和零售业	−27.1	是
45	上海馨舟船舶物资有限公司	批发和零售业	−29.5	否
23	平安健康保险股份有限公司	金融业	−32.7	是
90	上海游族信息技术有限公司	信息传输、软件和信息技术服务业	−33.2	否
20	上海君至国际贸易有限公司	批发和零售业	−34.9	否
66	上海睿创国际贸易有限公司	批发和零售业	−37.3	否
93	顽踞(上海)供应链管理有限公司	批发和零售业	−37.5	否
60	上海爱建信托有限责任公司	金融业	−38.4	是
38	上海商汤智能科技有限公司	信息传输、软件和信息技术服务业	−38.5	是
79	上海菁英房地产经纪有限公司	房地产业	−43.4	是
74	苏门犀(上海)资产管理有限公司	批发和零售业	−45.4	否

附录16-4 2022年徐汇区表现突出的民营企业(14家)

单位名称	行业门类	2022年排名	2021年排名	排名变化
上海米哈游影铁科技有限公司	信息传输、软件和信息技术服务业	2	3	1
上海晨光科力普办公用品有限公司	批发和零售业	4	4	0
阿里巴巴(上海)有限公司	信息传输、软件和信息技术服务业	11	21	10
上海自如企业管理有限公司	房地产	6	22	16
上海龙旗科技股份有限公司	科学研究和技术服务业	16	30	14
上海雅马哈建设摩托车销售有限公司	批发和零售业	26	44	18
瀚恒网络科技(上海)有限公司	批发和零售业	22	47	25
迅付信息科技有限公司	金融业	25	54	29
上海复宏汉霖生物制药有限公司	制造业	24	59	35
上海博泰悦臻电子设备制造有限公司	制造业	36	80	44
上海众叙文化传媒有限公司	租赁和商务服务业	39	82	43
上海盛豪科技有限公司	批发和零售业	58	104	46
上海芯约电子科技有限公司	批发和零售业	64	115	51
上海友蒿新能源科技有限公司	批发和零售业	73	163	90

注：入选标准有两个，一是2021年排名100名以内且2022年营收增幅超过30%的企业；二是2021年排名在101~200名且2022年营收增幅超50%的企业。

2023 产业研究

上海民营经济

专题十七

全面提升民企核心竞争力 着力推进具有全球影响力的科技创新中心建设

一、引言

加快建设具有全球影响力的科技创新中心,是以习近平同志为核心的党中央赋予上海的重大任务和战略使命,是上海加快推动经济社会高质量发展、提升城市能级和核心竞争力的关键驱动力,是我国建设世界科技强国的重要支撑。《中共中央 国务院关于促进民营经济发展壮大的意见》明确:"鼓励民营企业根据国家战略需要和行业发展趋势,持续加大研发投入,开展关键核心技术攻关……培育一批关键行业民营科技领军企业、专精特新中小企业和创新能力强的中小企业特色产业集群。"上海市促进民营经济高质量发展大会指出:"支持民营企业加快向'专精特新'和'高精尖'方向发展,提升企业核心竞争力……上海的民营企业家要有勇立潮头、舍我其谁的闯劲和骨气,上海出品、必属精品的韧劲和底气,放眼世界、争创一流的拼劲和志气。"

上海是我国民营经济发展最为活跃的城市之一,2022年上海民营经济实现增加值1.21万亿元,在全市生产总值中的比重为27.1%;民营经济完成税收收入4666.4亿元,占全市税收收入比重为32.7%[①]。民营企业已经成为上海建设具有全球影响力的科技创新中心的骨干力量,根据工业和信息化部最近公布的第五批国家级专精特新"小巨人"企业名单,上海新增206家、累计集聚713家,位居全国各城市第三(仅次于北京834家、深圳755家);特别是上海市新认定的9956家高新技术企业中[②],民企占据八成以上;7572家专精特新企业中,民企更是超过九成。

当前,我国已经成为世界上具有影响力的科技大国,但在一些关键领域、核心技术上还存在"卡脖子"问题。上海要加快建设具有全球影响力的科技创新中心,需要一大批引领科技产业前沿、掌握关键核心技术的创新型企业,其中民营企业,特别是创新型民营企业作为主力军,要通过进一步提升企业核心竞争力,更好地助力我国实现高水平科技自立自强。为了进一步落实中央和市委、市政

[①] 来自上海市民营经济发展联席会议第七次全体会议通报数据。
[②] 数据来自《2022年上海市国民经济和社会发展统计公报》。

府关于推动民营经济发展、上海加快建设具有全球影响力的科技创新中心的系列部署,市工商联组织课题组开展了专题调研。课题组挖掘了全市3 000多家创新型民营企业的数据,调研了16个区的68家重点创新型民营企业,在此基础上形成了本研究报告。

二、上海民营企业核心竞争力助力全球科创中心建设

对于企业包括民营企业而言,其核心竞争力可以概括为四个方面,即掌握新技术、推出新产品、构建新生态、开拓新市场。而上海加快建设具有全球影响力的科技创新中心,就是要提升科技创新策源能力、打造一流创新产业集群、构建完善科技创新生态、融入全球科技创新网络。因此,民营企业核心竞争力与全球科创中心建设具有战略一致性。近年来,上海市的民营企业高度重视企业核心竞争力建设,实现了一流城市与一流企业的共同成长,有力助推了上海加快建设具有全球影响力的科技创新中心。

(一)加大研发投入掌握新技术,助力上海提升科技创新策源能力

加大研发投入是创新型民营企业掌握新技术的核心支撑。调研发现,多数创新型民营企业年研发投入支出占营业收入的比重超过10%,部分企业甚至将全部营收都投入到研发中,取得了丰富的创新成果。比如能量奇点能源科技(上海)有限公司作为国内第一家聚变能源商业公司,正在研发和建设的全球首台基于全高温超导磁体的紧凑型托卡马克实验装置,其独立研发的"洪荒70"高温超导托卡马克装置原型机2022年底建成运行,同时独立研发的一套基于AI的等离子体运行控制系统——"奇门系统",将被应用于"洪荒70"的运行控制,并持续迭代升级。又比如哲弗智能系统(上海)有限公司过去5年的平均研发费用的投入占销售额的26.9%、研发人员占比接近40%,重点在底层技术上实现创新,是国内第一家建立"新能源汽车热失控管理技术研究院"的企业,也是国内第一个提出动力电池智能热管理系统(BITS/主动安全系统)的厂商,更是第一个提出锂电池"主动安全+被动安全"整体安全管理概念并提供整体解决方案的厂商,研发制造的泽福电池智能火灾防控装置是目前国内唯一真正契合锂电池灭火机理(快速降温)的灭火系统,其产品已经占到市场份额的65%。

(二)加快赛道布局推出新产品,助力上海打造一流创新产业集群

加快赛道布局是创新型民营企业推出新产品的关键所在。调研发现,部分创新型民营企业聚焦三大先导产业、四大新赛道、五大未来产业加快产业布局,积极抢占产业制高点。比如纬景储能科技有限公司致力于新型储能技术的研发和储能电池的智能制造,选择锌铁液流电池技术路线,提前布局全链路数智化生产的智能产线,在本土技术创新、产品迭代与持续降本方面已经走在前沿,第一

条百兆瓦级"液流电池电堆智能产线"已在2023年1月启用,并将打造国内新型储能液流电池的首个GW级"黑灯工厂"。又比如脑虎科技对标马斯克的脑机接口公司Neuralink,聚焦全球范围非常稀缺的侵入式脑机接口设备研发,首次对外公开发布了首款脑机接口集成式颅顶半植入医用级b产品、高频脑电信号处理仪、软件算法云平台,以及三款和植入体相匹配的电极产品,在一些层面已逐步接近产品化和临床应用及商业化(根据研究机构Data Bridge Market Research 2023年2月3日公布的最新数据显示,2022年脑机接口市场规模为17.40亿美元,预计到2030年将达到56.92亿美元(约合人民币392.36亿元),期内年复合增长率为15.61%,市场潜力巨大。此外,麦肯锡预测未来10~20年,全球脑机接口产业将产生700亿~2000亿美元的经济价值)。

(三)加强创新耦合构建新生态,助力上海构建完善科技创新生态

加强创新耦合是创新型民营企业构建新生态的重要基础。调研发现,部分创新型民营企业围绕提供科技创新专业服务以及组建创新联合体,加快构建民营企业科技创新的闭环。比如微创奇迹点是微创医疗成立的专注于科创孵化的全资子公司,也是浦东第一批大企业开放式创新中心(GOI),依托微创医疗20余年的产业发展积淀及丰富的医疗生态资源,针对高性能医疗器械创业创新的发展痛点,前期以闭环式、差异化、大跨幅非线性快速迭代的方式,完成概念验证,确保解决方案满足用户需求;后期以开放式、同质化、多站点线性有序推进的方式,快速实现产品获证与批量生产,确保商业化成功。又比如上海阿波罗机械股份有限公司作为一家专业化、集约化的核电站核级泵及重要非核级泵系统及核电后处理设备的核电全产业链设备供应与服务商,与中船重工711所共同参与由沪东中华造船集团牵头的创新联合体建设,以关键系统国产化配套能力提升为核心,共同开展LNG再液化装置、低温泵等核心设备的国产化研制及装船示范应用,提升我国LNG产业链关键核心装备的自主配套能力和创新能力,形成长效协同运行机制,构建产业集群的新发展格局,保障国家能源安全。

(四)用好两种资源开拓新市场,助力上海融入全球科技创新网络

用好两种资源是创新型民营企业开拓新市场的有效路径。调研发现,部分创新型民营企业积极主动走出去,在用好海外创新资源的同时,开拓国际市场。比如傅利叶智能自主研发的产品在康复领域应用场景形成闭环生态,为满足国内外对高端智能机器人的巨大需求,其在北京、墨尔本、芝加哥等地建立全球化的研发、生产和服务网络,服务全球超过50个国家和地区的2000余家客户。又比如西井科技作为中国首批基于正向自研无人驾驶重卡的公司之一,也是首家在全球范围商业交付无人驾驶车辆及系统超过数百套规模的公司,目前产品及服务已落地全球18个国家和地区、服务160余家客户,已覆盖海港、陆港、空港、铁路枢纽、制造工厂等多物流场景,其中Q-Truck作为中国正向研发设计、中国制造的无人驾驶商用车,已先后商业落地泰国、阿联酋、英国、马来西亚、墨西哥等国家;2023年6月,西井科技已与和记港口英国费利克斯托港签约超百辆Q-Truck,将打造迄今为止最大规模的新能源无人驾驶商用车队,同时在该港部署智能换电服务,这也是继2020年西井科技助力和记泰国林查班港打造全球首个无人驾驶与人工驾驶混合作业项目后,又一次为全球大物流提供服务的创新商业典范。

三、上海民营企业提升核心竞争力面临的瓶颈问题

课题组在调研过程中发现,民营企业特别是创新型民营企业普遍发展势头良好,质量效益稳步提升,随着经济形势企稳回升,企业对未来发展预期整体较为乐观。但同时,民营企业在提升核心竞争力中也都不同程度地面临着一些共性问题,主要集中在四个方面。

(一)民营企业参与创新攻关仍然不够顺畅

一方面,部分民营企业在其技术领域处于前沿或尖端地位,但由于企业性质等原因,其在参与国家重大科技攻关时仍面临着各种隐性壁垒;同时,民营企业使用国家重大科技基础设施以及大型科研仪器等国家重大科技资源的通道还没有完全打通,参与建设国家产业创新中心、国家技术创新中心、国家级创新联合体等重大创新平台的机制尚不健全(比如2022年7月,在科技部和全国工商联的指导下,小米和40多家单位成立了全国第一家国家级创新联合体——3C智能制造创新联合体,由小米承担在3C领域的智能制造。一年来,联合体在智能制造的先进工艺、高端装备及数智系统三个领域实现了20多项关键技术的突破,针对10多个具体的生产一线场景打造了创新性的解决方案,极大提升了整个工厂生产线的自动化和智能化水平,小米的智能工厂生产线自动化率已经达到80%,综合效率领先业内30%以上)。同时,目前上海市登记备案的新型研发机构多由政府主导、财政支持为主,社会力量参与投入不多,缺少民营企业为主成立的新型研发机构。另一方面,多数创新型民营企业属于高新技术企业,企业孵化培育、科技配套设施、认定服务等方面的配套服务还不够健全,对于中试基地等公共科技服务配套等方面的需求难以满足;同时,对于有海外拓展需求的民营企业来说,"走出去"服务平台缺乏,企业海外市场拓展困难。

(二)民营企业关键核心技术仍然不够硬核

一方面,民营企业的原创性科技成果总体上较为缺乏,面对激烈的市场竞争,初创期

民营企业在成本、技术、品牌方面均无优势，尽管部分企业在政府引导下走"专精特新"之路，一定程度上对冲了市场冲击的风险，但大部分企业仍难以在短时间内实现创新驱动，以发明专利和标准制定为代表的高质量研发成果占比不高。另一方面，民营企业的应用性科技成果有待提升，企业间缺少围绕产业链上中下游企业联合攻关的项目机会与协作机制，跨界合作的外生动力不足；特别是中小型民营企业与科研机构间缺乏长效合作机制，缺少技术研发中心、产业研究院、中试熟化基地、工程研究中心、制造业创新中心等创新平台。

（三）民营企业创新研发投入仍然不够多元

一方面，部分创新型民营企业已进入技术"无人区"，对技术创新研发投入的需求巨大，同样也面临着技术研发失败的巨大风险，而现有科技创新扶持政策相对单一，虽然有"科技创新券""智评券"等新型创新扶持政策，但发放范围窄、实际可使用场景少，支持政策还多以企业所得税优惠、研发费用加计扣除等方式为主，难以惠及那些尚处于研发期、持续亏损状态的企业；同时，也缺乏技术研发保险等风险补偿机制。另一方面，创新型民营企业当前仍以传统融资方式为主，知识产权融资、人才融资、数据融资等新型融资方式应用范围窄、政策条款限制性多且估值低，企业知识产权、人才以及数据等的优势难以充分体现。

（四）民营企业所需跨界人才仍然不够丰富

一方面，创新型民营企业多聚焦前沿技术领域、细分赛道，而前沿技术领域、细分赛道市场认知度低，适配人才缺乏，特别是部分创新型民营企业还处于起步期，对于初创型企业人才缺乏长期稳定的支持机制，与国企、事业单位等单位相比，缺乏稳定性，对人才的吸引力弱。另一方面，部分创新型民营企业属于"跨界"企业，对于"跨界"人才需求大，"跨界"人才需要在两个或两个以上领域具备专业能力，但现有教育体系不注重对人才综合能力的培养，综合性人才较为缺乏；同时，高校、科研院所的博士、教授缺少前往企业一线锻炼的平台与机遇，企业与高校科研院所间未建立技术转化乃至技术产业协作机制。

四、民营企业助力科创中心建设的特色经验借鉴

尽管上海民营企业在提升核心竞争力，助力上海加快建设具有全球影响力的科技创新中心方面取得了积极成效，但是与深圳、合肥、苏州等兄弟城市相比，以及东京等标杆城市相比，尽管普惠性支持政策已经不相上下，但是在特色化支持政策方面，上海还有不少值得借鉴的方面。

（一）深圳首创"楼上楼下创新创业综合体"

深圳是全国最早推行"工业上楼"的城市，在此基础上，中国科学院深圳先进技术研

究院（以下简称"中科院先进院"）通过建筑空间的功能垂直复合，进一步在全国首创了"楼上楼下创新创业综合体"。中科院先进院围绕信息技术与生物技术两大领域的交叉融合，构建了以科研为主的集科研、教育、产业、资本为一体的"微创新体系"。"楼上"是研究院，科研人员开展原始创新活动、解决基础科学问题、支撑产业进行核心技术攻关；"楼下"是企业，构造产业孵化空间，为合成生物类初创企业提供拎包入住的共享实验平台及智库支撑，企业跟研究院共用仪器设备，研究院为企业提供智力支撑。比如，研究员钟超课题组上午在 Science（《科学》）杂志子刊 Science Advances（《科学·进展》）发表最新研究成果，下午由钟超创立的企业柏垠生物就得到了数千万元天使+轮融资。同时，中科院先进院还与华为、比亚迪、富士康等深圳市77家企业建立稳定合作关系，实现了人才和实际成果转换的高度融合发展。该模式创造性地让"穿白大褂的"和"穿西装的"在一栋楼里工作，打破了"从0到1再到10"的产业孵化时间壁垒，建立"科研—转化—产业"的全链条企业培育模式，有效解决初创企业缺乏先进实验设备的瓶颈与寻求专业技术合作的需求，极大缩短原始创新到产业转化的时间周期，架起科研服务产业、产业反哺科研的"双向车道"，被国家发改委列入推广深圳经验47条。

（二）合肥首创"沿途下蛋"机制

近年来，合肥建设布局12个大科学装置，其中已建成全超导托卡马克、同步辐射光源、稳态强磁场实验装置3个装置，在建聚变堆主机关键系统综合研究设施、未来网络试验设施2个装置，布局谋划其他7个大科学装置。合肥创新了大科学装置的"沿途下蛋"模式，即通过企业、资本、科技的融合，助力大科学装置诞生科技成果的"金蛋"，并使得科技成果及时就地交易、就地转化、就地应用，打通"科研—转化—产业"创新过程，缩短"1"到"10"再到"N"的时间周期。比如全超导托卡马克装置引进之初，在安徽省政府和合肥市政府支持下，成立了合肥中科离子医学装备有限公司，中国科学院合肥物质科学研究院以知识产权作价入股，以此实现政府和企业联动创新；中科院合肥物质院的部分骨干人员也是中科离子的知识产权负责人，双重身份加持下，市场端和技术端实现协同。在进行成果转化时，主要通过团队成员现金出资、专利入股成立产业化公司或者团队成员知识产权作价入股、吸引社会资本投资成立产业化公司两种方式促进成果转化。最后，通过组建创新联合体，政府依靠大科学装置"以点带面"与高校、企业合作协同发展建设产业集群和产业创新园，加快成果落地。同时，依托全超导托卡马克装置所在的"科学岛"，也在大科学装置集中区建立一个全链条聚变产业基地，打造集上游科技攻关、中游装备制造、下游产业应用于一体的聚变产业链（见图17-1）。

（三）苏州构建"全生命周期基金投资体系"

据《2021中国内地省市创投实力榜》显

产业研究

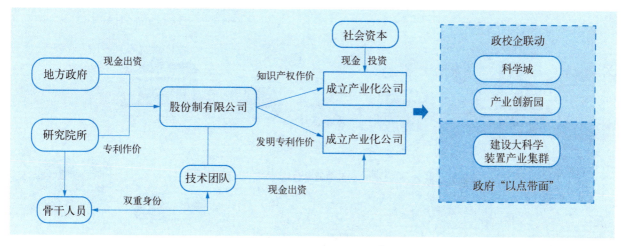

图 17-1 大科学装置"沿途下蛋"模式

示,苏州创投实力位居全国第六、江苏省第一,作为长三角的重要城市,苏州的创投行业发展十分繁荣。2022年,苏州的投资市场城市活跃度①位居全国第四,仅次于北京、上海、深圳。2022年,苏州市政府将苏州国发创投、苏州产投集团、苏州科创投、苏州天使母基金和苏州基金整合成立了苏州创新投资集团,设立了天使母基金,注册资本达180亿元,作为科技成果转化的"催化剂"、科技型企业成长的"助推器"。苏创投既可以以直投方式提供支持,也可以通过参股方式设立子基金,推动种子更快发芽,幼苗更快成长,大树移过来以后能够落地生根,老树还发新枝,打造覆盖种子期、成长期和成熟期的全生命周期基金投资体系。同时,苏州还推出了"苏州综合金融服务平台",作为苏州市政策性金融服务的线上总入口,主要解决融资信息和渠道问题,引导供需双方更好对接。目前苏州大部分有融资需求的企业都会在苏融通上注册并发布融资的需求;平台综合工商、社保、环保、司法等各类涉企政务信息以及企业缴税、水电气、海关数据、银行征信记录等经营信息进行综合评分,并与地方征信平台紧密融合,弥补了银行与贷款客户之间的信息差,银行可以根据平台提供的各类数据来综合判定企业资质,并进行企业画像和自主对接,有效节约了银行的获客成本。同时针对中小微企业融资贵难题,苏州市出台了信用贷、信保贷、制造业担保业务补助等多项奖励支持举措。

(四)东京打造"国际商务创新中心"

东京以"一都三县"构成的都市圈为地理范围,依托发达的商务业态打造日本的"国际商务创新中心"。比如在人才服务上放宽外籍人才创业限制,依据以往制度,外籍人才若要获得创业签证需在来到日本前开设办事处,并雇佣两名以上全职员工或投资500万日元以上,限制放宽后,由东京都政府对创业项

---

① 城市排名情况出自清科研究中心发布的2022年中国股权投资市场城市投资活跃度排名TOP25,排名前10的城市依次为:北京、上海、深圳、苏州、杭州、南京、广州、成都、合肥、无锡。排名依据为城市投资案例数高低。

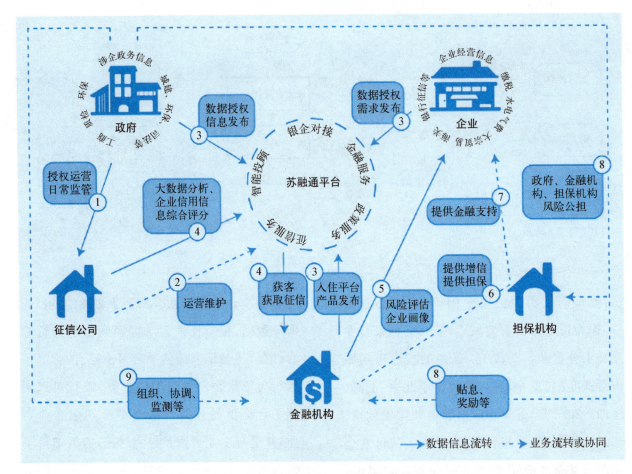

图 17-2　苏州综合金融服务平台运作模式

目进行评估，并给予外籍创业者 6 个月到 1 年的在留资格。又比如在东京都范围内设立"结构特区"，借助国家政策与地方政策准入调整因地制宜确立功能定位和产业发展目标，促进企业和社会团体开展经济活动，同时结合实际开办专科教育机构，促进专业性人才培育，包括千代田区的"教育促进特区"，八王子市的"信息产业人才育成特区"，立川市利用网络学习的"商务城市规划特区"，大田区"羽田机场机器人试验特区"等。再比如降低企业创新的综合性成本，为研发中心提供低廉甚至免费的场地，东京各区大学和研究机构积极开展设备共享和协同研究，为研发提供必要的设备以及相关支撑系统，进一步降低企业的研发成本。

（五）新加坡建立研发投入"非线性模式"

新加坡在研发投入领域，突破"基础研究—应用研究—试验发展"的线性指导原则，建立起基础研究与应用研究间的"非线性模式"，促进基础研究和应用研究间相互渗透。一是允许科研主体在研究内容的选择上拥有较大的自主权。比如新加坡国立研究基金会下设的卓越研究中心，可获得国立研究基金会长期资助并自由选择科研活动的具体学科,没有时间和应用目标限制。二是在国家研发投入预算中专设"空白基金"。"空白基金"主要关注未来新兴的科研需求和科研机会,不明确规定资金的使用范围,随时准备支持可能出现的颠覆性技术和不可预见的前沿性研究(2021 年,新加坡国立研究基金会为"空白基金"设定的投入预算为 37.5 亿新元,约占总预算的 15%)①。三是强调基础研究与应用研究并重。新加坡国立研究基金会每五年推出一次的"国家科技发展五年规划",重点支持基础及应用研究并重、多学科交叉领域,并以此为纲领,国立研究基金会及新加坡的其他法定机构会根据各自负责的学科领域,协调政府层面不同研究实体(研究所、实验室)以及不同企业的研究议程,并开展对外开放与国际合作。

五、推动民营企业提升核心竞争力,助力上海加快建设具有全球影响力的科技创新中心的意见建议

陈吉宁书记在上海市促进民营经济高质量发展大会强调,"广大民营企业家要大力弘扬企业家精神,做爱国敬业、守法经营、创业创新、回报社会的典范。砥砺强烈的进取意识,为现代化产业体系建设作更大贡献。永葆可贵的创新精神,在科技产业变革中敢于承担风险、引领潮流。具备宽广的全球视野,更好利用国际国内两个市场、两种资源,在世界经济的大海中搏击风浪、做大做强……要切实加强党对民营经济的领导,发挥好工商联联系民营经济人士的桥梁纽带作用,强化齐抓共管、协作联动的工作格局"。建议充分发挥有效市场和有为政府的作用,以有为政府服务有效市场。特别是 2023 年,上海市陆续出台了《关于促进我市新型研发机构高质量发展的意见》(以下简称《意见》)、《上海市高质量孵化器培育实施方案》(以下简称《方案》),积极引导社会力量加快建设新型研发机构和高质量孵化器。建议积极对照《意见》《方案》中的工作要求,充分发挥上海市民营企业的创新资源优势,加强其与高校、科研院所的项目对接,在推动科技成果转移转化过程中进一步提升上海市民营企业的核心竞争力,助力上海加快建设具有全球影响力的科技创新中心。

(一)聚焦"人才+攻关",提升民营企业科技创新能力

一方面,推动科技人才向民营企业集聚。支持民营企业通过双向挂职、短期工作、项目合作等方式,实现与高校、科研院所之间的人才双向流动。加强对民营企业科技领军人才和重点领域创新团队的支持,开展"科技副总"选聘工作,鼓励支持全国高校院所科技人才到本市民营企业兼任科技副总。鼓励创新产业部门、教育主管部门及高等院校协同做好重点领域紧缺人才开发目录动态调整,通过构建"专业+企业+项目"的协同教育模式

---

① 数据出自新加坡最新一次国家科技发展五年规划(2021—2025):研究、创新、企业计划 2025(RIE 2025)。

等方式构建畅通的人才流动机制,在人才培养时注重多学科结合,增加综合性科技创新人才供给。对高新技术企业给予科研人员符合条件的股权奖励,依法享受分期或递延缴纳个人所得税政策,研究针对高端人才发放免税差额补贴等政策,不断降低企业用人成本,缓解企业用人压力。完善企业内部人才自主评定机制,尤其是企业技能人才自主评定权,赋予企业更多用人自主权。

另一方面,支持民营企业参与重大科技攻关。鼓励民营企业积极参与国家产业创新中心、国家工程研究中心、国家企业技术中心、国家产教融合创新平台、国家制造业创新中心、国家技术创新中心、国家能源研发创新平台等建设,支持本市民营企业积极参与国家重点实验室重组,更多承担国家重大科技战略任务。对标国家科技计划项目申报指南,加强申报辅导服务,广泛发动并积极支持民营企业申报国家科技重大专项、科技创新2030——重大项目、重点研发计划等国家重大科技项目,优先推荐民营企业专家参与国家科技计划项目指南编制和项目评审。加强部市协调联动和集成支持,扩大本市民营企业承担国家科技计划项目渠道。建立企业基础研究投入引导机制,鼓励有条件的行业领军民营企业参与重大基础研究和原始创新。鼓励民营企业联合高校院所共建以应用为导向的重大基础研究平台,参与实施一批风险大、难度高、前景好的前沿引领技术基础研究重大项目。

(二)聚焦"应用+转化",提升民营企业创新产业能级

一方面,支持民营企业加强应用创新研究。积极引导民营企业围绕国家需求和本市经济高质量发展需要开展重大技术创新。研究实施民营企业研发机构高质量提升计划,支持民营行业领军企业建设具有重要影响力的企业研发机构。鼓励民营企业联合高校院所、产业上下游等建立多种形式技术联合体,支持组建一批由民营领军企业主导、高校院所支撑、各创新主体相互协同的创新联合体,完善差异化的产权归属和利益分配机制。支持创新联合体面向重点领域开展"卡脖子"技术和关键核心技术协同攻关,探索采用协同会商、定向委托等方式给予创新联合体重大科技攻关项目接续支持,带动核心技术迭代创新。支持有条件的民营企业牵头建立混合所有制的新型研发机构,加强行业共性技术问题和区域关键共性技术的应用研究。

另一方面,加强对于民营企业承接科技成果转化的激励。积极借鉴美国《拜杜法案》、德国"弗劳恩霍夫研究所"成熟模式,有效调动科研机构、研发人员、科技企业各方积极性,鼓励产学研联合设立技术转移机构,不断拓宽新技术的转移转化渠道,拓展新产品的市场应用空间,当好"科技成果的搬运工"。加大国家重大科研基础设施、大型科学仪器和专利基础信息资源等向本市民营企业开放力度,鼓励龙头民营企业积极承接张江综合性国家科学中心、国家实验室（基地）以及大院大所、重大创新平台等重大成果转移转化，合作共建伙伴实验室和联合研究中心等，对企业实施转化的具有自主知识产权的重大科技创新成果，研究给予专项资助。对民营企业兴办并经市科技部门备案的新型研发机构，完善基于科技成果转化、研发投入与产出等评价指标的绩效评价体系，对绩效评价结果优异的新型研发机构，在人才引进、科研用地等方面予以重点支持。支持龙头民营企业组建各领域"概念验证中心"，围绕产业链条的缺失，以市场和企业的需求为导向，从目前闲置在本市高校院所的科技成果存量资源中选取相应技术进行验证，对于通过验证的技术加快进行转化（比如浙江早在2021年时率先探索"专利开放许可"制度，即科研机构的"沉睡专利"纳入公开实施清单，有需求的企业则可以直接对接高校获取专利使用许可。依托浙江专利公开实施信息发布平台，来源于浙江大学、浙江工业大学等省内48所高校科研院所的共计6 838件专利被列入首批专利公开实施清单）。

（三）聚焦"环境＋服务"，提升民营企业创新生态能量

一方面，加快营造有利于民营企业的创新发展环境。打破各类"卷帘门""玻璃门""旋转门"，破除制约民营企业公平参与市场竞争的制度障碍。加快营造有利于创新产业发展的宽松氛围，充分考虑未来产业出现越来越多的"颠覆性创新""破坏性创新"，甚至许多产业形态是没有现成的评价或监管依据的，对于"四不像"的新业态、新企业给予更为宽松、更为包容的成长空间，对于缺乏现有规范标准的创新探索，构建"可以试""允许干"的氛围，鼓励高质量孵化器围绕新兴、前沿领域，深化与民营领军企业合作，强化底层技术、颠覆性技术等的突破；加强前沿技术多路径探索和融合创新，构建未来产业应用场景，培育未来产业，抢占发展新高地。研究向民营企业扩大开放智慧城市、重大工程等应用场景，发布场景需求清单，探索完善民营企业创新产品政府采购制度，加大装备首台套、材料首批次、软件首版次等创新产品政府非招标采购力度（比如合肥在2022年5月组建了全国首个城市场景创新促进中心，专门开展场景征集、场景发布、场景对接、落地实施、应用示范等工作，一年间累计挖掘场景需求超600个；2023年8月进一步成立合肥场景公司，以市场化方式探索城市场景创新有效路径）。不断压缩专利审查时限，对于具有重大突破性进展的发明专利，给予特殊审批通道或加速审批。不断完善知识产权侵权惩罚性赔偿制度，严厉打击"专利流氓""商标流氓"等行为，维护企业知识产权权益。进一步健全评价体系，对于未来产业的民营企业不再简单凭借财务指标、经营指标来判断，而要更加注重创始团队、技术水平、在上海发展的可行性方案等方面。研究建立科技型中小企业和初创团队库，将其纳入市场主体轻微违法违规的经营行为容错免责清单，借鉴已经在一些领域实施的沙盒监管政策，最大程度激发创新热情，同时努力确保在政府监管下避免失控。

另一方面，持续完善对于民营企业的创新综合服务。围绕民营企业孵化、认定、培育全生命周期，搭建创新服务平台，完善科技企业服务体系，围绕技术转化与推广、政策咨询、法律服务等领域，为民营企业提供全方位服务。支持高质量孵化器自建或合建专利导航服务基地、高价值专利培育中心等，为民营企业提供核心关键技术全生命周期知识产权服务指引。支持高质量孵化器联合龙头企业、高校院所、医疗卫生机构等，共建实验检测、概念验证、中试基地等平台，为民营企业提供专业的技术服务。充分发挥各级产业引导基金的作用，围绕三大先导产业、四大新赛道、五大未来产业、六大重点产业，以及各类科技新方向，发挥财政资金的杠杆放大作用，构建科学家＋风险投资家＋企业家共同参与的市场化机制，引导优质资本向处于这些领域的民营企业集聚。探索建立金融资本支持企业创新积分制，鼓励建立民营企业创新积分评价指标体系，统筹银行信贷、风险补偿、融资担保、金融债等，完善企业创新积分与涉企金融政策支持联动机制。引导高质量孵化器加强与银行、保险、担保等金融机构的合作，围绕"硬核"技术、初创型民营企业等开发创新金融产品和服务，降低民营企业融资成本。升级成长路线图计划，为不同发展阶段的民营企业提供金融服务，加快形成与北交所、深交所、上交所等证券交易机构的协同机制。

（四）聚焦"资源＋市场"，提升民营企业创新开放能效

一方面，大力支持民营企业用好海外创新资源。支持民营企业大力引进具有国际视野、熟悉国内外法律、规则、市场环境的海内外人才和留学回国人员，提供落户、居住、教育、医疗、通行和工作便利。鼓励本市有条件的民营企业以多种方式设立海外研发机构、离岸孵化器、高质量孵化器海外分支机构或创新基地，建设外国专家工作室，直接利用当地资源开展研发活动，推动企业积极融入全球研发创新网络，提升整合国际创新资源能力。鼓励民营企业引进国际一流孵化人才，依托转化经验丰富的科学家、跨学科交叉人才、科技创投人才、知名职业经理人、连续成功创业者和具有海外工作（含创业）背景的归国人才等"六路"孵化人才，打造高质量孵化器。加快修订鼓励进口技术和产品目录，进一步提高进口贴息政策精准性，引导民营企业扩大国内短缺的先进技术设备进口，对于进口符合规定的科技开发用品，研究免征进口关税和进口环节增值税、消费税。支持本市民营企业与全球创新型国家、"一带一路"沿线国家的机构开展产业联合研发、技术转移转化、示范应用等合作，利用全球创新资源，提升企业开放协同创新能力和水平。

另一方面，大力支持民营企业积极开拓

海外市场。鼓励有技术优势的民营企业参与国际竞争,支持在海外建厂,通过统一财务管理、人力资源、采购、生产运营和订单管理等方式,有效整合不同工厂业务和运营,提高企业生产能力和技术水平。对民营企业参加列入"上海企业开拓国际市场海外展会推荐项目"等境外展会,以及境内省部级以上政府主办的重点国际性展会给予支持,支持民营企业参加中国国际进口博览会、中国国际工业博览会、中国国际中小企业博览会等展览展会,更好融入全球产业链供应链。充分发挥虹桥、临港"一带一路"综合服务中心、RCEP企业服务站等机构的职能,以及工商联等部门团体对外联络的优势,为民营企业"走出去"提供全过程、全流程指导和服务,帮助企业防范国际风险、应对国际纠纷、扩大国际市场、提高国际竞争力,在国际市场竞争中掌握更多主动权。

(供稿单位:上海市工商业联合会,主要完成人:寿子琪、施登定、王倩、陆畅、夏骥、刘昕、张杨、兰红梅、张嘉旭)

专题十八

加快实现高水平科技自立自强中的民企力量
——关于上海市创新型、成长型民营企业的调研报告

一、引言

创新型、成长型企业通常是指那些研发与投入创新能力强、专业化水平高、具有良好成长前景的企业。

党的二十大报告指出，要"优化民营企业发展环境，依法保护民营企业产权和企业家权益，促进民营经济发展壮大"，"加快实现高水平自立自强……以国家战略需求为导向，集聚力量进行原始性引领性科技攻关，坚决打赢关键核心技术攻坚战"。中央经济工作会议指出，要"依法保护民营企业产权和企业家权益"，"科技政策要聚焦自立自强……完善新型举国体制，发挥好政府在关键核心技术攻关中国的组织作用，突出企业科技创新主体地位"。上海市第十二次党代会报告指出，要"强化科技创新策源功能……加快向全球影响力的科技创新中心进军"，"坚持'两个毫不动摇'……推动民营经济创新升级，引导中小企业向'专精特新'方向发展"。

改革开放以来，民营企业贡献了我国70%以上的技术创新成果、80%的国家专精特新"小巨人"企业、90%的高新技术企业，已经成为我国科技创新发展的重要力量，推动我国走向高水平科技自立自强的重要主体。作为我国民营经济发展最为活跃的城市之一，上海的民营企业创造了全市1/4的生产总值、1/5的进出口总额、1/3的税收收入，科技企业中90%为民营企业，近半数的专利授权由民营企业贡献。

当前，我国已经成为世界上具有影响力的科技大国，但在一些关键领域、核心技术上还存在"卡脖子"问题。民营企业作为我国科技创新的重要主体，尤其是创新水平高、成长性好的民营企业，需要发挥其解决在关键领域核心技术上的"卡脖子"问题的作用，更好地承担起国家重大科技战略任务。为了进一步落实党中央和市委、市政府关于推动民营经济发展、实现高水平科技自立自强的系列部署，推动创新型、成长型民营企业的创新发展，课题组组织开展了创新型、成长型民营企业发展情况的调查，挖掘了全市3 000多家创新型、成长型企业的数据，访谈了16个区的61家创新型、成长型企业，在此基础上形成了本研究报告。

二、上海市创新型、成长型民营企业总体情况

从全国来看,根据2020年全国工商联首次发布的全国创成型中小企业综合评价排名前200名单(以企业主动申报为准,其中上海有3家企业入选,江苏、安徽以及浙江分别有19家、16家、6家企业入选),以及2022年全国工商联发布的"2022民营企业研发投入500家""2022民营企业发明专利500家"两个榜单(其中上海分别有15家企业、19家企业入选研发投入和发明专利500强,主要行业为软件和信息技术服务业),作为占上海科技企业90%的民营企业,上海市创新型、成长型民营企业的发展还存在较大的提升空间。

从本市来看,课题组以创新型、成长型企业在创新能力、专业化水平以及成长性等多方面的特征为基础,运用专业企业数据库,对民营企业的融资情况、上市情况等条件进行筛选,最终筛选出了3 069家创新型、成长型企业,并进行了数字画像。总的来看,本市创新型、成长型民营企业呈现以下特征。

一是区域分布不均。从企业注册地来看,上海市创新型、成长型民营企业在16个区之间的分布差异较大:其中浦东新区最多,为762家;其次是嘉定、闵行区,分别为335家、317家;黄浦区企业数量最少,为31家(见表18-1)。

表18-1 上海市各行政区创新型、成长型民营企业数量情况　　单位:家

序 号	所属区	数 量	序 号	所属区	数 量
1	黄浦区	31	9	闵行区	317
2	徐汇区	188	10	宝山区	192
3	长宁区	115	11	嘉定区	335
4	静安区	118	12	金山区	82
5	普陀区	95	13	松江区	198
6	虹口区	87	14	青浦区	119
7	杨浦区	242	15	奉贤区	128
8	浦东新区	762	16	崇明区	60
合 计					3 069

注:创新型、成长型企业为课题组根据企业在创新能力、专业化水平以及成长性等方面的特征自主划定,数据来源为天眼查(根据企业注册地址获取)。

二是规模相对较大。从企业注册资本来看,上海市创新型、成长型民营企业规模相对较大,其中注册资本在1 000万元以上的达2 148家,占比为70%(见表18-2)。从企业参保人数来看,上海市多数创新型、成长型民营企业的参保人数在50人及以内(见表18-3)。

表18-2　上海市创新型、成长型民营企业注册资本情况

注 册 资 本	企业数量
5 000万元及以上注册资本	802家
占行政区民营企业比重	26.13%
5 000万元以下1 000万及以上注册资本	1 346家
占行政区民营企业	43.86%
1 000万元以下500万元及以上注册资本	393家
占行政区民营企业	12.81%
500万元以下注册资本	528家
占行政区民营企业	17.20%
合计	3 069家

注:数据来源为天眼查(根据企业注册地址获取)。

表18-3　上海市创新型、成长型民营企业参保人数情况

参 保 人 数	企业数量
0～50人(包括50人)	1 880家
50～100人(包括100人)	489家
100～300人(包括300人)	491家
300～500人(包括500人)	102家

续　表

参 保 人 数	企业数量
500～1 000人(包括1 000人)	60家
1 000～3 000人(包括3 000人)	32家
3 000人以上	15家
合计	3 069家

注:数据来源为天眼查(根据企业注册地址获取)。

三是行业分布集中。从企业所处行业来看,上海市创新型、成长型民营企业主要分布在科学研究和技术服务业(包括研究和试验发展、专业技术服务业以及科技推广和应用服务业,其中科技推广和应用服务业又包括技术推广服务、知识产权服务、科技中介服务、创新空间服务等),信息传输、软件和信息技术服务业(包括电信、广播电视和卫星传输服务、互联网和相关服务、软件和信息技术服务业),占比分别达54.45%、19.32%(见图18-1)。

三、上海市创新型、成长型民营企业发展的主要做法及成效

课题组着眼于企业基本概况、创新情况、经营情况等多方面,设计了企业调查问卷,收到了61家创新型、成长型民营企业的反馈材料。通过问卷梳理发现,上海市创新型、成长型民营企业的所处行业、发展路径虽不尽相同,但也存在一些共性做法,并取得了良好成效。具体来看,主要是以下五个方面。

产业研究

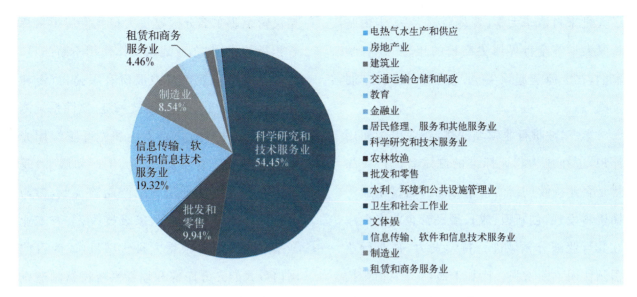

图 18-1　上海市创新型、成长型民营企业行业分布结构情况

第一,注重科技研发投入,科技创新成果涌现,正在成为原始创新的引领者。科技研发投入是企业科技创新的核心支撑。通过企业反馈资料发现,多数创新型、成长型民营企业年研发投入支出占营业收入的比重超过10%,最高的超过70%,国内外知识产权等创新成果丰富。比如上海商汤智能科技有限公司(专注计算机视觉技术以及深度学习算法的自主研发与应用)历年研发费用占营业收入的比重均在35%以上,已获专利1 097项、软著194项、作品著作权19项,还设有"上海市企业技术中心""徐汇区企业技术中心"等创新平台。又比如上海特来电新能源有限公司(专注电动汽车充电领域,构建了"四网融合"的新能源和新交通双向交互的全新产业)攻克了世界20项充电网核心及"卡脖子"关键技术,积极构建"虚拟电厂"参与电网辅助服务,2022年完成与国内16家电网调度中心的对接,参与调峰充电场站1 885座,参与调峰总容量达1 045.35 MW,不同场景下调度聚合容量超过300 MW。

第二,注重人才队伍建设,创新理念活力凸显,正在成为创新人才的培育者。人才是企业科技创新的核心驱动力。通过企业反馈资料发现,多数创新型、成长型民营企业建立了相对完整的人才队伍,研发人员占全体员工的比重超过10%,最高的超过90%,企业创新氛围浓厚。比如上海森亿医疗科技有限公司(专注于人工智能与医学交叉融合的前瞻性技术研究并进行转化应用)拥有200人以上的研发团队,研发人员占比39.5%,其中硕士、博士人数占比近20%,研发团队发表SCI论文十余篇,在中文医学NLP论文发表量居行业第一位,技术全部为自主知识产权。又比如上海氪信科技有限公司(专注于以人工智能技术为核心加速行业数字化转型)牵头成立了"AI青年科学家联盟·梧桐汇",通过课题共研、学术交流、产研对接等形式,汇聚了大批来自清华大学、普林斯顿大学、卡内基梅隆大学等全世界顶尖高校的年轻AI科学家们,在上海建起顶尖AI青年科技人才"朋友圈"。

第三,注重行业领域深耕,行业引领作用浮现,正在成为行业标准的制定者。行业深耕是企业持续创新的根本方向。通过企业反馈资料发现,创新型、成长型民营企业多专注在其行业细分领域进行持续发力,企业行业引领作用不断增强。比如上海君赛生物科技有限公司,专注肿瘤浸润淋巴细胞(TIL)创新疗法与新药开发,针对以美国Iovance为代表的传统TIL疗法的关键共性问题,通过自主建立的Deep TIL细胞扩增技术平台与Nova GMP非病毒载体基因修饰技术平台,突破性地解决了传统TIL疗法中细胞培养成功率低、标准化难、临床局限性大、成本高等痛点问题,正在引领全球行业标准。又比如星环信息科技(上海)股份有限公司(专注数据的集成、存储、治理、建模、分析、挖掘和流通等数据全生命周期提供基础软件及服务)自主研发的大数据基础平台、分布式分析型数据库已达到业界先进水平,目前正通过参与制定《关系数据库应用要求》、起草《分布式分析型数据库测试大纲》和《数据库技术和产业白皮书》等方式主导大数据平台标准制定。

第四,注重科技战略参与,科创支撑作用展现,正在成为创新体系的鼎力者。国家重大科技战略参与是企业贡献战略作用的重要途径。通过企业反馈资料发现,创新型、成长型民营企业在部分国家重大科技发展中发挥着积极的作用,企业战略支撑作用不断凸显。比如上海傲世控制科技股份有限公司(专注光纤陀螺仪、光纤惯性导航系统、惯性系统测试设备、惯性导航仿真系统和光纤陀螺用光电器件等产品的研发、设计、生产和服务)是国内唯一一家光纤陀螺全产业链企业,参与了科技部"863"课题、国家级技改、上海工业强基等在内的多项重大科研项目,成为目前国内最大的光纤陀螺和惯性系统民营制造企业,也是国内唯一一家光纤陀螺全产业链企业。又比如上海易清智觉自动化科技有限公司(专注基于视觉AI的颗粒学分析技术与产品在矿石工业、智慧矿山建设中的工程化实践应用)历时五年创新研究的粗骨料、机制砂粒度粒形分析产品入选了全国颠覆性技术备选库,为砂石质量管控及安全稳定生产提供了基础保障。

第五,注重国际交流合作,海外拓展成效显现,正在成为国际市场的探索者。国际科技创新交流与合作是企业增强国际技术竞争力的重要手段。通过企业反馈资料发现,创新型、成长型民营企业注重与龙头企业和知名组织开展交流与合作,企业科创的国际影响力不断扩大。比如哲弗智能系统(上海)有限公司(专注新能源汽车动力锂电池的热失控问题等进行研究与提供技术方案应用解决)与意大利石墨烯研究的领军人物在石墨烯制备及其在储能、高分子复合材料、纤维复合材料等应用方面开展了友好合作。又比如上海西井信息科技有限公司（专注人工智能激活多产业潜能，已形成以海港、铁路枢纽、陆港、空港、工厂等代表的大物流领域多场景智能解决方案）积极融入数字经济全球产业链，在无人驾驶商业应用、集装箱物流人工智能全局化等领域领跑国际市场，业务已遍及16个国家和地区的90余个节点，目前在全球范围商业交付无人驾驶车辆及系统超过数百套规模。

四、上海市创新型、成长型民营企业发展面临的问题

课题组通过对61家企业的反馈材料梳理发现，上海市创新型、成长型民营企业普遍发展势头良好，质量效益稳步提升，随着经济形势企稳回升，企业对未来发展预期整体较为乐观。但同时，这些企业也都不同程度地面临着一些共性问题，可以归纳为资金、人才、产权三个方面。

第一，资金方面的问题。近年来，上海市创新型、成长型民营企业的融资渠道不断扩展，探索了知识产权质押融资等新型融资方式，但同时也面临不少难题。一是现金流受阻，受市场环境不景气等多种因素共同作用，一些创新型、成长型民营企业出现产品滞销，导致因资金回笼慢而产生资金压力；同时，企业还面临着应收账款难以收回的情况。二是融资成本高，创新型、成长型民营企业多为科技型企业，其产品也多处于市场萌芽期，这些产品及企业的知识产权等无形资产对于企业融资作用仍相对有限，其质押价值往往难以得到科学评估，因此存在科技型企业贷款利率高于传统企业的现象。三是融资难度大，创新型、成长型民营企业多为轻资产公司，其不动产、原材料、机器设备等有形资产远少于传统企业，可抵押资产少，获得融资的机会也少；同时，受宏观市场环境影响，早期起步项目的资本引入相对困难，仍存在"明股实债"等现象。四是融资渠道少，创新型、成长型民营企业当前仍以股权融资、债券融资等传统融资方式为主，程序复杂，担保要求高，而知识产权质押融资、人才融资、数据资产融资等新型融资方式应用范围窄、政策条款限制性多且估值低，导致企业知识产权、人才以及数据等优势难以充分体现；同时，不少天使投资基金、风投、私募等基金存在观望情绪，一些企业难以受到青睐。

第二，人才方面的问题。近年来，我国毕业生人数稳步增长，对全球人才的吸引力也不断增强，但上海市创新型、成长型民营企业在人才的招、引、留、用上仍然面临一些难题。一是对人才吸引力不足，部分创新型、成长型民营企业聚焦前沿领域、细分赛道，适配人才缺乏且市场认知度低，导致人才对行业和企业缺乏了解；同时，不少企业还处于起步成长阶段，与国有企业、机关事业单位等较为稳定的单位相比，缺乏对人才的吸引力。二是复合型人才稀缺，部分创新型、成长型民营企业处于"跨界"领域，对"跨界"人才的需求较大，

需要在两个或两个以上领域具备专业能力，但现有教育体系中本身就缺乏对"跨界"人才的培养，并且人才跨行业工作的意愿也不强。三是用人成本较高，近年来上海市社保缴费基数不断上调，企业"五险一金"负担较重，加上个人所得税税收高，对于人力资源成本占主要成本的创新型、成长型民营企业来说，其用人成本不断攀升，也降低了企业在其他硬核创新投入上的空间。四是人才自主评定困难，民营企业在人才认定方面的话语权相对较弱，且专业技术人才的评定标准较为严格，部分创新型、成长型民营企业人才的职称认定较为困难，影响企业的吸引力和核心竞争力。五是人才配套不健全，与周边地区相比，上海的生活成本较高，特别是部分地区人才公寓等保障性住房配套不健全，郊区公共服务和文化娱乐配套缺乏，外地人才的子女教育仍不能有效满足，导致企业难以留住人才；同时，部分创新型、成长型民营企业还引进了外籍人才，但长期签证还有困难，对企业在外籍人才的招、引、留均存在一定影响。

第三，产权方面的问题。近年来，上海市出台了多项支持政策，创新型、成长型民营企业发展环境持续优化，但企业在产权方面依旧存在不少困难。一是研发投入高，创新型、成长型企业对技术创新需求大，部分企业还处于前期研发投入阶段，尚未进入营利阶段，而现有科技创新扶持政策相对单一，虽然有"科技创新券""智评券"等新型创新扶持政策，但发放范围窄、实际可使用场景少，支持政策多以企业所得税优惠、研发费用加计扣除为主，难以惠及那些尚处于研发期、持续亏损状态的企业。二是研发风险大，创新型、成长型民营企业多聚焦前沿技术领域，部分企业甚至已进入"无人区"，面临着极大的技术风险，研发投资失败的可能性很大，还缺乏技术研发保险等风险补偿机制。三是知识产权问题突出，我国知识产权审批周期较长，处于已申请未授权状态的专利背后的技术会处于无保护状态中，容易滋生知识产权侵权成本低、维权成本高、诉讼时间长、处罚执行难等问题，加上"专利流氓""商标流氓"的侵扰，降低了企业创新积极性；同时，我国尚未形成知识产权壁垒，知识产权立法还存在诸多空白，导致企业技术出海难度大、纠纷多，影响了企业全球技术竞争力，比如有游戏企业反映目前知识产权法律框架下没有对游戏玩法本身直接保护的机制。四是市场准入障碍多，一些创新型、成长型民营企业在相关技术领域处于前沿地位，但受制于企业性质，其在参与国家重大科技攻关时仍面临着各种隐性壁垒；同时，民营企业使用国家重大科技基础设施以及大型科研仪器等国家重大科技资源的通道还没有完全打通，参与建设国家产业创新中心、国家技术创新中心等重大创新平台的机制还没有建立。五是企业服务配套不健全，存在如高新技术企业认定流程烦琐、周期长的问题，部分企业反映缺乏中试基地等公共科技服务配套设施，有的企业反映缺乏"走出去"的专业服务机构。

五、推动创新型、成长型民营企业发展的意见建议

针对以上三个方面的问题,借鉴美国、德国等发达国家的经验做法,课题组建议从以下三个方面推动创新型、成长型民营企业的发展。

第一,不断完善创新型、成长型民营企业的投资融资环境。一是健全清理和防止拖欠民营企业账款长效机制,同时进一步扩大商业保理服务,盘活企业存量资产,增强企业发展动力。二是优化知识产权质押融资环境,完善以银行、保险、担保、基金等多方参与的知识产权质押融资机制,建立知识产权质押融资评估体系,建设高水平、专业化的知识产权评估机构,统一评估制度和评估标准,建立统一的质押融资交易平台和知识产权评估数据平台,不断扩大知识产权质押融资的应用范围,高质量地推动"知本"变"资本"。三是探索建立人才、数字资产等要素的新型融资机制,通过建立科学、合理的人才、数字资产等企业资产的质押评估机制,不断丰富创新型、成长型民营企业轻资产公司的融资渠道。四是充分发挥上海市产业引导基金的作用,围绕上海市三大先导产业、四大新赛道、五大未来产业、六大重点产业,发挥财政资金的杠杆放大作用,引导优质资本向处于这些领域的创新型、成长型民营企业集聚,发挥产业引导基金"投早、投小、投科技"的作用。五是不断丰富上海科创基金形式,探索设立"耐心基金",通过建立企业分级分类资助体系,重点对创新型、成长型民营企业原始创新提供资金支持。比如美国推出了旨在解决小企业融资困难的SBIC计划,多年来扶持了微软、英特尔、苹果等众多国际知名企业,且该创新基金的财政预算不断增加;英国政府则与英国商业银行合作成立了英国耐心资本公司,投资25亿英镑用于对创新型企业开展长期投资;德国政府推出了EXIST计划,为大学和科研机构建立初创企业提供直接金融资助。六是不断丰富科技创新公司债券、创新创业公司债的适用范围,聚焦细分领域,为创新型、成长型民营企业提供长期资金支持。七是进一步拓展"科技创新券"的覆盖范围与支持力度,同时探索"成长券""智评券""算力券"等的使用,为企业成长发展提供更有针对性的服务。八是探索多样化的融资渠道,鼓励符合条件的创新型、成长型民营企业在科创板上市,引导非政府储蓄机构、天使资金、风投基金以及各类信贷工具等为创新型、成长型民营企业提供融资服务,健全信用融资方式。比如美国就有包括证券交易所、中小型商业银行、非银行存储机构、天使资金、风险基金等在内的多层次的小企业融资渠道;德国设立了高科技创业基金、德国商业天使网络和投资-风投补贴以及一系列信贷、夹层融资工具。

第二,不断完善创新型、成长型民营企业的人才招引环境。一是不断加大人才培养力度,鼓励创新产业部门、教育主管部门及高等

院校协同做好重点领域紧缺人才开发目录动态调整，制定具有针对性的人才培养政策，建设紧缺科技创新人才队伍，推动与重点行业领域与产业创新人才的高效衔接。比如美国就不断强化 STEM（科学、技术、工程、数学）教育，教育部、卫生部、能源部、宇航局、国家科学基金会等联邦政府各机构均设置了门类众多的 STEM 教育项目与拨款；德国为了促进数学、信息、自然科学和技术领域人才培养，推出了 MINT（数学、计算机、自然科学与技术学科）行动计划，该计划协调整合了联邦与各州、经济界及社会各界资源，项目措施覆盖完整的教育链，还通过"精英倡议计划""精英战略"等计划培养顶端创新人才。二是组织开展创新型、成长型民营企业专场招聘会，为民营企业目标人才提供就业咨询服务，不断扩大民营企业所属行业的社会认知度。三是不断完善产学研合作机制，建立并完善支持和保护产学研合作培养人才的配套政策，构建"专业＋企业＋项目"的协同教育模式，完善"学徒制"培养方式，定向为企业培养人才。比如美国就建立了将学校人才培养定位、培养目标与公司保持一致的"合作教育"模式；英国建立了将理论知识与实践技能培训有机结合的"三明治"模式。四是注重培养复合型人才，在教育课程设置中应当注重多学科结合，注重培养学生的理论和实践能力，通过双导师制为学生发展提供指导；同时，鼓励人才跨界发展，培养既懂行业又懂技术的复合型人才。五是助力降低企业用人成本，

完善落实阶段性降低失业、工伤等社会保险率政策，完善个人所得税补贴和返还政策，研究针对高端人才发放免税差额补贴，缓解创新型、成长型民营企业的用人压力。六是扩大人才自主评定范围，深化向创新型、成长型民营企业下放人才自主评定权，完善落实以能力、实绩和贡献为主要依据的民营企业人才自主评价方式，建立"人才自主认定权"正面清单，进一步研究下放人才认定配额。七是不断吸引全球尖端人才，完善全球人才引进政策措施，简化人才往返签证等相关程序，满足其高端教育、医疗、住房等的个性化需求。八是做好人才配套服务，健全涵盖购房补贴、生活和租房补贴、公租房、保障性住房、共有产权房与人才公寓在内的住房保障体系，完善外地人才子女教育、医疗等配套设施，以及文化、商业、娱乐等服务。

第三，不断完善创新型、成长型民营企业的产权保护环境。一是建立多元化的科技创新扶持政策体系，为企业提供全方位、全生命周期支持。比如德国推出了中小企业创新集中计划、中小企业创新计划、欧洲复兴计划、创新项目等多项面向中小企业的专项科技计划，以推动中小企业的创新发展。二是探索实践技术研发保险等风险补偿机制，降低民营企业的研发风险成本，给予创新型、成长型民营企业更多创新可能。三是完善知识产权服务，压缩专利审查时限，对于具有重大突破性进展的发明专利，给予特殊审批通道或加速审批；不断完善知识产权侵权惩罚性赔偿

制度,严厉打击"专利流氓""商标流氓",维护企业知识产权权益;加快健全知识产权体系,为企业"技术出海"保驾护航,早日形成我国技术壁垒。四是营造公平的竞争环境,打破各类"卷帘门""玻璃门""旋转门",扩展创新型、成长型民营企业参与科技创新项目建设的范围,鼓励其牵头或参与国家科技重大专项;在重点领域和行业放开竞争性业务,吸引创新型、成长型民营企业参与;以业务能力为标准设置招标业绩门槛,加大政府采购力度,鼓励创新型、成长型民营企业参与政府招标采购。五是提供企业全过程配套服务,围绕企业孵化、认定、培育全生命周期,搭建创新服务平台,提供基础研究、技术转化与推广、政策咨询、法律服务等全方位的服务(比如美国1980年通过的《拜杜法案》就明确允许政府与大学、科研单位、中小企业等签订协议,由联邦财政支持其进行研发,并且创新主体对其研发的专利等成果拥有所有权,极大地激发了企业的创新活力,推动了科技成果的转化;同时美国政府先后出台了十几部有关民营企业技术转移、技术推广、技术贸易、技术服务、知识产权保护、财税金融扶植政策、税收减免、科技计划的设立与实施方面的法律;德国也通过加速器计划、"走向创新""走向数字化"等专项计划以及德国商会在市场信息和商业服务上的支持手段)。六是完善企业"走出去"服务,充分发挥虹桥、临港的"一带一路"综合服务中心、RCEP企业服务站等机构职能,对企业跨境发展提供全过程、全流程指导和服务,建设信息交流和共享平台,为创新型、成长型民营企业"走出去"提供政策指导服务与政策便利,帮助企业应对国际纠纷、扩大国际市场、提高国际竞争力。七是简化高新技术企业审批流程,整体降低企业从申请到核准公示的时间成本,让符合条件的企业能够更快地获得高新技术企业的相关支持政策。

(供稿单位:上海市工商业联合会,主要完成人:汪剑明、李温暖、徐嘉彦、杨捷、卞卡、夏骥、刘昕、张杨)

专题十九

构建产学研用四方合作机制助推民营企业创新发展的研究

作为协同创新的重要技术创新范式,产学研协用协同创新已被纳入国家创新战略重点。产学研合作模式先后经历了产学研联合、产学研结合、产学研协同创新等发展阶段,产学研用协同创新在国家创新体系和区域经济发展中的地位日益重要,呈现出多元化、多样性的合作模式。经研究分析,"产学研用"相结合的技术创新模式可以归纳为10类:成果(技术)转让模式、技术开发模式、人才培养模式、共建实体模式、校企联盟模式、战略联盟模式、科技资源共享模式、公共服务平台模式、技术交流模式、科技园区模式。

民营经济是国民经济的重要组成部分,民营企业作为民营经济的主体,为繁荣市场经济做出了巨大的贡献。党的二十大报告指出,要"优化民营企业发展环境,依法保护民营企业产权和企业家权益,促进民营经济发展壮大";上海市第十二次党代会报告指出,要"强化科技创新策源功能……加快向全球影响力的科技创新中心进军","坚持'两个毫不动摇'……推动民营经济创新升级,引导中小企业向'专精特新'方向发展"。作为我国民营经济发展最为活跃的城市之一,上海的民营企业创造了全市1/4的生产总值、1/5的进出口总额、1/3的税收收入,科技企业中90%为民营企业,近半数的专利授权由民营企业贡献。

技术创新已经成为上海市乃至全国民营企业破解当前瓶颈的根本途径和有效手段,支持民企科技创新的营商环境、政策环境、创新环境有进一步提升的空间,如何科学地选择创新模式对于民营企业而言具有重要的战略意义。为了进一步落实党中央和市委、市政府关于推动民营经济发展、实现高水平科技自立自强的系列部署,推动创新型、成长型民营企业的创新发展,市工商联组织课题组组织开展了创新型、成长型民营企业产学研用发展情况的调查,开展了构建产学研用四方合作机制助推民营企业创新发展的研究,在此基础上形成了本研究报告。

本专题通过研究民营企业创新发展现状、特点、问题及成因、建议等,探索建立工商联商协会、高校、科研院所和企业用户的四方合作协同创新联动机制,建立服务民营企业的产学研用协同创新模式及"利益协调、分工协作、资源共享"运行机制,开展上海市"工商联、商(协)会、企业、高校"科技创新联合体运行实践,为上海市民营企业创新发展、高质量发展提供发展模式及路径。

一、产学研合作理论基础及发展中的问题

"产学研"合作或者是"产学研"协同创新愈来愈受到人们的关注。关于"产学研"理论的发展,通过大量的文献分析和理论研究可以发现,我国学者自 20 世纪 80 年代开始对"产学研"合作理论进行研究,但大多集中在"大学(研究院所)-企业"项目的合作以及合作关系或合作实践的描述,对"产""学""研"主体功能定位、互动机制等实质问题探讨较少,对政府(官)、中介机构等其他重要主体也缺少关注,更是忽略了"产学研"各创新主体的区域协同创新问题。

(一)产学研合作理论的起源和演进

我国关于"产学研"合作理论的研究,最早可以追溯到"教育与生产劳动相结合合理论",该理论认为,教育与生产劳动相结合是大工业发展的必然趋势,是社会生产力发展的客观要求。在实践研究中,"两弹一星"的军工实验是我国首次意义上的学术界和产业界(军工)在项目上的合作,其中政府的政策引导起到了关键作用。20 世纪 90 年代初,受到国外"产学研"合作思想的影响,我国正式提出"产学研联合开发工程",旨在通过工程的实施,建立国有大中型企业与高等院校、科研院所之间密切而稳定的交流、合作制度,加速科技成果转化,增强国有大中型企业的市场竞争力,振兴国民经济。在这个时期高新技术产业得到大力发展,一些国有企业也完成了初步转型与改造。1999 年的全国技术创新大会上部署贯彻落实的《中共中央 国务院关于加强技术创新,发展高科技,实现产业化的决定》进一步奠定了"产学研"合作理论在国家创新系统中的重要位置。

"产学研"理论主要包括以下三个方面:一是合作主体多为大学、科研机构和企业,他们通过科技成果的转移、科研人员的流动和科研资金的提供建立起合作关系;二是合作模式主要集中为"大学-企业"或"研究机构-企业"的线性合作模式;三是合作机制存在自发性、随机性,缺少计划性、规范性。近年来,国内外学者从理论模型、合作模式、主体特征等角度对"产学研"理论进行了重新界定。

(二)产学研合作中存在的问题

伴随知识经济时代的到来、市场经济的发达、国家创新体系的建设要求,"产学研"在发展过程中虽取得了一定的进展和成效,但总体上看,合作水平较低,亟须建立起深层次、全方位的合作模式。

1. 行为主体过于单一,角色及功能定位模糊

"产学研"合作从字面上很容易理解为是产业界(企业)、大学和科研院所之间的合作,行为主体也正是这三者。事实上,现在"产学

研"这个名词更多作为一个历史名词被继承下来,它其实已经包括了"官(政府)、产、学、研、中(中介)、金(风险投资金融资本)"等更多的主体,如果只是从"产""学""研"三方或更严格来说"产""学(研)"两方来研究它的运行机制、行为模式等问题,则容易遗漏政府(官)主体、中介机构等其他主体在产学研系统中的作用和地位,脱离了现实情况,提出的观点也就缺乏说服力了。同时,随着合作主体数量上的增加和联系上的日益密切,各行为主体功能定位和担任的角色却更加模糊。比如,学校不仅向企业输出人才和科研成果,同时一些大学也开始建立公司与企业,承担着生产的任务;企业则开始设立内部的教育机构和研发机构,培养公司所需的专门人才和生产创新科研成果;政府在"产学研"合作中从原本的规则制定者和行动引导者的身份也逐渐转变为创新主体,提供信息、资源和资金;金融机构、中介机构等第三方组织不再是创新网络中的边缘角色,他们不仅为区域"产学研"创新提供金融服务和中介服务,而且起到促进科研成果转化的作用。重新认清各主体之间的角色和功能定位,可以提高创新能力和效率,也是当今"产学研"理论研究中亟待解决的问题。

2. 合作模式单一,缺乏协同创新

不同的产学研合作模式对创新主体合作关系的建立、合作利益的分配等都各不相同,找出最佳的合作模式是"产学研"合作的关键。传统"产学研"合作中,"产学研"合作模式多是"产-学(研)"的点对点的线性模式,该模式参与主体单一、合作模式简单,忽略了政府等其他重要创新主体在合作中的地位和作用,限制了"产学研"合作的高效发展。同时,由于线性合作模式的局限性,"产学研"合作规模相对较小,创新效率相对较低。可以看出,传统"产学研"理论中的线性合作模式无论是在形式上还是规模上都不能满足现代"产学研"协同创新的发展需求。

3. 创新机制简单,创新风险高且效率低

创新是"产学研"合作中的新鲜血液,没有创新,产学研的合作则形同虚设。产学研合作中,创新活动是由行为主体独立完成或委托外包完成。例如,大学或科研机构研发的新型技术和设备通过中介或自己直接转让给企业,获得报酬;或者企业联系大学或科研院所,通过支付酬劳委托相关机构研究自己所需要的科研技术。这种单线程的创新机制看似是在维持供需关系及合作关系,其实不然。从市场机制角度上来看,这种机制违背了市场竞争的原则,易导致行业垄断,且创新效率低下,合作仅局限于为数不多的公司和大学之间;从利益角度来看,单线程的创新机制,迫使企业承受过高的创新风险,且企业要为未知的创新成果承担所有的创新费用。同时,大学研发的科研成果不能及时地回报社会,也是一种资源的浪费。"产学研"协同创新迫切需要政府根据区域创新战略计划进行引导,需要社会组织、中介机构、风险投资公

司等多方的协同参与,降低创新风险,提高创新效率。

二、上海市民营企业创新发展的主要模式及路径分析

课题组通过研究上海市部分代表性民营科技企业的创新特征和创新绩效,调研分析科技型民营企业创新发展模式、成功路径及问题短板,建立"科技型企业创新发展需求数据库"。

本次调研也发现,上海中小企业在当下发展中最重视的是企业的科技研发能力和产品创新能力,最关注的是提升企业独特的竞争力,以及提高公司的治理和管理水平。"创新"依然并长期是企业发展的主题。

(一) 上海市民营企业发展特点

民营经济一直是上海经济发展的重要组成部分。2022 年,上海民营经济运行深度回调后逐步恢复,全年实现民营经济增加值1.21万亿元,占全市生产总值中的比重达到27.1%;全年上海民营企业缴纳税金4 666.4亿元,占全市比重的32.7%。

总体来看,上海民营经济发展呈现以下三个特点。

一是规模实力不断增强。截至 2022 年底,上海共有民营市场主体306.84万户,当年新设民营市场主体39.76万户,占全市新设市场主体比重为95.9%,企业数量的增加为扩大就业、社会稳定做出了重要贡献。从增长情况看,2012—2022 年,上海民营经济增加值由5 379.37 亿元提高至12 082.82 亿元。

二是质量能级不断提升。2022 年发布的上海市百强民营企业营收总额达到2.53万亿元,同比增长18.6%。在上海企业百强榜中,有49家是民营企业。目前,上海已认定501家民营企业总部,业务涵盖制造业、信息服务业、批发零售业等多个领域。

三是创新能力不断增强。近年来,上海的民营企业在科技创新和研发投入上持续努力,尤其是上海中小企业在当下发展中最重视的是企业的科技研发能力和产品创新能力,最关注的是提升企业独特的竞争力。2022 年,上海新认定的高新技术企业,民营企业占比八成以上;专精特新企业和专精特新"小巨人"企业,民营企业占比均超过九成。从业态发展看,近年来,创新型、成长型民营企业为上海民营经济发展注入了活力。特别是在集成电路、人工智能、生物医药和在线新经济等领域,涌现出一批创新能力强、业态模式新、质量品牌优、管理水平高的行业领军企业。

(二) 上海市民营科技企业的创新发展问卷调查及分析

2023 年 5—7 月,课题组围绕"企业基本情况、企业研发与技术创新情况、产学研用合作需求及问题"三个方面,设计了 28 个观测点,开展了问卷调查。

问卷调查期间,全市共有 970 余家企业参与,回收有效问卷样本 558 份。参与企业包括

44家工业和信息化部专精特新"小巨人"企业、233家国家高新技术认定企业、281家上海市专精特新中小企业。

如图19-1所示,松江区有98家企业参与调查,其次是金山区、嘉定区,分别有71家和43家企业参与调查,黄浦区和浦东新区都有41家企业参与调查,表明上述区域企业对于产学研用合作机制和创新发展具有较高的关注度;普陀区、奉贤区、长宁区和静安区参与企业数量相对较少。

1. 调研企业所属行业情况

如图19-2所示,经统计分析,参与度最高的行业前三名是工业、软件与信息技术服务业、建筑业。工业领域作为上海市的重点发展领域,共有202家工业企业参与调查,这一数据反应了该领域对于产学研用合作和创新发展的重视程度。其次是软件和信息技术服务业,有68家企业参与调查。第三是建筑业,有52家建筑企业参与调查,建筑业在城市发展中扮演着重要的角色,这些企业的参与反映了该行业对于构建产学研用合作机制的关注。其他参与调查的行业包括:农、林、牧、渔业,批发业,零售业,交通运输业,仓储业,住宿业,餐饮业,信息传输业,房地产开发经营,物业管理,租赁和商务服务业以及其他未列明行业等。

2. 调研企业拥有技术开发机构情况

根据调查结果显示,参与调查的企业中拥有一定数量的国家级企业技术中心等国家级、市级认定的技术开发机构,具体数量如表19-1所示。

在参与调查的企业中,共有31家国家级企业技术中心,这些技术开发机构所属的行业涵盖工业、软件和信息技术服务业、建筑业、租赁和商务服务业、零售业和批发业(见图19-3和图19-4)。

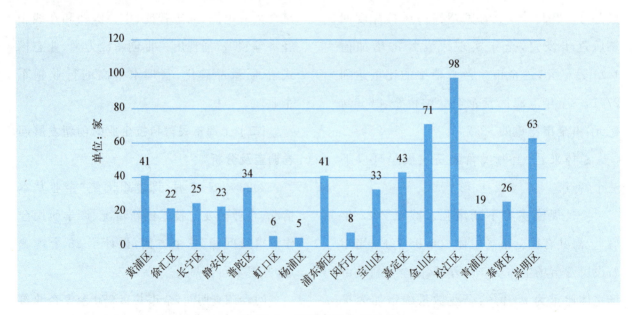

图19-1 调研各区企业数量

产业研究

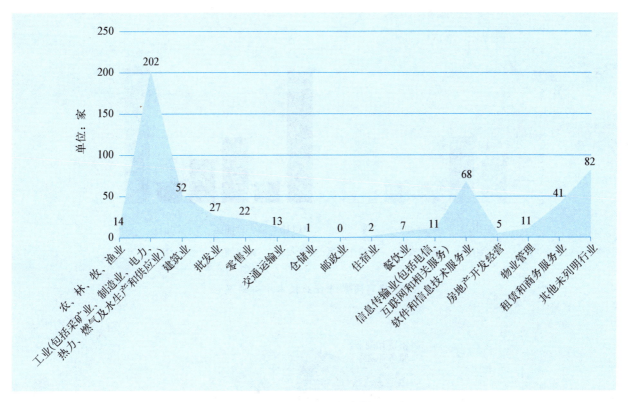

图19-2 调研企业所属行业数量

表19-1 问卷调查参与企业研发机构分布情况　　单位：家

序号	机构类别	层次	数量
1	国家级企业技术中心	国家级	31
2	国家级重点实验室	国家级	8
3	国家级工程中心	国家级	5
4	市级企业技术中心	上海市	88
5	市级重点实验室	上海市	4
6	市级工程中心	上海市	16

参与调查的企业中共有8家国家级重点实验室。这些重点实验室主要集中在上海市的嘉定区和金山区。这些重点实验室所属的行业分布如下：工业占比62%，软件和信息技术服务业以及租赁和商务服务业占比13%，零售业占比12%（见图19-5）。

根据调查结果，参与调查的企业中共有88家市级企业技术中心，主要分布在嘉定区、金山区和松江区。所属的行业分布如下：工业占比61%，软件和信息技术服务业占比17%，建筑业占比5%，而其他行业的技术中心数量均小于5%（见图19-6和图19-7）。

3. 调研企业最急需人才情况

根据调查结果，企业对于研究开发人员、高级技工人员、销售人员、一般操作工人和管理人员的需求呈现出不同的比例分布。图19-8所示为参与调查的企业中最急需的人才情况，按比例从高到低依次为：研究开发人员（28%）、高级技工人员（22%）、销售人员

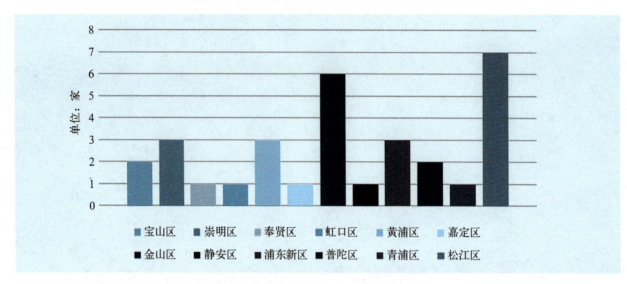

图 19-3　国家级企业技术中心所属区

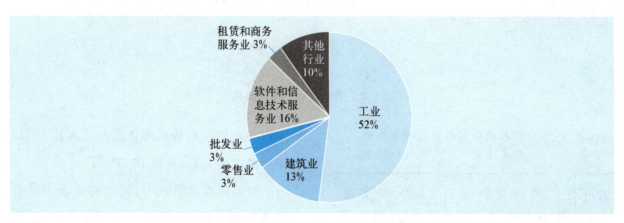

图 19-4　国家级企业技术中心所属行业

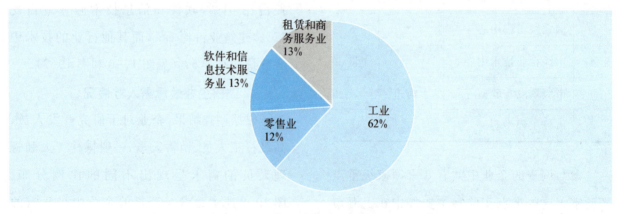

图 19-5　国家级重点实验室所属行业

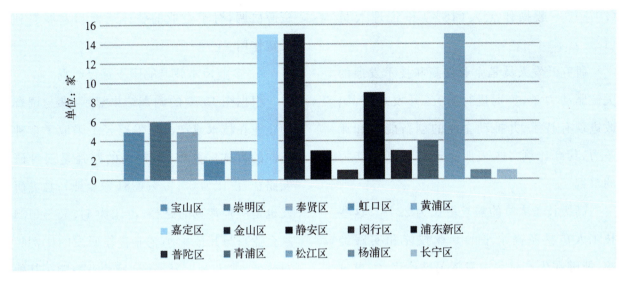

图 19-6　市级企业技术中心所属区

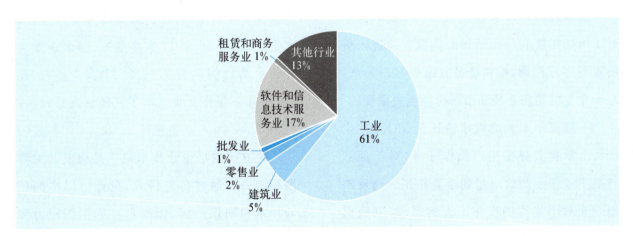

图 19-7　市级企业技术中心所属行业

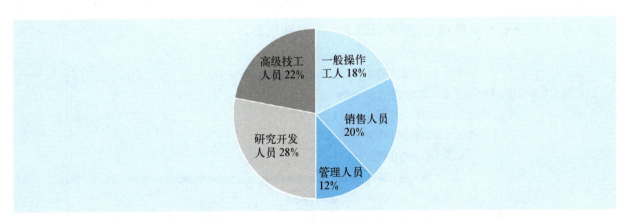

图 19-8　调研企业最急需的人才

(20%)、一般操作工人(18%)和管理人员(12%)。

研究开发人员是企业创新和技术发展的关键驱动力量,负责进行研究、开发新产品、改进现有技术,并推动企业的创新能力和竞争力,其高比例需求表明企业对于创新能力的重视。

高级技工人员的需求占比为22%。这些技工人员具备高水平的专业技能和实践经验,能够在生产过程中发挥关键作用,需求量大体现了企业对于高素质技术工人的需求。

销售人员的需求占比为20%,显示企业对于市场拓展和产品销售的重视。销售人员负责与客户沟通、推销产品并维护客户关系,对于企业的销售业绩和市场份额至关重要。

一般操作工人的需求占比为18%,在生产线上承担具体的生产操作任务,对于保证产品质量和生产效率起到重要作用。这反映出企业对于优秀的操作工人的需求,以确保顺畅的生产流程。

管理人员的需求占比相对较低,为12%。这些人员负责企业的战略规划、组织管理和资源协调,对于企业的整体运营和发展起到关键作用。

4. 企业技术或产品研发路径情况

根据图19-9的调查结果显示,参与调查的企业在技术或产品研发路径上采取了多种不同的方式。其中,最常见的路径是多种研发路径,占比为36.92%(281家企业);独立研发也是一种常见的路径,占比为17.65%(134家企业);与其他中小企业合作研发的比例相对较低,占比为3.18%(24家企业);购买其他企业、科研院所或高等院校的技术,以及与高等院校合作研发的比例相近,均为2.92%(22家企业)和1.46%(11家企业)。与大企业合作研发的比例也为1.46%(11家企业)。此外,还有一部分企业选择了其他研发路径,占比为9.88%(75家企业)。

独立研发是企业技术或产品研发的主要路径之一。通过自主研发,企业可以掌握核心技术和知识产权,提高自身的创新能力和竞争力。这种方式适用于那些有较强研发实力和资源的企业,能够在技术方面取得突破和创新。

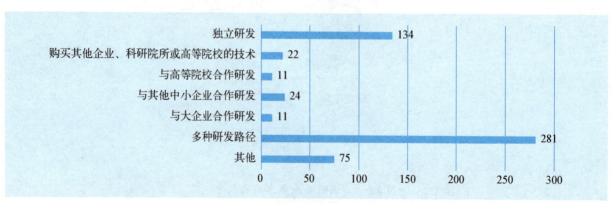

图19-9　企业研发路径(单位:家)

产　业　研　究

与其他企业合作研发是一种共享资源和经验的方式。通过合作，企业可以共同应对技术难题，降低研发成本，加快研发进程。

购买其他企业、科研院所或高等院校的技术是一种快速获取先进技术的途径。通过收购或购买技术，企业可以快速获取先进的技术和知识，加快产品研发和市场推广的进程。这种方式适用于那些希望迅速引进技术并实现快速发展的企业。

与高等院校合作研发是一种加强产学研用合作的方式。通过与高等院校合作，企业可以共享研发资源和专业知识，推动技术共享和互利共赢。这种合作方式有助于促进科技成果转化和产业升级。

5. 企业创新情况

调查结果显示，参与调查的企业在创新方面表现出了积极的态势。在不同的创新领域中，企业在营销创新、生产管理创新、服务创新、产品创新、工艺创新和技术创新方面都取得了一定的成绩。通过不断加强各方面创新，企业能够不断提高市场竞争力，实现可持续发展。

如图 19-11(a)所示，营销创新是企业创新的重要方面之一，共有161家企业表现出了积极的营销创新意愿和行动，通过不断改进市场推广策略、创新营销模式和提升品牌形象，企业能够更好地满足消费者需求，拓展市场份额。

如图 19-11(b)所示，生产管理创新是企业提高生产效率和管理水平的关键，有166家企业在生产管理方面进行了创新探索，通过引入先进的生产技术和管理方法，优化生产流程，降低成本，提高产品质量和交付效率。

如图 19-11(c)所示，工艺创新是提升产品质量和生产效率的重要途径，共有215家企业在工艺创新方面进行了积极探索。通过引入先进的工艺技术、改进生产工艺流程，企业能够提高产品质量、降低生产成本，增强市场竞争力。

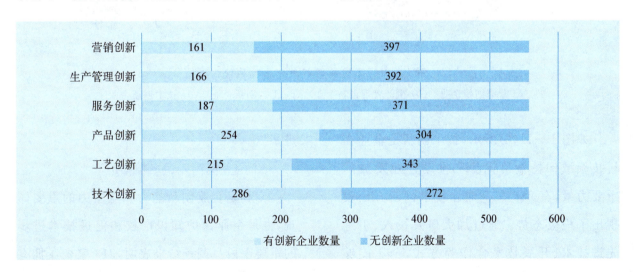

图 19-10　企业创新情况（单位：家）

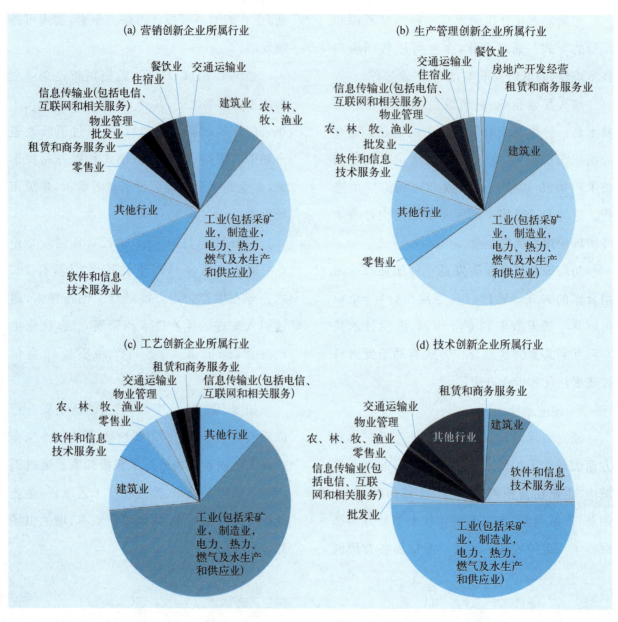

图 19-11　不同类别创新企业所属行业
（a）营销创新企业　（b）生产管理创新企业　（c）工艺创新企业　（d）技术创新企业

如图 19-11(d)所示，技术创新是企业在科技领域保持竞争优势和推动产业发展的重要力量，有 286 家企业在技术创新方面表现出了积极态势。通过加大研发投入、引进先进技术、开展技术合作等方式，企业能够不断提升技术水平，推动行业的发展和进步。

6. 企业拥有知识产权情况

专利是企业创新能力和竞争力的重要体现，也是企业保护知识产权和促进技术进步的重要手段。调查结果表明，313 家企业拥有专利，其中发明专利 3 814 项，实用新型专利

9 609项。这些专利的拥有显示了企业在技术创新、产品设计和改进方面的重要成果和努力。拥有专利将为企业提供法律保护、市场优势和商业机会,进一步促进企业的创新发展和持续增长。

承担或参与国家级和市级项目是企业提升科技创新能力、推动产业发展的重要途径。46家企业承担或参与国家级项目,共107项国家级项目;92家企业承担或参与市级项目,共255项市级项目。

参与调查企业在标准制定方面表现出了积极的态势。共有19家企业参与制定国际标准,89家企业参与制定国家标准,以及235家企业参与制定行业标准(见图19-12)。标准是规范产品质量、技术要求和管理体系的重要依据,对于促进产业发展、提升产品竞争力和满足市场需求起着重要作用。参与标准制定的企业可以在标准制定的过程中发挥重要的影响力和决策权,确保标准的合理性、科学性和适用性。

7. 企业与科研院所、高校已开展的合作情况

参与调查的企业与科研院所、高校之间已经建立了多种合作形式,包括联合攻关承担科研项目或产品研发、共建大学生实习或结业基地以及共建联合研发中心或实验室。这些合作形式有助于加强企业与科研院所、高校之间的交流与合作,促进技术创新、人才培养和成果转化,为企业的发展和创新提供了有力支持。如图19-13所示,企业与科研院所、高校之间已经开展了一系列合作形式。

共有117家企业与科研院所、高校进行了联合攻关,承担科研项目或产品研发。这种合作模式能够充分发挥企业和科研机构的优势,共同开展前沿技术研究和创新项目,推动科技成果的转化和应用。

有144家企业与科研院所、高校共建了大学生实习或结业基地。这种合作形式为大学生提供了实践和培训的机会,使他们能够更

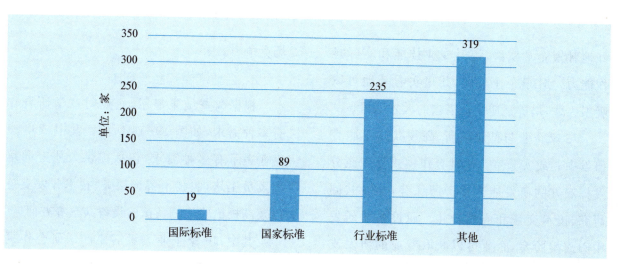

图19-12 参与制定标准的企业数量

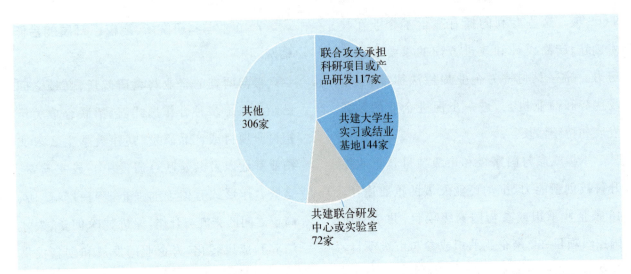

图 19-13　参与调研企业产学研合作情况

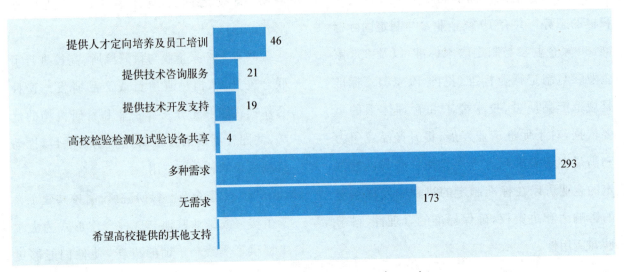

图 19-14　企业产学研合作需求（单位：家）

好地融入企业实践，提升专业技能和实际操作能力。对于企业来说，共建实习基地可以吸引人才，培养适应企业需求的人才队伍。

72家企业与科研院所、高校共建了联合研发中心或实验室。这种合作模式旨在充分发挥双方的研发能力和资源优势，开展共同研究、技术交流和成果转化。通过共建研发中心或实验室，企业可以获取专业的研发支持，加快技术创新和产品开发的速度，提高市场竞争力。

8. 企业产学研合作需求

根据调查结果显示，企业对产学研合作有多种需求，如图19-14所示。其中，293家企业表示有多种需求，包括提供人才定向培养及员工培训、技术咨询服务、技术开发支持以及高校检验检测及试验设备共享等方面。

其中，46家企业表示需要产学研合作提供人才定向培养及员工培训，通过定制化的培训方案培养符合企业需求的人才,提升员工的专业技能和综合素质,以适应快速变化的市场环境和技术需求;21家企业需要专业的咨询服务来解决,与高校、科研机构合作,可以获取专业的技术咨询支持,帮助企业解决技术难题,提升技术水平和竞争力;19家企业需要技术开发支持,产学研合作帮助企业开发新产品、改进现有产品或开拓新技术领域,推动企业的技术创新和市场竞争力的提升;4家企业表示需要高校的检验检测及试验设备共享,以提高产品质量控制和研发过程的效率。

同时,调研显示,企业在产学研合作方面认可多种方式,包括多种合作方式、联合培养人才、研发项目合作以及共建科研成果转化平台、购买科研成果、共建研发机构等。这些合作方式有助于加强产学研之间的合作,促进技术创新和成果转化,推动产业的发展和进步。

根据调查结果,企业在产学研合作中可提供多种资源支持,可以提供学生实践教学资源和实习(见习)岗位、新产品研发小试、中试基地、项目委托合作以及其他类型的资源支持(见图19-15)。这些资源的提供可以加强产学研之间的合作,促进人才培养、技术创新和项目实施,推动产学研合作取得更加卓越的成果。

(三)上海市民营科技企业的创新发展模式现状及需求分析

1. 上海市民营科技企业产学研合作模式

根据调研结果分析,参与调查的企业与科研院所、高校之间已经开展了系列合作,其中:有117家企业与科研院所、高校进行了联合攻关;有144家企业与科研院所、高校共建了大学生实习或就业基地;72家企业与科研院所、高校共建了联合研发中心或实验室。上述深度合作形式确实有助于加强企业与科研院所、高校之间的交流与合作。

认真分析,上述深度合作形式确实有助于加强企业与科研院所、高校之间的交流与合作。简要总结,市场需求为导向、企业用户为主体、高校院所为支撑的产学研用合作模式,主要有6种形式:技术转让、项目委托、联合研发、共建科研基地、技术转让衍生企业、

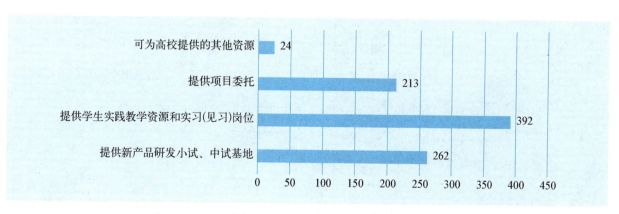

图19-15 企业在产学研合作中可提供的资源(单位:家)

产业技术联盟合作。如图 19-16 至图 19-21 所示。

2. 上海市民营科技企业产学研合作需求分析及问题

根据调研结果分析，82.09%的受访企业表示自身发展将注重科技研发和产品创新，在人才需求、研发需求、创新需求方面更为突出。

(1) 参与调查企业中最急需的人才从高到低为：研究开发人员(28%)、高级技工人员(22%)、销售人员(20%)、一般操作工人(18%)和管理人员(12%)。

(2) 参与调查企业在技术或产品研发路径上采取了多种不同的方式：多种研发路径占比为36.92%(281家企业)，独立研发路径占比为17.65%(134家企业)；与其他中小企业合作研发的比例相对较低，占比为3.18%(24家企业)；购买科研院所或高等院校的技

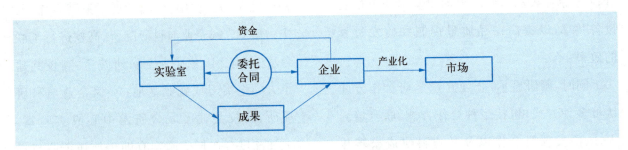

图 19-16　技术转让合作模式

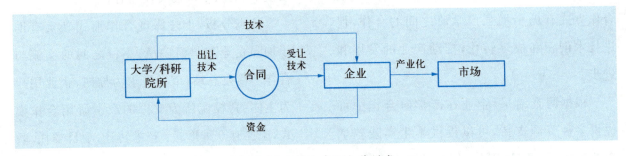

图 19-17　项目委托合作模式

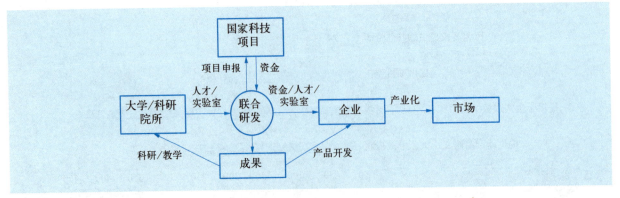

图 19-18　联合研发合作模式

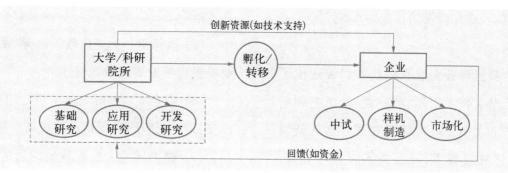

图 19-19　共建科研基地合作模式

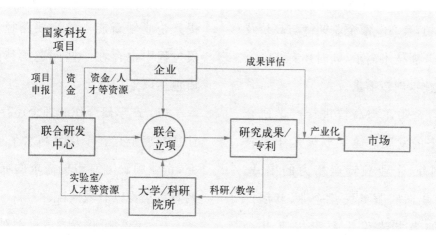

图 19-20　技术转让衍生企业合作模式

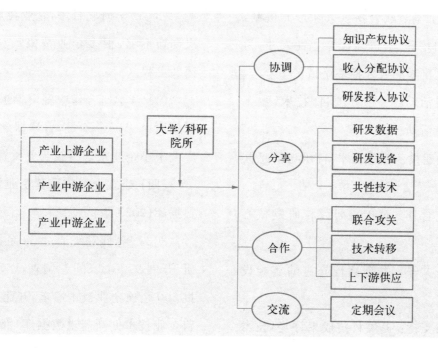

图 19-21　产业技术联盟合作模式

术、高等院校合作研发的比例为4.38%（33家企业）。

（3）参与调查企业在创新方面表现出了积极的态势：技术创新、产品创新、工艺创新排在前三位。有286家企业在通过加大研发投入、引进先进技术、开展技术合作等方式，不断提升技术水平。

（4）根据调查结果显示，企业对技术创新的需求非常迫切，有230家企业期待与高校及科研院所合作开展技术需求，同时还有220家企业亟须解决技术创新需求。

通过调查，企业在与高校进行产学研合作中，自身未来的发展思路主要聚焦于科技研发和产品创新、企业独特竞争力的提升。企业对上海市工商联服务民营企业、开展产学研用合作的需求建议主要有以下几个方面。

（1）人才推荐：联合探索人才培养机制，加强人才定向培养、引进高校专业性人才，为中小企业建立可靠的人才招募渠道。

（2）开展活动：多举办项目、技术、数字化转型等交流活动。

（3）平台建设：搭建人才、科研与信息共享平台。

（4）深度合作：对接科研院校研发核心产品。

（5）设备共享：发挥高校先进的实验设备优势。

（6）政策支持：提供科技成果评奖、技术职称评定以吸引人才等方面提供支持，解决人才落户等。

（7）政策宣讲：提供政策辅导、及时为企业提供行业发展的最新信息。

（8）资金支持：设立产学研专用资金，定向支持产学研项目，促进科技成果产业化。

（9）成果转化：推荐科研院所的成果转化意向给急需创新孵化的企业。

总体看来，产学研用融合发展已经成为提升企业创新能力的主要路径，但在合作发展过程中也存在一些问题亟待解决，主要矛盾包括以下几点。

（1）产学研合作的理念还存在差异，高校往往热衷于有利于培育高水平成果的课题研究，企业则瞄准有市场需求的项目开发，导致两者需求难以有效匹配。

（2）产学研联合中信息不对称，各主体之间信息交流的平台还不够。

（3）产学研联合中，企业在成果转化的二次创新不够，很多企业都依赖科研院所的交钥匙工程。

（4）产学研合作中融资渠道不够顺畅，科研院所由于资金不足，普遍缺乏中试基地，而广大中小企业缺乏科技与开发资金等。

（四）建立上海市民营企业技术创新需求数据库（2023版）

2023年，课题组通过30余家实地企业调研、开展970余家问卷调查，整理获得了第一批500余项企业技术需求，并建立了上海市民营企业技术创新需求数据库（2023版）。该数据库将在现有基础上持续更新，作为上海市工商联与高校合作服务民营企业的导向依据。

三、上海市工商联产学研用协同创新模式与运行机制

创新是上海民营企业未来的重要发展路径。党的二十大报告在提及构建高水平社会主义市场经济体制时指出，支持中小微企业发展。上海市工商联一直以来关注全市民营中小企业等实体经济的发展，一直在积极为企业的发展提供全方位纾困和解忧服务。

上海中小企业发展中最重视的是企业的科技研发能力和产品创新能力，高校与企业在产学研合作中亟待解决的矛盾是合作理念的差异、交流信息不对称、企业的二次创新不够、产学研合作中融资渠道不够顺畅等问题。针对上述问题，必须建立行之有效的产学研用协同创新工作模式与运行机制。

（一）建立上海市工商联产学研用协同创新精准对接服务模式

通过本课题研究，提出发挥上海市工商联"贴近商会、贴近企业、贴近产业链"的特点，促进产学研用协同创新各方内竞外联、紧密协作、资源共享，建立以商协会为桥梁、市场需求为导向、企业用户为主体、高校院所为支撑的产学研用合作模式：协同创新+精准对接服务模式。该模式的主要内涵包括以下几方面。

（1）发挥商（协）会优势，探索上海市工商联"平台-技术-服务赋能"工作特色。实施创新赋能、人才支撑、智力支持、对接服务等四类产学研用具体工作，促进企业转型升级，提升自主创新能力。

课题组提出要重视发挥已有科研创新平台的作用，尤其是利用现有企业、高校现有的国家级、市级科技服务平台，包括技术创新中心、工程技术中心、重点实验室、知识服务平台、协同创新中心等，向中小企业提供转型咨询、解决方案、政策宣讲、技术输出、协同创新等全链条服务。

（2）强化技术与产业对接。以利益协调机制的优化推动产学研用相关主体深度合作，以分工协作机制的优化提高产学研用联合体的创新效率；针对中小企业需求和现实条件，提供成本低、见效快、实用性强的解决方案。

课题组提出要充分发挥工商联的产业组织引导、高校的人力智力技术资源优势，推广"科研团队-商（协）会"和"青年博士-企业"为主要模式的科技联络员"双十计划"，开展"一对一"对接服务，建设"民营企业研究生培养基地""中小微民营企业青年博士工作站"。

（3）协同创新合作模式：以高校、企业现有科研平台或新型研发机构为载体，市工商联牵头，聚焦方向，遴选领域，成立"科研平台创新联合体"，为众多民营企业服务，服务赋能中小微民营企业"专、精、特、新"发展。

（4）精准对接服务模式：成立"上海工商联·科技服务直通车"精准对接平台，发挥其

创新技术、科研条件、仪器设备等资源。

（二）建立上海市工商联产学研用四位一体科技创新协同运行机制

课题研究认为，建立以商协会为桥梁、市场需求为导向、企业用户为主体、高校院所为支撑的产学研用合作模式：协同创新精准对接服务模式，需要以利益协调机制的优化推动产学研用相关主体深度合作，以分工协作机制的优化提高产学研用综合体的创新效率，打造一个"科研创新、人才供给、技术服务、成果对接"四位一体的产学研用科技创新运行载体（见图19-22）。

1. 运行机制创新：构建四位一体的产学研用科技创新运行载体

（1）科研创新：组建"上海市工商联·制造业中小企业协同创新中心"。

依托不同高校的高水平科研平台及团队优势，联合不同行业产业链代表企业，组建"上海市工商联·中小企业协同创新中心"。譬如，首先依托上海工程技术大学及合作企业，在目前已经建有的"上海市大型构件智能制造机器人技术协同创新中心"的基础上，先行先试，成立"上海市工商联·制造业中小企业协同创新中心"，形成可复制推广经验，服务、培育、赋能中小民营科技型企业"专、精、特、新"发展，形成品牌。

在协同创新中心框架下，工商联组织校企双方共同打造服务专精特新企业产研需求的创新服务能力。鼓励高校和企业整合双方资源，建设工程技术中心/联合实验室/研发中心/协同创新中心，导入、组建产业工程师队伍，围绕产业技术瓶颈和特性技术难题开展协同创新，推动应用科学研究成果的转化和应用，促进产业转型升级。强化校企联合开展技术攻关、产品研发、成果转化、项目孵化等工作，共享研究成果，大力推动科教融

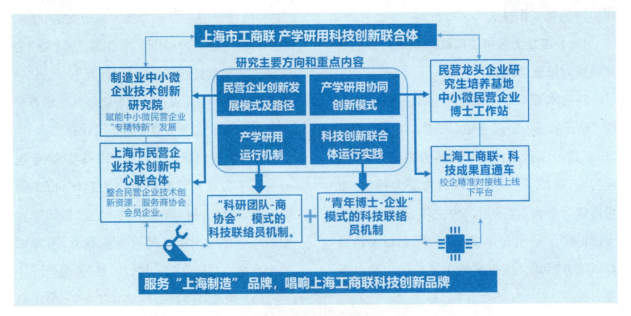

图 19-22　上海市工商联产学研用四方合作运行机制

合,促进科研与人才培养积极互动,发挥产学研合作示范影响,提升服务产业能力。

(2) 人才供给,建立"上海市工商联·民营企业人才培养与就业基地"。

重点聚焦民营企业招工需求,积极组织重点用人单位走进校园开展精准招聘工作,推进系列线上线下招聘会,为中小企业提供免费、公益的招聘渠道,通过线上招聘平台,帮助中小企业实现不受干扰的招聘需求。不断加强校企多点联动,助力中小企业选才,帮助解决人才多层次、全方位、精准化的就业需求。

(3) 技术服务,推广"科研团队-商(协)会"和"青年博士-企业"为主要模式的科技联络员机制,开展"一对一"对接服务,建设10家"民营企业研究生培养基地"、10家"中小微民营企业博士工作站"。

(4) 成果对接,建立"上海工商联·科技服务直通车"精准对接平台。

为解决"产学研用"的"供-需-连"问题,本课题创新性提出,建立"上海工商联·科技成果直通车"精准对接平台,集中展示民营企业的科技成果、科技产品和科技知识等内容,提供品牌展示、能力展示、产品展示、产业链合作等一切相关资源支撑,打通产学研用投整个链条。为实现中小企业高质量发展,提供线上运营、在线协同创新的载体(见图19-23)。

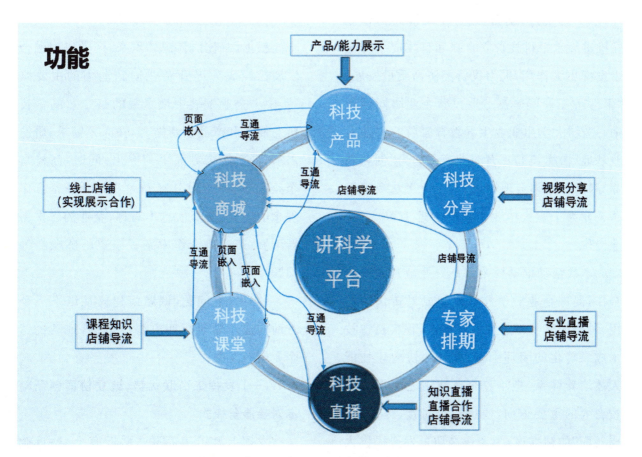

图 19-23 "上海工商联·科技成果直通车"精准对接平台功能简图

2. "上海市工商联-企业-高校"科技创新联合体运行方案及实践

在问卷调查的基础上,项目组先后赴30余家制造业民营企业实地调研,并以上海工程技术大学为高校依托单位,围绕课题研究提出的"协同创新精准对接服务模式、四位一体科技创新联合体运行机制"等,实施了上海市工商联—上海工程技术大学校企对接的工作实践。

5月29日,上海市工商业联合会、上海工程技术大学举行战略合作协议签约仪式,并开展校企对接活动。本次活动旨在促进高校学生实训实习、就业创业,推动高校和企业"产学研用"协同创新,进一步助推民营企业在推进高水平科技自立自强和科技成果转化中发挥更大作用,助力民营经济高质量发展。"上海市工商联·制造业民营企业协同创新中心"及"大学生职业生涯教育暨就业创业实践基地"揭牌,9位民营企业家受聘为"创新创业导师"。招聘会现场,来自全市120余家民营企业为工程大毕业生提供了近1 200个就业岗位。

本次活动推动校企有针对性地开展科研合作,促进企业对学校科研和成果转化的应用,科研团队了解企业真实需求,积极打造技术成果转化的闭环生态;推动加快构建技能人才培养体系,把培养企业适用之才作为高校育人的重要方向,通过校企对接,提高"人岗匹配"的精准度,为企业高质量发展提供人才保障;推动企业支持学生就业创业,积极承担社会责任。

3. "上海工商联·科技服务直通车"在线服务企业新模式

利用该精准对接平台,向中小企业提供转型咨询、解决方案、政策宣讲、技术输出、协同创新等全链条服务,完善产学研用信息对接工作机制。针对中小企业需求和现实条件,提供成本低、见效快、实用性强的数字化解决方案。

四、构建产学研用四方合作机制,助推民营企业创新发展的意见建议

根据调研分析,总体看来,产学研用融合发展已经成为提升企业创新能力的主要路径,中小企业发展中最重视的是企业的科技研发能力和产品创新能力,在人才需求、研发需求、创新需求方面更为突出;同时,高校与企业在产学研合作中亟待解决的矛盾是合作理念的差异、交流信息不对称、企业的二次创新不够、产学研合作中融资渠道不够顺畅等问题。

针对以上问题,课题组建议从以下三个方面构建产学研用四方合作机制,推动民营企业创新发展。

(一)发挥工商联优势,建立协同创新精准对接服务模式

发挥上海市工商联"贴近商会、贴近企业、贴近产业链"的特点,建立以商协会为桥

梁、市场需求为导向、企业用户为主体、高校院所为支撑的产学研用四方合作模式：协同创新精准对接服务模式。

一是探索上海市工商联"平台-技术-服务赋能"工作特色，重视发挥已有企业、高校科研创新平台的功能，聚焦方向，遴选领域，成立"科研平台创新联合体"，为众多民营企业服务，服务赋能中小微民营企业"专、精、特、新"发展。

二是充分发挥工商联的商（协）会的团体组织优势，推广"科研团队-商（协）会"和"青年博士-企业"为主要模式的科技对接服务，向中小企业提供转型咨询、解决方案、政策宣讲、技术输出、协同创新等全链条服务。

（二）优化工作机制，建立四位一体产学研用科技创新联合体

优化利益协调与分工协助的工作机制，打造"科研创新、人才供给、技术服务、成果对接"四位一体的产学研用科技创新联合体。

一是建立科研创新运行载体，依托不同高校的高水平科研平台及团队优势，联合不同行业产业链代表企业，组建系列"上海市工商联·中小企业协同创新中心"。在协同创新中心框架下，工商联组织校企双方围绕产业技术瓶颈和特性技术难题开展协同创新，推动应用科学研究成果的转化和应用，促进产业转型升级。

二是建立人才供给运行载体，建立"上海市工商联·民营企业人才培养与就业基地"。重点聚焦民营企业招工需求，积极组织重点用人单位走进校园开展精准招聘工作，推进系列线上线下招聘会，为中小企业提供免费、公益的招聘渠道，通过线上招聘平台，帮助中小企业实现不受疫情波动干扰的招聘需求。不断加强校企多点联动，助力中小企业选才，帮助解决人才多层次、全方位、精准化的就业需求。

三是建立技术服务运行载体，推广"科研团队-商（协）会"和"青年博士-企业"为主要模式的科技联络员机制，开展"一对一"对接服务，依托不同的高校，建设"民营企业研究生培养基地""中小微民营企业博士工作站"。

四是建立成果对接运行载体，建立"上海工商联·科技服务直通车"精准对接平台。充分利用上海市数字化转型的政策支持，以及企业数字化转型的现实需求，为解决"产学研用"的"供-需-连"问题，建立"上海工商联·科技成果直通车"精准对接平台，集中展示民营企业的科技成果、科技产品和科技知识等内容，提供品牌展示、能力展示、产品展示、产业链合作等一切相关资源支撑，打通政产学研用投整个链条。为实现中小企业高质量发展，提供线上运营、在线协同创新的载体。

（三）突出产业链技术创新，建立政产学研用多方协作长效机制

明确定位、突出特色、凝练优势、充实内涵，建立具有上海市工商联特色的政产学研用多方协作、紧密联系的长效机制。

一是始终坚持以商协会为桥梁、市场需求为导向、企业用户为主体、高校院所为支撑的四方协同创新精准对接服务模式,打造"科研创新、人才供给、技术服务、成果对接"四位一体的产学研用科技创新联合体,实现供给侧与需求侧直接见面、有效对接。

二是要紧紧围绕产业技术创新链建立合作关系,通过对商(协)会、高校、科研院所、中小企业的有效组合,实现科技与产业紧密结合,技术与企业创新的有效衔接。工商联要做好产学研合作过程的引导,合作方有明确的创新产出目标(人才、技术、产品、工艺生产线、标准等等),任务分工和责、权、利清晰,而非停留在意向性的合作。

(供稿单位:上海市工商业联合会,主要完成人:汪剑明、翁一飞、李温暖、卞卡、崔国华、丁霞)

专题二十

发挥长三角区域优势，加强产业链协同合作研究
——基于长三角企业家联盟及其产业链联盟的调研分析

民营经济是推动长三角高质量一体化发展的重要支柱力量，是新时代构建新发展格局、建设现代化经济体系的生力军。本专题通过对长三角企业家联盟及其产业链联盟开展调研，对联盟组织进行评估分析，在总结发展成效和经验做法的同时，剖析发展过程中面临的瓶颈问题，并提出对策建议。2023年是长三角一体化上升为国家战略五周年，本专题通过回顾过往、展望未来，希望帮助政府部门制定相关政策，帮助联盟组织获取更多政策支持和资源协助，从而更好地服务企业。更重要的是，对于充分发挥联盟组织在推进区域产业合作和创新协同的职能作用，为促进长三角产业链建设提供有力支撑也具有重要意义。

一、联盟的成立背景与意义

（一）现实背景

1. 宏观政策与环境

长三角地区是我国经济最为活跃和创新能力最强的地区之一，也是国家推动高质量发展、构建现代产业体系的重要支撑区域。长三角企业家联盟及其产业链联盟的成立顺应了国家发展战略要求，也是为应对全球宏观经济和地缘政治格局演变所做出的积极举措。

在区域和国家层面，2018年11月，习近平在首届中国国际进口博览会上宣布，支持长江三角洲区域一体化发展并上升为国家战略。2019年12月，中共中央、国务院印发《长江三角洲区域一体化发展规划纲要》，提出到2025年，长三角一体化发展将取得实质性进展，在科创产业、基础设施、生态环境、公共服务等领域基本实现一体化发展。长三角企业家联盟及其产业链联盟是长三角一体化发展的一项重要制度创新，通过提供跨行政区划的合作平台，促进企业间的资源共享和优势互补，同时通过联盟的组织和合作，实现产业链的整合和优化，推动产业链上下游协同发展，提高整个地区的产业竞争力和综合实力。

在全球层面，全球产业链供应链面临重构。受整体规模限制及西方发达国家的贸易保护主义抬头影响，全球价值链扩张人为受阻。各国政府意识到了产业链体系完整性、安全性和可持续性的重要意义。各国重点产

业供应链调整布局政策不断出台,全球产业链发展方向从之前的成本、效率因素主导转变为可持续与效率兼顾的双元驱动。为此,我国提出要在开放合作中提升产业链供应链韧性和安全水平。长三角企业家联盟及其产业链联盟正是致力于打造长三角世界级产业集群,促进产业链有效合作和协同创新,在全球化遭遇逆流的背景下,引导长三角企业参与全球资源配置,努力解决创新链、产业链上的"卡脖子"问题,为实现高水平科技自立自强贡献力量。

2. 长三角产业发展优势

长三角地区经济发达,行业门类齐全,是中国最具经济实力和创新活力的区域,聚集了全国实力最强、影响力最大的一批企业和企业家。长三角企业家联盟及其产业链联盟的成立既是国家战略导向,同时也具有坚实的产业基础条件。

2021年,长三角三省一市共实现规上工业企业营业收入33.9万亿元,占全国的25.8%。根据产业链分类适当归成大类来看,长三角地区已形成9个规上制造业营业收入达到万亿级的优势产业集群,按照总体规模排序分别为电子信息,82 325.5亿元;装备制造,58 661.5亿元;食品加工,38 630.6亿元;金属冶炼,33 309.4亿元;石化,32 484.3亿元;汽车,26 416.4亿元;纺织服装,23 768亿元;非金属制品,14 240.2亿元;橡胶塑料制品,10 549.7亿元;还有医药制造(7 580.7亿元)这一个近万亿元的产业集群。其中,有五个集群在全国同行业占比中达到30%以上,分别为装备制造,占比达到37.9%;纺织服装,37.4%;橡胶塑料,34.8%;电子信息,33.8%;汽车,30.0%。四个集群占比在20%～30%,分别为医药,25.6%;石化,23.3%;食品加工,21.4%;非金制品,20.8%。

其中,与产业链联盟密切相关的优势产业如下:一是电子信息,长三角地区在集成电路、工业互联网、5G通信、人工智能等新兴领域发展走在全国前列,其集成电路产业是全国基础最扎实、产业链最完整、技术最先进的区域,形成了设计—制造—封测完整的产业链;二是装备制造,长三角地区的高端装备制造业有良好的产业基础条件,在工程机械、数字机床、增材制造、工业机器人、海洋装备、医疗装备、环保装备等高端装备制造领域具有较成熟的集群发展态势,是我国高端装备制造产业发展的核心区域;三是新能源汽车,近年来,长三角地区新能源汽车的全国市场份额将近30%,居国内六大汽车产业集群之首,产量占全国比重超过40%,占全球比重达25%,相关企业占全国的20.7%,相关新增企业注册同比增长56.8%;四是生物医药,长三角地区生物医药产业链环节齐全,在生物制药、化学药、现代中药、医疗器械、研发外包服务等领域均有较好基础,产业创新资源丰富、临床机构资源优势明显,相关国家重点实验室占全国比重25%,上市企业总部占全国比重29%;五是人工智能,长三角地区人工智能企业约占全国三分之一,聚集全国超过90%

的人工智能芯片新势力厂商,拥有芯片设计、制造、封装测试的完整产业链,并形成智能驾驶、智能终端、智能安防等人工智能算力服务场景。

(二) 理论背景

"联盟"是指两个或更多个实体之间建立的合作关系,以实现共同的目标或利益,在商业领域,指的是两个或多个公司之间开展共同研发、市场推广、销售合作等活动,这种形式的组织有助于加强行业内部的联系,提高整体效率和竞争力,从而推动整个产业的发展和繁荣。联盟的概念最早可追溯于20世纪80年代,是由当时美国DEC公司(美国数字设备公司)的总裁简·霍普兰德和当时的管理学家罗杰·奈格尔共同提出来的。学界一般认为,联盟必须是基于两个或者是两个以上的组织或伙伴共同组成,为了实现同一个目标,综合多种资源并为之开展一系列的活动。企业家联盟、产业链联盟或产学研联盟都属于产业联盟范畴,是在一个区域或行业中,通过一定的组织形式和规章制度,并以一定的技术研发、市场拓展等作为共同目标,集合众多具有相同产业或者是相似背景的企业而形成的具有战略意义的产业组织形式。从学理上看,产业联盟的概念缘起与发展实践,主要基于"产业(创新)集群"和"区域创新系统"理论,两者都强调联盟的跨组织、跨区域特征,以及多元主体通过知识交流、资源交换,提升企业产出和创新能力,同时在政策层面,指出联盟是国家实施产业转型升级和区域协同发展的主要路径。

1. 产业集群理论

在西方经济学领域,以波特为代表的产业集群竞争优势理论最为著名并得到了广泛认可。1990年迈克·波特在《国家竞争优势》一书首先提出产业集群(Industrial Cluster),通过对10个工业化国家的考察发现,产业集群是工业化过程中的普遍现象,在所有发达的经济体中,都可以明显看到各种产业集群,认为产业集群对提升区域竞争力有很大影响。

产业集群是指在特定区域中,具有竞争与合作关系,且在地理上集中,有交互关联性的企业、专业化供应商、服务供应商、相关产业的厂商及其他相关机构等组成的群体。许多产业集群还包括由于延伸而涉及的销售渠道、顾客、辅助产品制造商、专业化基础设施供应商等,政府及其他提供专业化培训、信息、研究开发、标准制定等的机构,以及同业公会和其他相关的民间团体。因此,产业集群超越了一般产业范围,形成特定地理区域内多个产业相互融合、众多类型机构相互联结的共生体,构成具有国家或地区特色的竞争优势。产业集群的概念为国家及地区思考和分析经济发展并制定相关政策提供了一种新视角,特别是对政府、企业和其他机构的角色定位,乃至彼此间的互动关系。

长三角企业家联盟及其产业链联盟具备区域性产业集群的基础性特征。一是特定区域空间上的集聚,联盟聚集了长三角三省一市的头部企业及各细分领域的优势企业;二是具有专业领域和规模化产业优势,联盟的行业类型各具特色,并且是在长三角优势产业基础上的成熟细分领域的产业链条;三是企业分工协作和产学研合作,联盟主要由产业链中的上下游企业组成,同时联盟也邀请高校和科研院所加入,强化开放式创新,构建创新型产业集群;四是产业链相对完整,联盟中的企业一般负责产业链中的一个环节,通过做精做新扩大优势,不同企业构成了完整的产业链条和利益共同体;五是建立区域协同网络,联盟具备产业集群内的复杂网络关系,搭建了企业之间、政企之间、企业与学研机构之间发生频繁的互动交流、知识信息共享的平台。

2. 区域创新系统

区域创新系统是佛罗里达教授在分析日本经济时最早使用的"国家创新系统"的概念基础之上产生的。1996年库克教授在《区域创新系统:全球化背景下区域政府管理的作用》一书中首次提出区域创新系统理论,认为区域创新系统是由在地理上互相分工与关联的企业、研究机构和高等教育机构等构成的区域性组织体系,而这种体系支持并产生创新。特别强调了学习,即知识是通过各个创新主体交互作用形成的一种集体资产;环境,即由物质资源、人才、规则和标准等共同构成的开放地域综合体;根植性,即通过特定社会交互形式完成的创新过程,并以不同的形式增加复制难度。

一般来说,区域创新系统包括两个子系统:一是知识应用和开发子系统,主要由纵向供应链网络中的企业所拥有;二是知识产生和扩散子系统,主要包括一些公共组织。区域创新系统可以被视为区域生产结构中支撑创新的制度基础设施,强调地域根植性和系统性。与之相关的是,20世纪90年代中期,亨利·埃茨科威兹和罗伊特·雷德斯多夫教授提出了著名的官、产、学三螺旋理论,认为区域创新系统必须有相互交织的三股链条支撑:一是由地方或区域政府及下属机构组成的行政链;二是由垂直和水平联系的企业构成的产业链;三是由大学、研究院所及其学术制度组成的科学链。

长三角企业家联盟及其产业链联盟正是试图构建一套政府搭建、企业主导、多类型主体协同,具有长三角产业特色的创新生态系统。除了突出在创新应用上的产业链合作,更重要的目标任务是加强协同创新能力,在产业领域的关键核心技术上有所突破,这需要联盟能够在组织层面上下贯通,打造引导创新的区域性制度和实践组成的系统。

(三)联盟组织对长三角产业发展的作用与意义

如前文所述,长三角地区是中国经济增长的"发动机"和"压舱石",特别是在受到外部环境冲击和不确定性风险扰动的情况下,长三角经济与产业的稳定发展保障了中国经济发展的韧性和可持续性。同时,联盟组织的成立是在区域层面"自下而上"(从企业主体出发,进而上升至政府行为)推动产业集群发展,并"自上而下"(以宏观政策为导向)构建区域产业生态系统,从而有助于形成更具活力和竞争力的长三角产业体系。

具体的意义和作用涵盖以下多个方面,包括促进协同创新、降低生产成本、拓展市场份额、推动整个产业的升级和转型、共同面对和解决行业内的共性问题和挑战、共享人才、技术、资金等资源、更有效地与政府协商合作并争取政策支持、人才培训与交流、促进企业家间的合作与交流、提升企业家形象和声誉、促进本地区经济的健康发展等。

二、联盟发展历程及运行情况

(一)长三角企业家联盟

为深入贯彻长三角一体化发展国家战略,有效发挥市场主体优势作用,畅通政企高效沟通渠道,大力促进区域产业协同创新,2020年6月在浙江湖州由三省一市企业家共同发起组建了长三角企业参与一体化战略的服务平台——长三角企业家联盟,这是推动长三角企业参与一体化发展的一项重大标志性成果。

长三角企业家联盟由长三角地区重点产业、支柱产业的龙头企业和相关行业商会协会主要负责人组成,是跨地域、跨所有制的非营利性组织。联盟设理事会,成立三年来,全体理事共有214名,涵盖了长三角地区工商界的优秀代表。理事会下设主席团、秘书处。联盟主席、秘书长和秘书处采用轮值制,轮值相关安排参照长三角地区主要领导座谈会轮值机制。目前安徽省为轮值主席、轮值秘书长和轮值秘书处,轮值主席为科大讯飞股份有限公司董事长刘庆峰。上海市、江苏省、浙江省为联席主席、联席秘书长和联席秘书处。联席主席为奥盛集团有限公司董事长汤亮、苏宁控股集团董事长张近东、正泰集团董事长南存辉。为深化联盟政企沟通,秘书长由一市三省工商联分管领导担任。

2023年6月,长三角企业家联盟主席会议在合肥召开,会议审议通过了《长三角企业家联盟工作总结》《长三角企业家联盟秘书长的提名方案》《关于筹建第三批产业链联盟的方案》;举行了2023—2024年度长三角企业家联盟轮值主席交接仪式。根据长三角企业家联盟运行机制,轮值主席、轮值秘书长、轮值秘书处从浙江转移至安徽。科大讯飞的董事长刘庆峰出任新一届长三角企业家联盟轮值主席,并提出下一步工作重点是围绕助力长三角一体化建设、加快创新要素集聚、推动补链固链强链、促进对内对外开放等四方面继续发力,以产业链联盟为主要抓手,兼顾联盟企业家的需求和发展战略。

(二)长三角产业链联盟

长三角企业家联盟肩负着促进区域产业链合作的重大使命,长三角产业链联盟作为其下属组织,由多个重点行业的企业、高校、科研院所,以及行业协会等单位共同发起成立,目标是搭建长三角企业间交流合作、协同发展平台,重点围绕打造世界级产业集群,切实推动长三角产业链的"组链、补链、固链、强链"工作,推进长三角地区产业链供应链转型升级,实现产业链供应链自主可控、安全高效,提升区域产业竞争力。

长三角企业家联盟成立后3个月,在2020年9月召开的长三角企业家圆桌会议上,长三角超导、软件和信息服务、数字健康、人工智能四个产业链联盟授牌成立。随后,长三角产业链联盟不断扩容,成立高端医疗器械、绿色交通、智慧零售、智慧城市和全程能效、光电缆及数字创意六个产业链联盟。2023年6月在合肥召开的长三角企业家联盟主席会议上,第三批产业链联盟揭牌成立,包括长三角数字技术应用服务、透明商业生态、数字驱动创新生物医药,以及工业互联网产业链联盟。截至目前,长三角产业链联盟共计14家,具体的发展概况如下:

(1) 超导产业链联盟。由奥盛集团旗下上海国际超导科技有限公司发起,成员包括上海超导、上创超导、苏州新材料所、安徽万瑞等,覆盖材料生产、设备集成、产品应用的完整产业链。

(2) 高端医疗器械产业链联盟。由奥盛集团旗下上海普实医疗器械股份有限公司牵头,产业链涉及的产品种类较多,如高端医疗装备、体外诊断(IVD)设备和心血管耗材等,同时还有产业链较短的特点,从上游的学研机构创新到产品生产和成果转化,再到下游医院的应用端有密切的交叉合作。

(3) 绿色交通产业链联盟。由上海华铭智能终端设备股份有限公司发起,以上市公司为产业链核心节点,引领中小企业融通产业链条,推动产业力量实现前瞻性、系统性、特定场景一揽子解决方案、产业链上下游协同一体化、产融结合方面工作。

(4) 软件和信息服务产业链联盟。由苏宁集团牵头成立,通过协同软件信息相关的基础设施、底层硬件、系统平台、软件应用、行业应用、产业实践等全链路的企业和组织,相互协作,共同做大做强,推动长三角地区软件和信息服务产业链的循环畅通。

(5) 数字健康产业链联盟。由微医集团担任理事长单位,联合浙江大学、复旦大学、南京大学、中国科学技术大学等知名高校,上海华山医院、上海瑞金医院、浙江大学医学院附属邵逸夫医院、江苏省人民医院等知名三甲医院,以及腾讯云、阿里云、华为云、移动云等67家单位共同组建,覆盖医疗、医药、保险、医养、金融、数字技术等全产业链条,打造长三角一体化数字医疗健康服务共同体。

(6) 人工智能产业链联盟。由科大讯飞股份有限公司担任理事长单位,汇聚苏宁云商集团股份有限公司、杭州海康威视数字技术股份有限公司,复旦大学、浙江大学、南京大学、中国科学技术大学等知名企业与学术机构,下设芯片算力组、核心算法组、智能场景组、产业生态组四个组别。

(7) 光电缆产业链联盟。由安徽省电线电缆商会牵头,成员包括光纤预制棒生产企业、光缆制造企业、光纤连接器和光模块生产企业、光通信设备生产企业等。

（8）智慧零售产业链联盟。由红豆集团发起，以零售作为切入口，促进现代服务业和先进制造业"两业"融合，加快线上线下深度融合，促进新型消费蓬勃发展。

（9）数字创意产业链联盟。由上海市、安徽省创意产业协会联合发起，聚集上海华住酒店、江苏原力数字科技、杭州水秀文化等长三角数字创意头部企业和科研院所。

（10）智慧城市和全程能效产业链联盟。由正泰集团牵头，聚焦智慧城市、未来社区、绿色建筑、工业节能等领域，积极应用智能化技术和高能效解决方案，倡导"全程能效"，引领联盟内部伙伴率先实现"双碳"目标。

（11）数字技术应用服务产业链联盟。由月星集团牵头发起，集聚大数据、云计算、人工智能等数字技术企业，用数字技术为传统经济社会发展赋能，推动数字技术与实体经济深度融合，特别是促进工业转型升级和高质量发展。

（12）透明商业生态产业链联盟。由大任智库牵头，江苏省数字经济联合会、透明数科等近百家单位联合发起，致力于研讨和传播"透明商业"新理念和新模式，交流和推广"透明工厂"新技术和新实践，引导和促进"透明消费"新市场和新文化。

（13）数字驱动创新生物医药产业链联盟。由贝达药业股份有限公司、杭州费尔斯通科技有限公司联合发起，联盟秘书处设在浙江，火石创造担任联盟常务副理事长单位和秘书长单位。

（14）工业互联网产业链联盟。由羚羊工业互联网股份有限公司牵头，100多家相关单位共同发起，致力于打破行政区划壁垒，推动产业链内部以及与相关各方资源共享，推进长三角工业互联网一体化发展。

三、联盟成立以来的主要成效及经验做法

（一）主要成效

近三年来，长三角企业家联盟及其产业链联盟在三省一市党委、政府的领导下，广大联盟成员紧扣"一体化"和"高质量"，积极探索践行民营经济推动区域产业协同发展模式，不断优化联盟组织架构、合作机制和服务形式，对长三角产业链"补链固链强链"，提升产业链韧性产生了显著成效。

1. 深化产业链供应链合作

在促进产业链供应链的区域协同发展方面，企业家联盟通过组建不同门类的产业链联盟，充分发挥企业家的创造性、能动性和积极性，组织各个链段的企业之间加强合作，推动区域内的产业资源得到有效整合，使得产业链上下游企业可以互利共赢，共同开拓市场，实现"1+1＞2"的协同发展。因此，联盟通过搭平台的方式，共享信息、资源和技术，优化产业链供应链流程，提高产业对接效率和降低成本。一方面，组织开展供需对接活

动,促进产业链上下游企业之间的合作。通过组织供需对接会、供应商展示会等形式,帮助企业找到合适的供应商和合作伙伴,推动供应链的稳定和优化。另一方面,联盟组织对长三角地区产业链供应链的布局进行优化,推动产业链上下游企业的合理布局和协同发展。通过产业链供应链的整合和优化,提高了资源的利用效率和产业链的整体竞争力。

例如,数字技术应用服务产业链联盟依托江苏商会智慧产业分会,计划以论坛和沙龙为特色,推动企业合作和信息交流。商会已连续3年举办高峰论坛;针对产业数字赋能等热点话题,不定期举行企业家沙龙,长三角企业家围绕产业热点话题展开讨论;实时汇总和有效对接区域产业资源。长三角绿色交通产业链联盟核心成员单位发起设立"绿色金通(上海)私募基金管理有限公司",致力于通过市场化方式实质性推动产业链上下游的合作整合,实现产融结合。

2. 促进政企交流政策落地

在搭建政企对话平台方面,工商联和联盟组织三省一市党政主要领导和企业代表之间的对话会议,促进政企之间的直接沟通和交流。通过召开座谈会,政府了解企业在政策实施中面临的问题和需求,企业也及时了解政府政策的最新动态和解读;在反馈企业需求和问题方面,联盟组织收集和整理企业对拟出台政策的意见建议,并及时向政府反馈。通过与政府部门的沟通和协调,协助解决企业在政策落地中遇到的困难和瓶颈问题,推动政策的优化和完善。在促进政策对接和支持企业发展方面,工商联和联盟协助企业与政府部门对接,为产业链联盟提供政企沟通的渠道。

例如,在2022年7月长三角绿色交通产业链联盟于上海市工商联与上海市科协的战略合作签约仪式上,发布"绿色运线"项目。8月,作为有效推进"绿色运线"的重要举措,联盟组织核心企业成立定向基金(3 000万元)战略投资国内重卡换电龙头玖行能源。2022年11月,长三角绿色交通产业链联盟主办了"首届长三角绿色交通产业链高质量发展大会",得到上海市委统战部、市经济信息化委、市生态环境局、市交通委、市工商联和上海联交所等单位大力支持。大会邀请相关院士和学者作主旨发言,业内专家、企业就产业链热点议题交流讨论。

3. 提升产学研协同创新能力

在搭建产学研合作平台方面,联盟组织企业、高校和科研机构之间的合作平台,促进产学研三方之间的交流与合作。通过组织产学研合作对接会、技术交流会等形式,搭建企业与高校、科研机构之间的合作桥梁,推动产学研合作的展开;在促进技术转移与成果转化方面,联盟组织推动科研机构的技术成果向企业转移和应用。通过组织技术转移对接会、科技成果展示等活动,帮助科研机构与企业对接,促进科研成果的转化和应用,推动创新成果的产业化;在促进人才培养与交流:联盟组织开展人才培训、技术交流和学术研讨等活动,推动产学研人才的交流与合作。通过组织高校实习基地建设、企业专家讲座等活动,促进人才的流动和共享,提升人才的创新能力和综合素质。

例如,作为战略性新兴产业的超导科技产业,目前发展还处于成果转化阶段,产业发展依托国家实验室和上海制造业创新中心等前端科研机构,因此推动产学研协同创新是超导产业发展及联盟工作的重点。与之相似的是长三角高端医疗器械产业链联盟,也是创新密集型产业。在2022年8月联盟主办了"青年科学家论坛",召集几十位专家学者、青年科学家,分享医疗机器人的最新研究成果,研讨医疗机器人的新技术、新应用,共谋创新发展。2022年11月,联盟主办"长三角医疗机器人医工合作创新闭门会"。长三角优秀的青年医学工作者和医疗器械工程师以及政府相关部门负责人共同研讨医疗机器人的产业生态,交流项目需求,促进医疗机器人领域的医工合作。2022年,长三角高端医疗器械产业链联盟和长三角相关高校及附属医院共举办20多场学术研讨和手术直播活动,共同推动长三角产业界和研究型大学的深入交流和合作。

4. 推动项目投资和市场拓展

在项目投资对接方面,联盟组织开展项目投资对接活动,帮助企业找到合适的投资机会和投资伙伴。通过组织投资对接会、项目路演等形式,促进投资方与项目方的对接,推动项目的融资和落地;在提供投资咨询服务方面,联盟组织提供投资咨询服务,为企业提供专业的投资意见和建议。通过组织投资咨询会议、专题讲座等活动,为企业解答投资相关问题,提供投资决策支持;在打造市场拓展平台方面,联盟组织打造市场拓展平台,帮助企业开拓新的市场机会。通过组织专题展览、商务洽谈会等活动,为企业提供展示和洽谈的机会,推动产品和服务的市场拓展;在提供市场情报和分析方面,联盟组织收集和分析市场情报,为企业提供市场洞察和分析报告。通过组织市场调研、行业分析等活动,为企业提供市场信息和趋势分析,指导企业进行市场拓展及相关的投资决策。

例如,2021年12月长三角超导产业链联盟首创研发建设的全球首条1.2公里35千伏高温超导电缆示范工程在上海正式投运。经过一年多安全运营,该示范工程实现了"运行零故障、维护全智能、节能超预期",各项技术指标优异,标志着我国高温超导输电技术已经走在了世界前列,并在下一阶段拟推进5公里超导电缆示范段项目。又如,长三角绿色交通产业链联盟以上海作为先行先试地区,在矿山、港口、钢厂、冶金、造纸厂、水泥厂、大型物流园区等特定场景,落地重卡换电项目,然后推广至全国;联合产业链上下游企业,在绿电、无人驾驶、卡车零部件翻新升级、轻量化工艺及原材料、电池全生命周期管理等方面进一步完善重卡换电整体解决方案。订单项目为联盟企业搭建了投资和市场拓展的平台,使得有能力的企业能够通过硬的技术和产品竞争力实现在大场景中的应用。

5. 加速区域产业一体化进程

在协同打造世界级产业集群方面,目前各个产业链联盟都是长三角地区最具发展优势的产业,通过组织促进不同产业链上下游企业的合作,推动形成区域性产业集群,促进企业间的合作与协作,推动产业链上各环节的协同发展;在推动产业链延伸和补充方面,联盟组织鼓励产业链上的企业进行延伸和补充,形成完整的产业链,并且目前各个产业链联盟的组成单位基本实现了产业链的全覆盖,可以说已经形成了非常成熟的产业链条。在区域产业协同发展方面,组织多元化的产业链发展论坛、前沿技术的研讨峰会,以及投资考察等活动,促进区域产业一体化,改善产业生态环境,实现优势互补,推动区域经济协调发展。

例如,在2021年1月,长三角企业家联盟走进安徽,150多位联盟理事和企业家代表参加,现场签约项目20个,总投资301.3亿元,并分赴合肥、芜湖、阜阳、淮南、宣城等5个城市投资考察,以此增强联盟对区域经济发展的影响力和带动力;同年7月,联盟组织企业家专程赴长三角生态绿色一体化示范区投资考察,与上海的金泽镇、浙江西塘镇、姚庄镇等进行深度交流对接;同年10月,联盟与台州市、温州市等7市组成的长三角民营经济跨区域协同发展城市联盟签订战略合作协议。

(二)经验做法

长三角企业家和产业链联盟自成立以来,形成了一套超前的运行模式,取得了较好成效的同时,也积累了一些可复制、可借鉴的经验做法,其中有不少都是推动长三角产业协同和一体化发展的重要制度创新,主要有以下三方面。

1. 健全工作机制,强化组织领导

长三角企业家联盟成立是长三角三省一市党委政府的重大决策,是服务国家战略的重要举措。各省委及市委统战部、工商联对于联盟的成立与发展起到了关键性的支持作用。同时,作为一个跨区域组织,三省一市的通力协作与沟通交流也需要长三角区域合作办公室的牵头协调。

长三角企业家联盟在三省一市都设立了秘书处,负责联盟的日常性事务工作,并设立明确的工作目标和任务,指导联盟的工作方向和重点。联盟定期召开主席会议对工作进行交流和总结。为了直接与产业互动,推动产业链协同,长三角企业家联盟基于长三角产业优势,按照"成熟一个成立一个"原则,陆续成立14家产业链联盟,这些联盟的行业领域划分具有细、专和尖的特色,以此作为强化产业链协同的主要合作平台。通过不同的产业链联盟,开展相关活动,建立有效的沟通机制,为企业提供合作和交流的机会,增强联盟的凝聚力和合作效果,推动联盟的合作成果和项目落地。

为进一步畅通政企沟通渠道,上海秘书

处在上海市工商联的支持和推动下,创新搭建"长三角企业家圆桌会议"平台,联盟企业家与一市三省党政主要领导面对面交流互动。2020年9月9日,长三角企业家圆桌会议在上海举行,时任上海市委书记李强出席会议并作了讲话,他鼓励企业家努力成为畅通经济循环的主力军、科技和产业创新的突击队、推动高水平开放的先行者,为服务全国发展大局作出长三角企业的积极贡献。特别指出,长三角企业家联盟要加强功能建设,当好加强企业联系的纽带、促进政企沟通的渠道、凝聚区域力量的平台。

上海市工商联不定期召集举办秘书处专题工作会议,积极指导、支持长三角企业家联盟以及长三角超导、高端医疗器械、绿色交通产业链联盟举办各项论坛、大会等活动,与相关政府部门加强沟通,推进与相关金融机构、专业机构等的对接合作,与长三角国资百企联盟签署战略合作协议,有力推动长三角企业家联盟上海方面工作以及与一市三省秘书处的交流与合作。

2. 搭建交流平台,打造合作样板

长三角企业家联盟每年都有定期的会晤,共商联盟的未来发展路径,为其设定顶层设计,同时也是长三角企业家交流合作的重要平台。各个长三角产业链联盟都有各自的品牌会议,每年定期举办,同时也举办大量的各类行业交流研讨会、产业供需对接活动,以及相关前沿学术论坛等活动。这些都为联盟企业提供了一个交流合作、资源共享的平台。

企业家们可以分享经验、交流合作机会,共同解决发展中的问题,实现资源共享和互利共赢。

不少产业链联盟都提出以项目带动产业链发展,在实战中企业不能获益,同时也能在更深层面上建立互信和加强互通。因此,产业链协同的第一要务是要明确共同目标和利益,产业链联盟的成员企业需要明确共同的目标和利益,以此为基础建立合作样本。只有在共同的利益驱动下,企业才能真正合作起来,共同推动产业链的发展。产业链联盟成员企业应该积极寻找合作共赢的项目,可以通过共同研发新产品、共同开展营销活动、共同投资新项目等方式,实现资源的优化配置和风险的分担,共同分享项目的收益,共同协调与政府的合作,争取政策支持和资源的优势。

3. 突破组织边界,构建协同网络

在区域一体化发展的大环境下,企业等微观主体需要调整发展模式和理念,要鼓励企业突破组织边界。组织边界有三层含义:

一是不同企业之间的边界,意味着要加强企业间的合作、协同,特别是对于民营企业而言,更有必要在与政府、国企和大型央企的合作中采取组团式合作模式,使得谈判对接更加顺畅。

二是在开放创新环境下,企业、高校、科研院所的边界逐渐模糊,产学研合作愈发频繁。联盟发展的核心是产业竞争力,而产业竞争力提升的关键是科技创新和技术进步。

通过联盟平台将行业内的高校、科研机构、企业及用户方力量集聚起来,组织成员单位共同研讨提出技术标准,并在标准框架下制订统一的技术发展路标,使成员单位同时掌握技术标准、技术研发的路标,并在一定的条件下促进已有技术在成员间的转移、共享,在此基础上开展技术与产业创新。

三是打破地理和行政区划边界,联盟积极吸引来自长三角不同地域的企业加入,突出跨地域的合作与协同。联盟着力推进跨地域合作项目,区域性产业链联盟尽可能地在资源有效对接基础上促进跨地域的合作项目。此外,在政策支持、合作交流活动、信息共享等方面都打破地域局限,促进联盟成员合作关系的网络化,助力区域产业创新和资源的整合及最大化利用。

四、联盟发展面临的问题瓶颈及若干建议

(一)问题瓶颈

目前,长三角企业家联盟及其产业链联盟的运行情况良好,也已取得了比较突出的成绩,但面向长三角产业高质量一体化要求,在联盟的外部环境和内部运行上都还存在一些制约发展的问题瓶颈,迫切需要逐一突破和解决。

在联盟组织的外部环境方面,主要有以下三个有待破解的问题瓶颈。

政策指引工具缺失。关于企业家联盟或相关产业链联盟发展,与基于地方层面的商会组织具有明显区别。区域性联盟需要在区域层面甚至国家层面出台相关规划或政策,以形成明确的指引,否则将导致联盟蓬勃发展的同时,出现"扎堆"、良莠不齐、同质竞争、各自为政的状况。缺乏清晰的政策指导可能导致产业联盟在面对不同的挑战时缺乏有效的引导和支持。政策指引不足可能表现在产业联盟的法规环境、融资支持、技术创新、市场准入障碍等方面,这会影响联盟的整体运作效果,损害企业参与联盟合作的信心和积极性,从而降低联盟的发展和成就其目标的能力。如果有更加明确的顶层设计和政策指导可为联盟提供更为稳定和可预期的环境,促进其健康发展。

区域协同机制比较单薄。长三角地区已在环保、交通、安全等领域建立了三省一市间的协调机制,但产业或商业领域的协调机制建设也是相对滞后,而且是明显滞后。比如至今三省一市还没有共同设立一个跨区域的产业基金;近年成立的一些跨区域产业联盟能够发挥的作用极其有限,而且还难以申请成为社团组织。之所以产业协调机制比较单薄,根本原因在于各个中心城市并没有充分发挥其应有的牵头协调作用。一方面协调各地产业分工和合作事宜,是一项更加艰巨的任务,普遍存在畏难现象;另一方面对中心城市自身来说此事虽然意义重大但需要它扩散资源、做出一定牺牲,在现行行政区经济格局下往往缺乏内在动能。

缺乏更广泛的社会认同感。党中央多次充分肯定我国民营经济的重要地位和作用，并不断为民营经济营造更好发展环境。但在我国社会，对民营经济、商会、企业家联盟及其相关的产业联盟等组织可能存在一些误解或错误认知。例如，一些人可能误认为产业联盟或商会在一定程度上存在垄断和不正当竞争的问题；或是认为民营企业过于追求经济利益，缺乏社会责任感，这种看法可能忽略了许多民营企业在社会公益、慈善等方面的积极贡献；或是错误地将一些商业组织与腐败和权力寻租联系在一起，这可能是由于个别案例的负面影响而对整个组织类型进行泛化；还有一些人可能担心联盟组织可能会进行技术封锁或信息控制，从而对市场造成不公平竞争。

同时，在联盟组织的内部运行方面，主要存在以下五个突出的问题与短板。

联盟的运作机制亟须创新。目前，大多数联盟组织在我国法人资格与民事主体地位缺失，难以实现实体化运行，这与区域产业链合作、产学研协同创新，共同打造区域世界级产业集群的大方向不同步。例如，长三角企业家及各个产业链联盟所开展各项活动和项目都需要充足的预算经费保障，但在当前的联盟的组织建设和运营过程中，运行资金大多由个别企业承担，因此面临资金和资源来源单一和支持不足的问题。因此，在当前政策环境下，联盟运作机制不畅是一个共性问题，也是亟待创新突破的关键瓶颈，基本组织制度的不完善容易导致联盟发展的不可持续、结构松散，以及内部矛盾冲突。

联盟的服务水平有待提升。联盟发展一般由龙头企业主导，但目前中小企业的参与感不强，中小企业与龙头企业之间需要进一步加强交流。联盟的服务工作应该落到实处，切实加强对中小企业需求的沟通和了解，提供更高效的对接服务，充分挖掘制约区域产业发展瓶颈，推动区域产业协同创新和知识技术共享。同时，不少企业也反映联盟组织的各类服务和活动促进了产业合作与交流，开拓了新商机，但在服务和活动的多样性、丰富性，以及互动性上仍显不足。此外，联盟成员有着各自的利益诉求，不同类型企业加入联盟的责、权、利还需进一步明晰，以确保服务的有效性。

联盟的凝聚力向心力不足。联盟目标的实现程度直接影响到企业参与联盟的积极性，因此在联盟目标设定方面，首先要注意联盟目标的恰当性。企业在参与联盟时，需要评估企业内部资源现状和合作伙伴的能力设置合适的目标。当联盟与企业之间的目标期望匹配度不高，则会降低企业参与联盟及其活动和项目的积极性。长三角企业家及各个产业链联盟的成立致力于从产业协同维度服务长三角一体化国家大战略，但从企业整体发展情况看，企业仍以自身营利、扩大市场和数字化转型等为主要发展目标，因此有必要在区域整体目标和企业个体利益之间建立有效衔接，以凝聚人心共同发力。

联盟的对外交流互鉴不够。长三角企业家联盟及各产业链联盟已形成了良好的内部互动机制,但在与全国其他地区和全球范围的类似组织之间的交流相对欠缺,同时各个产业链联盟之间的联系也比较匮乏。特别是,考虑到长三角产业和经济发展对于全国经济平稳增长的"压舱石"作用,联盟推动长三角产业一体化的内涵不仅在于区域内部协同,还在于如何更好地服务全国。因此,联盟在项目开发成果转化、产融结合等方面有必要进一步加强外部合作交流。针对各地区的相关联盟相继成立和快速发展的现状,也应更积极主动地建立联盟间合作渠道和共赢机制,通过互补互鉴、求同存异,共同成长进步。

联盟的跨区域属性未能凸显。长三角企业家联盟及其产业链联盟作为地区性合作组织,重要特色就在于聚焦区域优势产业、汇聚三省一市的企业家,推动长三角一体化和产业链协同发展。尽管联盟的名称中包含长三角字样,表示组织范围涵盖长三角三省一市全域41个城市,但在实际运作过程中,特别是各个产业链联盟的管理机构或秘书处的设置分别隶属于各个省市,这在很大程度上导致联盟发展仍受到行政区划分割的影响,联盟内各省市活跃企业的占比程度与该联盟由哪个省市主管的关联性较高,也导致其他省市企业的参与积极性受挫。联盟作为产业技术、信息、人才等合作交流,以及产业链一体化的平台功能没有得到充分发挥。

(二)促进联盟高质量发展的相关建议

针对上述联盟发展的问题瓶颈或还需进一步提升的方面,从外部如何支持联盟等工商业社会组织发展的促进政策,以及联盟组织、服务、合作、发展等内部优化两个角度提出参考建议。

在外部支持上,相关政府部门需要积极探索支持联盟构建和发展的有效措施。具体而言,在制度建设方面,政府主要在两个方面发挥作用。一方面是鼓励与规范并重,在激励共性技术创新活动和促进市场竞争之间寻求平衡,既鼓励企业以联盟形式开展创新、提高资源配置效率和产业竞争力,又制定上下游合作、联合研发创新的法律规范,减少对市场竞争的负面影响。另一方面是在推动产业联盟组织架构、参与成员、成果转化等方面构建一系列有利于联盟发展的政策、市场环境,减少联盟的经营成本,提高联盟研发的积极性和效率。在组织运营支撑方面,鉴于国外成熟的企业或产业联盟组织经验,国家要在一定程度上加大对联盟组织及成员企业的财税支持,因为这类联盟的成立及其民营企业的行业分布或发展目标与国家宏观目标一般都是战略耦合的,并且在抵御当前逆全球化或西方制裁下脱钩风险扮演重要角色。除了投入资金外,更重要的是政府要起到组织协调和沟通作用,促进各方合作。找到保障国家利益、行业利益和企业利益的平衡点,同时加强联盟成员的沟通和合作,将官产学研各方联系起来协同工作,保证联盟各成员能够相互理解和支持。在科技创新支持方面,创新国家科技计划管理方式,把体制机制和资源配置相结合,引导形成区域产业链、创新链融合的长效机制。国家和区域科技计划按照有关规定可以定向支持有条件的联盟,由龙头企业牵头开展重大产业技术创新活动。深化科技金融合作,创新金融产品,进一步发挥科技贷款、科技担保等金融工具,支持联盟企业投资,开展技术攻关和成果产业化;在政府采购或外包服务方面,需要采取一系列措施,以提高联盟组织的参与度,帮助拓展其发展空间,特别是要引导联盟对产业的共性技术进行研发。政府可以设立专门的购买服务项目,明确面向企业家联盟及其产业链联盟等民营经济组织的服务需求,通过招标等方式进行购买,同时确保政府购买服务的招标流程公开、透明、公正,以减少不公平竞争,吸引更多的民营组织参与;在开放公共资源方面,要建立资源供需匹配的对话合作机制,完善数据交易所等资源要素流通的市场体系,更重要的是要建立、开放公共服务平台,促进其为联盟服务。要做到真正有效地让各地共享产业公共服务平台,前提是共建,包括建设资金的共筹与运营成本的共担,其中涉及两大机制:一是各地共建的机制,二是平台本身运营的机制。现在的大多公共服务平台属于公益性的事业单位,在内部运营管理上存在先天性不足,而要引入更具活力的基金会、公司化模式来承载跨行政区合作平台的运营管理和公共服务。例如,政府可以资助联盟,企业也可以联合出资,通过共建共用研究设施,供民间共性技术研发使用。

此外,在内部优化上,具体提出了以下十条相关建议。

推进联盟"实体化"。创新体制机制,缓解联盟作为契约型社会团体组织的"合法性"与"合理性"冲突。进一步拓展与放宽企业家联盟、产业联盟的法人注册资格与手续难度,改善现有的《社会团体登记管理条例》等法律法规,或制定颁布新的适应新时代需求的有关社会组织的法律法规,给予相关联盟与社会组织新的规则制度空间,促进其科学合理的发展。同时,联盟也可以通过鼓励成员企业、高校、科研院所共同成立联合研发中心、协同创新中心、产业技术研究院等各类实体机构,搭建平台促进多方合作。

提升联盟治理水平。联盟的主体与牵头成员(包括理事会、理事单位)注意协调多方关系,防止组织颗粒化、碎片化,合作形式化、绩效模糊化等合作不畅与合作低效的现象与问题出现,重点要联盟主体与理事单位牵头、以联盟战略目标和合作需求为导向,加强共同理念的贯彻、合作分工与任务目标的明确。一方面,要发挥秘书处等联盟管理部门的作用,积极搭建合作交流平台和协调沟通机制;另一方面,联盟管理部门要加强对联盟内部管理人员的培训,提高监管的专业化水平,保障联盟运行规范的有效执行。

强化联盟服务意识。有针对性地扩大联盟对企业的服务项目,如为联盟企业提供上市辅导、产业政策和知识产权保护等咨询服务;通过组织专题研讨会、研修班、技术培训等多元形式,为企业提供专业指导,促进企业创新能力提升;设立产业创新基金等方式,搭建区域产业协同发展的公共载体,推动产融结合发展;加大对小微企业、青年企业家支持力度,促进其与政府和龙头企业的对话交流;尽力缓解民营企业发展困难,如政策不确定,要素获取不公平、准入和招投标歧视突出、政商关系隔阂等,营造对民营企业家友好的舆论环境。

打造联盟品牌形象。通过多种渠道传播长三角企业家联盟及其产业链联盟的信息和成就,包括行业媒体、社交媒体、行业会议,提升联盟的知名度和信任度,吸引更多的成员加入联盟;联盟可以与高校或科研院所团队合作,通过设立网站、公众号等形式,定期发布有关长三角产业链动态月报、长三角产业创新报告等一批高质量的公共服务产品,扩大联盟的专业影响力;为联盟设计一个独特、吸引人且与长三角产业相关的标志或标识,提升联盟的识别度。推动联盟与其他有影响力的组织机构建立合作伙伴关系,提升联盟的声誉。

制定产业联盟标准。科学技术的创新速度使很多企业意识到传统标准组织制定标准的速度已经不能满足市场的需求,企业自身必须尽快制定新技术的规范用以迅速打开市场,而通过正式标准的制定程序,形成的标准时间则会过长。长三角各个产业联盟是具有共同利益追求的企业联合体,有条件形成产业标准联盟,共同起草、制定并承诺执行联盟标准。产业联盟标准可以增强企业互信,提高长三角区域产品技术水平,实现产业结构升级及先进技术的推广,促进产业链优化和安全稳定,从而有效应对外部环境冲击。

建立联盟信息平台。通过建立联盟会员管理系统或类似信息平台,实现对联盟成员及相关事务管理的聚合及在线化,提升联盟运营和管理的信息化水平。联盟秘书处或其他组织者可以通过在平台发布新闻、活动信息、公告通知等方式,让企业及时了解长三角企业家联盟及其产业链联盟的最新动态。同时,政府或联盟组织者也可以通过汇聚联盟成员的各种信息动态及时洞察企业需求,组织相应的线上、线下活动,或者提供更加丰富的个性化服务,促进区域产业资源的对接与整合,提升联盟竞争力,也能避免可能发生的高水平重复建设。

加强对接国家战略。长三角企业家联盟及其产业链联盟有全国领先的产业基础、企业家精神,以及区域经济发展环境,应该立足更高站位和目标,需要加强多维度、深层次对接长三角一体化国家战略。一方面,坚持以产业协同为抓手,加强企业家交流合作,推动区域产业协同发展,实现强链、补链、固链和稳链;另一方面,联盟应积极参与长三角一体化示范区、G60科创走廊等国家级项目建设,共建共享一体化成果;此外,在服务全国方面,联盟还要代表长三角企业家,在东北振兴和西部大开发中有所作为,在东西部协作中发掘商机。

协调内外合作交流。发挥联盟的平台功能,促进长三角地区内部的政企交流、企业合作和产学研协同创新,构建跨区域、多主体、多中心合作网络;加强与央企、国企的产业交流,加强与高水平大学、中国科学的学术交流;加强与长三角及全国其他地区类似联盟的互访交流,分享最佳实践和成功案例,共同探讨面临的共性问题,并寻求创新解决方案;广泛成立与全国各省区市之间的合作联盟,如发挥沪滇协作平台优势,成立长三角-云南企业家合作联盟,实现长三角企业、研发、市场资源与云南生态、加工、劳动力资源的有效对接。

攻坚关键核心技术。除了推动产业链协同,联盟还应围绕领军企业或"链主"企业、骨干企业或各类研发机构,推动产业链和创新链融合。以联盟为代表,推动民营企业参加国家或地方实验室,各类工程中心、制造业技术中心、检测中心等平台建设,成为联盟技术攻关的运作载体和依托机构,使其与联盟建设有机结合。产业链的关键共性技术要立足于联盟各方共同利益和内在发展需要,以联盟层面的大型合作研发项目为协同攻关的纽带,对认定的联盟及其攻关项目择优给予资金扶持,并优先列入各省市科技创新战略专项。

引入监督引导机制。加强第三方机构与政府相关部门对长三角企业家联盟及其产业链联盟的监督与引导。具体措施可以开展关于联盟的运行情况、运行成效及问题瓶颈的调查研究,包括机制建设、会员规模、组织活动、合作项目等,以及在建言献策、区域产业协同、科技创新攻关等方面发挥的积极作用。基于调研对联盟发展情况进行评估,评选示范联盟、杰出贡献企业家、杰出青年企业家等奖项,对运行良好的联盟将在联盟技术标准、技术路线图、专利池建设、共性技术成果推广等方面加大支持力度,最大限度激发不同联盟成员的积极性。

(供稿单位:上海市工商业联合会,主要完成人:汪剑明、翁一飞、李温暖、卞卡、杨凡、刘树峰)

专题二十一

上海民营总部经济发展成效、问题及建议

发展总部经济已成为推动城市经济发展、提升城市竞争力的重要路径。随着上海新一轮振兴规划的实施，民营总部经济已被纳入战略性新兴产业，成为上海经济发展新的增长点。截至2023年7月，上海已认定五批共计501家民营企业总部、总部型机构，业务涵盖制造、信息服务、批发零售、科技等多个领域。

一、上海民营总部经济发展成效四大看点

总体来看，上海民营总部经济发展良好，呈现四个特点。

第一，市区两级从产业政策、金融发展、人才支持、贸易便利化、配套政策等多方面开展的多元化激励政策有效促进了民营总部经济发展。

第二，民营企业总部全市覆盖，虹桥、张江、市北等民营总部经济重点区域集聚效应凸显，总部企业正向价值链、产业链、创新链高端发展。

第三，总部企业能级不断提升，新技术新经济占比增加，创新型、成长型民营企业为上海民营总部经济发展注入活力，对上海经济社会发展贡献不断增大，对全球市场影响力逐步显现。

第四，营商环境持续优化，民营经济"27条"、中小企业平稳健康发展"22条"，民营经济发展大会，建立"1515"诉求解决机制等，上海正不断用政策加持民营经济的发展。

二、上海民营总部经济发展面临六大问题

上海民营总部经济发展也面临六大问题。

第一，从政策层面看，政府支持和服务靶向还不够精准。一是政府职能转变尚滞后，民营企业与政府的沟通成本尚高，政府的服务意识和服务能力还有待进一步提升。二是对重大创新和突破性的项目扶持力度还不够，扶持政策尚不够精准，引导企业科技创新的作用还不强。

第二，从认定条件看，民营总部企业的门槛还较高。民营企业总部认定中，资产总额、营业/销售收入及分支机构等要求对于生产研发型民营企业来说门槛相对偏高，在创新

型总部企业吸引上很难给民营企业带来更有力的政策放大效应,长期看会给高端产业发展,特别是"卡脖子"产业发展带来不利影响。

第三,从企业层面看,民营企业发展质量不高水平不均。一是民营企业发展不充分。民营企业发展中支柱性和代表性企业不多,处于产业链低端的企业数量多,对于全市经济发展具有重大引领性、推动性和影响性的企业少。二是民营企业发展不平衡。城区和远郊区的民营企业差距较大,民营科技型企业集中在高端产业功能区中,其他地区企业科技创新能力明显不足,缺乏对经济的带动力。

第四,从融资状况看,民营企业的融资渠道尚不够畅通。大多数企业主要资金来源依然是原始资金积累,资金不足已经成为阻碍民营科技企业发展的梗阻。新兴行业融资更难,部分新经济企业的商业模式具有一定创新性,目前尚不存在其所属行业的审核标准,上市发行审核中只能比照类似行业的标准予以审核,与公司实际业务模式差别较大,为企业申报带来较大困难。

第五,从人才来看,民营企业的高端人才吸引力仍偏弱。上海人才高原的民营人才洼地现象较明显,民营企业在人才扶持相关政策上的需求突出。调研发现,三大问题排名前列:第一,外地人才进沪落户难;第二,生活成本逐年上升导致中层管理人员和技术人员大量流失;第三,为引进人才解决住房需求的配套政策不完善。人才短缺仍然是制约上海民营总部企业高质量发展的瓶颈之一。

第六,从成长来看,民营企业家健康成长机制尚不完善。一是体现在对民营企业家思想政治教育和价值引领上尚存在不足。科学、专业、标准化的工作纲领和指导缺乏,缺少线上模式,这都难以满足企业家对思想政治引领工作的期望。二是体现为促进民营企业家创二代成长培养机制还不完善。部分年轻一代政治立场还不够坚定,人生价值观不够端正,缺乏企业家精神。这需要有针对性地开展教育。

三、进一步促进上海民营总部经济发展的建议

第一,进一步优化民营经济总部的认定条件与标准。改变一刀切的政策标准,按照上海全球城市发展的实际需要,针对上海重点扶持的产业和基层产业实际情况分门别类设定标准和门槛,对于重点产业领域或重要产业环节的创新型企业,应区分出不同层次和不同阶段,在总部经济认定上区别对待,形成分类分层的不同总部经济认定标准。

第二,以全球科创中心站位引领上海民营经济与产业发展。上海科创中心建设已反映了上海科技创新事业取得了历史性、整体性的变化。未来产业成为大国博弈新赛道,全球主要国家聚焦关键领域,对未来产业相关领域进行合理化规制已成共识。上海民营总部经济的发展,必须站位上海全球科技创

新城市高度,顺应产业发展趋势,聚焦关键领域,掌控新赛道,抢占制高点。

第三,顶层设计统筹政策,提升民营总部经济发展质量。构建市级层面的系统设计体系,将民营经济发展作为全局性工作,构筑全链条高效组织运行体系等。同时,统筹兼顾引入跨国总部、国企总部、引进国内民营企业总部和培育本土民营企业总部的关系,充分发挥各类型的企业总部(机构)在促进区域合作、实现区域协调发展和资源整合配置等方面作用。

第四,进一步完善民营企业总部服务交流联系机制。建立民营企业服务与交流联系制度,还可举办市级层面的定期民营经济咨询和服务沟通会议,如专门面向民营企业的市长咨询会或市领导和相关部门参加的服务和沟通联席会议等,及时落实和帮助总部型民营企业解决长期以来可能存在的不公平和弱势地位,在观点改变、政府采购、市场协调等方面促进民企总部发展壮大。

第五,民营总部配套政策应统一协调确保落地有效。统一协调政策并确保落地有效。以税收优惠为例,上海各部委对于民营企业的税收优惠政策比较分散,为了将税收集中到上海地区,也为了方便上海本土企业的发展与便利,上海市各部委可研究将税收优惠政策集中起来并对扎根在上海的民营企业给予适当的配套税收优惠,减少企业负担,同时也能将分散于全国的税收集中起来。

第六,弘扬企业家精神,加强民营企业家队伍建设。充分发挥网络平台优势,积极探索现场教育新形式,对于总部型民营企业家,提供更多的自主空间,发挥榜样作用,带领更多的企业共同前行。同时,培育民营企业家增强家国情怀,自觉养成促进共同富裕的责任感和使命感,做爱国敬业、守法经营、创业创新、回报社会的典范,成为具有榜样示范和模范引领效应的"新时代民营企业家"。

(供稿单位:上海市工商业联合会,主要完成人:施登定、王倩、陆畅、王胜桥、司文、赵黎黎、狄蓉、成争荣、侯宏亮、种玉)

专题二十二

发挥龙头企业作用，推动集成电路技术和产业实现突破性发展

集成电路产业是典型的知识密集型、技术密集型、资本密集和人才密集型的高科技产业。关键核心技术研发涉及多学科、横跨多领域，亟待突破的"卡脖子"环节存在于关键材料、设备和工艺等诸多方面。要实现关键核心技术突破，不仅需要大量创新资源的长期投入，还迫切需要各创新主体和互补型创新资源的协同及优化整合、联合攻关。企业是创新主体，尤其行业"领头羊"是技术创新的主要载体和"发动机"，其不仅能实现自身快速发展，更能引领行业内中小企业持续创新；深耕集成电路产业链各环节各细分领域独角兽、"专精特新"中小企业，拥有高度专业化的生产和研发能力并形成核心竞争力，与产业链相关企业建立长期合作关系，能够有效促进我国集成电路产业链竞争力巩固、确保供应链长期安全、保持行业持续创新力。

《上海市先进制造业发展"十四五"规划》指出，集成电路方面，到2025年，上海基本建成具备自主发展能力、具有全球影响力的集成电路创新高地。而这需要集成电路产业链上下游、大中小企业发挥企业主体作用、融通创新，构建"以大带小、以小托大"的协同、高效、融合、顺畅的创新生态，以形成龙头企业勇当引领者、抢占"身位"，示范带动上下游齐力攻关，吸引中小企业集聚、竞逐的发展态势。

一、上海集成电路产业基础和优势

（一）上海集成电路产业基本情况

上海依然是中国IC产业发展的领头羊。根据上海市集成电路行业协会（SICA）统计，2022年上海集成电路（以下简称"IC"）产业实现销售收入首次突破3000亿元，达到3057.2亿元，同比增长18.5%，较2021年增速少了6个百分点，是继2014年以来上海IC产业销售规模连续9年实现两位数增长。2022年，全球IC市场销售额5741亿美元，同比增长仅为3.3%。回溯上海2011—2022年IC产业的发展，产业销售规模整体增长（见图22-1）。

上海占我国IC产业销售收入的比重一直维持在20%左右，一直是我国IC产业发展的领头羊。虽然近年来由于国内其他地区IC

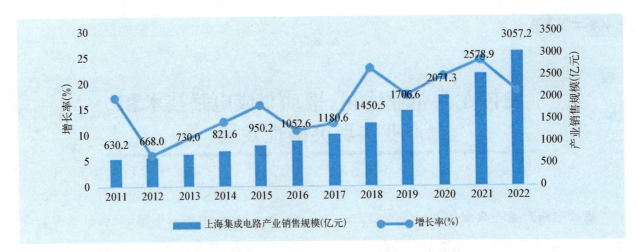

图22-1　2011—2022年上海集成电路产业销售规模及增长率
（数据来源：2022年上海集成电路产业发展研究报告）

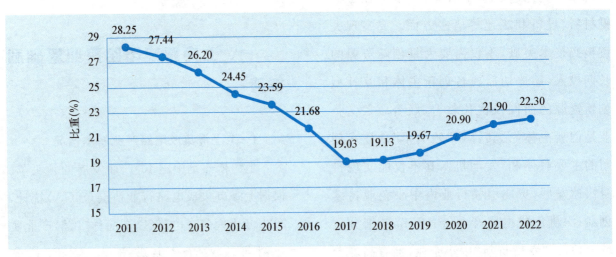

图22-2　2011—2022年上海集成电路产业销售规模占全国比重变化
（数据来源：2022年上海集成电路产业发展研究报告）

产业的快速发展，上海IC产业销售收入占全国比重逐步缩小，但在2017年上海IC产业快速发展之后，上海占全国的比重进一步提升，2022年占全国比重回升至22.3%（见图22-2）。

上海IC产业结构优化趋势明显，实现以IC制造为主向IC设计和制造并重转变。2022年，上海IC设计业、制造业、封测业、设备材料业销售规模分别达1341.2亿元、801.3亿元、530.5亿元及384.2亿元，各环节销售之比达到44：26：17：13，设计业比重明显较大，销售收入继续领先于产业链各个环节。与2011年相比，2022年上海IC设计业销售收入占上海IC产业比重由23.7%提升至44%，上升20个百分点；芯片制造业比重基本保持在20%以上，封装测试业的比重

产业研究

图22-3 2011—2022年上海集成电路各行业销售额变化情况
（数据来源：2022年上海集成电路产业发展研究报告）

由45.5%降至17%，设备材料业近几年维持在13%左右（见图22-3）。

上海集成电路技术水平国内领先。研发机构方面，目前，上海市IC有省级及以上研究机构70家，其中，企业技术中心数量最多，有60家，占比为85.71%；其次为重点实验室，有4家，占比为5.71%。创新成果方面，2022年上海IC产业链各环节创新成果可圈可点，设计领域：全球首个基于R17 IoT NTN[①]标准的5G卫星物联网上星实测，国产自研高端BSI[②]工艺平台、可定制的一站式VeriHealth大健康芯片设计平台开发成功；制造领域：12英寸大硅片成功打破跨国公司垄断，多款12英寸产品成功量产并交付；装备材料领域：首台2.5D/3D先进封装光刻机正式交付客户，首台90nm ArF光刻机完成研制，清洗设备批量应用，5nm刻蚀设备已应用于全球先进的IC生产线，中微公司完成第2 000个CCP蚀刻设备反应台交付；设备企业迎来具有里程碑意义的一年，本土前五大设备企业年营收第一次超越外资设备前五强在中国的营收；主要半导体材料企业有望在"十四五"期间率先实现产业化水平升级和产业化应用突破。

专利方面，更趋向于资金和技术更加密集型的设计类和制造类技术。2022年，上海IC产业设计、制造、封测各类专利公开数量合计为10 319件，同比增长17.15%。其中，设计类专利累计公开53 494件，制造类29 101件，封测类6 298件，三业分布比例约为8.49∶4.62∶1。

从IC主要专利权人分布来看，设计领域：2022年，稳居榜首的紫光展锐专利公开数量为2 583件，同比增幅高达87.4%，紧跟其后的华大半导体和上海寒武纪排名未发生变化，专利数量公开数分别为316件、307件；制造领域（涵盖IC制造厂商、半导体设备厂商和材料厂商），2022年排名前五权利人中除上海

---

① IoT：Internet of Things，物联网；NTN：non-terrestrial network，非地面网络。

② BSI：Back Side Illumination，背照式入射。

华虹集团专利公开数量较上一年度有所增长外,其余四家中芯国际、上海微电子装备、中微半导体和新昇半导体的专利公开数量较上一年度均有下降;封测领域,从专利公开数量可以看出,上海地区封测类产业发展较为缓慢,专利分布集中度低。近三年来,专利公开数量始终保持第一的上海先方半导体,2022年专利公开数量为65件,尚未突破百件,其余四家分别为上海华虹、上海华岭、上海艾为电子及上海凯虹科技(见表22-1)。

表22-1 2020—2022年上海集成电路各产业链各领域中国专利人之主要专利人

产业链环节	排名	2020年 专利人	公开数量/件	2021年 专利人	公开数量/件	2022年 专利人	公开数量/件
设计领域	1	紫光展锐	620	紫光展锐	1 378	紫光展锐	2 583
	2	上海寒武纪信息科技	341	华大半导体	217	华大半导体	316
	3	华大半导体	193	上海寒武纪信息科技	190	上海寒武纪信息科技	307
	4	上海艾为电子技术	133	格科微电子	146	上海艾为电子技术	231
	5	格科微电子	98	上海艾为电子技术	133	格科微电子	159
制造领域	1	上海华虹集团	1 743	上海华虹集团	1 403	上海华虹集团	2 221
	2	中芯国际	1 471	中芯国际	1 127	中芯国际	912
	3	上海微电子装备	289	上海微电子装备	404	上海微电子装备	385
	4	新昇半导体	108	中微半导体设备	213	中微半导体设备	172
	5	中微半导体设备	102	新昇半导体	114	新昇半导体	71
封测领域	1	先方半导体	57	先方半导体	44	先方半导体	65
	2	中芯国际	38	上海微系统所	23	上海华虹集团	57
	3	上海华虹集团	21	上海凯虹科技	20	上海华岭集成电路	29
	4	上海华岭集成电路	18	上海华岭集成电路	19	上海艾为电子技术	21
	5	上海交通大学	16	中芯国际	19	上海凯虹科技	17

研发投入方面,设计领域投入规模最高。根据SICA的统计,2022年上海IC设计业的研发投入占营收比重达24.77%,估计投入规模约332亿元;晶圆制造业的研发投入占营收

的比例达13.33%,估计投入规模约118亿元;封装测试业的研发投入占营收比重为3.56%,估计投入规模约19亿元;设备材料业的研发投入占营收比重为12.46%,估计投入规模约48亿元。

(二) 创新主体加速成长

从企业数量来看,截至2023年9月,上海市IC存量企业1 443家,其中七成以上为民营企业,达1 014家,占比高达70.27%。目前,上海IC上市企业49家,占比3.43%;国家级专精特新企业72家,占比5.05%;国家高新技术企业250家,占比17.52%(见图22-4)。

从注册资本分析来看,截至2023年9月,上海市IC注册资金在100万~500万元的企业最多,有426家,占比为29.52%;其次是注册资金在1 000万~5 000万元的企业,有396家,占比为27.44%;注册资金5 000万元以上的,272家,约占18.8%(见图22-5)。

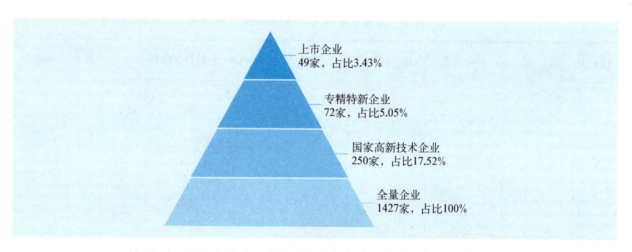

图22-4 2023年上海集成电路企业金字塔结构(截至2023年9月)

(数据来源:产业通)

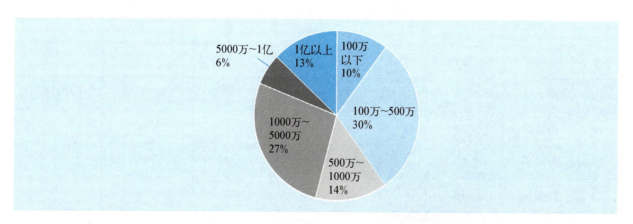

图22-5 上海市集成电路企业注册资本分布(截至2023年9月)

(数据来源:产业通)

从独角兽企业聚集度来看,根据新财富统计,截至2022年底,国内半导体前50家(总估值8584亿元)独角兽企业中,上海有14家,估值约2250亿元,位于全国之首;此外,北京有9家,深圳有6家,杭州、合肥各有4家,广州、珠海各有2家。上海的14家独角兽企业中,92.9%的企业估值超百亿,其中最高的是紫光展锐,估值有600亿元,位居全国第二、上海第一。从产业链各个环节来看,IC设计企业共13家,占据92.9%,另外一家属于MCU+IDM企业,致力于高端汽车芯片的制造。

从IC重点企业区域分布来看,浦东、奉贤和嘉定企业数量位列前三,分别有633、183和125家。浦东在链主企业、上市企业、独角兽企业、专精特新(国家级及省级)企业、高新技术企业数量方面都为各区第一,分别达到116家、31家、11家、107家、150家(见表22-2)。

表22-2 上海市集成电路重点企业区域分布

排行	区域	企业总数	链主企业	上市企业	独角兽企业	专精特新企业	高新技术企业
1	浦东新区	633	116	31	11	107	150
2	奉贤区	183	8	1	0	7	7
3	嘉定区	125	13	2	1	12	16
4	闵行区	99	13	2	2	12	20
5	松江区	96	13	1	0	13	12
6	青浦区	51	7	1	0	7	8
7	宝山区	47	6	1	0	6	7
8	金山区	42	3	1	0	3	3
9	崇明区	39	1	0	0	1	2
10	徐汇区	38	11	5	0	9	11
11	杨浦区	29	2	1	0	1	2
12	普陀区	19	0	0	0	0	1
13	静安区	18	1	1	0	1	2
14	长宁区	16	5	1	0	5	6
15	黄浦区	7	1	0	0	1	2

续 表

排行	区 域	企业总数	链主企业	上市企业	独角兽企业	专精特新企业	高新技术企业
16	虹口区	1	1	1	0	1	1
	总计	1 443	201	49	14	186	250

数据来源：产业通、新财富（备注：专精特新包括国家级、省级专精特新企业数）。

从重点企业聚集来看，目前，上海已集聚了中芯国际、华虹宏力、华力微电子、华大半导体、紫光展锐、上海微电子装备、盛美半导体等多家本土IC头部企业。从产业链分布来看，在设计领域，上海部分本土IC企业的研发能力已达到5纳米，汇集有紫光展锐、格科微、国微思尔、概伦电子等芯片设计和EDA（电子设计自动化）企业，其中紫光展锐在全球手机芯片市场份额位列第三；在制造领域，中芯国际、华虹集团的年销售额在国内位居前两位，2022年中芯国际营收突破495亿元，同比增长34%，毛利率增长到38%，创历史新高，华虹集团营收速增长近60%，净利润同比增长达1.8倍；在封测领域，上海已聚集了大批外资企业，拥有大批本土工程师，具备发展先进封测业的根基，本土企业方面，2022年长电科技上海创新中心正式在浦东成立，华岭股份、伟测科技先后上市；在先进装备研究方面，上海已触及3 nm工艺，5～7 nm设备解决方案在研或已量产的产品种类日益丰富，汇集有上海微电子装备、中微半导体、凯世通、安集科技等装备材料企业；在材料方面，上海本土企业有望在"十四五"期间率先实现产业水平升级和产业化应用突破，包括大硅片、芯片铜互连电镀液及添加剂、清洗液、抛光液、光刻胶等。

（三）创新生态环境优化

1. 人才聚集：吸引了全国40%的集成电路人才

人才是IC产业创新发展的第一要素，在产业环境建设中占据重要地位。近年来，上海围绕IC高水平人才高地建设，积极打造以高水平研究型大学为主体，以产教融合为补充的IC产业人才培养体系，取得了一定效果。目前，上海吸引了全国40%的IC人才。

根据SICA对488家核心会员[①]的统计，截至2022年底，上海IC设计、芯片制造、封装测试、设备材料的企事业单位共有从业人员总数约18.52万人；其中，专业技术人员约8.18万人，占从业人员总数的44%。专业技术人员中，以IC设计环节的从业人员数量最多，5.8万人，行业占比为72%（见表22-3）。

---

① 核心成员：只包括集成电路设计、制造、封测、设备材料企业，不包括从事集成电路相关业务的金融机构、律所、知识产权、大学科研院所、配套软件、企业咨询、供应链、洁净厂房建设、产业园区等单位。

表22-3　2022年上海集成电路产业链各环节企事业单位和人员数量情况

产业链环节	单位数量		从业人员总数		专业技术人员数量		
	数量（家）	行业占比（%）	数量（人）	行业占比（%）	人数（人）	行业占比（%）	占本产业链环节从业人员比重（%）
设　　计	295	60%	81 901	44%	58 770	72%	72%
芯片制造	20	4%	28 265	15%	6 410	8%	23%
封装测试	37	8%	32 851	18%	5 147	6%	16%
设备材料	136	28%	42 164	23%	11 436	14%	27%
合　　计	488	100%	185 181	100%	81 763	100%	44%

截至2022年6月，上海市IC产业从业人员本科及以上学历占比为75.16%，其中本科学历占比44.29%；硕士占比27.61%，博士及以上占比3.26%。此外，海外人才是上海IC人才的重要来源之一，平均占总从业人员比例1.6%，其中设计、制造、封装测试、设备、材料业境外人员占比分别为1.51%、0.97%、0.1%、1.63%、4.12%。境外从业人员主要来自美国、日本，分别为27.92%、26.28%。

2. 产业投资活跃

IC是一个资本密集型和技术密集型行业，其研发和生产都需要极大的人力和物力投入。上海早在2016年就成立了上海市集成电路产业基金，整体规模500亿元，体量位居国内前列。上海拥有上百家专门投资IC产业的社会资本基金，是国内IC行业投融资最活跃的地区。

2022年上海IC产业共发生218起融资事件（不含上市与并购），178家企业合计获得超560亿元融资（未披露数据除外），其中超过亿元的有89起，金额最高的一笔为华大半导体A股增资，完成161亿元人民币融资。值得注意的是，这218起融资事件多集中在芯片设计类企业，覆盖了龙头企业和新成立的企业，说明产业投资更看好自主创新和附加值高的环节。此外，2022年国家大基金二期完成对外投资16起，其中，上海获得国家"大基金"二期支持项目3项，包括：上海燧原科技、上海新昇晶科半导体科技、上海合见工业软件，新异晶科获得投资金额达25亿元。

同时，科创板已成为IC科创企业的培育、支持和筛选提供了新的市场化途径。截至目前，上海IC企业共有上市企业49家（包括境外上市企业）。其中，科创板29家（上海市科创板上市企业总计87家），创业板和主板13家，其他板块7家（包括港股1家，美股2家）。自2019年科创板开板以来，上海IC领域上市企业的数量迅速增长，科创板为IC产业的发展提供了有力支撑。目前,科创板已汇集了84家IC公司,数量占A股同类上市公司的"半壁江山",包括一批国内IC产业不同环节具备较强竞争力的芯片行业龙头。科创板市值前10的公司中,有4家芯片企业。此外,2022年科创板还发布上证科创板芯片指数,标志着科创板IC产业生态体系逐步形成,有助于引导市场资金加大对相关企业投资。

此外,从49家上市企业性质来看,民营企业数量占比最多,27家,占比55%,其次为港澳台投资,9家,占比18%;外资、国有企业各为5家,各占10%。从上市企业的产业链分布来看,IC设计领域上市企业数量最多,为31家,占比超过六成;IC设备材料、封装测试、制造各有9家、4家、4家(见附录22-1)。

3. 产业集群创新集聚效应明显

上海正推动建设以张江、临港为双核的浦东IC创新带,打造世界级IC产业集群承载核心地,同步推进上海智能传感器产业园、上海电子化学品专区、G60电子信息产业园、浦江创芯之城等IC特色产业园区建设,全面构建集芯片设计、芯片制造、封装测试、设备材料于一体的全产业链生态。

张江研发、临港生产,是浦东在集成电路产业探索的发展路径。张江围绕龙头企业进行重点招商,围绕强链育链延链,支持中芯国际、紫光展锐等重点企业突破"卡脖子"技术;临港则发挥新片区优势,瞄准第三代半导体、EDA(电子设计自动化)、国产核心装备和关键材料等"卡脖子"领域重点布局。

张江地区是国内IC产业最集中、综合技术水平最高、产业链最为完整的产业集聚区,汇集了包括:紫光展锐、格科微、豪威、概伦电子等芯片设计和EDA企业,中芯国际、华虹集团等晶圆制造企业,日荣、长电科技等封装测试企业,上海微电子装备、中微半导体、凯世通、安集科技等装备材料企业,以及国家集成电路创新中心、上海集成电路研发中心等10多个国家级、市级集成电路创新平台。2022年张江IC产业累计实现销售收入2 010.75亿元,同期增长18.1%,占上海比重为65.77%,占浦东比重为87.72%。临港新片区已集聚各类IC企业超200家,投资规模超2 200亿元,年产值规模将超过100亿元。

此外,上海智能传感器产业园着眼于智能传感器,重点聚焦智能传感器与汽车新四化、精准医疗、智能制造、人工智能、智慧终端等融合发展。松江G60信息国际创新产业园凭借长三角G60科创走廊及综合保税区的政策叠加优势。着力降低IC部分产品的生产成本。其中,上海新阳、上海超硅半导体、上海艾深斯等为代表的IC企业弥补了上海IC光刻胶材料的国内空白,在"卡脖子"领域实现一系列突破。上海电子化学品专区着重解决电子化学品"卡脖子"问题,重点发展光刻胶及配套材料、电子特气和湿电子化学品三大类产品。浦江创芯之城定位为国内一流的集成电路创新研发与总部基地。

4. 长三角集成电路产业发展最集聚

以上海为龙头的长江三角地区占全国IC

产业比重逐年上升,已成为全国产业规模最大、发展速度最快的IC产业集群。2022年,长江三角地区IC产业实现销售额7 235.2亿元,占全国总销售额规模的60.26%,其中,设计业、晶圆制造业、封测业销售额分别为2 959.7亿元、1 950.1亿元、2 334.7亿元,分别占全国的50.97%、50.59%、77.95%。同时,长三角地区集聚了全国50%的设计企业、55%的制造企业、80%的封装测试企业。总体而言,上海拥有全国最完备的产业链,形成芯片设计、IC制造、封装测试等全产业链布局;南京设计业优势明显,制造和封测相对较弱;杭州集中了浙江全省85%以上的设计企业和95%以上的设计业务;合肥IC企业起步较晚,但长鑫存储承载着中国闪存芯片的希望,且与世界先进水平相差无几;苏州和无锡基本上都以封测业为主。因此,长三角地区具备产业协同和创新集群高质量发展的基础。

二、上海与国内部分城市集成电路创新主体比较分析

从IC企业分布来看,目前,全国IC企业数量广东省、江苏省和上海市位列前三,分别有4 033、2 251和1 427家。从重点企业分布来看,上海在链主企业、专精特新(含省级)企业数量位列全国第二,上市企业、高新技术企业数量位列全国第三(见表22-4)。

表22-4 全国集成电路重点企业区域分布(截至2023年9月)

排 行	区 域	企 业	链主企业	上市企业	专精特新	高新技术
1	广东省	4 069	246	63	217	690
2	江苏省	2 279	173	56	149	397
3	上海市	1 443	201	49	186	250
4	浙江省	754	111	29	95	149
5	北京市	514	118	35	95	181
6	安徽省	435	78	14	73	96
7	四川省	304	38	6	36	82
8	福建省	294	34	5	32	60
9	山东省	287	50	12	42	69
10	陕西省	219	19	2	18	52

数据来源:产业通(备注:专精特新包括国家级、省级专精特新企业数)。

北京、上海、深圳长期占据我国 IC 产业规模前三。2022 年北京市 IC 销售额预计突破 4 000 亿元，其中设计业销售规模为 845 亿元，居全国第二位，仅次于上海，高于深圳。2022 年深圳市 IC 销售额为 1 578.4 亿元，其中，IC 设计产业规模达 724.2 亿元，位居全国第三。

（一）北上深企业主体对比

1. 企业数量

上海、北京、深圳从事 IC 相关的企业数量逐年增加。截至 2023 年 9 月，深圳市 IC 产业共 3 035 家企业，上海市共有 1 443 家企业，北京市共 514 家企业。从企业总数上看，深圳市 IC 产业的企业数量高于上海和北京。但从重点企业数量分布来看，除高新技术企业外，从链主企业、上市企业、独角兽企业、专精特新企业数量方面，上海都高于其他两个城市。这主要是由于相较于其他城市，上海高新技术企业、科技小巨人等培育政策"门槛高"。上海高新技术企业培育政策的覆盖面较广，但进入培育链、享受培育政策的难度较高，这也导致相较北京和深圳的高新技术企业结构，上海高新技术企业中的中小微企业比例相对较低，入库培育企业数量和增速与其他城市相比存在一定差距（见表 22-5）。

表 22-5 北上深集成电路重点企业分布对比（截至 2023 年 9 月）

序列	区域	企业总数	链主企业	上市企业	独角兽企业	专精特新企业	高新技术企业
1	北京市	514	118	35	9	95	181
2	上海市	1 443	201	49	14	186	250
3	深圳	3 035	146	43	6	125	537

数据来源：产业通、新财富（备注：专精特新包括国家级、省级专精特新企业数）。

2. 企业规模

三地注册资本超过亿元的 IC 企业数量排序依次为上海、深圳和北京，5 千万元至上亿元企业数量排序依次为深圳、上海和北京，注册资本在 500 万元以下的中小型企业数量排序依次为深圳、上海和北京。上海领军企业和大型企业的占比较高，说明上海集成电路企业竞争力较强，提质增效潜力较高，但中小企业和源头企业仍待挖掘和提升（见表 22-6）。

3. 产业结构

从三地重点企业产业分布来看，上海的集成电路产业链布局更为均衡、完备。在 IC 设计、制造和封测等环节，上海的重点企业数量均位于国内前列，具体而言，在 IC 设计环节，上海的企业数量虽然不及深圳市，但明显高于北京市；在 IC 制造环节，上海的企业数量略高于深圳市和北京市；在 IC 封测环节，上海的企业数量略高于深圳市和北京市。

表22-6 北上深集成电路企业注册资本对比

规模	北京		深圳		上海	
	数量	占比	数量	占比	数量	占比
100万元以下	27	5.25%	529	17.43%	141	9.77%
100万~500万元	90	17.51%	1 131	37.27%	426	29.52%
500万~1 000万元	59	11.48%	523	17.23%	208	14.41%
1 000万~5 000万元	154	29.96%	608	20.03%	396	27.44%
5 000万~1亿元	57	11.09%	105	3.46%	87	6.03%
1亿元以上	127	24.71%	139	4.58%	185	12.82%
合计	514	100%	3 035	100%	1 443	100%

数据来源：产业通。

（二）北上深创新活力对比

1. 授权专利

2023年1—9月，北京、上海、深圳三地IC企业授权专利总量分别6 211件、6 190件、14 015件；深圳明显高于其他两地（见表22-7）。

表22-7 北上深集成电路企业授权专利数对比（2023年1—9月） 单位：件

城市	发明专利	实用型专利	外观设计专利	合计
北京	3 626	2 259	326	6 211
上海	2 539	3 419	232	6 190
深圳	3 548	9 730	737	14 015

数据来源：产业通。

此外，从全国IC企业专利授权TOP20榜单来看，上榜企业数量城市排名依次为北京、上海、深圳，分别为8家、4家及3家，但从上榜企业专利数量总数排名来看，依次为深圳、北京、上海。其中，深圳虽只有3家企业上榜，但专利总数约占前TOP20企业专利总数的54%，其中仅华为63 599件，约占总上榜企业专利数量的45%（见附录22-2）。

2. 参研标准

从三地企业参与制定IC行业标准数量

来看，依次排名为北京、深圳、上海。截至2023年9月，北京市IC企业参与起草标准93条，包括国家标准49条、团体标准30条、行业标准14条；深圳市企业参与起草标准47条，包括团体标准25条、国家标准17条、行业标准5条；上海市IC企业参与起草标准40条，包括团体标准30条、国家标准9条、行业标准1条。

3. 研发机构

从研发机构聚集度来看，三地IC研发机构数量排名依次为北京、上海、深圳。具体而言，截至2023年9月，北京市IC省级及以上研究机构150家，其中企业技术中心数量最多，有92家，占比为61.33%；其次为工程研究中心，有28家，占比为18.67%。上海市IC有省级及以上研究机构70家，其中企业技术中心数量最多，有60家，占比为85.71%；其次为重点实验室，有4家，占比为5.71%。深圳市IC有省级及以上研究机构40家，其中工程研究中心数量最多，有20家，占比为50%；其次为其他研究机构，有8家，占比为20%。

总体而言，对比北京、上海、深圳三地IC企业创新能力，上海虽然在企业及重点企业数量、规模方面领先于其他两个城市，但是在企业专利授权、参研标准方面，明显落后于北京、深圳，这与上海在集成电路产业的全国地位不完全符合，还未充分展现上海产业的实力，这是需要我们值得注意的，此外，企业创新策源与成果转化能力有待进一步提升。

三、上海集成电路产业创新发展面临的困难与挑战

（一）关键技术受制于人局面并未根本改观，机遇与挑战并存

芯片是我国第一大进口商品，2022年我国进口芯片规模超过5 384.8亿片，进口额近4 155.8亿美元。2025年，中国计划实现70%的芯片自给率，而目前还不到30%。

近年来，美国对我国以IC为重点高科技产业的围堵不断加强。2022年8月，美国出台《2022芯片与科学法案》，为本土IC产业投资、创新提供巨额补贴外，并增加了、针对中国的"围栏"条款。同时，美国商务部继续推动出口管制条例（EAR）修订，新增对大硅片、EDA软件、先进计算和半导体制造等物项管制条款。同时，欧日韩等国家和地区也纷纷出台产业政策和补贴，以提升自身产业链的竞争力。

随着美国《芯片与科学法案》及2022年"1007新规"的颁布，一批高端半导体设备材料进口受限，为本土设备材料企业的发展留下了足够的空间。上海作为中国IC产业的重要重镇，肩负着推动国产化替代的重要责任。但是我们也要看到，我国集成电路中的EDA、IP① 以及关键技术装备等"命门"都掌握在国外手中；在设备和材料领域提升过程中，一些

---

① IP是指已验证的、可以重复使用的具有某种确切功能的集成电路设计模块。

关键零部件和材料还面临着被"卡脖子"的窘境。

整体而言,在设计环节,上海IC设计业在全国站在第一梯队;但当前IP市场仍然被英美国家高度垄断,全球前仍是3厂商是Arm(英国)、Synopsys(美国)和Cadence(美国)。在圆晶制造领域,2022年,台积电营收是758.8亿美元;上海前5大晶圆制造企业2022年营收折合132.05亿美元,仅相当于台积电营收的17.4%。工艺制程上,台积电2022年3nm制程工艺已经量产,而我们目前发展先进工艺被卡。在核心装备方面,2022年上海本土前五大设备企业营收首次超过外资前五强在中国的营收,总额106亿元,而美国应用材料公司2022年全球总营收256.85亿美元,其差距不是一点。同时,当前光刻环节,包括光刻工艺、光刻机,甚至光刻胶、淋洗液、底部抗反射膜等遇到了前所未有的挑战。

(二) 对企业创新政策支持力度有待强化

国产化替代让各地政府加大了对IC产业的支持力度,上海在IC发展将面临"前有标兵、后有追兵"的严峻形势。2022年以来,上海、深圳、广州、北京、无锡、厦门等城市相继出台或更新了地方IC产业政策,从项目引进、本地产业链建设、技术创新、人才引进培养等方面入手,进一步落实资源投入和政策保障,扶持本地IC产业发展。

在项目引进方面,深圳针对IC制造重点项目,提供最高15亿元设备购买补贴,包括生产用电、用水补贴(按当时电价、水价的60%

和50%计)、研发补贴(补贴比例50%)、流片补贴(销售额10%)。

在用地方面,除了各地普遍的"一事一议",保障重点项目用地之外,深圳还提出全市半导体与IC产业每年新增或升级改造20万平方米产业用地或50万平方米产业用房供给,采用提前开展用地选址预审,同步审定项目遴选方案模式。

在投融资政策方面,北京提出并购贷款贴息;广州南沙新区(自贸片区)提出对于获得国家备案投资基金投资的IC企业,区政府出资产业基金可以给予当期融资额30%,最高5000万元的跟进投资。

在企业发展奖励方面,各地普遍提出企业主营业务收入达到一定规模,给予分档奖励。北京还提出对于首次纳入产业链龙头企业供应链,按照合同金额一定比例对龙头企业给予奖励;无锡、成都、深圳等地还明确该项奖励直接用于奖励企业核心技术团队;此外,珠海等地还提出对IC企业主营业务收入增速达到10%、20%,以及稳定就业给予相应的奖励。

在技术创新方面,各地普遍提供MPW[①]流片、工程流片、IP购买、EDA工具购买补贴;深圳还提出对重点核心企业提出能够解决IC产业链"卡脖子"问题,但未获得国家资金的重大项目,可根据企业自筹资金投入情

---

① MPW(Multi Project Wafer)多项目晶圆,是将多个具有相同工艺的集成电路设计放在同一晶圆片上流片,流片后,每个设计品种可以得到数十片芯片样品,这一数量对于设计开发阶段的实验、测试已经足够。

况,给予不超过30%的配套资金支持;无锡、深圳等还出台企业AEC-Q100等车规级认证费用补贴,深圳出台针对RISC-V设计企业的研发补助。

在人才政策方面,深圳提出个人奖励金额最高500万元;而无锡等地提出满足条件的境内外高端人才和紧缺人才,个人所得税实际纳税额与按15%比例纳税额之间的差额部分给予补贴。

相较于其他地区,上海对于IC产业的政策支持力度在社会影响力、运作模式、实际效果和系统化政策支撑方面还存在一些短板,还需要进一步提升。

(三) 产业人才尤其高端人才严重短缺

上海是我国IC产业人才集聚度最高的地区之一,但人才的数量、质量仍远不能满足产业发展需求。从总体规模看,按照上海IC规划,预计2025年上海IC从业人员将达到45万人,约有10万人的缺口。大部分本科学院的教材跟不上产业发展速度,也无法为学生提供实践实训条件,培养的学生素质和企业需求差距较大。上海IC产业人才发展依旧面临诸多挑战。

首先,人才流出与人才引进矛盾显现。一方面,上海已成为广东、江浙等其他省市挖人的重点对象;另一方面,受美打压影响,尤其"美国人"[①]政策颁布,海外人才,尤其领军人才来华顾虑较多,引进境外人才的难度大幅增加。

其次,员工薪酬上升和企业成本增加之间的矛盾难解。一方面,IC专业技术人员及管理人员的薪酬水平持续提升;另一方面,人员薪酬的大幅上涨造成企业负担加重。

最后,高层次创新及专业人才引进困难。近年来,上海在高层次创新人才的引进和培养上,与深圳、苏州、杭州等城市相比,政策力度和丰富性相对不足。尤其IC中的中小科技企业在高层次创新人才缺失方面的问题尤为严重。中小企业规模相对偏小,因此在资源占有、政策偏好以及发展能力等方面与大中型企业差距较大,无法在竞争中引进或留住高层次创新人才。

(四) 产业链协同有待进一步提升

上海拥有国内最完整的IC产业链,但上海IC行业技术创新网络体系还不协调,整个产业技术创新网络体系还处于初步探索阶段。首先,芯片设计、制造、封测等环节的配合不够紧密,协同度不够,整个产业的效率有待进一步提升。上海IC技术水平与国外有差距,高端芯片、关键元器件等还未形成技术完善的闭环网络。此外,创新主体与企业的成果协同转化机制还不完善,科技成果转化率不高,发达国家每年转化率达40%上下,而我国只有10%～15%,科技资源优势未充分转化为产业创新生态发展。

其次,技术研发能力有待提高。虽然上

---

① 美国公民、拥有美国永久居留权的外国公民以及受美国庇护的人士,以及依照美国法律设立或受到美国司法管辖的实体(包括其海外分支机构)、位于美国境内的主体不得向某些在中国境内从事半导体生产活动的企业、基地提供开发或生产集成电路的支持。

海IC产业的技术研发能力在不断提高,但相较于北京、深圳,在企业专利授权、行业参数方面都明显落后,与国际先进技术水平相比差距更大。在核心设备和材料的研发方面,上海需要加强自主创新和技术攻关;需要进一步完善包括政策支持、人才培养、金融服务等产业的生态体系建设;加大对专利申请和维权的支持力度,鼓励企业进行技术创新和知识产权保护。

最后,存在产业集群同质化竞争问题。上海聚集了张江高科技园区、漕河泾开发区、松江开发区、紫竹国家高新技术产业开发区等多个IC产业园区,各区县激励IC产业发展政策大同小异,产业布局都想争取高端,"一体两翼"的互补效应远未显现。同时,上海也需要加强与国内其他地区尤其长三角区域的合作,共同打造具有国际竞争力的集成电路产业集群。

四、对策建议

上海要增强集成电路产业自主创新能力,实施国产设备、零部件、材料、设计软件等补链强链固链计划,强化企业技术创新主体地位,优化科技企业创新环境,加快相关政策、扶持方式、人才培育等方面的突破。

(一)加强规划引导,形成产业突破合力,提升关键技术自主可控水平

基于上海相对优势,对标国际领先技术,梳理、排摸集成电路产业发展清单,明确自主创新的技术路线;激发各类市场主体积极性,构建全产业链的协同创新和持续改进组织机制,形成关键核心技术强大合力,实现产业链自主可控和高质量发展。同时,用好上海在集成电路产业链完整、产业开放方面的独特优势,增强产业链核心环节控制力,形成"集成商",做好其他城市尚不能完成的环节,增强上海集成产业发展的标识度。

在设计环节:加快整合,提升设计环节企业体量和丰富产品体系;与系统终端联合创新,形成自身的硬核体系;加大政府采购对本土企业产品及技术的市场应用推广支持,以实际行动支持本土芯片的验证和使用。让市场反馈推动技术迭代,引导IC企业有针对性开展设计制造,对于急需且门槛较低的低端芯片,优先开展国产替代。

尽快形成我国自主可控的模拟、数字、工艺加工全流程EDA产品系列,构建EDA与集成电路产业链各环节的双向协作机制,鼓励设计、制造企业多采购使用本土EDA产品,多反馈产品改进意见,在使用中不断提升改进性能。

在制造环节:制造是集成电路产业主体,是产业发展的"航空母舰",产线在哪里,产业链上下游企业往往跟到哪里。上海要高度重视集成电路制造产业,尽量争取更多产线在上海发展。集成电路产业发展更新迭代快,竞争激烈,如果项目立项时间消耗过长,将错过产业发展的时间窗口,实力较强的重点企业有技术、经验、市场及人才,对这些企业的新项目应予重点高效支持。

在设备和材料环节：以开发自主可控的系列化光刻机、刻蚀机等核心工艺装备的能力为核心，对照"1007新规"列出设备"管制清单"，制定上海研究与产业化的"项目指南"，把"管制清单"变为"项目指南"。

在封测环节：突破Chiplet等三维系统封装关键技术。后摩尔时代Chiplet①作为目前受到广泛关注的新技术，降低了芯片设计门槛，并推动了先进封装、测试环节的需求。Chiplet是中国与国外技术差距相对较小的封装技术领域，上海在封测领域有底蕴，可抓住先进封装和Chiplet布局、发展的良好机遇，系统布局设计、制造、封测、EDA、IP，做出高质量高性价比的产品。

此外，进一步加快上海人工智能、物联网、大数据、云计算、5G等先进的信息技术与IC产业融合发展，加速"AI+芯片""汽车+芯片"生态体系的构建和完善，为IC打开应用场景市场，以保障产业链韧性。

（二）增强创新引擎力，着力培育科技创新"生力军"

一是着力培育以世界一流企业、"独角兽""隐形冠军"为核心的IC企业群体，增强对产业价值链的主导性和掌控力。制定领军企业培育计划，建立企业培育库，对入库企业给予税收优惠、核心团队奖励、项目扶持等政策，支持IC重点创新型企业申报科创板，培育行业独角兽和隐形冠军。支持领军企业加强在特殊工艺、关键封装测试技术和产能方面的布局，加快实现我国IC核心工艺和产能的自主可控。鼓励领军企业加快IC前沿关键技术及新兴、颠覆性技术的研发创新。在提升创新环境的包容性和创新政策的普惠性两个方面下功夫，进一步将本土企业研发投入占比提高到70%左右。

二是强化政策导向，加强对IC中小科技企业的精准支持。首先，加大鼓励创新创业政策供给，进一步健全支持中小企业创新发展制度，落实创业担保贷款贴息、社会保险补贴、创业产地房租补贴、创业孵化基地奖励补贴等政策举措，鼓励中小科技企业自主创新。其次，立足于IC现有的高新技术、专精特新等科技企业基础，遴选产业链中的关键"卡脖子"环节企业，开展跟踪辅导服务，形成全方位、多梯度的科创服务体系。最后，定期发布IC重点技术、产业发展态势报告，发掘最有可能率先突破和做大做强的技术领域，指导中小科技企业结合自身技术基础和产业优势，及时调整关键技术和主导设计的突破方向，有的放矢地开展技术创新工作。此外，针对中小企业和初创企业所面临的技术、经营等发展要素限制，加强知识产权质押融资、专利资助办法、战略性新兴产业知识产权政策支持。

---

① Chiplet：芯粒或小芯片，设计时就按照不同的计算单元或功能单元对其进行分解、制造，再通过先进封装技术，将不同功能、不同工艺制造的Chiplet封装成一个系统芯片，以实现一种新形式的IP复用。"摩尔定律"发展趋缓，依靠传统方法算力提升难度增加，所以把大芯片切成小芯片（Chiplet）就变成了提升良率的一种必然选择。

三是完善平台建设。打造国家级IC前沿创新协同合作平台,服务于本土IC企业技术创新、产学研合作和成果转化。大力发展IC创客型、孵化型、服务型众创空间,鼓励行业龙头企业或细分领域领军企业建立大企业开放中心,增强上海对IC创新创业人才的吸引力。鼓励中小微企业和源头企业与大型企业开展技术研发合作,帮助中小微企业和源头企业在技术细分领域深耕研发,以增强中小微企业创新活力。同时,加强知识产权保护,推进研发、孵化、专利和产品交易等各类平台建设,加快专业化中介服务组织发展,提高创新活动的效率。

四是推动长三角地区高校、科研机构、企业强强联合,在IC关键核心技术突破等方面形成联合攻关机制。发挥上海作为国家02科技重大专项牵头组织单位的优势,依托国家集成电路创新中心、长三角集成电路设计与制造协同创新中心等重要平台,联合国内高校、科研机构以及重点企业,共同申报国家科创重大项目,展开联合技术研发。

五是加强国际合作。依托海外人才离岸创新创业基地建设,与国际IC领域先进企业、研究机构、高校开展全方位合作,共同组建IC基础领域的前沿技术领域的合作创新平台。

(三)发挥政府与市场的协同作用,完善企业的投融资体系

一是支持科研院所以及IC龙头企业申报"十四五"集成电路领域国家科技重大专项,国家自然科学基金和国家重点研究计划。

二是与国家集成电路产业投资基金、上海集成电路产业投资基金及中科创母基金协同,进一步加强对EDA/IP核、高端光刻机、GaN外延材料、高纯SiC衬底材料等基础性技术项目的融资。针对IC领域无法通过国际采购得到的基础研究设施关键核心部件,建立设立预制研究专项经费,对相关试制研究予以支持。推荐上海IC领域代表企业在新三板、科创板上市,以培育行业内的独角兽和隐形冠军。

三是完善多层次资本市场建设,加强对中小企业的精准扶持。统筹安排各项财政资金,打破部门壁垒,形成对中小科技企业核心优势项目支持的政策合力。加大政府引导基金对IC初创期科创企业的天使投资,并对中小企业的天使投资机构给予一定的税收优惠、资金返还等激励。通过完整金融体系链条,实现对中小科技企业发展壮大全过程支持。

四是支持自主创新的高端芯片产品纳入政府采购目录,推动实施高端芯片创新产品政府采购和重大应用示范工程。建议对国产设备、软件、材料使用达到一定比例的企业提供补贴,可以在税收、研发投入补贴、项目上给予鼓励支持,扩大国产设备、软件、材料的使用规模。建立开放的实验检验测试公共平台,实现对"三首"产品质量、安全、节能、环保、可靠性、智能化等的全面检测。

(四)加大对产业高端人才培养,制定有竞争力的人才政策

一是在IC领域落实若干人才重大工程,

吸引全球 IC 领域顶尖专家和团队，面向海外院士等顶尖人才，大力引进培养一批具有全球视野、国际水平的战略性科技创新领军人才、国际创新型企业家等。择优支持一批优秀青年拔尖人才，鼓励其参与国内外 IC 领域重点科技活动，加快培养造就下一代科学家。以 IC 龙头企业为重点，实施人才培育工程，加大芯片工匠人才表彰奖励力度，形成有梯次、有体系的人才梯队。

二是推动设立集成电路产业发展人才基金。将专项基金与用人单位待遇相配套，形成立体化人才吸引体系。加强本土专业技术人才培养，注重复旦大学、上海交通大学和同济大学 3 所示范性微电子学院的学科建设。做好继续教育，加强集成电路行业协会、上海硅知识交易中心等人才实训基地建设。

三是引导高校主动对接，培育 IC 领域复合型人才。IC 行业人才紧缺，原因是人才培养周期过长，且存在不同程度"重理论学习、轻实践能力"的问题。而在 IC 制造行业中有些岗位则更注重实践经验，通过校企联合培养，建设企业实习基地、博士后工作站等新模式，让行业人才快速掌握理论知识、实践经验，能够为芯片产业储备充足的人才资源。建议促进产业界和学术界的资源整合，通过建立人才联合培养基地、实训基地，鼓励采用"订单式"教育、"定制式"培养等方式，注重 IC 行业与工业技术领域的复合型人才培养。

四是推动人才培养国际合作和资质互认，建立全球高端人才引进"直通车"制度，引进培育一批具有行业引领效应的领军人才，吸引集聚符合 IC 发展需求的高端人才和复合型人才来沪就业创业。

（供稿单位：上海市工商业联合会，主要完成人：施登定、王倩、陆畅、胡蕾、卿梦琳）

附录

附录 22-1　上海集成电路产业上市企业名单（截至 2023 年 9 月）

产业链环节	板块	公司简称	区域	主营
半导体 IP	科创板	芯原股份	浦东新区	国内自主半导体 IP 龙头，拥有自主可控的图形处理器 IP 神经网络处理器 IP、视频处理器 IP、数字信号处理器 IP 图像信号处理器 IP 和显示处理器 IP 六类处理器
EDA	科创板	安路科技	虹口区	专注于 FPGA 芯片和专用 EDA 软件的研发、设计和销售
EDA	科创板	概伦电子	浦东新区	公司器件建模及验证 EDA 工具已经取得较高市场地位
半导体材料	科创板	沪硅产业	嘉定区	半导体硅片及其他材料的研发、生产和销售，公司率先实现 300 mm 半导体硅片规模化生产和销售，是中国规模最大的半导体硅片制造企业之一
半导体材料	科创板	南亚新材	嘉定区	专业从事覆铜箔板和粘结片等复合材料及其制品设计、研发、生产及销售
半导体材料	创业板	飞凯材料	宝山区	护航高端半导体制造提供国产优质配套材料光刻胶研发
半导体材料	科创板	安集科技	浦东新区	专注于半导体 CMP 抛光液的研发，成功打破了国外厂商对集成电路领域化学机械抛光液的垄断，实现了进口替代
半导体设备	主板	万业企业	浦东新区	聚焦集成电路设备和材料的多元化集团企业，通过自研创新与外延式并购双轮驱动，发力国内外市场，旨在将自身打造成优秀的集成电路装备及材料的龙头企业，加速集成电路设备国产化进程
半导体设备	科创板	正帆科技	闵行区	深耕 CAPEX（电子工艺装备、生物制药设备等）领域，积极拓展 OPEX（核心材料＋专业服务）业务
半导体设备	主板	至纯科技	闵行区	中国半导体湿法清洗设备龙头公司
半导体设备	科创板	中微公司	浦东新区	国内唯一一家产业化应用的集成电路 PECVD 设备厂商
半导体设备	科创板	盛美上海	浦东新区	集研发、设计、制造、销售于一体，为全球客户提供高端半导体设备
集成电路设计	主板	韦尔股份	浦东新区	主营业务为半导体分立器件和电源管理 IC 等产品的研发设计
集成电路设计	主板	博通集成	浦东新区	国内领先的芯片设计公司，主要从事无线数传芯片和无线音频芯片的设计和销售

续表

产业链环节	板块	公司简称	区域	主营
集成电路设计	科创板	乐鑫科技	浦东新区	专业的集成电路设计企业,相继研发出多款市场影响力强的产品
	科创板	晶晨股份	浦东新区	智能机顶盒、电视芯片的引领者和AI音视频系统终端芯片的开拓者
	科创板	晶丰明源	浦东新区	国内率先设计出LED照明驱动芯片并进行商业化的企业,是国内领先的电源管理驱动类芯片设计企业之一
	科创板	聚辰股份	浦东新区	领先的集成电路产品的研发设计和销售企业
	科创板	恒玄科技	浦东新区	全球智能音频SoC芯片领域的领先供应商
	科创板	普冉股份	浦东新区	国内重要的存储器芯片提供商之一,深耕于EEPROM行业
	科创板	格科微	浦东新区	全球领先的半导体和集成电路设计企业之一,全球市场的CMOS图像传感器供应商中排名领先
	科创板	芯导科技	浦东新区	专注于高品质、高性能的模拟集成电路和功率器件研发及销售的芯片企业
	科创板	翱捷科技	浦东新区	公司是一家提供无线通信、超大规模芯片的平台型芯片企业
	科创板	思特威	浦东新区	安防领域图像传感器芯片市场占有率第一
	科创板	艾为电子	徐汇区	模拟、射频和数模混合IC产品的设计、研发、生产外包管理和销售
	科创板	钜泉科技	浦东新区	致力于集成电路设计、开发和销售的高科技企业,主要产品包括智能电表相关的计量芯片、MCU和电力载波芯片等
	创业板	润欣科技	徐汇区	是国内领先的IC产品授权分销商,分销的IC产品以通信连接芯片、射频和功率放大芯片和传感器芯片为主
	主板	上海贝岭	徐汇区	集成电路设计企业,提供模拟和数模混合集成电路及系统解决方案
	创业板	中颖电子	长宁区	专注于单片机集成电路设计与销售的高新技术企业,是首批被中国工业及信息化部及上海市信息化办公室认定的IC设计企业
	科创板	澜起科技	徐汇区	国内服务器内存接口芯片龙头

续表

产业链环节	板块	公司简称	区域	主营
集成电路设计	创业板	富瀚微	徐汇区	专注视频为核心的专业安防、智能硬件、汽车电子领域芯片的设计开发,为客户提供高性能视频编解码 SoC 芯片、图像信号处理器 ISP 芯片及完整的产品解决方案
	美股	聪链	浦东新区	专注于 IC 设计的前端和后端,这是 IC 产品开发链的主要组成部分。他们与领先的代工厂建立了强大的供应链管理,这有助于确保产品质量和稳定的产量
	科创板	南芯科技	浦东新区	集成电路研发、设计和销售
	主板	环旭电子	浦东新区	全球 ODM/EMS 领导厂商,专为国内外品牌电子产品或模组设计、微小化、物料采购、生产制造、物流与维修服务
	科创板	复旦微电	杨浦区	公司在国内 FPGA 芯片设计领域处于领先地位,是国内最早推出亿门级 FPGA 产品的厂商
	科创板	东芯股份	青浦区	中国领先的存储芯片设计公司
	科创板	泰凌微	浦东新区	是一家专业的集成电路设计企业,主要从事无线物联网系统级芯片的研发、设计及销售
集成电路制造	港股	华虹半导体	浦东新区	中国目前拥有先进芯片制造主流工艺技术的 8+12 寸芯片制造企业,也是中国第二大晶圆代工企业
	主板	协鑫集成	奉贤区	已经建立了完整的光伏产业链,主营业务涵盖光伏组件制造、光伏电池制造、光伏产品销售和工程施工等方面
	创业板	上海新阳	松江区	集成电路制造及先进封装用关键工艺材料及配套设备、环保型、功能性涂料的研发、生产、销售和服务
	科创板	中芯国际	浦东新区	中国技术最先进、配套最完善、规模最大、跨国经营的集成电路制造企业集团
集成电路封装	科创板	霍莱沃	浦东新区	长期聚焦于电磁仿真及测量技术的自主研发及应用
	北证	华岭股份	浦东新区	主要致力于为集成电路产业链提供优质、经济高效的全产业链整体测试技术方案
	科创板	灿瑞科技	静安区	专业从事高性能数据整合集成电路及模拟集成电路研究设计、封装测试和销售的高新技术企业,主要产品及服务为智能传感器芯片、电源管理芯片和封装测试服务
	科创板	伟测科技	浦东新区	国内第三方集成电路测试领军企业,深度受益国产替代

续 表

产业链环节	板 块	公司简称	区 域	主 营
芯片设计	美股	凹凸科技	浦东新区	电源管理领域芯片设计公司
	新三板挂牌	广芯电子	闵行区	专注于高性能的模拟和混合信号集成电路芯片产品的设计、研发和销售
	新三板挂牌	南麟电子	浦东新区	专注于模拟与数模混合类集成电路的设计与研究,是电源管理芯片一站式解决方案供应商
	新三板挂牌	晟矽微电	浦东新区	专注于研发高抗干扰性、高可靠性的通用型及专用型的8位和32位微控制器产品(MCU),并为客户提供相关的应用开发工具和整机系统方案

附录 22-2 全国集成电路企业专利授权 TOP20

序 号	单 位 名 称	专利(个)	所 属 地
1	华为技术有限公司	63 599	深圳
2	中芯国际集成电路制造(上海)有限公司	9 421	上海
3	中国电力科学研究院有限公司	9 104	北京
4	歌尔股份有限公司	6 440	山东
5	TCL华星光电技术有限公司	6 414	深圳
6	大族激光科技产业集团股份有限公司	6 188	深圳
7	北京京东尚科信息技术有限公司	4 285	北京
8	小米科技有限责任公司	3 775	北京
9	中芯国际集成电路制造(北京)有限公司	3 684	北京
10	烽火通信科技股份有限公司	3 273	湖北
11	浪潮电子信息产业股份有限公司	2 989	山东
12	上海华虹宏力半导体制造有限公司	2 931	上海
13	展讯通信(上海)有限公司	2 801	上海
14	北京北方华创微电子装备有限公司	2 562	北京
15	上海华力微电子有限公司	2 526	上海
16	株洲中车时代电气股份有限公司	2 514	湖南
17	武汉华星光电技术有限公司	2 481	湖北
18	中国恩菲工程技术有限公司	2 390	北京
19	中海油能源发展股份有限公司	2 370	北京
20	国网智能电网研究院有限公司	2 353	北京

专题二十三

关于上海民营企业国际化发展提升路径研究的报告

本专题使用商务部对外投资企业数据库和全国工商联2023年对全国民营企业问卷调研中涉及上海企业数据，结合项目组对上海重点民营企业的实地调研，在对上海民营企业总体运行质量以及对外投资基本特征进行分析的基础上，指出上海民营企业对外投资面临的主要问题，提出推进上海民营企业对外投资的政策建议。

一、上海民营企业对外投资的基本特征

根据商务部提供的对外投资企业数据，上海民营企业对外投资的基本特征有三个。一是从企业数量看，民营企业中对外投资企业的数量大大超过其他性质企业，截至2023年8月，上海民营企业中有对外投资的企业数量为2 029家，占上海对外投资企业总数的63.51%。二是从对外投资企业的投资时间看，2010年以后对外投资企业最多，上海民营企业为1 299家，占上海民营企业对外投资数的64.02%。三是从民营企业对外投资产业分布看，主要以服务业为主，上海民营企业对外投资服务业为1 839家，占所有民营企业投资的90.64%（见表23-1）。

表23-1 上海对外投资企业基本情况　　单位：家

	成立时间			投资规模（注册资本）				员工规模（参保人数）					行业		
	2000年之前	2000—2009年	2010年之后	1 000万元及以下	1 001万～10 000万元	10 001万～50 000万元	50 001万～100 000万元	100 001万元以上	未知*	1～10人	11～100人	101～1 000人	1 000人以上	服务业	工业	农业
国有企业	8	9	5	2	4	1	1	14	4	2	7	6	3	17	5	0
民营企业	134	596	1 299	735	850	316	56	72	706	501	528	253	41	1 839	185	5
其他	39	51	720	110	255	280	85	80	676	33	36	39	26	783	27	0

续　表

成立时间			投资规模（注册资本）					员工规模（参保人数）					行　业		
	2000年之前	2000—2009年	2010年之后	1 000万元及以下	1 001万~10 000万元	10 001万~50 000万元	50 001万~100 000万元	100 001万元以上	未知*	1~10人	11~100人	101~1 000人	1 000人以上	服务业	工业	农业
外资企业	48	99	187	83	123	73	25	30	48	52	113	85	36	258	71	5
总计	229	755	2 211	930	1 232	670	167	196	1 434	588	684	383	106	2 897	288	10

数据来源：根据商务部提供企业数据整理。

注：* 为参保人数未公示的企业，参保人数缺失值1 434家企业。

接下来我们根据全国工商联问卷调研的数据，分析上海民营企业对外投资的基本特征。在被调查的上海1 632家民营企业中，有117家企业在境外有不同的投资，占样本企业的7.17%。

上海民营企业对外投资的基本特征有以下几点。第一，对外投资规模相对比较小、对外投资占企业投资比重较低，且对外投资增长意愿不明显。对外投资在1亿元以下的企业有86家，占样本的73.50%；1亿~10亿元有18家，占样本的15.38%，两者合计为88.89%；而50亿元以上的企业只有2家，占1.71%，说明上海民营企业以中小投资规模为主。从企业境外资产占企业总资产的比重看，在受访的93家企业中，境外资产占比相对较低，低于20%的企业占86.02%，其中低于10%的占72.04%，而超过50%的只有2家，占2.15%。这说明民营企业主要以国内经营为主。从企业境外资产预期的增长看，受访的88家企业中有59家持平，占67.05%；认为会上升15%以内的企业有19家，占21.59%；15%以上的企业有5家，占5.68%。

第二，从受访企业投资目的地的机构数量和区域分布看，上海民营企业对外投资机构数量较少，并集中在东南亚和东亚。受访的97家企业中，10家分支机构以内的企业88家，占受访企业的90.72%。同时，受访企业未来增加境外机构的意愿不足，在受访的86家企业中，只有12家有增加分支机构的意愿。从受访企业新增分支机构设立的区域看，在东南亚设立分支机构占受访的86家企业中有30家，占34.88%；其次是东亚，占受访企业的10.47%。

第三，从受访企业对外投资的产业特征看，以制造业，批发和零售业，信息传输、软件和信息技术服务业，科学研究和技术服务业以及交通运输、仓储和邮政业为主。在82家受访企业中，30家为制造业，占受访企业的28.85%，批发和零售业占受访企业的11.54%，信息传输、软件和信息技术服务业为9.62％,科学研究和技术服务业为7.69％,交通运输、仓储和邮政业6.73％。

第四,从受访企业对外投资运营成本的变化看,总体运营成本有所上升。在受访的88家企业中,40.91％的受访企业运营成本有所增长,其中6.82％的企业境外运营成本增长了15％以上。

第五,从受访企业对外投资的所得看,总体上基本持平。在受访的88家企业中,51家企业持平,占受访企业的61.36％,22家企业有不同程度的利润增长,占25.01％。而12家受访企业利润有不同程度的下降,占受访企业的13.63％。

从上面的分析中可以看出,第一,上海民营企业对外投资总体处于起步阶段,大部分民营企业以国内市场为主,即使有对外投资的企业,海外资产和销售所占比例较低,处于跨国公司的雏形阶段。第二,上海民营企业对外投资中现代服务业占主要比重,这一方面与我国和主要经济体之间巨大的货物贸易有关,需要为货物贸易提供各种服务,特别是货物贸易数字化带来的机会,通过在跨境电子支付、海外仓、国际物流等业务环节的对外投资业务,形成境内外经营一体化的业务体系。另一方面,与国家和上海大企业对外投资的配套性投资有关,重点是制造业、工程承包等有关的配套服务业对外投资。第三,从对外投资的国际市场看,市场容量、距离和安全性是上海民营企业对外投资考虑的主要因素,因而上海民营企业对外投资总体聚焦在东南亚市场,随着中美科技竞争加剧以及国际市场变化,北美市场和南亚市场成为上海民营企业重点投资的国际市场。

二、上海民营企业对外投资存在的主要问题

上海民营企业没有形成大规模的对外投资,主要存在着两个方面的原因:一是企业自身所处的发展阶段、科技实力和对外投资的组织能力,二是政府层面对外投资政策不够精准。

（一）企业层面

从企业自身原因看,相对国内民营经济比较发达的兄弟省市,上海民营企业对外投资规模和市场网络小,这与企业规模、科技实力以及企业对外投资的组织能力密切相关。

第一,与国内民营经济发达的兄弟省市相比较,上海民营企业经营规模不是很大。2023年,上海在全国民营企业100强中只有不到10家企业入围,而且没有一家企业进入全国前30。其中6家企业的对外投资基本情况见表23-2。对外投资比较突出的企业是复星集团和华勤技术,复星主要通过收购资产方式,而华勤则以对外投资方式,其产品是为品牌商提供代工服务。国内民营企业中,有华为、抖音、阿里巴巴和比亚迪等制造、服务等全球性领先公司,不仅具有科技实力,而且具有强大的经济规模和对外投资的组织能力。然而上海几乎没有一家类似的企业。

表23-2 上海民营企业对外投资情况　　　　　　　单位：亿元

序号	排名	企业名称	营业收入	所属行业	是否有对外投资	投资国家	投资收益	投资规模	海外业务占比
1	34	东方希望集团有限公司		有色金属冶炼及压延加工	有	越南、新加坡、印尼、柬埔寨	20.8		
2	42	复星国际有限公司	1 753.9	综合	有	法国、英国、德国、以色列、奥地利、俄罗斯、秘鲁、意大利、巴西、新加坡、葡萄牙、印度、澳大利亚、日本	5.4	324.29	44%
3	50	上海均和集团有限公司	2 500.00	综合	有	新加坡	−43.26		
4	78	旭辉控股（集团）有限公司	474.4	房地产业	否		−97.39		0
5	81	上海寻梦信息技术有限公司（拼多多）	1 367.23	互联网和相关服务	有	澳大利亚、新西兰、北美	1 037.75	108.75（研发支出）	
6	90	华勤技术股份有限公司	926.46	计算机、通信和其他电子设备制造业	有	印尼、印度、新加坡、日本、墨西哥（特斯拉供应商，在建）	−1.317 49	44.79	67.71%

上海民营企业经济规模偏小具体表现在民营企业对外投资规模偏小。2021年，民营经济国际化百强企业入围门槛为境外资产47.79亿元，境外资产占资产总额比重为17.65%。2021年，民营经济国际化百强企业覆盖22个省、自治区和直辖市，入围企业数量分布排名前四的地区依次是浙江省（25家）、广东省（20家）、江苏省（13家）和北京市（8家），合计66家，上海入围只有2家。

第二，上海民营企业对外投资偏弱的一个重要原因是上海民营企业缺乏具有国际核心竞争力的国际专利。由于上海民营企业缺少具有核心竞争力的国际专利，这样企业就缺乏对外投资的技术支撑。2021年，拥有国际专利的民营经济国际化百强企业中，排名前三的省份分别为浙江（14家）、广东（12

家)、江苏(9家),共计35家(见表23-3)。2019—2021年上述三省合计分别为33家、35家、35家,占比分别为当年拥有国际专利企业总数的62.26%、60.34%、61.40%。而上海2家企业没有拥有国际专利,主要原因是复星集团主要通过收购资产的方式,而华勤主要是OEM代工企业,其技术含量在相关国际产业链中也较低。

表23-3　2019—2021年不同省区市民营经济国际化排名前100企业拥有国际专利的情况

单位:家

省区市	2021拥有国际专利的企业数量	拥有国际专利的企业占比	2020拥有国际专利的企业数量	拥有国际专利的企业占比	2019拥有国际专利的企业数量	拥有国际专利的企业占比
浙江	14	24.56%	14	24.14%	13	24.53%
广东	12	21.05%	12	20.69%	10	18.87%
江苏	9	15.79%	9	15.52%	10	18.87%
河北	4	7.02%	4	6.90%	3	5.66%
北京	3	5.26%	3	5.17%	3	5.66%
山东	3	5.26%	4	6.90%	3	5.66%
湖南	2	3.51%	2	3.45%	2	3.77%
江西	2	3.51%	2	3.45%	1	1.89%
安徽	1	1.75%	2	3.45%	1	1.89%
福建	1	1.75%	1	1.72%	1	1.89%
湖北	1	1.75%	1	1.72%	2	3.77%
内蒙古	1	1.75%	1	1.72%	1	1.89%
陕西	1	1.75%	1	1.72%	0	0.00%
四川	1	1.75%	1	1.72%	1	1.89%
新疆	1	1.75%	1	1.72%	1	1.89%
重庆	1	1.75%	0	0.00%	1	1.89%
总计	57	100.00%	58	100.00%	53	100.00%

数据来源:《2022中国民营经济国际化百强企业调研分析报告》表17。

第三,民营企业发达省市正好抓住了数字经济快速发展的机遇,并形成了快速扩张战略,成为数字经济领域的跨国公司,而上海民营企业却丧失了上一轮数字经济快速对外投资,并迅速占领国际市场的机会。上海民营企业在数字经济领域对外投资相对北京、广东和浙江处于明显的劣势,对外投资的数字经济生态圈尚未形成。近20年来我国民营企业深度进入数字经济领域。在全国民营企业100强中,11家互联网和相关服务企业进入前100强,其中北京6家企业,浙江3家企业,广东1家,上海1家,在这11家企业中,字节跳动、阿里巴巴和腾讯的国际化程度相对最高,并且在云计算等数字技术领域具有一定的优势,这三家公司已经形成了全球网络格局以及商业生态圈体系,相对而言,上海尽管有些数字服务企业,但国际影响力远低于上面三家企业(见表23-3)。

第四,上海民营企业对外投资的知识储备、组织资源储备和专业人才储备不够。相对而言,服务业对外投资的门槛比较低,包括必要资本壁垒、服务提供商资质和服务提供者资质壁垒以及进入国际市场技术壁垒。因而即使是规模相对比较小的服务业企业,也可以通过对外投资为当地市场提供服务。但从我们对上海民营企业的调研看,即使是规模比较大的民营企业,也缺乏三个方面的资源储备。一是对投资目的地与对外投资相关的知识储备不够,民营企业很少设立相关机构和配置相关人员,也不知道从哪里获取相关知识。二是缺乏对外投资的组织资源。欧美跨国公司在实际进行投资时已经积累了大量成功经验,这些公司在大规模对外投资前一般先设立办事处,对市场和当地的营商环境进行深入了解。但上海民营企业相对缺乏前期的必要的组织资源投入。三是对外投资所需要的人员准备,包括派出管理和技术人员的准备、招聘当地员工的准备等。

第五,走出去企业面临跨文化交流差异带来的问题。如果是英语国家情况还好,但如果是小语种国家,可能造成沟通效率低下,管理成本增加等现象的产生。

第六,政策法律差异对对外投资带来的问题。这些差异包括法律、金融、劳工等。若在泰国、新加坡等国开展业务,都要求聘用当地人,但若发生劳务纠纷或是治安事件等,可寻求帮助的途径少,使领馆能提供的帮助有限,试错成本高。比如华勤在海外投资中,尤其是在北美市场中,往往可能遇到专利蟑螂公司,为企业带来诉讼,面临不可避开的法律纠纷。

第七,境外人力和资源短缺,相应成本上浮幅度明显。以泰国机场为例,由于员工大量流失等现象的出现,明显出现接待能力不足的现象,机场恢复周期较长,相应配套无法跟上,造成旅游成本上升。

第八,对外投资目的地国家与中国行业标准差别较大,在81家受访企业中,认为受到目标国行业标准影响比较大的企业占受访企业的23.46%,说明上海民营企业对目的地所在国家行业标准的了解不够。

(二)政府层面

从政府对民营企业在对外投资方面的支持政策和制度安排看,中央政府尚未从企业需求视角形成对外投资的政策体系,上海地方政府层面既缺乏对特定民营企业所在行业和特定企业的支持,也缺乏操作层面的具体民营企业对外投资便利化举措。

从国家层面看,对外投资的制度安排尚未完善。

尽管许多对外投资从原来的审批制转变为备案制,但总体企业对外投资的便利性不够。在受访的81家企业中,23家企业认为外汇管理过于严格,占受访企业的28.40%,这个问题也是我国对外投资中长期没有得到解决的老问题。企业在对外投资时要根据企业经营情况资金要随时进出,但从目前看企业资金进出都需要外汇管理部门的审批。同时,企业也希望汇率长期稳定,企业对汇率较为敏感,希望国家出台类似的汇率保障机制。

第一,与资产安全相关的政治风险问题。例如,H公司在印度面临过几次税收稽查,但仍不清楚其背后原因,尽管H公司还没有出现类似小米银行账户被印度当局冻结的最严重后果,但国外资产安全难以获得保证,因此H公司在印度业务也不敢做大。同时,在中美科技竞争不断加剧的情况下,许多公司面临的政治风险在不断增加,公司最怕被列入实体清单,影响企业发展。

第二,与对外投资相关的配套制度,包括缺乏对外投资资产的风险评估制度和融资抵押业务。无法从金融市场获得直接和间接融资,这体现为目前的金融制度安排不仅难以满足对融资抵押等业务的需求,也使企业的再融资渠道受到严重的影响。同时,企业在境外从事经营活动,往往涉及较多的金融业务,由于国内银行国际化布局和实体企业经营活动范围不尽相同,因此,企业的海外资产往往只能放在外资银行。

第三,海外签证困难,商务人员进出境不便利。海外签证申请时间较长,对海外业务开展造成一定干扰。例如,H公司在2021年,其工作人员的台湾通行证一直无法办下来。

第四,政府对外投资的信息服务质量不高。目前,商务部每年推出的对外投资指南,信息存在一定的滞后性,而且界面阅读并不友好,实操性不强,更多的是信息的集合,从企业角度来看,更希望获得的是信息的归纳或是整理。

从上海市层面看,存在着三个方面的问题,包含整体民营企业对外投资战略以及具体的实施举措。

第一,上海尚未形成专门针对民营企业的支持性政策框架,并将对外投资政策与服务作为支持民营企业政策框架的一个重要组成部分。

第二,没有从上海五个中心能力升级以及服务市场主体成为"一带一路"桥头堡的战略角度,来协同不同所有制企业之间的对外投资,因而没有形成上海不同性质企业对外投资中的协同和互相支持政策。

第三,尚未形成专门针对民营企业对外投资特征的专业服务体系。例如,民营企业在服务业领域对外投资具有比较大的需求，这需要通过培育与民营企业对外投资相关的专业化服务体系，并通过各种方式提供更多的公共服务产品。目前，德勤等咨询机构可以提供个性化服务，但收费过高，许多中小民营服务企业难以承担这些费用，尚未建立政府对外投资服务的平台或者窗口。

三、推动上海民营企业对外投资的思路

上海要根据民营企业自身的发展规律，以上海服务国家战略为依据，结合全球价值链的变化趋势，形成推进上海民营企业对外投资策略。上海要以上海民营企业对外投资的需求作为制定对外投资政策的基本出发点。企业对外投资是企业自身发展的内在动力，只有以企业对外投资需求为导向，政府才能找到为企业提供服务的切入点。

（一）上海民营企业对外投资涉及的重点领域

在全球化分工体系下，产业在不同经济体之间的分工越来越细，在联合国产品总分类（CPC）1.0版涉及的服务部门中，初级420个，次级946个，而CPC2.1版分别增加到475个和1254个。而不同行业下对外投资的市场准入、企业运营、产品（服务）销售等都存在着规则需求。同时，相对而言，发展中国家许多行业的对外投资法规不完善，这样更增加了对外投资收益预期的不确定性。因此，无论是对政府而言，还是对民营企业而言，要对所有国家的所有行业对外投资规则进行梳理是不现实的，而且政治和经济政策瞬息万变的变化也使相关机构难以及时收集完整材料。这样，就要求政府和相关咨询服务机构将政策服务的重点放在上海民营企业对外投资最为集聚的产业领域，政府和相关咨询服务机构重点收集和跟踪重点产业领域对外投资法规体系，并形成相关数据库，为民营企业对外直接投资提供支撑。从目前上海民营企业所处行业看，主要依据是上海民营企业在全球行业中的位置，特别是先锋企业在国际市场的竞争力。从现有问卷和我们的实际调研看，可以重点关注五个具体行业，一是生物制药行业。生物制药在全球研发中具有一定的优势，尽管生物制药中的许多企业以外资形式表现，但实际上这些企业的企业家基本上是留学海归背景，目前国内CRO和最终产品基本与全球同步。二是数字经济领域，上海已经形成了拼多多、小红书、美团、哔哩哔哩等比较有影响力的数字平台，并在游戏等领域进入国际市场。三是跨境电子商务中的海外仓对外投资，上海万邑通（上海）信息科技有限公司是国内第二大对外投资企业，已经具有良好的布局，也符合上海国际贸易中心能级提升的需要。四是专业性服务领域，例如围绕货物贸易的专业服务行业，如跨境电子支付企业、国际物流和采购服务等。五是先进制造业，重点是信息制造、汽车制造等相关领域的民营企业制造业。

(二) 上海民营企业对外投资涉及的重点区域

由于许多发展中国家的国际投资环境特别复杂,而且许多法规体系不透明,即使是同一个国家,地方性法规也相当复杂,因此,要针对上海民营企业对外投资的重点国家和重点地区,进行专门信息收集、并与中国驻外机构合作对重点国家和地区进行深入调研。

重点领域需要根据民营企业的情况形成一般和特殊相结合的模式。一般就是上海民营企业最为聚集的区域作为重点,重点是东南亚区域,因为东南亚区域是上海与东南亚国际经贸活动最为紧密的区域。从特殊领域看,就是要关注民营重点企业在个别国家的投资。

从目前上海民营企业对外投资的具体情况看,我们认为应该重点关注五个国家。

一是新加坡。新加坡是目前中国企业对外投资最多的国家,其投资目的就是充分利用完善的投资环境以及低税制度,而数字经济条件下的跨境数据流动便利化和商贸便利化举措已经成为国际投资环境的新要素。

二是印度尼西亚。上海印尼青山工业园区是上海唯一一个境外经贸合作区,青山工业园区分印尼莫罗瓦利园区、印尼纬达贝工业园区、印尼北加、科纳威四个工业园区。莫罗瓦利园区、印尼纬达贝工业园区投资总额已超150亿美元。莫罗瓦利园区矿区占地47 000公顷,厂区占地3 200公顷,主要的生产项目有(炼钢、镍铁、硅铁、铬铁、电解锰、冷轧、热轧、退洗、高冰镍、湿法镍铁冶炼项目);印尼纬达贝工业园区矿区占地50 000公顷,厂区占地2 500公顷,主要生产项目有(火法/湿法镍铁冶炼项目、高冰镍项目)。因此,印尼重点以印尼青山工业园区作为研究对象作为国别研究的重点。同时,印尼是东南亚人口最多的国家,因而要重点关注上海民营企业数字经济领域的对外投资。

三是越南。越南是吸收对外投资中最多的东南亚国家之一,由于美国供应链贸易政策的变化,以及越南劳动力成本比较低,因而中国大量电子信息产业在越南投资,上海民营企业在集成电路领域具有一定的优势,因而越南将是中国未来民营企业重点关注的国家。

四是日本。日本不仅具有很好的投资环境,而且在人才、供应链配套等领域具有明显的优势,在数字服务业也具有很强的优势。比如上海米哈游网络科技股份有限公司等数字游戏业在日本已经具有一定的市场,由于日本等国对数字经济政策在不断调整中,因而需要重点关注数字内容领域的投资环境和投资政策。

五是墨西哥。由于中美贸易摩擦以及中美科技竞争,中美对外投资和贸易受到很大影响,目前国内企业通过对墨西哥投资进入北美市场,在国际贸易中,美国依然是上海最主要的国际贸易伙伴,因而要根据上海民营企业的新动向关注墨西哥的投资环境和投资政策。

(三) 上海民营企业对外投资涉及的重点企业

一方面要关注上海特大经营规模民营企业对外投资需求,另一方面要关注专特精中小民营企业对外投资的需求,特别是关注符合上海五个中心能级提升。

从目前看主要包括对外直接投资和收购兼并方式,华勤科技采用对外投资方式,而复星采用收购兼并方式。

下一步上海需要重点关注复星在生物制药领域对外投资的政策需求,华勤科技在印尼和印度的投资,春秋航空和均瑶集团在航空领域对外投资的情况,以及西井科技、万邑通(上海)信息科技有限公司和上海寻梦信息技术有限公司等数字经济服务类企业。要根据这些企业的具体情况,形成专门性对外投资政策和服务。

四、政策建议

上海市政府相关部门要根据上海民营企业对外投资中的共性问题和个性问题,既要为所有上海民营企业对外投资提供共性服务,同时也要关注重点民营企业对外投资中的个性问题。从共性问题看,上海民营企业在对外投资中碰到的最大问题是资金进出的便利性以及相关的投融资问题,同时也会碰到对外投资的税则问题。之所以中国大部分企业在中国香港或者新加坡设立分支机构,最主要的问题是民营企业资金进出的不便利以及资金进出成本相对新加坡和中国香港高很多,对资金进出的预期不够。从上海民营企业对外投资的个性角度看,不同行业和不同企业存在着不同的需求,需要形成针对性的对外投资政策和服务体系。

(一) 通过自贸试验区平台争取先行试点国家事权

要充分利用上海自贸试验区制度型开放的先行先试,在原有上海自贸试验区制度安排基础上,形成上海企业对外投资需要的更高水平对外投资开放新体制。

2013年以来,上海市政府根据《中国(上海)自由贸易试验区总体方案》"鼓励在自贸试验区内探索改革境外投资管理方式,对境外投资开办企业实行以备案制为主的管理方式,对境外投资一般项目实行备案制"的要求,配套出台了《中国(上海)自由贸易试验区境外投资项目备案管理办法》和《中国(上海)自由贸易试验区境外投资开办企业备案管理办法》,规定由自贸试验区管委会负责权限内境外投资备案管理。根据市政府发布的两个备案办法,自贸试验区管委会对境外投资3亿美元以下的项目和境外投资开办企业开展备案,除敏感行业、敏感国家(地区)以外的对外投资项目均实行备案制管理。

上海自贸试验区保税区域首家开展跨境投资的股权投资企业为弘毅投资公司,2014年1月弘毅投资在区内设立了跨境投资主体"弘毅创领",与其注册在英属维京群岛的投资平台进行对接,不仅迅速完成了收购英属维京群岛的 PPTV 项目的境外投资备案,而且通过区内投资平台"弘毅创领"顺利完成了第二单收购美国的文化企业的境外投资备案。同时,锦江集团通过在自贸试验区设立的下属企业完成了多笔境外投资,实现品牌扩张同时也将部分酒店品牌引入中国市场,境外投资的便利化极大地支持了锦江国际(集团)有限公司的国际化战略。此外,陆家嘴金融片区的江泰再保险经纪有限公司与150多个国家地区的保险、再保险机构开展广泛合作,年均响应来自80多个国内外保险主体的2 700多个再保险临分需求,助力中国企业"走出去"和"一带一路"倡议的整体风险保障策划与实施。

在上海自贸试验区对外投资制度的先行先试将使上海成为全国对外投资制度领域先行先试的突破口,因而虽然并不是主要针对上海民营企业,但也对上海民营企业对外投资具有重要作用。

其先行先试的重点举措有三个。

第一,在上海自贸试验区建立对外投资平台的基础上,进一步优化平台,形成多政府机构协同监管和服务平台。以上海发改委和国家外汇管理局为主要牵头单位,形成涉及多部门的对外投资公共服务平台,促进对外投资企业进出境的合规基础上的便利化。

第二,推动上海自贸试验区对外投资的金融政策支持。一是加快建立对外投资资产的风险评估制度,通过试点对外投资风险评估制度,以此作为开展金融业务的基本条件。

二是为对外投资企业提供多种形式的融资业务。通过评估后,鼓励政策性银行为境外经贸合作区提供长期低息贷款;为试点企业提供融资抵押业务。三是允许试点对外投资企业在国内发行企业债券;允许符合条件的企业在证券交易所上市。

第三,率先在上海试点对外投资相关的涉外税收制度。这不仅仅包含与对外投资相关收益的税收制度,还包括与对外投资企业离岸贸易等相关的税收制度。

(二)加快上海对外投资政策和服务推进的政策建议

充分利用和整合国家和上海市的各种资源,为上海对外投资企业提供定期和不定期的服务。具体的政策建议有以下三点。

第一,在重点产业、国别领域提供对外投资的优质公共服务资源,为上海对外投资企业提供各种公共服务。具体举措:一是在上海对外投资的重点领域,与国家相关机构(大使馆等机构)紧密合作,在重点产业和重点国家定期或不定期提供对外投资相关的信息。二是充分利用上海与全球59个城市签署的友好城市,特别是上海对外投资企业相对集聚国家所在友好城市,提供定期或不定期的各种服务。三是与中央和上海市相关智库合作,就上海对外投资最集聚的区域提供对外投资领域的各种服务。四是依据上海对外投资的重点产业和重点国家,在政府的支持下建立多种形式的对外投资服务联盟,充分发挥上海国有企业对外投资中的作用,与相关民营企业协调同步跟进。五是根据上海对外投资企业的需求,通过政府购买服务的方式为企业提供优质服务,包括四大会计师事务所的税务咨询服务,律师事务所的咨询服务。上海商务委已经通过政府购买形成了走出去服务港,上海可以在这个基础上结合目前上海对外投资企业的特点,形成更高质量的服务。

第二,对重点企业建立白名单制度,加快促进对外投资的高质量发展。要根据上海五个中心能级提升的需要,在国有和民营企业中选择具有国际竞争力的企业作为上海对外投资的重点企业,对这些企业实行白名单制度,在资金进出境和商务人员出境方面制订专门的制度安排。同时,要定期对列入白名单的企业进行评估,实行准入和退出制度。

第三,建立健全对外投资企业法律服务援助和网络体系。可以建立公共对外投资法律援助服务和支持上海律师事务所开展涉外法律服务。一是通过政府购买的方式为对外投资企业提供一般的涉外法律服务。二是培育国内律师事务所开展对外投资相关的律师服务,为律师事务所在重点区域提供法律服务提供各种经济和政策支撑。三是为对外投资企业涉外纠纷提供支持。

(三)对民营企业对外投资的专项支持政策

上海民营企业对外投资已经到了一定的规模,需要为企业对外投资提供高质量的服务和政策支撑,要通过服务整体和重点相结合的方法,推进上海民营企业对外投资。

第一,体制和机制创新。国家发改委成立了民营经济发展局,上海市发改委也应该成立相应民营经济发展处,并将上海民营企业对外投资作为民营经济发展处的一项重要工作。上海市工商联要配合相关政府部门的工作,根据上海民营经济的发展需要,调整相应的机构,强化工商联在民营企业对外投资中的支持和服务力度。一是要形成上海民营企业对外投资的基本数据库,及时跟踪民营企业对外投资的基本信息。二是要为民营企业采用各种方式为企业提供各种服务。三是与中央和上海市相关机构建立沟通机制,反映民营企业对外投资中的各种呼声。

第二,为民营企业对外投资在重点国家和重点行业领域提供优质服务。一是通过政府购买服务的方式与专业机构合作,在重点国家和重点行业领域为民营企业提供对外投资指南。可以先从某个国家的某个重点行业起步,取得经验后,逐渐覆盖到民营企业最为集聚的国家和行业。二是与重点国家所在的中国境外经贸合作区建立广泛的合作关系,根据上海民营企业对外投资需要,形成紧密的对接关系。比如越南的龙江工业园区是相当成熟的工业园区,对越南的投资环境、投资政策等也特别熟悉。因此,市工商联可以通过与龙江工业园区的合作,为上海民营企业提供对外投资的各种市场机会。三是通过上海市政府,与重点国家相关机构建立各种合作关系,为上海民营企业提供对外投资便利。

第三，根据重点企业提供的诉求，建立重点企业对外投资服务机制。在民营企业对外投资中，选择最具典型性的15～20家企业作为上海重点支持民营企业，对这些企业对外投资中的问题，进行个案处理和突破。一是要对重点企业对外投资中出现的问题进行梳理，哪些属于国家事权，哪些属于市政府可以解决，哪些是需要提升服务的，在我们调研的企业中，都会涉及这些问题。二是建立重点企业与相关政府部门之间的沟通机制，对于涉及国家事权的问题，探索个案突破的可能性，包括投资的进出境，人员的进出境等企业比较关心的领域。三是探索重点企业试点金融新举措的可行性，包括境外资产的评估、资产抵押和债券发行等各项金融新举措。

（供稿单位：上海市工商业联合会，主要完成人：冯毅梅、程农霞、严炯杰、王真、沈玉良、彭羽、陈历幸、吕文洁、高疆、徐乾宇、李鑫）

专题二十四

关于静安区促进中小企业"专精特新"发展的思考与建议

当前,保障产业链供应链安全上升到国家战略高度。产业链供应链安全稳定已成为构建新发展格局的重要内容,在关键材料、关键零部件、关键技术环节等领域拥有自主掌控能力越来越成为"内外双循环"稳定运行的基础。相比大企业,中小企业往往聚焦于缝隙市场,部分优秀企业通过数十年对已有产业技术的综合和挖潜,在特定产品上做到了极强的专业度和较高的市场占有率,成为产业链上大企业不可或缺的配套供应商,对于补齐供应链、稳定产业经济结构具有重要作用。2021年7月的中央政治局会议更是将发展"专精特新"中小企业视为开展补链强链专项行动、加快解决"卡脖子"难题的重要举措之一。

在静安区7万余家市场主体中民营企业占比超过83%,已经成为增强市场活力的主要力量。民营企业也是静安推动创新发展的重要主体,在静安科技企业中,民营企业数量占比超过九成,全区专利授权中将近100%由民营企业获得,全区近700家大数据相关企业中,民营企业占据了八成以上,在新一代信息技术、科技型制造、数字创意等领域,一大批优秀的民营企业和企业家脱颖而出。根据区委、区政府工作要求,静安区工商联成立课题调研小组,借鉴学习经济发达地区促进中小企业发展的经验、做法,结合静安区产业结构和企业发展状况,对静安区进一步加大力度促进中小企业"专精特新"发展提出思路建议。

一、全球重点区域专精特新企业发展比较分析

(一)国际

国外促进中小企业政策支持以德国、美国、日本、韩国等较为成功。由于发展较早,涌现了一批批在全球产业链细分领域具有创新力、竞争力的代表性企业。其发展模式值得静安借鉴。

1. 德国

第二次世界大战结束以后,德国面临周边国家的限制和封锁,国内百废待兴,亟须找出一条适合自身发展的道路,加速中小企业和经济复兴。

《隐形冠军——未来全球化的先锋》一书

中列举了2016年全球"隐形冠军"数量分布，德国以超过1 300家位居榜首。关于德国为何涌现出如此多隐形冠军，原因有很多：强大的工业基础、出色的创新力、成立全国性的研究机构支持中小企业研发创新，同时定位配套专家，产业集群与企业家集群、融资制度、双轨制教育制度等。其中值得重点关注的是以下几点。

(1) 成立工业应用研究机构促进战后中小企业快速发展。

德国应用研究机构弗劳恩霍夫协会对战后中小企业创新起到积极的推动作用。1949年3月，103名德国科技工作者在慕尼黑自发成立了"弗劳恩霍夫应用研究促进协会"，定位于为企业（特别是中、小企业）开发新技术、新产品、新工艺，并协助企业解决自身创新发展中的组织、管理问题。目前，协会在德国设有75个研究所和研究机构，大约有29 000名员工，每年的研究预算为28亿欧元；其中24亿欧元用于科研合同。弗朗霍夫协会约1/3的运营资金由联邦和州政府资助，另外2/3的研究经费来自工业合同和由政府资助的研究项目。

弗劳恩霍夫协会主要面向工业应用研究，且制定了一系列利于中小企业发展的制度，包括：弗劳恩霍夫协会的技术发明人，可以无偿使用发明创办企业，将科研成果商业化；弗劳恩霍夫协会所用资金对创新型企业入股，一般占总股份的25%，扶持2～5年，如果企业开发创新产品获得成果则转股退出；弗劳恩霍夫协会给聘为研究员的技术发明人发一年的工资。通过不遗余力地推动中小企业制造业创新，弗劳恩霍夫协会使中小企业能够充分地享受到其包括知识产权在内的各类科技创新资源，获得高水平科研队伍提供的服务和科学研究成果，为第二次世界大战结束以后中小企业重建和复兴起到了重要的推动作用。

(2) 专注做"配套专家"，真正做到"专""精""特""新"。

德国中小企业的重要发展路径是专注做"配套专家"，打造核心技术或配件配方。部分德国中小企业已经成长为唯一或少数能满足重要企业或商品特定需求的供应商。这些企业成立时间多在50年以上，不搞多元化发展和规模化经营，致力于不断提升行业专业能力，以谨慎的姿态在特定领域长期发展，成为全国甚至全球细分市场领导者。

(3) "关系型借贷"普遍解决了德国中小企业融资难问题。

德国的关系型借贷普遍，还与其银行结构相关。在德国，区域性银行（储蓄银行和合作银行）数量众多，企业规模越小，其对本地银行的依赖度越高，区域性银行占比较高可以直接促进小规模企业的融资。根据UlrichHommel 和 HilmarSchneider(2003)引述欧洲中小企业观察的调查结果，只有9%的德国中小企业认为存在融资难，这一比例仅仅是金融业极为发达的英国的1/2左右。其中原因在于特殊金融体制和金融组织结构下的银企关系(关系型借贷)。在关系型借贷下,德国中小企业主要与一家往来银行(Hausbank)保持长期稳定关系。作为主要贷款人,往来银行在长期的业务合作过程中与企业形成了比较稳定的关系,能够获取许多企业的"软信息",了解企业的经营情况和经营前景,这极大地克服了银企之间的信息不对称问题。即便企业出现暂时危机,银行也可能基于其获得的"软信息",为企业提供在非关系型借贷情况下不可能获得的金融支持。

2. 日本

据日本经济产业省下设的中小企业厅的定义,在日本制造业领域,注册资本3亿日元以下或职工人数300人以下即为中小企业,相关数据显示日本总企业数七成以上是中小企业。

在日本,中小企业不仅在数量上取胜,在众多细分领域更是隐藏着大量"小而精"的"隐形冠军"。它们用几十年甚至上百年时间在一个领域内深耕,不断向更高附加值的方向进发。

日本将利基企业分为三类:潜力型NT企业、NT型企业和GNT型企业。其中,NT是NicheTop的缩写,潜力型NT企业译为高利基企业;GNT是GlobalNicheTop的缩写,译为全球高利基企业。

早在1948年,日本政府就设立了中小企业厅。1963年,出台《中小企业基本法》,规定了金融、税制等方面的细则,此后更是出台了一系列关联法。日本政府通过产业政策推动经济的发展,大力扶持中小企业发展使得日本涌现了一批全球细分领域的知名企业。日本政府的具体做法如下。

(1)表彰和推进GNT企业发展。日本政府以表彰和推进中小、中坚GNT企业发展为突破口,在社会上树立企业典型,引导、鼓励GNT企业的发展。日本政府结合GNT企业的评选及事后跟踪调查研究,不断摸清把握日本中小企业特别是GNT企业国际化发展中面临的技术研发、企业经营、人才聚集、海外开拓等方面的问题,以便政府各部门、各地方自治体政府,官方或半官方的企业海外拓展服务机构及金融服务机构等研究制定GNT企业培育政策时参考。

(2)大力鼓励和支持企业提高创新能力。日本通过发放技术开发补助金的方法来促进中小企业的产品研发,有效扶持有潜在能力的NT企业逐渐提升为GNT企业。有些重要地区甚至为GNT企业出台了特殊政策。例如,东京都开展了企业资助事业,对于知识产权方面进行了支持;京都府发布了扶持GNT企业补助金交付纲要,对相关税收方面进行了支持。

(3)制定产业政策扶持中小企业发展。为了与GNT企业政策配合,日本中央和地方政府明显加大了已有中小企业发展政策体系中"研究开发、人才培育、海外竞争"等科技关联政策对GNT领军企业的支持力度。根据日本《2020年度中小企业政策》归纳整理,国家层面的政策共有230项之多。这些扶持中小企业发展的政策在促进 GNT 企业发展中发挥了积极的作用。

（4）构建"多层次公库"差异化融资服务体系。为了扶持国内中小企业的发展，日本建立了定向为中小企业融资的金融机构，主要有以下分类。

第一，政策性融资机构，主要包括中小企业金融公库、国民金融公库和商工组合中央金库。中小企业金融公库主要向中小企业提供设备贷款和周转贷款，贷款侧重于支持重点发展产业。国民金融公库则侧重于向中小企业提供小额流动资金贷款。上述两类公库的资金来源于政府拨付的资本金和向政府借款。而商工组合中央金库是半官半民性质的机构，主要向中小企业团体提供贷款，资金来源于自己发行的债券。

第二，由法律保护的民间合作信用系统。主要有信用组合、信用金库和旨在帮助中小企业职工的劳动金库，政府允许它们建立全国信用联合会，从而使这些民间信用机构组成了真正的全国性系统，并为全国各地区的中小企业提供融资金融服务。

第三，经营性中小企业金融机构，主要是地方小型商业银行和社区银行向辖内的中小企业提供小额贷款服务。

第四，"多层次公库"一方面定位明确，定向为中小企业融资服务；另一方面层次立体，可满足中小企业的差异化融资需求，从设备贷款到周转贷款等不一而足，对日本中小企业发展起到了重要的推动作用。

3. 韩国

20 世纪 60 年代起，韩国中小企业政策的陆续出台，中小企业不断出现并发展起来，此后发展成为韩国国民经济的重要支撑力量。许多韩国中小企业在 20 世纪 80 年代后快速成长，成为全球性或国际性公司。韩国扶持中小企业发展值得借鉴的优点主要有：

（1）支持中小企业的法律体系健全。如 1966 年韩国政府出台《中小企业基本法》，为中小企业发展方向进行了规定，奠定了中小企业发展的基调。从宪法到中小企业基本法和科学技术促进法等都规定了对中小企业发展的支持。特别是韩国宪法第 123 条第三款中就特别强调，国家应该保护和培育中小企业。

（2）企业梯度培育的计划。韩国中小企业（创新型中小企业）分成三类——第一种是技术创新型中小企业（INNO-Biz）、第二种是经营创新型中小企业（Main-Biz）、第三种是风险型中小企业（VentureSME）。以上这三类中小企业有相应的法律和政策来支持，比如韩国的技术发展促进法里就强调，如果中小企业研究的是新技术，那么国家可以提供 80% 的科研经费。

（3）建立系统化的税收优惠政策。韩国在产业发展相关立法中，明确了中坚企业的内涵和相关政策的制定依据，对已完成培训课程的中小企业，放宽其税收、资金流通条件。

政策规定：对已完成培训课程的企业，在

3年放宽期内的税率是7%,过了放宽期后,在1~3年的缓和期内税收为8%,4~5年内为9%,税率逐年增加。同时,对普通研发税额扣除给予一定优惠,在放宽期间优惠25%,之后1~3年内优惠15%,4~5年内优惠10%。

(4)建设企业服务体系。韩国贸易投资振兴公社(KOTRA)组建了提供海外市场和营销信息的"中小中坚企业国际营销支援中心";建立了"企业主治中心",在百个以上的企业群里开展"一对一"相关技术障碍事项咨询。韩国知识经济部还选定具备进军国际市场的300家潜力型企业,借助服务机构为企业提供整套支援方案,冀望这300家中坚企业拉动韩国经济发展。

(5)强化企业原始创新。韩国专门针对中坚企业,拟定了支援产业原创技术开发专项,发掘有前景的技术,同时设置了企业难题解决中心,协助减少政府技术创新政策与企业实际所需技术的差异,强化政策精准发力。

(6)加大企业人才培育力度。人才是企业发展的核心保障,韩国制定了专门的促进中坚企业人才培育的政策,设置了中坚专业人才综合雇用支援中心,及支援海外聘用人才与聘用先进国家退休技术人员的政策。

(7)帮助企业积极开拓海外市场。韩国针对中坚企业制定了专门的出口政策,如设置全球营销支援体制,协助解决有意拓展全球市场的中坚企业所面临的专业人才、信息与海外网络不足等障碍。

(8)"点对点支持"融资体系。更值得关注的是韩国"点对点支持"融资体系,不仅解决了中小企业"融资难"问题,还大幅解决了中小微企业"启动更难"的问题。

韩国政府于1961年设立中小企业银行(简称"IBK")专门为中小企业提供融资服务。致力于中小企业的一站式服务,于2019年推出Box平台,通过融资、运营、市场三个维度加强多产性和竞争力。

第一,成立中小企业启动促进基金,截至2020年底,IBK为中小企业融资达17.18兆韩元,相较于2019年同期,增长了787.3百万韩元。

第二,建立优良电子系统i-ONEJOBPortal,电子化服务模式,结合大数据行业匹配模型帮助寻找和培育差异化高新技术企业。

第三,成立创业孵化平台(IBKChanggong),为微型企业提供特殊融资业务,促进启动和风险投资,如高质量经济援助、在线诊断等线上服务以及智能办公点、医疗健康等。

4. 美国

美国的利基企业往往集中力量于某个特定的目标市场或重点经营一个产品和服务,创造出单一产品和服务优势,美国政府采取了包括财政、税收、创新等系列措施支持利基企业发展。其中需要重点借鉴的是以下几点。

(1)建立专业化的中小企业服务体系。美国小企业管理局在全国设立了由1.3万名经验丰富的退休人员组成的经理服务公司和950个小企业发展中心,通过自愿、签订合同等方式为小企业家服务,提供创业准备、计划拟定、公司成立、行政管理、商业理财等方面咨询。

美国最早全面建设中小企业孵化载体,由联邦政府、大学和研究机构、社会非营利组织以及私人企业共同投资创办,实行企业化运行,给企业引荐风险资金、提供办公室和生产试验场地、提供法律咨询和财务援助以及员工培训等服务,为企业设立和改善经营管理创设良好的条件。

(2) 注重发挥社会组织的帮扶作用。受美国联邦政府支持,美国各类专业协会、商会、联合会等社会组织经常聘请一些行业专家为本地的中小企业提供发展咨询服务,帮助企业进行经营诊断与技术指导,80%的费用开支由联邦政府提供。

(3) 制定专项计划支持企业发展。美国在20世纪末就启动了中小企业创新资金支持计划。如1982年实施的小企业创新研究计划(SBIR)和小企业科技成果转移计划(STTR)。要求R&D(研究开发)经费占全部经费的98%,由商业部、教育部、国家科学基金会等11个联邦政府机构每年从研究开发经费中依法预算一定比例,资助小企业的科技创新。此项目实施12年后,美国为了使科技型企业和科研机构以及大学实现产学研合作,又提出由国家科学基金会、国防部、卫生部、能源部和太空总署、非营利性研究机构和小企业共同开发科技创新成果,确保科研工作人员能够灵活地运用技术来创建科技型企业。

(4) 美国多层次融资体系发达、便捷。如美国政府将中小企业的技术创新项目纳入国家和金融机构重点支持的项目中,作为重点项目的配套项目和后续项目,使中小企业的项目进入金融机构支持的范围,从而获得金融机构的重点支持。美国依托自身金融市场优势,基于风投机构对高收益的追求,通过政府介入引导风投机构参与中小企业项目投资,由风投机构对项目从孵化到成熟进行全过程跟踪,保证投资风险降到最低程度。

(二) 国内

我国正加快构建专精特新"百十万千"梯度培育体系。截至2021年底,工信部认定有专精特新"小巨人"企业4 922家,其中A股上市公司总计351家。工信部分别于2019年5月、2020年11月和2021年7月公布了三批专精特新"小巨人"企业名单。其中,2019年公布的第一批专精特新"小巨人"企业共248家,上市41家;2020年公布第二批专精特新"小巨人"企业共1 744家,上市170家;2021年公布第三批专精特新"小巨人"企业共2 930家,上市140家。

从地区分布来看,从国家级专精特新"小巨人"企业的培育情况来看,截至第三批名单公布,浙江、广东和山东入选的企业数量排名前三。浙江和广东的企业数量均在400家以上,山东省企业数量为367家;排名随后的分别是江苏、北京、上海,入选企业数量均在250家以上。

从省级"专精特新"中小企业的培育情况来看，山东、重庆和上海的培育数量已超过3 000家；安徽、江西、河北和贵州培育的企业数量也在2 000家以上。

从上市情况看，351家专精特新"小巨人"上市企业集中在江浙沪、北京和广东区域。351家公司中，上市公司数量排名前五的地区分别为江苏省（63家，占比18%）、广东省（43家，占比12%）、上海（34家，占比10%）、浙江省（31家，占比9%）和北京（24家，占比7%）。

随着"专精特新"企业培育相关政策密集出台，顶层设计不断筑牢，2021—2025年中央财政将累计安排100亿元以上奖补资金，重点扶持专精特新"小巨人"企业。各省市纷纷响应，也出台了相关政策，落实培育国家、省、区、市级专精特新企业，包括以财政补贴、提供融资服务及人才引进等方式对省、区、市级"专精特新"企业及制造业单项冠军进行补贴。财政补贴金额上看，重点省市对国家级专精特新"小巨人"补贴在50万～100万元，省级"专精特新"企业补贴在20万～50万元，市级补贴基本在20万元以下。其中，北上广补贴力度较大（见表24-1）。

表24-1 国家及重点省市对于"专精特新"企业奖补政策

地 区	奖 励 补 贴 政 策
国　家	2021—2025年，中央财政累计安排100亿元以上奖补资金，引导地方完善扶持政策和公共服务体系，分三批（每批不超过三年）重点支持1 000余家国家级专精特新"小巨人"企业。对于已被认定为国家专精特新"小巨人"企业，给予600万元/家，每年200万元的奖励
上海市	不同地区对于获得国家认定的专精特新"小巨人"再给予40万～60万元不等的一次性奖励。
广东省	（1）广东省对于国家级重点"小巨人"企业给予最高资助1 000万元；（2）深圳、广州、东莞等对于国家级专精特新"小巨人"企业分别给予一次性20万～100万元不等的奖
江苏省	常州市对于国家级专精特新"小巨人"企业给予一次性50万元的补贴
安徽省	主要城市包括合肥市等对于工信部认定的国家级专精特新"小巨人"企业给予一次性20万～100万元奖励补贴

1. 广东

广东省工业和信息化厅公开数据显示，截至2022年1月，广东累计培育国家级专精特新"小巨人"企业429家、省级"专精特新"企业2 704家。其中，九成以上企业分布在珠三角制造业，深圳、惠州、广州、佛山、东莞数量最多；企业研发支出占营业收入比重超过8%。2021年，广东总共推动26家"专精特新"企业上市。

作为工业大省，广东省以及各地级市均提出短期内的培育目标，并出台一系列促进"专精特新"中小企业发展的奖励扶持政策。

2022年，广东表示将在培育专精特新中小企业上继续发力，并从多方面提供支持。

按照规划，广东2022年力争培育国家级"专精特新"企业200家、省"专精特新"中小企业1000家。抓好"专精特新"中小企业上市融资服务等落地见效，力争为3.5万家次企业（项目）新增融资支持7000亿元。深圳、广州、东莞等城市相继响应，对获评专精特新"小巨人"企业和省级"专精特新"企业都将给予一次性奖励（见表24-2、表24-3和表24-4）。

表24-2 广东省重点扶持政策

区域	政策
广东省	国家级：认定为国家专精特新"小巨人"企业，给予奖励600万元/家，每年200万元。在企业培育、政策支持、服务开展、环境优化等方面给予支持 省级：支持国家级专精特新"小巨人"企业、省专精特新中小企业的贷款利息，按照比例最高不超过利息的50%，补助金额最高不超过100万元给予补助

表24-3 广州市重点扶持政策

区域	政策
广州市	**落户投资** 广州市以外迁入本区的国家级专精特新"小巨人"企业，给予200万元一次性扶持；现有国家级专精特新"小巨人"企业实施增资扩产，在原规划厂区已竣工且不新增用地的情况下，根据规划条件适当提高容积率新增自用生产场地5000平方米以上的，按每平方米40元给予一次性扶持，最高200万元。国家级专精特新"小巨人"企业新建重大产业项目，按项目投资协议、备案及土地出让合同约定时间完成竣工投产的，固定资产投资总额达到1亿元、5亿元、10亿元、20亿元、30亿元、50亿元、100亿元的，经认定，分别给予500万元、1000万元、2000万元、3000万元、5000万元、8000万元、1亿元扶持，同一企业按差额补足方式最高扶持1亿元 **成长壮大** 给予省级"专精特新"企业一次性50万元奖励 给予国家级"专精特新"企业一次性200万元奖励 给予"单项冠军"产品企业一次性100万元奖励 给予"单项冠军"示范企业一次性500万元奖励 给予"单项冠军"培育企业一次性200万元奖励 **研发创新** 鼓励专精特新企业投入首台套重大技术装备、首批次新材料和首版次软件的创新研发。对专精特新企业研发生产的产品列入国家、省、市级《首台（套）重大技术装备推广应用指导目录》并实现销售的，分别给予一次性50万元、20万元、10万元奖励。每家企业每年最高50万元。 **金融扶持** 加大上市扶持力度，将专精特新企业纳入企业上市苗圃培育工程，在境内外资本市场上市分阶段给予总额800万元奖励

续 表

区 域	政 策
广州市	建设"专精特新"产业园 在本办法有效期内择优遴选不超过 5 个"专精特新"产业园,按运营管理机构实际运营费用的 50%给予补贴,单个机构最高 200 万元。"专精特新"产业园企业租用办公用房、生产用房且自用的,在本办法有效期内按实际租金的 50%给予补贴,每家企业最高补贴 100 万元;对购置办公用房且自用的,按购房价格的 10%给予一次性补贴,最高补贴 500 万元
重点市区	天河区:对工业企业成功申报国家级专精特新"小巨人"企业的,给予 100 万元奖励 海珠区:给予新认定国家级专精特新"小巨人"企业 40 万元一次性扶持。给予新认定的省级"专精特新"中小企业 20 万元一次性扶持 黄埔区:给予新认定国家级专精特新"小巨人"企业 200 万元一次性扶持。给予新认定的省级"专精特新"中小企业 50 万元一次性扶持。给予纳入广州市"两高四新"企业培育库 10 万元扶持 南沙区:对通过企业评价认定的专精特新"小巨人"企业、专精特新中小企业、创新型中小企业,每家分别给予 200 万元、50 万元、10 万元一次性扶持

表 24-4 广东省其他市扶持政策

区 域	政 策
深圳市	对获得国家"单项冠军"示范企业和"单项冠军"产品称号的,分别给予 300 万元和 200 万元的一次性奖励。对获得市级"单项冠军企业"和"单项冠军产品"称号的,分别给予 200 万元和 100 万元的一次性奖励。对国家专精特新"小巨人"企业,给予最高 50 万元奖励。对省专精特新企业,给予最高 20 万元奖励。为省以上"专精特新"企业配备服务专员,协调解决企业经营发展面临的困难和问题;与多家银行签订战略合作协议,出台针对"专精特新"企业的专项服务产品和解决方案
佛山市	给予新认定的国家级专精特新"小巨人"企业一次性 50 万元奖励。给予新认定的省级"专精特新"中小企业一次性 20 万元奖励
东莞市	给予新认定的国家级专精特新"小巨人"企业一次性 50 万元奖励 技改扶持:被认定为"专精特新"的企业,在有效期内实施与生产环节相关的项目,其设备及技术投资在 100 万元(含)以上的,按不高于项目投入总额的 20%给予资助,单个项目最高资助 100 万元 股份改造奖励:聘请第三方专业机构进行股份制改造并完成股改的,给予股改费用 20%的补助,每家企业补助金额不超过 10 万元
中山市	对新认定的市级"专精特新"中小企业,按企业股份制改造时实缴注册资金总额的 5%给予最高不超过 200 万元资助 专精特新培育企业高增长项目:自认定年度次年起,企业营业收入比上年增长 30%及以上,且连续两年为正增长,根据不同档次给予 10 万~50 万元奖励

续 表

区 域	政 策
惠州市	给予新认定的国家级专精特新"小巨人"企业一次性50万元奖励。给予新认定的省级"专精特新"中小企业一次性20万元奖励
清远市	给予扶优计划企业新认定的国家级专精特新"小巨人"企业一次性50万元奖励。给予新认定的省级"专精特新"中小企业一次性20万元奖励
韶关市	对国家级、省级、市级"专精特新"企业分别给予100万元、50万元、20万元的奖励

2. 浙江

据相关统计资料,截至目前,浙江有2 125家省级"专精特新"企业和282家隐形冠军企业。同时,浙江还有470家专精特新"小巨人"企业,总数位居全国第一。当前,浙江中小企业总数超300万家。浙江各类"专精特新"企业成立年限相对较长,深耕各自行业超10年的企业占比达75.6%,时间最长的已有40年。

浙江出台《关于大力培育促进"专精特新"中小企业高质量发展的若干意见》,从创新、知识产权、市场开拓、要素保障等方面,回应中小微企业诉求,进一步鼓舞它们坚定地走"专精特新"发展之路的信心。根据印发的《浙江省稳企业强主体攻坚行动方案》,浙江力争2022年全年新增国家级专精特新"小巨人"100家,2022年9月底前新增省级"专精特新"中小企业2 000家。其中关键举措有以下几点。

(1) 加强创新支持。在全面执行国家研发费用税前加计扣除政策基础上,鼓励有条件的市、县(市、区)对科技类中小企业再按25%研发费用加计扣除标准给予奖补。建设"专精特新"中小企业知识产权加速器,为中小企业布局导航。

(2) 强化人才保障。在省级以上"专精特新"中小企业中,符合省高层次创新型人才直通车申报条件的,可直接申报相应高级职称。经省市认定为高层次人才的,在人才评价、住房、子女教育等方面按规定给予支持。

(3) 突出标准引领。鼓励"专精特新"中小企业主导或参与制修订国际国内标准,申报标准创新贡献奖。

(4) 支持拓展市场。在政府采购中超过200万元的货物和服务项目、超过400万元的工程项目,适宜由中小企业提供的,预留该部分采购项目预算总额的40%以上向中小企业采购。支持"专精特新"中小企业积极参加各类展会,深化与RCEP国家经贸合作。推动符合条件的参与国防科工配套协作。

(5) 推动数字化转型。发挥省智能制造专家委员会等作用,引导中小企业实施技术改造,加快建设"未来工厂"、智能工厂(数字化车间),参与行业产业大脑建设应用。

(6) 加强要素服务保障。在浙江股权交易中心设立"专精特新"专板,支持企业上市、股改、发债、融资。对"专精特新"中小企业新增项目,按规定给予用地、用能、排放指标等要素保障。为"专精特新"中小企业配备服务专员,依托企业码精准对接服务企业。

3. 北京

截至目前,北京市已培育认定市级"专精特新"中小企业3370家,市级专精特新"小巨人"企业1141家,市级专精特新"小巨人"企业1141家,国家级专精特新"小巨人"企业257家,单项冠军38家,隐形冠军20家。北京市"专精特新"企业中,近六成集中在新一代信息技术、人工智能、生物医药、智能制造等高精尖产业领域,超七成属于制造强国和网络强国领域。

北京构建了梯队培育体系,推动"专精特新"发展,从政策、服务、资金、创新、环境等方面构建"五位一体"的工作体系,精准服务打造涵盖技术创新、转型升级、产业链配套、品牌建设、市场开拓、上市服务、融资需求等一揽子专属政策,制定形成了64项任务清单。重点政策包括以下几个方面(见表24-5)。

(1) 提升技术创新能力:支持企业申报颠覆性技术和前沿技术的研发及成果转化项目,对项目设备购置、房租、研发投入等分档支持,第一年最高支持200万元,第二至三年支持金额最高不超过500万元。

(2) 推动集约集聚发展:支持企业申请智能化、数字化、绿色化技术改造项目,对符合条件的项目给予最高3000万元的奖励;支持将老旧厂房等存量产业空间改造为企业研发或生产用房,符合条件的改造项目给予最高5000万元固定资产投资补助或贴息支持;围绕龙头企业薄弱环节,组织企业开展揭榜攻关和样机研发,根据项目投入最高5000万元支持。

(3) 加大融资支持力度:支持企业通过融资租赁方式研发、检测、生产等设备,每年最高1000万元补贴。用好北京股权交易中心"专精特新板",为企业提供挂牌展示、托管交易、投融资、培训辅导等服务。

(4) 加强上市培育服务:支持企业在新三板挂牌并给予资金补贴。

(5) 助力国际市场开拓:在共建"一带一路"合作伙伴新设或并购企业、开展装备制造和国际产能合作等项目,贷款贴息给予不超过3年、每年最高500万元支持和投资性补助最高100万元一次性支持;支持医药企业积极开展国际产品认证,对近两年内通过FDA、EMA、PMDA、WHO等国际机构注册,且在本市生产并在对应国外市场实现销售的药品和高端医疗器械,给予200万元奖励,单个企业年奖金额不超过1000万元。

(6) 强化全面精准服务:汇聚一批券商、会计师事务所、律师事务所等机构,为企业提供全面诊断、技术创新、上市辅导、工业设计等服务,对服务效果突出的平台给予最高100万元奖励;对国家级"小巨人"企业招聘世界大学综合排名前200位的国内高校本科及以上学历毕业生,或"双一流"建设学位硕士研究生给予落户支持。

表 24-5 北京重点市区扶持政策

区域	政策
西城区	对国家专精特新"小巨人"企业,给予一次性30万奖励;对北京市专精特新"小巨人"企业,给予一次性10万元奖励
东城区	对上一年度获得北京市专精特新中小企业称号的企业,一次性给予10万元奖励;对上一年度获得北京市专精特新"小巨人"企业称号的企业,一次性给予25万元奖励;对上一年度获得国家级专精特新"小巨人"企业称号的企业,一次性给予80万元奖励。对获得北京市隐形冠军称号的企业一次性给予150万元奖励。晋级补差
丰台区	对国家级专精特新"小巨人"企业,给予60万元扶持;对北京市专精特新"小巨人"企业,给予30万元扶持
石景山区	对国家级专精特新"小巨人"企业,给予80万元扶持;对北京市专精特新"小巨人"企业,给予50万元扶持;对北京市"专精特新"中小企业称号,给予一次性20万元奖励
经济技术开发区	对国家级专精特新"小巨人"企业,给予50万元一次性奖励;对北京市专精特新"小巨人"企业,给予20万元一次性奖励;对北京市"专精特新"中小企业,给予20万元一次性奖励
大兴区	对上年度首次获得国家级、市级专精特新"小巨人"企业认定的企业,分别给予100万元、50万元奖励,实施晋档补差;对上年度首次获得市级专精特新企业认定的企业,给予20万元奖励
密云区	对国家级专精特新"小巨人"企业,给予50万元一次性奖励;对北京市专精特新"小巨人"企业,给予20万元一次性奖励;对北京市"专精特新"中小企业,给予20万元一次性奖励
通州区	对国家级专精特新"小巨人"企业称号的企业,给予最高50万元奖励;对北京市专精特新"小巨人"企业称号的企业,给予最高20万元奖励;对北京市"专精特新"中小企业称号的企业,给予最高10万元奖励
顺义区	对国家级专精特新"小巨人"企业称号,给予一次性50万元奖励;对北京市专精特新"小巨人"企业称号,给予一次性25万元奖励;对北京市"专精特新"中小企业称号,给予一次性10万元奖励
怀柔区	支持龙头企业、专精特新、隐形冠军企业发展。支持在细分领域市场占有率居于全国前列的科学仪器和传感器企业、行业龙头企业、一流仪器服务机构在怀柔科专精特新学城落户,设立总部或分支机构,对经认定的企业或机构,根据入驻形式,给予一次性最高不超过300万元资金奖励

4. 江苏

江苏省工信厅于2012年在全国率先启动专精特新"小巨人"企业培育工作。从2013年开始,江苏省工信厅在省工业和信息产业转型升级专项资金中,专门设立"专精特新发展"项目,加大对"专精特新"企业的资金支持力度。2013—2021年,累计扶持"专精特新"培育项目1579个,资金总额11.1亿元。

江苏省大力实施专精特新"小巨人"企业培育计划,构建了省市县三级联动的梯度培育体系。据统计，截至目前，江苏省已培育国家级制造业单项冠军138家、专精特新"小巨人"企业709家和省级专精特新中小企业1 998家，其中80%以上集中在先进制造业和战略性新兴产业领域，75%深耕细分领域10年以上，平均每家企业研发投入强度达7%。其中在20年期限以上的企业有310家，平均营收规模高达6.8亿元。671家企业的主导产品市场占有率在行业细分领域位居全国前三，其中343家企业主导产品市场占有率高居国内细分行业首位。目前江苏65家国家级专精特新"小巨人"企业在国内主板上市，14家"专精特新"中小企业在北交所上市，均位居全国第一。全省专精特新小巨人企业已入库企业13 575家。

2020年江苏省制定出台《江苏省"千企升级"三年行动计划》，加快推动专精特新"小巨人"企业发展。一方面，加强优质企业梯度培育，重点实施"千企升级"三年行动计划，依托省中小企业发展中心公共服务网络平台建立完善"千企升级"动态培育库，开展运行监测，导入优势资源，支持创新投入，每年新增培育一批"专精特新"中小企业，争创国家专精特新"小巨人"和制造业单项冠军企业。另一方面，积极实施创新型企业培育行动计划，支持有实力的中小企业瞄准科技前沿，加速新兴技术研发突破和产品迭代升级，加快培育一批高新技术企业，鼓励符合条件的中小企业积极申报各类省级科技计划，承担技术攻关任务，助力企业提升发展。

"十四五"期间，江苏省计划围绕16个先进制造业集群和531产业链实施壮企强企工程，进一步建立入库企业运行监测机制，协调解决企业在管理提升、融资等方面的需求，加快构建协同、高效、融合、顺畅的大中小企业融通创新生态，激发涌现一批协同配套能力突出的专精特新企业，推动形成专精特新"小巨人"企业集聚高地。

当前，江苏省国家级专精特新在已认定的省级中产生，优先支持其他相关政策的申报。在次年的江苏省工业和信息产业转型升级专项资金中设置了专精特新培育项目，根据企业项目综合投入1 000万元以上，按不超过项目综合投入的20%予以补助，最高不超过500万元（见表24-6）。

表24-6 江苏重点地区扶持政策

区 域	政 策
南京市	对首次获得认定的国家制造业单项冠军示范企业（产品）、国家级专精特新"小巨人"企业、省级专精特新"小巨人"企业，分别给予300万元、100万元、50万元奖励。对外地迁入的国家级专精特新"小巨人"企业给予100万元奖励。对首次获得国家级认定的小型微型企业创业创新示范基地、中小企业公共服务示范平台分别给予100万元补贴

续表

区域	政策
苏州市	对年度首次认定、新引进的国家专精特新"小巨人"、苏州市"专精特新"企业给予一次性资助。按照上一年度研发费加计扣除额的10%给予资助。国家级"专精特新"企业最高资助金额不超过100万元。市级"专精特新"企业最高资助金额不超过25万元
盐城市	支持单项冠军企业。支持企业争创全国制造业单项冠军企业(产品)和省级以上专精特新"小巨人"企业,对首次获得工信部认定的全国制造业单项冠军示范企业(产品)、培育企业,分别给予50万元、20万元一次性奖励。对首次获得国家、省级专精特新科技"小巨人"企业,分别给予50万元、20万元一次性奖励
宿迁市	支持企业争创国家制造业单项冠军企业(产品)和省级以上专精特新"小巨人"企业(产品),对获批国家级的奖励100万元,获批省级的奖励30万元。对首次入选省独角兽、潜在独角兽、瞪羚企业的,分别给予200万元、100万元、50万元奖励
常州市	对新认定国家制造业单项冠军示范企业或单项冠军产品、国家专精特新"小巨人"企业,给予100万元奖励。对新认定省级专精特新"小巨人"企业,给予30万元奖励
连云港市	首次入选省"瞪羚"企业、潜在独角兽企业、独角兽企业的,分别给予50万元、100万元、200万元奖励。获得国家级制造业单项冠军企业、专精特新"小巨人"企业的,分别给予100万元奖励;获得省"科技小巨人"企业的,给予50万元奖励
无锡市	对首次获评国家级"制造业单项冠军"企业、产品的,分别给予最高80万元、50万元的一次性奖励;对首次获评国家级、省级"专精特新"企业的,分别给予最高50万元、30万元的一次性奖励
南通市	对新认定的国家级、省级专精特新"小巨人"企业(含软件企业),分别给予50万元、20万元奖励
泰州市	对国家认定的单项冠军示范企业、培育企业,分别给予100万元、50万元奖励。对新获省级"专精特新"示范认定的企业(产品)和科技"小巨人"企业,当年其专利新产品开票销售突破500万元的,按不超过新产品开票销售的2%给予奖励,最高50万元。对新获市级认定的,给予最高20万元奖励。对年开票销售突破2 000万元,且开票销售、入库税金两项指标增幅均达20%以上的中小企业,给予最高20万元奖励

5. 上海

上海是"专精特新"概念最早一批的提出者和践行者,早在2011年,上海就率先启动实施专精特新中小企业培育工程,并随后发布制定了一系列支持中小企业发展的政策措施。

据相关统计,2019—2021年,上海市累计评定"专精特新"中小企业4 435家;累计培育国家制造业单项冠军企业26家,国家专精特新"小巨人"企业262家。

从行业看,上海"专精特新"企业主要集中在先进制造业和信息技术领域,其中新一代信息技术,智能制造、精密制造和装备制造各占约27%,文创、科研等专业服务业占12%～15%,新材料占10%左右,生物医药占5%～6%。

从企业特征看,上海"专精特新"企业主要具有专业化程度较高、细分领域地位突出、创新能力较强等特点,"专精特新"企业年销售收入超过1亿元、市场占有率位居全国前三的企业共超过600家,在主板创业板上市"专精特新"企业有75家,超过300家企业设立了国家级、市级企业技术中心或院士工作站。

从区域分布看,浦东在总量上仍居第一,松江、闵行、嘉定等郊区成为全市"专精特新"主要增长区域。2019—2021年上海各区市"专精特新"认定情况:第一梯队(大于400),浦东727、松江606、闵行493、嘉定492;第二梯队(大于200,小于400),青浦307、金山295、杨浦249、奉贤242、宝山215、徐汇212;第三梯队(小于200),普陀138、长宁116、静安111、崇明100、虹口97、黄浦35。

近年来,上海市及各区进一步加强专精特新"小巨人"的培育工作高度重视。尤其是2022年,上海响应国家战略及政策,更加重视"专精特新"企业发展,对于"专精特新"等中小企业提出了具体的刺激政策。

(1) 积极推进中小微企业复工达产,依托"企业服务云""上海益企服"及6000多名企业服务专员作用,受理中小微企业政策落实中的困难和问题,推动诉求快速协调解决。针对企业普遍反映的资金周转紧张、物流通而不畅等问题,加强市区联动,加大诉求跨部门协调力度,主动提供融资对接等服务,着力打通复工复产中的堵点。

(2) 加大惠企政策宣贯落实力度。落实落细国家和上海市助企纾困一系列举措,做好政策宣贯、统筹协调和诉求解决。持续开展本市中小微企业助企纾困政策宣贯落实专项行动,加强对本市各项助企纾困政策的梳理和宣传,聚焦本市各委办局、各区出台的各项中小微企业纾困政策,用好政策宣讲员,开展系列专场宣讲活动,同时注重强化政策效果评估,进一步发挥政策效果,提升中小微企业获得感。

(3) 着力化解拖欠中小企业账款。开展防范和化解拖欠中小企业账款专项行动,落实已有政策,强化制度建设,坚持标本兼治,通过全面排查、集中化解、信息披露、惠企服务、权益保护等5方面行动,加快处理拖欠问题,加大中小企业合法权益保护力度。其中无分歧账款清欠率保持100%,有支付困难的于6月底前明确还款计划。

(4) 加快培育优质中小企业。要按照国家部署,加快细化创新型中小企业、专精特新中小企业认定细则和培育举措,建立完善优质中小企业培育体系,计划年内培育创新型企业1万家、市级"专精特新"企业5000家以上、国家级专精特新"小巨人"企业300家以上,继续在全国保持前列。

(5) 加速推动中小企业数字化转型。加快树立一批典型案例和典型模式,培育一批典型企业;加快培育一批数字化转型供应商和服务平台,加大公共服务支撑;加大财政资金引导力度,支持中小企业建设智能工厂、数字工厂,破解中小企业数字化转型难题。

(6) 加强大中小企业融通创新。打造对接平台、完善激励措施,聚焦重点行业领域,征集大企业与中小企业在技术研发、科技成果转化、绿色低碳发展等方面的对接需求,举办大中小企业融通创新活动,推动大企业加强引领带动,促进产业链上中下游、大中小企业融通创新。

重点中心城区"专精特新"奖补政策:黄浦,市级配套;徐汇最高不超过20万元一次性补贴;长宁,市级首次10万元,复核5万元,区级首次3万元,复核1万元;虹口,市级首次10万元,复核5万元,国家级50万元;杨浦,市级首次5万元,区级首次3万元;普陀,市级首次10万元,复核5万元。

"十四五"期间,上海市及各区"专精特新"企业培育将进一步扩容提质。

从国内外对比看,国内外中小企业扶持政策大同小异。但国内在奖补政策上更具力度,国外在专业机构扶持以及融资方面服务更全面,更具市场操作性。

相同之处:建立以政府为主体的中小企业管理/服务机构,建立梯度培育体系等;较为完善的法律及政策扶持体系,涵盖财税、金融、创新、创业支持、信息化(数字化)政策、技术创新政策、人才、国际化市场拓展政策等各个方面。

不同之处:国内在奖补方面力度更大,措施更多。而美国、德国、日本等地区在专业机构扶持企业原创、市场应用创新、金融融资支持方面更完善、更便捷。

好的企业并不是完全靠奖补发展起来的。要在全球市场站稳脚跟,脱颖而出,"专精特新"企业就必须融入全球产业链体系,服务全球性的大企业,根植关键产业链环节。国内政府更需要借鉴国际经验,在产学研创新机制优化、在融资体系完善方面花功夫,做文章。促进中小企业健康发展,要坚持充分发挥市场配置资源的决定性作用和更好地发挥政府作用。根本途径就是"让市场转起来 让技术活起来"。

二、静安区专精特新企业发展状况

(一) 现状

截至2021年底,静安区共有市级以上"专精特新"企业74家,其中,专精特新"小巨人"企业3家。主要涉及人工智能、大数据、电子信息、专业服务、生命健康等行业。

74家企业2021年共实现税收7.34亿元。其中,税收亿元级以上企业1家,千万元级以上企业19家,百万元级以上42家。83.78%的企业都属于税收贡献超过百万元的优质中小企业。

在政策扶持方面,静安区正积极推动相关支持政策落地。同时在拟订企业认定与培育暂行办法、建立企业梯度培育体系、推进企业内涵能力提升、完善企业服务体系等方面全力完善政策和服务体系。

（二）静安区专精特新企业发展主要问题

从全市层面分析，静安的专精特新企业数和专精特新"小巨人"企业数均不占优势，主要有以下原因。

1. 产业定位存在差异

专精特新认定、重点扶持标准与静安产业导向、产业结构现状存在一定差异。

从产业现状和结构看，静安楼宇经济、涉外经济、总部经济历来是全区经济发展的三大支柱。由此也成就了静安企业"高""大""上"，产业"专""特""精"，全区资源均向现代服务业倾斜的情况。但是"专精特新"更多地倾向于是扶持中小制造业企业。

从产业导向看，静安"十四五"期间聚焦商贸服务、金融服务、专业服务、数据智能、文化创意、生命健康六大产业。整体产业导向与国家以及上海市"专精特新"产业导向存在一定差异。尽管数据制造、生命健康领域有一定契合度，但两大产业起步不久，优质中小企业的引育仍需时日。

2. 政策优势不够突出

静安"专精特新"企业扶持政策体系尚待进一步完善。

中小企业抵御风险能力较弱，"专精特新"中小企业需要长期培育，尤其需要政府部门的政策托举。

从全市各区看，截至2022年5月以前，各区结合自身实际，均制定了支持专精特新企业发展的相关政策并对外公布，形成了区—市—国家级认定不同层级的奖补政策。从财政奖补政策看，全市大部分区对于首次评定市级的给予5万～10万元奖励，对于获得国家认定的专精特新"小巨人"企业再给予40万～60万元不等的一次性奖励。这方面，静安区招商稳商面临较大压力。而除了财政奖补外，当前，对于"专精特新"企业技术支持、人才培养、融资、税收等方面政策也有进一步优化整合的空间。

3. 体制机制有待优化

"专精特新"体制机制尚待健全，工作推进合力仍有较大提升空间。

当前，静安培育"专精特新"中小企业，推动中小企业高质量发展仍需要突破诸多困难障碍。从整体环境看，当前支持中小企业发展的制度环境尚不健全。政策、培育、服务、环境等多维度专项、全面、精准的工作体制尚待健全，区科委、商务委主任等部门合力也待进一步加强。

比如"专精特新"和"高新企业"两项政策，两项政策并行，但在政府管理、政策导向、认定条件、政策实效等方面存在一定差异。仅从政策实效来看，"专精特新"更多地享受地方财政资金及惠企政策；高新企业政策更健全，在税收、财政资金等多方面能够获得实惠。因此在有限的资源条件下，如何在区层面分配协调好"专精特新"政策和"高新企业"政策，推进产业更新，高质量发展也是静安区亟须突破的重要课题。

三、对静安区促进"专精特新"企业发展的建议

（一）划类级、分梯度，完善中小企业孵新育优配套政策

从"政策＋资本＋服务＋载体"等多个层面，在基础研发、成果转化、产品配套、技改升级、场景开放、专利布局、资金融通、人才引进、标准建设、数字化转型、绿色低碳发展、空间规划以及质量品牌建设等多个方面给予"专精特新"企业富有针对性的支持政策，为培育"专精特新"中小企业形成良好环境、培厚创新土壤。

建立并落实专精特新企业培育的部门协同、上下联动的工作机制，聚焦创新型中小企业、"专精特新"中小企业、专精特新"小巨人"企业，构建从孵化培育、成长扶持到推动壮大的全生命周期梯次培育体系，针对不同类型企业的短板弱项提供精准服务，加大培育支持力度，进一步提升企业创新能力。

制定区专精特新企业高质量发展指导政策，从长期战略角度规划。出台有针对性的支持民营企业创新发展的政策。

深化专精特新企业梯度培育体系，分级分类建立"小巨人"企业培育库和评价体系，制定科学的评审标准和奖补政策，精准扶持，分类指导，动态管理。

建立区专精特新重点扶持行业产业细分目录，引导高新技术重点行业发展，推进产业链、供应链结构优化，增强产业和产品的核心竞争力。

（二）锻长板、增优势，强化科技企业的核心研发能力

支持专精特新企业建设高端研发机构，加大专项资金支持力度，鼓励企业参与"尖峰、尖兵、领雁、领航"等核心技术攻关、产业基础再造、产业链提升项目。支持和引导民营企业"揭榜挂帅"，参与具有前瞻性、战略性的国家重大科技项目。支持企业参与重大科技项目制度，加强共性技术平台建设，支持大企业发挥引领支撑作用，支持创新型中小微企业成长为创新重要发源地，推动产业链上中下游、大中小企业融通创新。支持以领军企业为主体建设开放式创新平台或牵头组建创新联合体，并给予持续稳定的科技专项计划支持。

推动民营企业战略科技创新成果的产业化应用，建立健全科技创新成果转化和科技创新失败补偿制度，加快开放更多公共应用场景，大力发展创新产业化示范基地。重点支持以数字技术、生物技术为核心的创新成果产业化，打造具有竞争力的区域创新型产业集群。

鼓励中小企业进行产品转型，协同推进"专精特新"改造。重点培育拥有产业链核心技术的中小企业、具有产业集聚效应的平台型新创企业。

平等看待归属中小企业的外资公司参与"专精特新"培育和发展计划，鼓励在华中小

投资企业依托海外母公司技术进行产品转型或升级改造。

编制"小巨人"企业运营指数和科创指数，加强动态监测分析指导。

（三）育新机、促转型，推进企业向"数字＋绿色"发展

引导大型民营企业通过生态构建、基地培育、内部孵化、赋能带动、数据联通等方式打造一批大中小民营企业融通创新发展典型模式；激发涌现一批协同配套能力突出的"专精特新"中小企业。

引导民营中小企业专心细分市场、专注核心业务，持续加大技术攻关，努力攻克技术、工艺等难题，在重点领域、关键环节实现技术替代、产品替代，不断提高配套协作能力；采取专业分工、订单生产等多种方式，与产业链骨干企业建立长期稳定的合作关系。

加强知识产权保护。加快关键核心技术知识产权授权进度，指导企业开展知识产权海外布局，重点关注被列入"实体清单"的企业，重点给予定向的扶持。

统筹专精特新企业数字赋能制造转型行动，分行业、分批次打造一批数字化车间、智能工厂、未来工厂等，形成可复制可推广的应用样板。

支持中小企业绿色发展战略，落实"双碳"行动，以节能环保为导向，形成产品回收和资源再生再造双循环。

积极探索服务导向型制造业新模式，依托静安专业服务业优势，形成技术与服务团队，支持培育一批共享制造、供应链管理、个性化定制等在全国具有影响力的"制造＋服务"典型模式。

（四）通堵点、解难点，打造"一企一策"精准服务样板

鼓励专精特新企业融资上市，建立上市公司梯次培育名单库，为企业提供全流程、全周期的咨询培训和挂牌服务。

优化中小企业服务体系。创建专精特新精品服务窗口，开辟线上平台服务专区和线下服务专窗，提供"一企一策"精准培育和帮扶服务。构建统一的数据服务平台，为发展和培育优秀"专精特新"企业积累准确的企业数据资料。

加强多要素保障。健全多渠道投入机制，在财税、金融、外贸、信用担保等领域建立综合性的发展保障机制。出台并完善区级层面奖补政策；健全创新评价和激励保障机制，借鉴发达国家设立中小企业创新发展基金、贴息、风险补偿资金等经验，用好国家和市级财政相关创新专项资金，更多地运用间接方式扶持企业。完善绩效考核及激励约束免责机制。

加强科技人才的引、育、留、用，为企业提供"全周期"人才保障，开通专精特新企业引才绿色通道，在住房、医疗、家属安置、子女入学、职称评定等方面给予政策支持；针对专精特新企业新增投资项目给予用地指标支持等政策。

举办各类对接活动，引导创新要素向企

业集聚;支持民营企业参与重点产业链建设,在强链、补链、延链中进一步激发企业创新创造活力;推动民营企业高质量走出去,参与"一带一路"建设,积极构建区域产业链共同体,更好融入全球产业链供应链。

充分发挥第三方中介机构或行业组织在推动民营企业"专精特新"发展中的作用,尽可能吸纳一批专注细分市场、创新能力突出、成长性好的"专精特新"中小企业、专精特新"小巨人"企业、单项冠军企业成为会员,组织"专精特新"民营企业发展情况及产业政策、行业发展规律研究,畅通民营企业与政府部门的沟通渠道,开展形式多样的技术交流、专题培训、展览论坛等活动,积极参与行业政策、团体标准制定,助力民营企业打通上下游产业链,加强行业自律、促进行业发展。

弘扬科学精神和工匠精神,加强科普工作,营造崇尚创新的社会氛围和企业全员创新的发展氛围。

(供稿单位:静安区工商业联合会)

专题二十五

促进杨浦区现代设计产业与数字经济融合发展研究报告

现代设计产业作为战略性新兴产业的重要组成部分,其本质是利用"设计+产业"重构城市生态发展,代表了未来产业发展新方向,体现了城市高质量发展背景下绿色高效发展模式的新潮流。杨浦区将现代设计产业定位为"五大优势产业"之一,当前产值规模突破已600亿元,目标期望在"十四五"末期打造千亿级现代设计产业集群。

面对城市发展方式转变、产业结构升级以及增长动能转换等多重需求,杨浦区积极推动现代设计产业与数字经济融合发展,为推动现代设计产业技术升级、创新服务场景、构筑核心产业竞争力提供有力支撑,同时也将助力杨浦区打造上海市创建一流"设计之都"的重要承载区和世界级现代设计产业核心区。

2022年6月,上海市人民政府办公厅发布《上海市数字经济发展"十四五"规划》,明确加快布局数字经济新赛道,推动数字技术与实体经济高度融合,打造世界级产业数字集群,要求按照"一区一特"发展导向,发挥各区和有关重点区域主力军作用,建立"一区一赛道"的布局机制。在此背景之下,促进现代设计产业与数字经济融合发展将为杨浦区打造上海数字经济重要承载区提供增加筹码,树立杨浦区构建上海数字化转型示范区典型标杆。

一、促进杨浦区现代设计产业与数字经济融合发展的必要性

(一)需求端:满足新需求与新场景,释放产业规模增长空间

1. 城市发展方式升级催生数字化场景需求

上海已迈入从增量扩张转向增量与存量并重的发展转型期,更加关注城市品质提升,城市更新、智慧城市等市场热点产生大量综合性或专业性设计服务需求,而这些需求与数字化场景密不可分。新一轮的城市发展强调以人为核心,"人民城市"的理念贯穿城市建设的全过程,设计将更加关注以结果满足感和过程体验感为导向,协同多专业环节、链接多类型资源,以数字化手段增进交互体验,赋能价值需求场景。同时,城市发展要求立足全生命周期高起点规划、高标准建设、精细

化管理,现代设计产业通过与 CIM、大数据、云计算等信息化技术融合,与数字孪生、元宇宙、人工智能等打造产业新生态,共同支撑城市数字化转型场景服务需求。

2. 杨浦区承接上海产业转型升级要求,加快推进实体经济与数字经济融合发展

上海围绕强化"四大功能"、深化"五个中心"建设的总体目标,要求加快推动产业转型升级,增强自主创新能力,打造现代化产业体系。根据《上海市战略性新兴产业和先导产业发展"十四五"规划》(沪府办发〔2021〕10号),要求推动传统产业加快向战略性新兴产业转型发展,推动以新技术新模式新业态为特征的数字经济加速发展。

就杨浦区而言,当前以在线新经济、现代设计和文化创意产业为主,根据《杨浦区产业发展"十四五"规划》部署,未来将形成"5+5+2"产业体系,其中,人工智能、汽车、数字产业等作为重点产业门类将在上海市智能终端产业、绿色低碳产业等产业布局上承载重要功能,"十四五"时期为有序推进上海市产业布局落地,杨浦区将加快推动中先导产业与优势产业与数字经济融合,打造创新策源新高地。

3. 各细分设计产业在数字经济背景下催生大量应用场景

杨浦区现代设计产业以建筑与环境设计、产品设计以及视觉传达设计为主,无论哪类细分领域在数字经济背景下均催生出大量数字化应用场景。建筑与环境设计领域,新基建、新城建对基础设施提出了数字化、智能化的新要求,智慧城市、智能建造以及"双碳"目标都为该细分设计领域提供了转型升级的新应用场景;产品设计领域在工业4.0、智能制造等战略带动下,物联网、大数据、云计算以及人工智能等新一代信息技术正在加速与工业领域的全方位融合,以工业设计、软件设计等为代表的设计产业成为数据向产品转化纽带推动数字技术实体化;视觉传达设计领域,宅经济的需求将持续增长,进一步打开游戏、动漫、视频等数字内容设计的市场空间,此外,元宇宙、数字孪生等数字化技术兴起,推动了数字城市、数字景区以及数字场馆等场景搭建,带来更为丰富的沉浸式交互体验,给设计带来更多想象空间。

(二)供给侧:与数字经济融合是提升现代设计产业能级的必由之路

1. 杨浦区现代设计产业基础好,体系完备,为现代设计产业转型升级奠定基础

现代设计产业作为杨浦区"十三五"期间"两个优先"发展产业之一的知识型现代服务业重要支撑,已经成为杨浦区标志性的产业名片。根据杨浦区统计局数据及《环同济—杨浦设计产业发展指数报告暨白皮书》数据测算,截至2020年底,从企业数量来看,杨浦区目前拥有现代设计企业规模约6 000家,占杨浦区企业总量20%以上;规模以上现代设计企业超500家,占杨浦区规模以上企业比重50%以上,现代设计产业集聚效果明显。从产值规模来看,2020年杨浦区现代设计的产业增加值突破141.87亿元,在杨浦区GDP中占比6.7%,比重较2016年提升了1.5个点;2016—2020年现代设计增加值的平均增速达到14.0%。杨浦区现已形成以建筑与环境设计、产品设计以及视觉传达设计为主导,其他设计为支撑的现代设计产业新格局,拥有上海细分门类最多,规模最大的设计产业集群。

2022年1月,上海市出台《上海建设世界一流"设计之都"的若干意见》,对设计产业的内涵进行了深化,拓宽了设计产业的边界,首次将"数字设计"纳入重点发展的设计产业范畴。杨浦区正在聚力打造上海"设计之都"核心区,大力推进数字设计有助于强化前沿布局,为现代设计产业内涵延伸以及创新升级奠定基础。

2. "设计+数字"发展模式在杨浦已初见成效,产业融合有望进一步深化

当前数据作为新的基础性和战略性资源,赋能、赋值、赋智的作用日益凸显,"设计+数字"的发展新模式已经在杨浦区初见成效,以数字产业为依托不断推进设计产业生态圈能级提升,加速推动传统设计企业数字化转型,同时引进和培育了更多新兴企业,全面支撑杨浦区城市、基础设施与产业高质量发展。

数字技术的成熟、数字需求的增多推动杨浦区设计企业进行数字化转型,通过提升生产效率、创新服务模式,驱动企业挖掘新的价值。截至目前,杨浦区初步集聚了AECOM、邮电院、联创设计等数字化转型成效明显的行业龙头企业;集聚了译筑、红瓦、同筑、毕埃慕等一批聚焦BIM、CIM技术的创新科技企业,是全国BIM技术产业集聚度最高的城区;聚集了EMC、易保、甲骨文、B站等多家大型企业的总部和研发中心,英迈、商米等数字经济创新企业,以及中国工业设计研究院等工业设计行业领军企业,形成了传统设计企业加速数字化转型,创新型设计企业初步集聚的良好基础。

3. 杨浦瞄准千亿级现代设计产业集群目标,通过与数字经济融合打造增长新动能

根据2020年12月杨浦区委发布《上海市杨浦区国民经济和社会发展第十四个五年规划和二〇三五年远景目标纲要》与《杨浦区产业发展"十四五"规划》(杨府发〔2021〕5号),到2025年杨浦区提出打造千亿级现代设计产业集群发展目标。立足当下宏观经济形势,现代设计产业亟须寻求增长新动能,以多元创新发展重塑产业体系。为此,现代设计与数字产业深度融合意义重大,既有助于深化智能化发展,实现现代设计新技术、新产品、新业态、新模式的蓬勃发展;同时也有利于围绕产业链布局创新链,促进个性化定制、原创设计以及商业模式创新,推动与相关上下游产业、文化创意产业的融合创新。

二、促进杨浦区现代设计产业与数字经济融合发展面临的问题

(一)产业结构有待优化,数字基础薄弱

当前杨浦区现代设计产业主要由建筑与环境设计、产品设计以及视觉传达设计三个

主要细分领域构成。对于占据绝对优势的建筑与环境设计而言，由于城市化速度放缓和房地产政策收紧等多重因素影响，以高周转、标准化为特征的设计不再满足发展需求，传统存量市场发展面临瓶颈，并开始呈现出下滑趋势。视觉传达设计近年来快速增长，但其营收规模还不够大，占行业比重还不够高，对行业带动作用还不强。产品设计作为杨浦区现代设计产业中的后起新秀，其中多个细分领域营收增速仅为个位数，发展速度有待进一步提升。

按照现代设计产业当前产业发展态势以及结构分布，"十四五"末恐难以支撑千亿规模目标的实现。现代设计产业与数字经济的深度融合无疑孕育出大量的发展机遇，但是新价值的挖掘与市场规模的扩张仍然充满不确定性。部分调研企业反映，当前杨浦数字设计相关的产业有一定基础，但整体较为薄弱，想要迅速抢占一席之地，甚至实现高速扩张，仅靠产业自主推进难度较大，需要政府、产业以及企业各层次资源协同推进。

（二）产业辐射带动作用有限，聚集效应难以发挥

"十四五"杨浦区将聚焦杨浦滨江、大创智、大创谷、环同济四大重点功能区建设，各区载体能级与辐射带动作用皆有待提升。环同济知识经济圈作为杨浦区现代设计的主要集聚区，经过多年发展物理空间承载能力趋于饱和，经济密度超过192亿元/平方千米，目前虚拟空间仍然有待开拓，未来载体能级的进一步提升需要与虚拟空间紧密结合。杨浦滨江处在东部战略区，缺乏统筹开发利用机制，多是以单点项目为导向；缺乏高能级的大型标志性项目落地，公共空间开发有待向腹地延伸；杨浦区设计企业，甚至是龙头企业，在域内基础设施建设、资源对接等方面参与度非常有限。以长阳创谷为代表的中部提升区聚集人工智能和大数据产业，拥有一批行业新锐，但由于集聚时间短，尚未与现代设计等相关产业联动融合，产业集聚效应没有完全发挥。整体来看，各功能区虽然处在不同的发展阶段，但优化提升空间布局，加强资源集聚整合是共同需要应对的难题。

（三）多方力量联动机制待优化

当前设计产业在提升城市能级，推动产业转型升级的重要性越发凸显，许多地方政府纷纷大力支持设计产业转型升级。杨浦区尽管拥有先发优势，但近年来随着产业逐步转向增量与存量市场并举，政府以及行业组织仅是发挥服务协调功能远远不足，需要进一步发挥规划引领、资源整合以及创新联动等关键功能，强化资源要素的系统集成，助力企业突破增长瓶颈。目前，杨浦区虽然成立了"杨浦设计企业协会""环同济知识经济圈企业家四平俱乐部"等行业组织，但还存在头部企业引领不够、组织能级不够高、引领协调作用不够强等短板，导致政府、行业组织以及企业等多方主体之间难以形成合力，产业吸引力在减弱，甚至部分优质设计企业基于各方面因素考量选择搬离杨浦区，产业相对优势正在逐渐丧失。

（四）企业间缺乏深度合作对接

不同细分领域之间的头部企业合作不够充分。现有的合作平台更多的是提供浅层次交流沟通，缺少实质性业务或者项目增进合作交流，无法发挥杨浦区设计产业门类齐全、综合实力强等联合优势，资源利用效率尚未达到最佳。设计企业与数字科技企业之间缺乏有效联动。杨浦区在云计算、交互技术、数字孪生、AI和区块链等数字领域拥有良好的产业基础与发展潜力。但由于缺少技术应用场景与项目实践机会，加上设计企业与数字科技企业固有的业务范围、资源能力、组织管理等方面差异，双方难以形成有效合作与联动，难以真正以数字价值发挥为起点、从解决制约因素出发进行资源的有效整合。

（五）产业政策体系不完善

《杨浦区产业发展"十四五"规划》（杨府发〔2021〕5号）将现代设计产业定位为"五大优势产业"之一，并作为重点打造的三大千亿级产业集群之一。但目前并未形成专门的"数设"融合发展的顶层设计以及产业政策体系，不利于统筹推进现代设计产业与数字经济融合发展。虽然针对行业不同领域和不同环节出台过相关促进政策，但相关政策之间条款分割，未能从系统上实现对产业发展支撑作用。

政府工作机制不够公开透明，部分政府工作以流程性事务为主，未能采取积极主动的态度帮助企业发展、解决难题。对于重点项目企业与政府之间存在信息裂缝，企业缺少快速、全面了解杨浦区重点项目，无法在重点项目策划中推进企业之间业务深度合作，实现融合发展。对于政策扶持，财政补贴、税收优惠、人才评选相关信息宣传与解读较少，导致企业对具体有何扶持政策，及其申请条件、申请部门等相对不熟悉，未能充分享受政策扶持。

三、促进杨浦区现代设计产业与数字经济融合发展对策建议

（一）加强政府引导，完善现代设计产业与数字经济融合创新体系

1. 加强顶层设计

基于杨浦区现代设计产业千亿发展目标以及数字科技产业基础，强化现代设计产业发展的系统集成，形成"一个目录、一个规划"的顶层设计体系。

一个目录——进一步修订完善《杨浦区产业指导目录》。紧跟上海市关于设计产业界定的新要求，调整《杨浦区产业指导目录》中对现代设计产业的定义和主要内容，将数字设计纳入统计范畴，并同步调整《杨浦区企业产业发展领域认定办法》。

一个规划——制定《杨浦区现代设计产业与数字经济融合发展专项规划》。瞄准千亿目标，统筹协调杨浦区现代设计产业与数字经济融合发展的指导文件，围绕行业融合发展形成包括发展方向、发展目标、发展路

径、重点任务、保障措施等在内的完整战略体系。

2. 加强产业引导

针对现代设计产业与数字经济融合发展的重点领域关键环节,优化相关产业引导政策。组建杨浦区数设融合产业投资基金,支持创业者在杨浦区内用于创建设立相关企业、引进高层次人才、促进技术创新等,完善"数设"融合创新生态。促进场景应用创新,以市场空间吸引企业集聚,以场景创新促进企业发展升级,鼓励现代设计企业面向杨浦区城市转型升级以及现代产业体系构建等应用场景,打造和推广数设融合解决方案。强化人才保障,大力集聚一批适应现代设计产业发展新要求、具有高水平经营能力发展的企业家,重视设计的领军人才培养,在评奖评优方面享有与先导产业同等待遇,进一步提高现代设计产业领域的"两代表一委员"比例。

3. 组建专项工作小组

组建杨浦区数设融合发展专项工作小组,由杨浦区委区政府牵头负责,相关委办局参与形成,全面统筹推进现代设计产业与数字经济融合发展。负责编制数设融合专项规划,有序对接现代设计产业、数字经济等相关产业规划;制定年度工作计划,并协调多部门资源推进落实;研究制定专项政策措施和方案;指导社会组织、联盟等机构举办高层次论坛活动以及搭建品牌宣传渠道,扩大产业影响力。

(二)鼓励企业间深化合作对接,促进商业生态构建

1. 组建杨浦区数设融合产业联盟

整合杨浦区内现代设计产业与数字科技产业资源,按照"政府牵头、企业主体、共同推进"的原则,成立涵盖现代设计与数字科技两大领域的杨浦区数设融合产业联盟。成员覆盖设计、互联网、人工智能、智能制造、金融、咨询等多个行业,下设秘书处负责产业联盟的日常工作,定期或根据需要进行企业调研,摸清产业发展现状;组织行业专家与专业机构开展研究,提供合理化建议;整合媒介资源,策划系列品牌形象活动;协调联盟成员利益关系,促进战略合作深化;代表产业联盟及其全体成员单位,与政府进行相关谈判与对接。

2. 引导设计与数字科技企业联合成立融合创新平台

充分发挥杨浦区设计企业与数字经济企业集聚发展的优势,引导设计龙头企业与数字经济龙头企业联合成立"设计+数字"融合创新平台。平台以杨浦区数字城市建设为导向,推动设计企业和数字科技企业全过程、全要素、全周期融合,推进数字化业务模式与合作模式创新,为可行性强、论证充分的模式创新寻求项目实践机会。

3. 推动校企资源整合

充分发挥杨浦区高校资源丰富的优势,放大环同济高校优势学科的外溢效应,发挥同济大学创新创业学院的创新驱动作用,以

学科前沿、思创融合、专创结合、创新管理、技术创新等的知识传播,培育壮大数字化创新策源动能;依托同济科技园,建设数字化创新孵化与服务中心,为创新创业提供个性化服务;举办数字化创新实践比赛,为创业者对接行业资源,形成数字化创新实践商业生态。推动企业与高校在人才对接、科研成果转化、创新项目落地、专利技术交易等方面深入合作,将高校的开发技术、高精尖人才的优势与企业的资金、市场优势进行充分结合,构建具有研究、开发、生产的全方位双向合作的模式。

企业、高校等各方组成创新联合体,积极探索以企业为主导的体系化、任务型、开放式协同创新模式,依托现有优势产业和技术储备,以重大项目需求为牵引,充分发挥龙头企业作用,广泛联合行业上下游专精特新企业,有机对接科研力量,跨领域、跨学科、跨区域开展关键核心技术研发和产业化应用。

(三)打造杨浦区现代设计产业与数字融合的样板工程

结合功能区产业特色,以城市数字化转型样板地为主题,打造数字园区、数字楼宇、数字展馆等一批示范性项目。以创智天地园区、同济大学等重点区域为基础,开展进行数字园区、数字文创消费新场景、数字学区建设与更新;发挥"长阳秀带"在线新经济总部聚集优势,促进设计企业与在线新经济的技术、内容、产业、服务等关联机构合作,共同打造全国在线新经济标杆示范区和打卡地;深化长阳创谷园区应用场景建设,以提升城市智能化水平为要求,鼓励新技术、新产品、新模式的率先运用,形成以 AI 深度应用为特色的智慧园区样板;拓展人工智能和大数据创新载体,依托老厂房改造推进产业功能载体数字化转型,强化公共服务和运营管理水平建设,以智能系统开发运用提升运营管理综合水平和服务效率。探索"数设"融合多元化场景应用创新,加大示范项目落地推广力度,针对实践经验、技术创新成果借助各类渠道在全国、全球范围内宣传推广。

(四)内部培养与外在引进相结合,构建高质量产业体系

1. 巩固现有优势,推动区域内龙头企业做大做强

筛选一批有潜力的龙头企业给予重点支持,推动企业转型发展,做大做强。一是鼓励参与重大项目。支持龙头企业,以优势互补、强强联合为原则,通过组成数字化项目联合体,承接杨浦区重大项目及标杆项目,以重大项目或标杆项目为支撑,不断增强行业影响力。二是鼓励转型升级。鼓励有条件的设计企业,结合自身主营业务转变为面向建筑设计全产业链、工业设计高价值环节、数字内容设计创作等方向的集成服务商,培育一批具有生态主导力和核心竞争力的产业链领航企业。三是发挥资本作用。引导龙头企业借助体制改革以及谋划上市等契机,通过并购、引入战略投资等方式集聚高端要素,提升资源整合能力,发展为具有牵引力和带动作用的标杆企业。四是品牌打造。引导龙头企业参

加推介会和项目对接会,大力实施名牌战略,稳步扩张国内市场,积极开拓国外市场,不断开拓成长型市场,积极开发新兴市场,实现业务外向化。

2. 完善招商计划,吸引优质企业入驻

开展"数设融合,升级发展动能"主题招商专项行动计划,多手段、多渠道引进相关龙头企业。针对龙头企业、前瞻性企业、知名科研院所等建立招商"长名单",进行"一对一"的精准招商；与行业内有影响力的智库、协会、联盟等开展合作招商；依托上海市及杨浦区有品牌影响力相关产业论坛开展主题招商工作,推广杨浦品牌,吸引企业关注；将场景和数据开放作为育商招商的重要力量,为企业提供数字化转型试验田；吸纳一批行业内专家、企业家高管代表等作为"招商大使",宣传杨浦区促进"数设融合"发展优势、关键举措,充分利用其信息、人脉资源,引导并协助招商,吸引一批企业入驻杨浦。

(五)强化对外宣传力度,进一步提升品牌影响力

1. 展示一批优秀行业标杆

积极展示数设融合专业成果,系统梳理高水平项目落地及应用的成功经验,研究各应用场景下项目关键要素、实施路径与技术创新,定期举办高水平专业展览向所有业内企业及公众开放,展示杨浦区数设融合专业水平,向社会宣传杨浦区数设融合发展。举办数设融合重点企业评选活动,组建行业专家委员会,评选出一批数设融合技术应用水平、创新能力和品牌影响力处于行业前列的企业,打造杨浦区数设融合发展行业标杆。

2. 形成一批创新研究产品

搭建现代设计产业与数字融合发展指数。考虑数字技术与实体经济深度融合的新场景机遇,考虑数字技术应用指标与现代设计产业发展指标相结合的双重维度,发布"杨浦区现代设计产业与数字融合发展指数"。

编制现代设计产业与数字经济融合发展白皮书。从数字基础设施建设、数字经济产业规模、工业和信息化融合程度等角度,与设计产业发展的现状及趋势对比结合分析,联合咨询公司、科研机构、环同济高校等第三方机构,每2~3年编制《现代设计产业与数字经济融合发展白皮书》。

3. 举办系列特色品牌活动

塑造围绕"杨浦数设"品牌的主题活动体系,搭建多层次、多维度的活动,推进品牌形象塑造和升级——对接相关产业的企业资源、政府资源、高校资源,打造具备国际竞争力的数设融合创新发展年度论坛活动,每年年底或年中举办一次；举办数设融合创新展览,针对高水平项目定期举办展览,免费向公众开放。形成活动宣传体系,在官方媒体开辟专业频道以及相关栏目,强化系列活动宣传,推广"杨浦数设"。积极对接不同层级设计产业相关活动,与具有影响力的品牌进行联动,推动品牌影响力拓展至长三角。

(供稿单位：杨浦区工商业联合会)

专题二十六

嘉定民营制造企业数字化转型调研报告

当今世界，科技革命和产业变革日新月异，数字技术蓬勃发展，深刻改变着人类生产和生活方式，对全球经济社会发展产生了深远的影响。数字经济日益成为全球经济增长的重要驱动力量，在产业数字化和数字产业化"双轮驱动"下，正在对传统经济体系进行全方位、全角度、全链条的改造和重构，并不断催生新产业、新业态、新模式。各国竞相利用数字技术改造和升级制造业，推动制造业数字化转型成为顺应世界之变、时代之变、发展之变的重要趋势。

党的十八大以来，党中央、国务院对发展数字经济作出一系列重要决策部署，明确了网络强国、数字强国的发展方向，引领我国数字经济健康可持续发展。国家"十四五"规划《纲要》明确指出，加快数字化发展，建设数字中国。国务院发布的《"十四五"数字经济发展规划》提出，大力推进产业数字化转型。2021年上海市发布《上海市全面推进城市数字化转型"十四五"规划》指出，要将城市数字化转型作为推动高质量发展、创造高品质生活、实现高效能治理的重要抓手，推动经济、生活、治理全面数字化转型。

嘉定区委、区政府高度重视城市数字化转型和数字经济发展，研究制定了《嘉定区城市数字化转型行动方案（2021—2023年）》，未来将建设成为"全域感知、全产增益、全景赋能、全时响应"的数字化发展新高地，建成"1+2+3+N"的嘉定城市数字化转型整体架构。作为上海制造业发展的高地，嘉定区集聚了众多民营制造业企业，截至2022年8月，全区共有制造业企业8980户，其中民营企业有7184户，占全区制造业企业比重的80%，但当前嘉定民营制造企业困难重重，1—8月规上工业总产值同比下降12.7%，亟待数字化转型提升，扭转当前颓势。加快推动全区民营制造企业数字化转型，既是落实产业数字化发展战略的重要抓手，也是促进全区民营经济高质量发展的内在要求。

为全面深入了解嘉定区民营制造企业数字化转型基本情况，区工商联通过问卷调查和企业访谈相结合的方式，开展调查研究工作。本次调研共回收有效问卷391份，开展汽车制造及"新四化"、智能传感器与物联网、高性能医疗设备与精准医疗、其他领域规上企业以及中小企业等六场专题调研，共访谈企业31家。结合问卷调查和企业访谈，形成调研报告成果。

一、嘉定民营制造企业数字化转型基本情况

（一）企业数字化转型总体势头好、意愿强、成效初显

企业数字化转型总体势头良好。抽样调查数据显示，近八成企业已经实施或正在考虑数字化转型。参与本轮问卷调查的391家企业中，有170家企业已经实施数字化转型，占全部被调查企业的比例为43.48％，其中，有4.35％的企业已经实现全面深度数字化转型，处于数字化转型初级阶段的企业占比为39.13％。此外，还有35.04％的企业正在考虑推进数字化转型。近四成企业近三年数字化投入占营收比重超过3％。数字化投入占营收比重是衡量企业数字化转型的重要指标，从抽样调查数据看，约75％的企业近三年数字化投入占营收比重超过1％，其中，36.47％的企业投入占比"1％～3％"，16.47％的企业投入占比"3％～5％"，15.29％的企业投入占比"5％～10％"，投入占比"10％以上"的企业达到6.47％。数字化投入占营收比重超过3％的企业数量占到近四成，充分显示了嘉定区民营制造企业数字化转型的良好态势（见图26-1和图26-2）。

企业参与数字化转型意愿强烈。抽样调查数据显示，已经实施数字化转型的企业中，未来三年企业对数字化投入有着较高的预期。其中，预期未来三年数字化投入占营收比重在"1％～3％"的企业从目前的36.47％升至37.06％，投入占比"3％～5％"的企业从目前的16.47％升至28.24％，投入占比"5％～10％"的企业从目前的15.29％升至17.65％，投入占比"超过10％"的企业从目前的6.47％增至9.41％，这也充分显示出企业在数字化转型方面的意愿非常强烈，对数字化转型发展充满信心（见图26-3）。

企业参与数字化转型的成效初显。根据调研访谈，多数企业反映数字化转型对企业

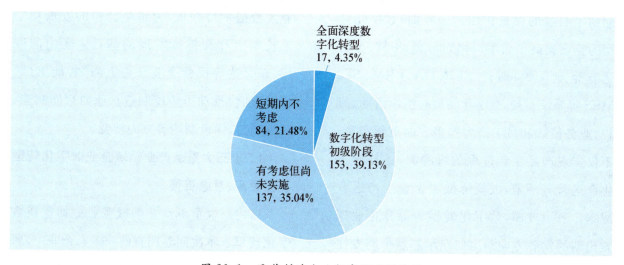

图26-1 民营制造企业数字化转型进展

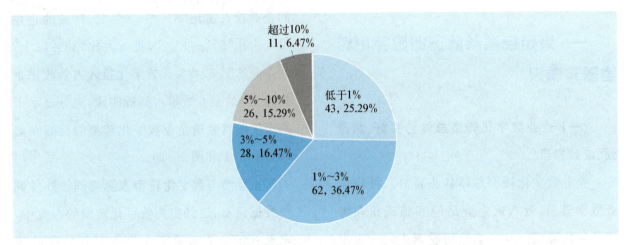

图 26-2　开展数字化转型的民营制造企业近三年投入情况

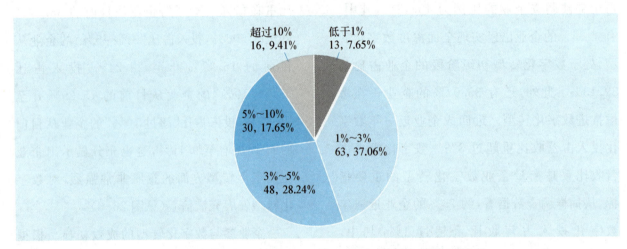

图 26-3　开展数字化转型的民营制造企业未来三年投入情况

起到了明显的促进作用。一方面,数字化转型为企业提高了效率。比如禾赛、华特、金智达等企业反映,通过 ERP、OA、CRM、SF、MES 等系统布局,数字化转型对组织活动、流程、业务模式和员工能力等多方面重新定义,不仅实现产品生产过程的可溯源,还打通了生产运营各环节,大幅降低了企业生产运营成本。另一方面,数字化转型为部分企业探索出新的发展方向。比如左岸芯慧早期专注于农用传感器行业,通过数字化转型,聚焦农业大数据平台领域,为整个公司的发展奠定了长期生存和持续发展的基石。区内的联影、新时达等民营企业获得上海"智能工厂"授牌,加快推动了传统制造行业向智能制造、高端制造、绿色制造等方向转变。

(二) 三大重点产业领域企业数字化转型程度更高、意愿更强

区内三大重点产业领域企业更加重视数字化转型。本次问卷调查的391家企业中,属于三大重点产业领域的企业有140家,其中,

产业研究

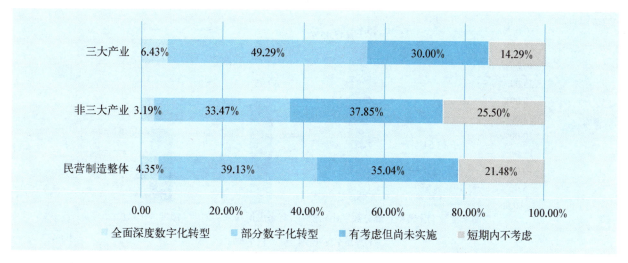

图 26-4　三大重点产业与其他领域数字化转型进展对比图

汽车企业（包括汽车整车、零部件、汽车"新四化"）有106家，高性能医疗设备与精准医疗企业16家，智能传感器企业18家。调查数据显示，三大重点产业领域的企业中，有9家企业实现全面深度数字化转型，占到实现全面深度数字化转型企业总量的半数以上，占三大重点产业领域受调研企业总量的6.43%。三大重点产业领域的企业中，有69家企业处于数字化转型初级阶段，占三大重点产业领域受调研企业总量的49.29%，要明显高于调研企业总体的数字化转型初级阶段比例（39.13%），如图26-4所示。

汽车领域的企业数字化转型比例达到五成。抽样调查数据显示，汽车领域开展数字化转型的企业比例为50.00%。其中，实现全面深度数字化转型的企业占该行业比重为3.77%，处于数字化转型初级阶段的企业占行业比重为46.23%。此外，有考虑但尚未实施数字化转型占行业比重为32.08%。汽车新四化领域的企业数字化转型程度更高、比例接近六成，全面深度数字化转型、数字化转型初级阶段的比例分别为13.64%、45.45%。从数字化转型投入看，未来汽车行业的企业数字化转型投入将持续提升，其中，汽车整车及零部件企业未来三年的投入占比将由原来的低于1%，集中到"1%～3%"（企业占比达到35.71%），汽车新四化企业未来三年的投入占比将由原先的"1%～3%"，集中到"3%～5%"（企业占比达到36.36%），如图26-5、图26-6和图26-7所示。

案例1　上海重塑能源集团探索打造行业级数据平台

上海重塑能源集团股份有限公司设立于2015年9月，总部位于上海，专注于燃料电池技术的研发，燃料电池系统相关产品的研发、生产、销售及燃料电池工程应用开发服务，致力于"成为技术卓越的全球化燃料电池企业，把氢能和燃料电池带入人类生活，创造地球可持续发展的未来"。

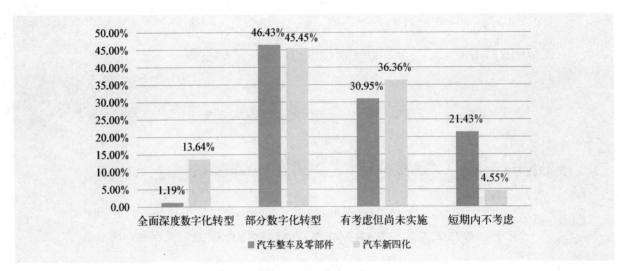

图 26-5 汽车产业数字化转型占比情况

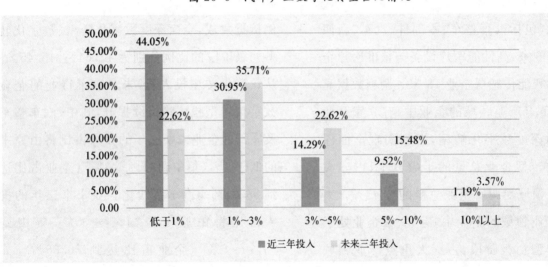

图 26-6 汽车整车及零部件产业数字化转型投入情况

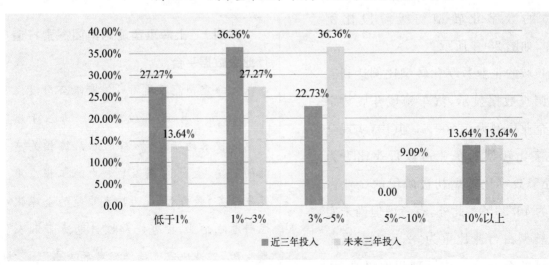

图 26-7 汽车新四化产业数字化转型投入情况

图 26-8 高性能医疗设备与精准医疗产业数字化转型投入情况

2021年重塑开始探索数字化转型,目前处在前期学习及研究阶段,目标是开发端到端的氢能应用场景解决方案模型。经过过去7年在氢能产业链里的经验积累,逐渐摸索出一套场景分析的模型,通过控制10~20参数,得出产品需求。未来将从上游的数据采集到下游的产品库全链条打通,通过大数据分析,合理配置产品组件,降低产品成本。

高性能医疗设备与精准医疗领域的企业数字化转型比例接近七成。抽样调查数据显示,高性能医疗设备与精准医疗企业开展数字化转型的企业比例达到68.75%。其中,实现全面深度数字化转型的企业比例为6.25%,实现部分数字化转型的企业比例为62.50%(所有调查行业中最高)。从数字化转型投入情况看,高性能医疗设备与精准医疗近三年及未来三年的数字化转型投入均主要集中在"1%~3%"档,但预计未来三年内,数字化转型投入在3%以上的企业比例将大幅提升25个百分点(见图26-8)。

案例2　康德莱公司的深度数字化转型

上海康德莱医疗器械股份有限公司成立于2006年,专注于介入类医疗器械的研发、生产及销售。公司在国产心内介入器械领域占据领先地位,是国内少数拥有自主模具开发、产品研发、设备开发、自主灭菌等完整产业能力的医疗器械生产企业之一。

康德莱公司及子公司最近三年在数字化建设方面合计投入近600万元,涵盖了包括研发、生产、仓储、销售及日常营运管理在内的一系列数字化营运管理系统,形成了包括PLM、MES、WMS、BBC、ERP在内的一系列数字化建设方案。全部建设

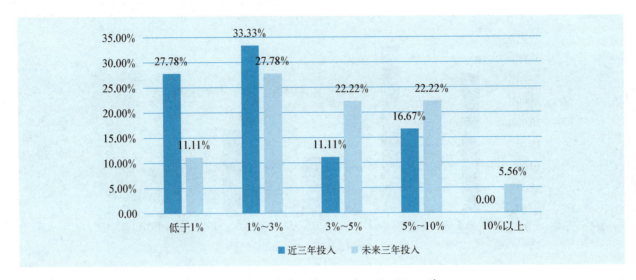

图 26-9　智能传感器产业数字化转型投入情况

目标达成后将实现数据可视化、设备网络化、文档无纸化和过程透明化等目标。

康德莱公司数字化转型的促进作用显著。实施的 MES 系统，不仅可以让生产管理人员及时掌握订单生产进度，还可通过管理报表和看板这些数据非常直观地发现生产过程中的异常情况，从而实现整个生产流程的精细化监督管理。

智能传感器领域的企业数字化转型比例接近八成，超过两成企业实现了深度数字化转型。抽样调查数据显示，有 77.78% 的智能传感器企业实施了数字化转型，其中，实现全面深度数字化转型的企业占智能传感器企业比例为 22.22%（所有调查行业中最高），实现部分数字化转型的企业比例达到 55.56%。智能传感器未来的数字化转型投入仍主要集中在"1%～3%"档位，但未来三年数字化转型投入在 3% 以上的企业比例将大幅提升 22 个百分点（见图 26-9）。

案例 3　国家智能传感器创新中心"传感器创新服务平台"

传感器创新服务平台是国家智能传感器创新中心建立的，致力于实现传感器行业数据共享，推动先进传感器技术创新的公共服务平台。平台目前已汇集 200 多类传感器，共计 7.3 万余款，收录传感器企业 400 余家，共享仪器设备 90 余台，是全国最大的传感器数据库。

传感器创新服务平台集行业资讯发布、传感器数据库开放、科研仪器设备共享、专业服务厂商对接和创新服务指导等功能于一体，实现了传感器行业数据的开放共享和行业资源的有效对接，推动了智能传感器技术的协同创新，为企业数字化转型发展提供了有力支撑。

产业研究

案例4 左岸芯慧"上海数字农业云平台"

上海左岸芯慧电子科技有限公司原先是一家农业传感器制造企业,深耕数字农业二十年,现已成为政府和涉农主体的农业数字化转型解决方案提供商,中国现代化农业服务生态构建者。

在数字化转型过程中,左岸芯慧将整个智慧农业的产业链串联起来,搭建农业大数据平台。以"上海市数字农业云平台"为例,平台在全市9个涉农区的农业主体推广使用左岸芯慧自研产品"神农口袋",已经覆盖全市178万亩农用地,9 013家规模化农业主体依托"神农口袋"入网直报,年采集农事档案记录1 000万余条,减少农场用工成本10%,农场产量提高15%。平台利用数字技术与数字模式破解数据孤岛、产销对接不畅、生产管理效能低下等难点痛点,为数字农业建设探索上海样本。

(三)企业数字化转型形式丰富多样、能级不断提升

企业数字化转型从信息化、自动化不断向智能化、网络协同化迈进。调查数据显示,在已经实施数字化转型的企业中,数字化管理(68.24%)和生产线自动化(60.59%)是目前企业数字化转型主要采取的两种模式。数字化管理主要是通过ERP、OA、CRM系统、数据库建设等方式,帮助企业实现无纸化办公,提升企业管理的数字化水平。生产线自动化则是引进MES生产追溯系统、自动化生产设备以及工业机器人等。与此同时,还有部分企业已达到更高级别的数字化发展阶段,如智能车间(28.82%)、智能工厂(22.35%)、个性化定制(25.88%)、网络协同制造(20.59%)等(见图26-10)。

规上企业实施数字化转型的模式更加多元。从企业选择数字化转型模式的种类看,规上企业数字化转型模式类型更为丰富多

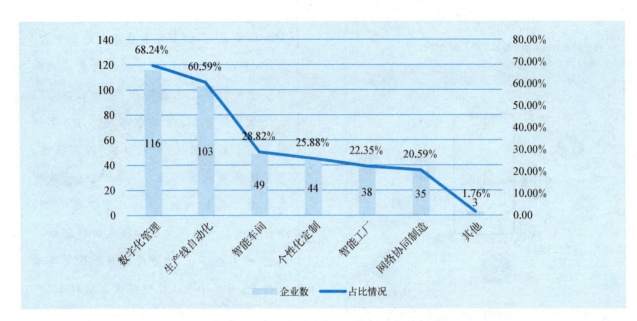

图 26-10　民营制造企业数字化转型模式

样,也更多参与更高阶段的数字化转型,如个性化定制、网络协同制造等。调查数据显示,有97家规上企业在数字化转型过程中用到两种以上的模式,占规上企业总数的63.40%;有59家企业用到三种以上的模式,占规上企业总数的38.56%,高于规下企业37.50%的比例(见图26-11)。

(四)降本增效成为企业数字化转型的主要动力

企业实施数字化转型的主要目的是降本增效。调查数据显示,提升生产效率、降低用工成本、降低采购成本是企业实施数字化转型的主要目的,受访企业也纷纷表示数字化转型的确为企业带来了降本增效的作用。其

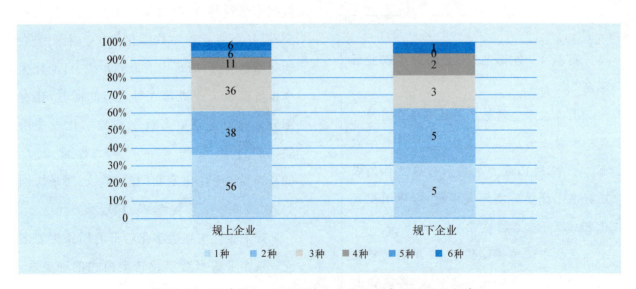

图 26-11　民营规上、规下制造企业使用数字化转型模式情况

中,82.35%的企业将"提升生产效率"作为实施数字化转型的主要目的,为此企业开展了数字化管理、生产线改造等数字化改造活动。降低成本也是企业开展数字化转型的重要目的,企业将"降低用工成本""降低采购成本"作为数字化转型目标的比例分别是62.15%和45.78%。此外,有45.01%的企业出于"提高产品质量"目的实施数字化转型,还有11.25%的企业认为"缩短研发周期"是数字化转型的主要目的(见图26-12)。

规上企业更重视产品质量提高,规下企业更关心成本控制。调研数据显示,企业除了通过数字化转型达到"提升生产效率"和"降低用工成本""降低采购成本"等共同目标,规上企业更关注"提高产品质量",约有43.87%的企业把"提高产品质量"作为目的,高于规下企业约7个百分点。规下企业则更注重成本控制,有55.38%的规下企业把"降低采购成本"作为数字化转型目的,高出规上企业约9个百分点(见图26-13)。

(五)数据要素市场的产业基础与企业需求不断夯实

部分企业在研发生产过程中会用到行业数据,有些企业在对外服务过程中也积累了大量数据,对于盘活利用相关数据产生了需求。虽然数字要素市场正处于建设初期阶段,但仍有不少企业表达了参与数据要素交易的意愿,抽样调查数据显示,有96家企业愿意参与数据要素交易,占企业总数的24.55%。其中,汽车行业领域的企业参与数据要素交易的意愿相对较高,比例达到27.36%(见图26-14)。通过对重点企业的调研访谈显示,部分企业表达了购买数据要素的意愿,对于行业动态、营销数据、采购、产品研发、研判等方面有较大的数据需求。也有部分企业表示愿意将企业的数据进行交易,如重塑愿意将其搭建的平台产生的数据交易给上游零部件厂商;华特表示愿意将脱敏后的数据用于交易;宏石愿意有针对性地去分享生产线数据等。

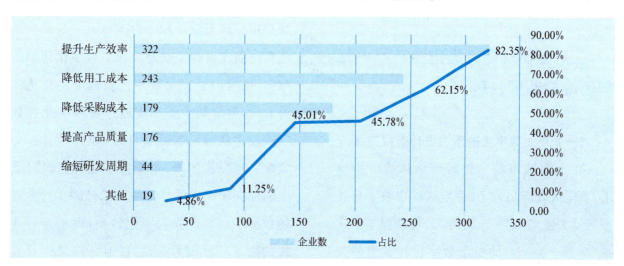

图26-12 民营制造企业数字化转型主要目的

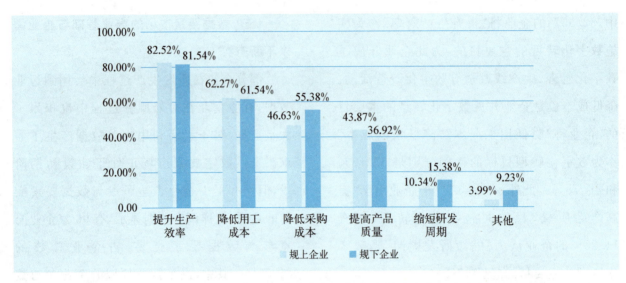

图 26-13　规上、规下民营制造企业数字化转型主要目的对比

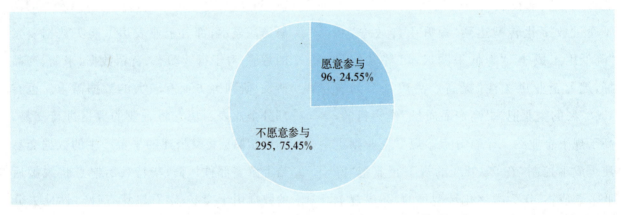

图 26-14　民营制造企业参与数据要素共享和交易的需求

二、嘉定民营制造企业数字化转型面临的抵颈问题

（一）产业数字化的顶层设计有待完善

在上海城市数字化转型总体战略指导下,嘉定区政府出台了《嘉定区城市数字化转型行动方案(2021—2023年)》,明确要基本建成"1+2+3+N"的城市数字化转型整体架构。但具体到产业数字化转型方面,目前还缺少顶层政策设计和平台支撑。一是缺少系统性的制度设计。政府树起了数字化转型的旗帜,也提出了产业数字化和数字产业化的大方向,但是缺少推动实施产业数字化和数字产业化的顶层制度设计,产业转型目标与实施路径尚不明晰,企业数字化转型仍以点上的标杆和试点项目为主。二是缺少行业级的数据平台。产业数字化转型,离不开行业级的数据平台作为支撑,目前区内缺少行业级数据平台,汽车领域的行业数据平台有基

础,但平台作用发挥还不够,其他重点产业领域的行业级数据平台还有待建立。三是缺少数据资源整合手段。关于产业数据资源如何使用、流通以及共享,政府和企业还没有形成共识,各部门、各行业以及产业链上下游企业的数字化转型也是各自为战,没有真正形成数字化转型的合力。

(二) 企业对数字化转型认知有待提升

认知决定行动,企业实施数字化转型的前提,是企业领导层对数字化有清晰的认知,但当前企业对数字化转型认知有待提升。一是企业对数字化转型重要性的认识不足。调查数据显示,有33.50%的企业对数字化转型的了解不够,不知道如何转型,具体表现为企业不知道什么时候开始转型、选择什么样的转型方式以及如何制定个性化的转型计划。还有56.52%的企业尚未开展数字化转型,其中有超过21%的企业表示短期内不考虑数字化转型,那些尚未转型或处于观望状态的企业,有相当部分是缺乏数字化对企业发展重要性紧迫性的认识。此外,甚至有部分企业因为自身数字化转型的失败,造成对数字化转型的不认同。二是中小企业缺少接触标杆企业的机会。金智达、盛密科技等企业反映,企业有意向推进,也做了一些探索,但路径不清晰,缺乏学习借鉴交流的机会和平台,当前不知道如何更有效推进数字化转型,非常希望能够到数字化转型的行业标杆企业进行参观交流。三是数字化转型认知普遍停留在信息化阶段。调研中发现,绝大部分企业数字化转型仍然停留在信息化阶段,仅是配备了常规的信息系统,对数据进行收集和简单处理,尚未实现对数据进行有效利用,使之成为企业新的生产要素。

(三) 高投入制约企业数字化转型步伐

长期的高成本投入是制约企业数字化转型面临的一大考验。一是企业普遍担心数字化转型高投入问题。调查数据显示,超过50%的企业反映数字化转型投入过高。具体来看,企业构建供应链、生产端、销售端到财务端的数字化系统,成本投入较高,企业数字化转型过程比较复杂,系统建设周期比较长,后续维护更新费用也较高,这些都是制约企业实施数字化转型的重要因素。二是高投入导致行业级数据平台建设放缓。行业级数据平台对于大型企业更新迭代产品,提升核心竞争力非常重要,但大型数据平台的建设需要持续高强度的投入,这也使得许多企业望而却步。如重塑能源反映,公司原本计划打造氢燃料电池领域的行业级数据平台,但由于资金投入问题,导致数据平台建设放缓。三是中小企业对数字化转型高投入更为敏感。调研数据显示,中小企业对数字化转型投入更为敏感,超过52%的中小企业表示数字化转型的高投入,令企业难以持续推进数字化转型。

(四) 数字化专业机构与人才非常紧缺

调查数据显示,超过2/3的企业反映自身缺乏数字化转型的技术和人才,这是当前企业数字化转型面临的突出问题。一是企业对数字化人才引不来、留不住。传统制造企业对信息化、数字化人才的储备不足,企业薪酬体系也难以支持数字化人才引进,加上很多企业的数字化转型路径不清晰,面临数字化人才引不来、养不起的尴尬局面。二是缺少既懂行业又懂技术的复合型人才。企业数字化转型需要复合型的人才,既要懂数字化、还要懂企业管理或生产流程,并且不同行业的数字化需求完全不同,这类人才非常稀缺,或者是两类人才的有效配合,难度也非常大。三是市场上缺少深耕行业的数字化转型服务机构。金智达、君赛生物和司南导航等企业反映,目前企业数字化转型提供服务的专业机构不多,特别是能为企业提供精准的数字化转型服务的机构更少,这也是很多数字化转型过程中的企业面临的重大问题。

(五)数字化底座待夯实、连接待通畅

一是数字基础设施有待完善。数字基础设施是企业数字化转型的重要底座,但调研中电驱动等企业反映,当前嘉定5G基站和数据中心等基础设施有待加强,目前的数字基础设施建设已经影响到车间的正常生产,达不到车间产线的生产要求。二是数据内部联通有待提升。传统制造企业虽已配备采购、生产、销售、财务等环节的数字化系统,但系统之间没有打通,内部数据无法互联互通,厂房和生产线进行数字化改造的成本过高,对企业的数字化转型形成制约。三是数据共享交易有待加强。从外部协作看,数据确权、数据安全、交易规则等还有待完善,企业间也没有形成统一、兼容的数据接口,这也成为数据共享和流通的重要瓶颈。虽然已有一部分企业愿意共享和交易相关数据,但整体占比还不高,在企业访谈过程中,企业对数据共享和流通也普遍存在意愿不强以及对数据安全表示担忧等问题。

三、推进民营制造企业数字化转型的对策建议

(一)打造市级数据要素产业集聚区

一是抓紧开展数据要素产业集聚区规划研究。贯彻落实国家和上海市关于加快建设数据要素市场、大力发展数据要素产业的要求,加快推动嘉定区打造数据要素产业集聚区规划研究工作,提出嘉定区具备打造数据要素产业集聚区的重点产业领域和关键路径。二是争取全市数据要素产业集聚区试点。聚焦汽车、智能传感器、高性能医疗设备和精准医疗等重点产业领域,积极争取市经信委支持,打造数据要素产业集聚区试点。以数据要素产业集聚区建设为抓手,逐步理顺产业数字化转型的目标与路径,着力培育重点行业的数字领军企业,不断创新数据要素开发利用机制,积极畅通数据要素流通渠道,以行业领军企业带动全产业链数字化转型,打造全区民营制造企业数字化转型的重要平台,蹚出一条具有嘉定特色的产业数字化转型道路。三是培育行业领军数商企业。依托数据要素集聚区建设,培育一批数商链

主企业,支持重塑能源、芯物科技、左岸芯慧等民营链主企业,加强行业数据要素整合和开发利用,探索与上海数据交易所、数据交易服务商等深化合作,率先探索行业大数据的确权、资产入表以及进场交易。推动数商集聚发展,引育具有市场影响力的数据资源供给方及从事数据合规咨询、质量评估、资产评估、数据交付等业务的交易服务机构。

(二) 加快三大重点产业数字化转型

一是推动汽车"新四化"全流程数字化应用。支持汽车"新四化"企业加快向数字化研发转变,加强协同研发平台、虚拟现实、数字孪生、云上数据反哺、混合式仿真测试平台等技术应用,缩短新能源汽车和智能网联汽车研发设计周期。推动整车企业和零部件企业制造深度转型,加大 SCM、MES、WMS 和 PLM 等数字化系统使用,实现采购、制造、销售一体化,探索打造一批世界级汽车智能制造工厂。支持整车企业发挥引领作用,向产业链上下游企业开放技术支持,提供数字化平台服务,带动产业链供应链上下游链式数字化转型,增强产业链供应链韧性。二是强化智能传感器及物联网数字化转型支撑作用。鼓励和支持骨干企业加大智能传感和物联网关键核心技术攻关力度,突破智能感知、新型短距离通信、高精度定位等关键共性技术,补齐高端传感器、物联网芯片等产业短板。围绕消费、机器人、智慧家居、智慧教育、自动驾驶、智能交通、大健康等应用领域,加快高端智能传感器和物联网终端研发应用,打造一批应用标杆,助力产业数字化发展。三是加快高性能医疗设备及精准医疗研发创新。依托上海细胞治疗研究院和联影医疗等创新主体,重点发展高性能数字化医学影像设备、高端医学治疗设备、高端检验检测设备等高端医疗器械,加快数字化、智能化、精准化转型发展。依托国家肝癌科学中心、上海瑞金医院等临床科研机构,加快推动人工智能、大数据、云计算等新一代信息技术应用,推动细胞免疫技术、肿瘤精准医疗、基因测序等精准医疗新技术的发展和应用。推动生物医学大数据应用,在保障医疗数据安全前提下,支持区内重点医院推进临床数据向企业有序开放,赋能基因治疗、高端生物制品、创新药和高端医疗器械研发转化。

(三) 营造大中小融通的数字化生态

一是支持龙头企业打造转型示范标杆。支持行业龙头骨干企业对标国内外数字化领先水平,发展智能化制造、网络化协同、个性化定制、服务化延伸、数字化管理等新模式新业态,打造一批标杆性智能工厂。支持行业龙头企业,加强行业数据要素整合和开发利用,促进算力、算法和数据资源的精准配置,建立行业级数据平台和数据生态。二是加快中小企业数字化转型应用。支持中小企业加快数字化新技术、新工艺、新装备的广泛应用,总结提炼可复制可推广的数字化转型经验,力争打造成为数字化转型"小灯塔"企业。支持数字化转型服务商开发低成本、便捷化的场景数字化解决方案,以场景数字化带动企业整体数字化转型。推动中小企业网络化协同,降低中小企业"上云上平台"门槛,加快推动中小企业设备上云、业务系统上云。三是鼓励企业加强数字化转型内外部协同。鼓励民营企业完善内部数据治理,打通企业内部研发设计、生产制造、经营管理和市场营销等各环节间的障碍壁垒,提升数据在企业内部的流通效率。支持大型企业发挥引领作用,立足上下游中小企业共性需求,基于工业互联网平台搭建资源和能力共享平台,通过观摩、体验、试用等多种形式为中小企业开放和提供数字化应用场景,在重点领域实现设备共享、产能对接、生产协同,促进中小企业深度融入大型企业的供应链、创新链,打造产业链共同体。

(四)集聚数字化的专业机构和人才

一是加强数字化转型服务商培育力度。引导数字化转型服务商在嘉定设立区域总部或分支机构,与区内制造企业建立长期稳定的服务关系,支持数字化转型服务商提供专业技术人员,为中小型制造企业提供数字化方面的劳务外包服务。建立数字化转型服务商资源库,每年滚动评选一批数字化转型服务商,向全区制造企业公开以备选择使用,为全区企业提供转型咨询、诊断评估、设备改造、软件应用等数字化服务。二是加大数字化转型领军人才引培力度。健全和完善符合数字化转型特点的领军人才准入、培养、使用、待遇保障、考核评价和激励机制等政策,积极引进数字化领军人才。加大数字化领军人才支持力度,全力支持区数字化领军人才参与上海市数字化转型"智慧工匠"和"领军先锋"评选。三是产学研协同持续培养优秀数字化人才。加强数字化转型科创人才平台建设,支持区内的高校院所、职业学校等开设数字化转型相关专业,加强数字化转型创新人才和技术工人培养。支持民营企业与高校院所加强合作,共建产学研协同创新平台和人才培养基地,开展订单式教育,为企业数字化转型提供复合型人才。

(五)优化企业数字化转型发展环境

一是提升企业数字化转型认知理念。针对民营企业"不想转、不敢转、不会转"等共性问题,积极推动企业负责人与核心管理团队走进数字化转型标杆工厂实地见学,广泛凝聚转型发展共识。分行业分领域开展制造业数字化转型进园区、进企业等活动,解读数字化转型相关政策。支持企业开展数字化转型专题培训,大力推广数字化转型理念,系统提升企业员工的数字素养和技能水平。二是建立数字化转型公共服务平台。探索由区政府经济部门牵头,协同行业龙头企业、数字化转型服务商、高校院所和行业商协会等,搭建数字化转型公共服务平台,面向民营企业提供政策宣讲、转型咨询、解决方案、人才培训、技术输出、协同创新、经验交流、宣传推介等全方位专业性的数字化转型辅导,助力民营企业更加精准、更加高效地开展数字化转型。三是加大企业数字化转型政策支持。探索设立数字化转型专项资金,加大财政支持力度,为购买服务、联合试点、示范补贴等措施提供资金保障。加大区级专项资金支持力度，支持制造企业数字化转型重大平台项目建设，对企业开展数据应用类创新型、标志性场景建设给予资金支持。支持金融机构创新金融产品和服务，开发"数字化转型"专项优惠信贷产品，扩大制造业中长期贷款、信用贷款规模，支持民营中小企业设备更新和技术改造。支持民营龙头企业率先开展数据要素交易试点，对区内首次通过DCMM贯标认证①且在上海数交所进行数据交易的企业，给予资金支持。支持区内企业将高价值数据进行共享、连接、交易，按照数据流通收益一定比例给予资金支持。

（六）完善新型数字化基础设施布局

一是加快完善网络通信基础设施建设。实施"双千兆宽带城市加速计划"，持续提升"双千兆"网络能力，加快推进5G基站建设，全面推动5G网络全域深度覆盖，增强用户感知水平。持续提升千兆光纤网络服务能级，加快实现万兆到楼、千兆到户的光网全域覆盖。二是推动数据存储与算力基础设施布局。推动存算一体化新型数据中心集约化布局，加强网宿科技嘉定数据中心绿色化技术升级。加快布局集网络、存储、计算于一体的边缘数据中心节点建设，构建边缘计算节点体系。建设云＋智能驾驶创新基地、云计算数据产业园、物联网数据智能产业园、绿色云计算基地等。三是搭建工业互联网公共服务平台。加快推进标识解析二级节点建设和应用推广，鼓励企业上标识、用标识，重点支持一批推广应用成效明显的二级节点。加快建设开放型工业互联网公共服务平台，支持平台重点面向中小企业，提供政策法规、企业上云、标识解析、供需对接、标杆案例、解决方案等方面的数字化转型服务。四是构建数据安全保障体系。打造更具韧性的安全基础设施，加强数字化重要基础设施安全保障，落实软件正版化。强化重点行业、重点领域网络安全等级保护，打造服务产业本质安全的智能监管设施和态势感知平台，增强运行监测和分析预警能力。

（供稿单位：嘉定区工商业联合会）

---

① DCMM（Data management Capability Maturity Model）是《数据管理能力成熟度评估模型》GB/T 36073—2018国家标准，旨在帮助企业利用先进的数据管理理念和方法，建立和评价自身数据管理能力，持续完善数据管理组织、程序和制度，充分发挥数据要素价值。DCMM贯标的对象主要包括数据拥有方和数据解决方案两类，DCMM将数据管理能力成熟度自低向高划分为初始级（1级）、受管理级（2级）、稳健级（3级）、量化管理级（4级）和优化级（5级）。

2023
政策理论

上海民营经济

专题二十七

关于上海市民营经济代表人士队伍建设的研究

为加强本市民营经济代表人士队伍建设，结合主题教育要求，市工商联对本市广大民营经济代表人士队伍建设情况进行了综合调研。调研采取市区联动、实地调研与书面调研相结合的方式，召开座谈会4次，访谈近50名民营经济代表人士，分析有效调查问卷507份，重点了解了代表人士的结构分布、思想状况及需要重点关注的问题，听取了对下一步工作的意见建议。主要情况如下。

一、本市民营经济代表人士队伍现状

工商联联系的民营经济代表人士主要包括在市、区两级工商联担任执委和在人大、政协任职的民营经济人士。他们是工商联组织的骨干，是工商联最重要的工作对象和工作力量。

（一）民营经济代表人士队伍日益壮大

根据初步梳理，目前，上海有5名民营经济代表人士担任全国人大代表、9名担任全国政协委员。60名民营经济代表人士担任市人大代表，其中党外人士41名；市政协委员81名，其中党外人士66名。630名民营经济代表人士担任区人大代表，其中党外人士427名。担任区政协委员1106名，其中党外人士850名。

上海有1名民营经济代表人士担任全国工商联兼职副主席，1名民营经济代表人士担任中国民间商会副会长。市、区两级工商联换届后，市工商联现有执委330人、常委132人，16个区工商联现有执委3730人、常委1415人。本市工商联系统合计现有执委4060人，常委1547人，民营经济代表人士占比近八成，较上一届比重明显增加，队伍日益壮大。市工商联执委中，集成电路、人工智能、生物医药和在线新经济等上海市"3＋6"重点产业以及"五型经济"等领域的代表人士占比47.3％。

截至2023年上半年，上海共计27名民营经济代表人士获评全国优秀中国特色社会主义事业建设者，334名获评上海市优秀中国特色社会主义事业建设者。

（二）年轻一代民营经济代表人士明显增加

年轻一代民营经济代表人士主要包括在大众创业、万众创新中涌现出来的创业者和民企二代的接班人。市工商联执委中，45周岁以下117人，占比35%。市工商联班子成员平均年龄49.3岁，年轻一代比重由上一届的13%提升为26.3%。区工商联执委中，45周岁以下1426人，占比38%。

截至2023年上半年，市工商联青创联和各区工商联青创组织经过换届，充实了一大批新生力量。市工商联青创联209名理事平均年龄37岁，80后占比76%，70后占比10%，90后占比14%。其中118人担任区级及以上人大代表或政协委员；属于"3+6"重点产业和"五型经济"领域、专精特新的占比60%；会长班子中自主创业占比40%，二代传承占比60%，其中转型发展的占二代的60%。此外，参加本次问卷调研的年轻一代326人，占受访者总数的64%。以上数据均体现了年轻一代产业分布好、年龄梯次合理的特点。

（三）民营经济代表人士已成为科技创新的重要力量

民营经济代表人士普遍具有良好的政治素质，自觉接受党的领导，坚定不移走中国特色社会主义道路；普遍具有创业激情和创新精神，面对复杂环境，能保持定力、锐意进取，不断增强改革创新能力和抵御风险能力。目前，民营企业已成为科技创新的重要主体，是上海构筑新优势的重要力量。2022年，上海市新认定高新技术企业9956家，民营企业占比八成以上；专精特新企业达到7572家、专精特新"小巨人"企业500家，民营企业占比均超过九成。2019年5月至今，上海已认定五批共计501家民营企业总部、总部型机构，业务涵盖制造业、信息服务业、批发零售业、科技等多个领域。截至2022年底，上海共有民营市场主体306.84万户，其中18家民营企业进入2022年中国民营企业500强。

（四）民营经济代表人士普遍具有较强的社会责任感

问卷数据显示，近三年来，民营企业中每年都参加市区两级政府组织的光彩事业工作，参与乡村振兴、对口支援等公益慈善事业的占比超过五成，积极捐款捐物则高达70.2%，组建志愿者队伍的也有48.7%。尤其在"大上海保卫战"期间，面对空前严峻复杂的疫情形势，我会组织全市民企力量聚焦社区居民所需、街镇村居所难，突出重点点位、紧盯急难愁盼，投入专业力量和优势资源，各展本领、各尽所能。据不完全统计，共组织5582家民营企业，发动11.11万名志愿者，对口222个街镇和园区、1756个封控村居和2982个封控小区，建立735支民营企业突击队（1.72万人），协调解决突出问题3045件，捐款捐物合计达7.5亿元，相关工作得到市委主要领导充分肯定，充分展现了民营企业的磅礴力量，彰显了民营经济代表人士富而有责、富而有爱、富而有义的责任担当（见图27-1）。

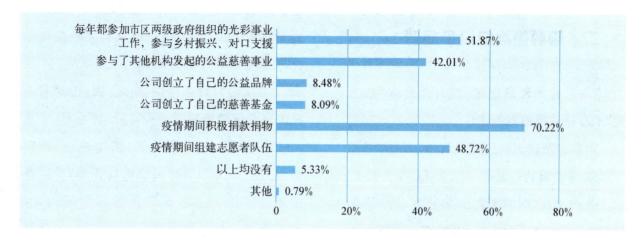

图 27-1 企业参与社会公益和捐款捐物的情况

(五) 民营经济代表人士对上海营商环境满意度较高

访谈中,大家普遍认为本市政商关系"既亲又清",反映在规范、透明、契约精神、服务意识等方面,上海排在全国前列。问卷数据显示,受访者对过去一年来的营商环境指标改善和提升认可度普遍较高。尤其对"行政审批手续更加方便、简捷"(66.3%)、"节省了工商证照办理时间"(48.9%)、"企业注册更加灵活"(46.6%)满意度较高。民营经济代表人士积极参与各类行业商协会、公益慈善基金组织、年轻企业家组织等社会团体,未参加任何团体的仅有 12.4%(见图 27-2)。

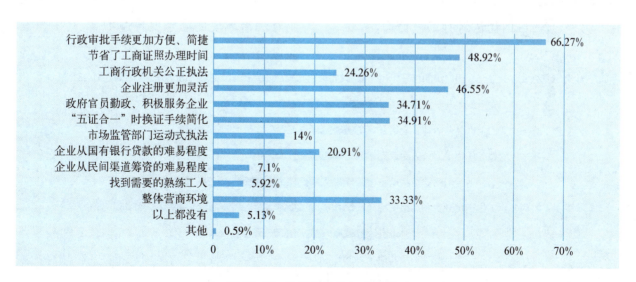

图 27-2 营商环境指标改善情况

二、需要重视的几个问题

(一) 政治立场坚定,但对企业家"自己人"的身份认同偶有迷茫

民营经济代表人士能认真学习贯彻习近平新时代中国特色社会主义思想,对党的二十大报告中首次明确提出"促进民营经济发展壮大"的表述,对党中央始终坚持"两个毫不动摇""三个没有变"的方针政策倍感振奋。比较认同以党建引领企业健康发展,近年来企业在支持党建工作的投入方面呈逐年上升趋势。但通过访谈,我们也发现部分民营企业家对于"民营企业家是'自己人'"的讲法理解不到位,始终觉得这个"差一口气",折射出内心的不安。部分民营企业家主观上对出台的政策往往心理预期不高,甚至出现"政策疲劳感"。对前几年许多媒体在讨论"新公私合营""国进民退"等问题,认为需要引起高度重视。另外,17.2%的受访者有宗教信仰,主要是信仰佛教(15.0%)和道教(1.0%),17.5%的受访者表示"身边的企业家有宗教信仰的比例超过30%"(见图27-3)。

(二) 坚持做多中国做多上海,但对当前经济形势谨慎乐观

面对近年来需求收缩、供给冲击、预期转弱三重压力和各种风险挑战叠加,受访者中坚定表示不会考虑移民的占六成以上。在可能考虑移民的因素中,占前三位的分别是"社会秩序不稳定"(29.8%)、"财产不安全"(24.7%)和"法制不健全"(18.3%)。对2023年总体经济形势的判断"谨慎乐观"的占44.7%,"不好说"的占25.3%,"比较悲观""非常悲观"的两者相加占26.5%。认为今后5年我国可能面临的经济风险,比较集中的看法有"经济陷入低迷"(59.2%)、"更多企业资金链断裂"(47.9%)和"房地产泡沫破裂"(40.2%)。上市公司较非上市公司对经济形势的预期更为谨慎。另外,民营企业对法治环境的满意度普遍不高,其中只有

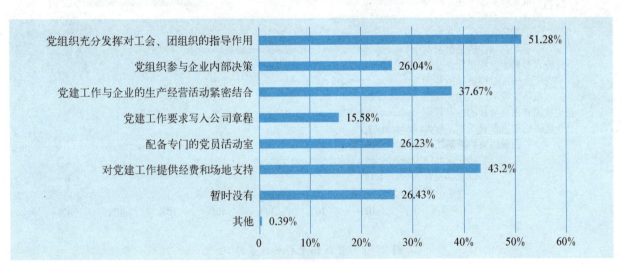

图27-3 企业为党建提供的支持和党组织发挥的作用

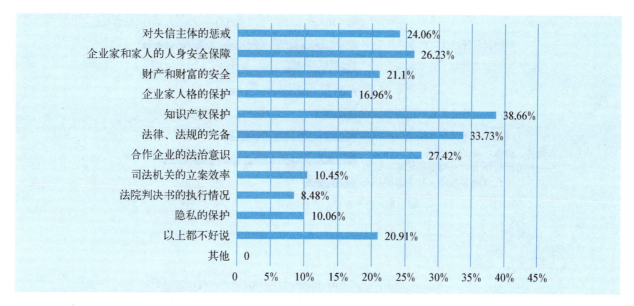

图 27-4　法治环境方面的满意度

21.1%的受访者对财产和财富的安全较满意,17.0%的受访者认可对企业家人格的保护,最不满意的是对法院执行书的执行情况,认可度只有8.48%。由此可见,坚持营造良好法治环境,持续推出助企纾困、解难解渴的政策,大力提振民企信心重要而迫切。(见图27-4)

(三)政策不稳定、成本高、创新风险大是阻碍企业转型升级、制约企业自主创新的主要因素,非上市公司对政策不稳定和创新风险比上市公司更加敏感

问卷数据显示,"鼓励民营经济发展的政策不稳定"(59.6%)和"财务、税务、物流、合规、人力资源、供应链管理等运营辅助领域成本过高"(57.2%)是当前企业转型升级、实现高质量发展最大的担忧和烦恼。而制约企业自主创新的主要因素,则聚焦在"创新风险大"(68.8%)和"缺少人才"(51.1%)方面。同时,有36.7%的受访者很想参与重大工程、重点产业链供应链项目建设,但感到政策执行和政策落实的"梗阻"现象尚未完全杜绝,认为重大项目仍然对民营企业设有阻碍和隐形壁垒。值得一提的是,经过交叉分析,非上市公司对政策不稳定和对创新伴随风险的敏感度要显著高于上市公司,而上市公司则对企业运营辅助领域成本过高、知识产权保护不到位更为忧虑(见图27-4和图27-5)。

(四)能积极履行社会责任,对政企沟通需求强烈

受访者普遍自认能牢固树立社会主义核心价值观,能自觉诚信守法,积极履行社会责任。问卷数据显示,民营企业家对政企沟通需求强烈,认为构建亲清政商关系需要进一步加强和改进的方面,前三位的分别是"在重要政策出台前听取意见"(60.5%)、"完善民

图 27-4　企业转型升级和实现高质量发展的最大担忧和烦恼

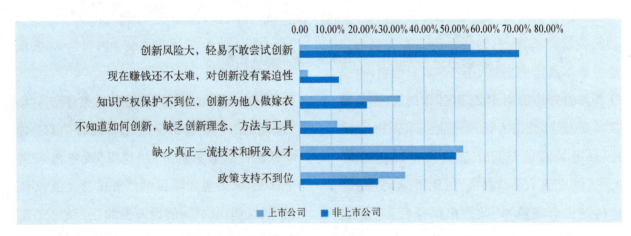

图 27-5　当前制约企业自主创新的主要因素

营企业诉求反映和权益维护机制"（55.0%）、"召开有关民营经济发展会议倾听企业家和商协会代表心声"（49.3%）。同时，在工商联工作评价中，帮助企业与政府沟通、代表企业维护企业合法权益是满意度最高的两项工作。受访者对一些地方政府为加强与民营企业家的联系而采取派驻政府事务官员或面对面座谈等举措持欢迎态度，认为这些举措能"充分听取民营企业家群体的意见"（67.1%），"有助于提升政治地位"（45.6%）（见图 27-6）。

（五）重视建立现代企业管理制度和新生代培养，对工商联赋能民营企业新生代培养需求迫切

改革开放以来诞生的第一代民营企业，面临着寻找"接班人"传承事业、接续奋斗的重要命题。本次受访者中，60.4%仍是创始人在领航掌舵，21.3%已经从父辈处全面或部分接班，其中28.9%开辟了新赛道、创办了新企业。无论是"一代"还是"二代"，都十分重视建立现代企业管理制度，并将"引入职业经理人"（63.0%）、"完善公司产权结构"（56.8%）作为最重要的工作。同时认为，企

图 27-6　构建亲清政商关系需要加强和改进的方面

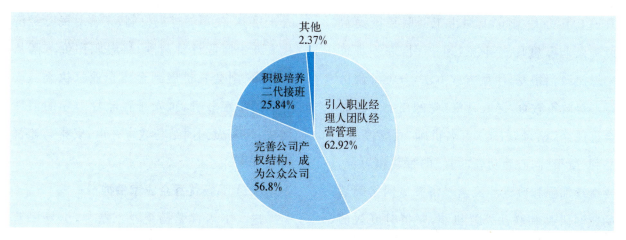

图 27-7　在建立现代企业管理制度和事业传承方面做的工作

业在事业传承中面临的最大困难和问题在于"经济不景气、企业发展面临压力"(76.1%)，"找不到合适的职业经理人"(44.6%)，以及"家族中缺少成熟稳定的二代接班"(26.9%)。因此，非常希望工商联进一步对接代表人士需求，搭建各类年轻一代成长平台，开展教育培训，为企业高质量发展赋能（见图 27-7）。

三、加强民营经济代表人士队伍建设的意见建议

根据本次调研梳理归纳的代表人士身份认同迷惑、信心不足、政企沟通需求强烈等问题，结合促进"两个健康"要求，对加强民营经济代表人士队伍建设工作提出以下建议。

（一）以提振信心为重点加强思想政治工作

民营经济是我国经济制度的内在要素，

要把"自己人"的理念作为提振民营企业发展信心的深层逻辑,引导企业全面、完整、准确把握党中央的大政方针和坚定不移支持民营经济发展的鲜明立场和坚定态度。要在企业需要的时候及时送上真切关怀,真心为企业家解忧解惑,让企业家放下包袱、消除顾虑、有效改善企业心理预期,增强企业获得感和公平感,引导民营企业正确认识时与势、危与机,大胆发展、高质量发展。要把理想信念教育放在工商联工作更加重要的位置,在凝聚共识上下功夫,制定上海市工商联系统民营经济人士思想政治引领工作指引,进一步筑牢思想政治根基,注重方式方法,分类分层做好形势政策教育,深入开展"党的二十大进商会进民企"活动,打造"百名讲师、百家基地"品牌,凝聚"同心建功新时代"的智慧和力量。要继续加强和改进涉民营经济领域网络舆情的监测研判和联动处置机制,坚持时度效的统筹,筑牢意识形态风险底线。要敢于担当,勇于亮剑,正本清源,依法打击对民营企业恶意造谣抹黑等行为。

(二)全周期全链条做好民营企业家选育管用

深化市经信委、市科委与市工商联优秀民营企业发现机制,建立民营企业培养库,完善各类企业"白名单",有针对性地培养一批有示范标杆效应的一流企业家。推进民营经济代表人士"十百千"工程,形成一支数量充足、结构合理、素质优良的民营经济代表人士队伍。加大对民营经济代表人士政治安排、评选表彰力度,坚持一个入口、一套标准,凡进必评,严把政治关、道德关、守法关。摸准需求、分层分类、丰富教育培养的内容和形式。引导民营企业家加强自我学习、自我教育、自我提高,强化民营企业家使命担当和主人翁意识,建立市工商联领导联系交友和服务企业家执委制度,推动民营经济代表人士站前台、唱主角、作表率,主动进行政策宣讲、调查研究、建立产业联盟等,带动更广大民营经济人士健康发展。探索建立民营经济代表人士培养、使用的进退机制,完善对民营经济代表人士履职评价制度,将履职评价范围从副主席、副会长扩展到全体企业家执委。改变重团结轻教育、重安排轻监督引导的惯性做法,切实做到团结与教育并重,安排与监督引导并重。

(三)弘扬优秀企业家精神

进一步培育弘扬企业家精神,引导民营企业家把企业家精神作为战胜困难和高质量发展的动力活力之源,加快推进企业家思维方式和行为方式现代化。探索设立上海市"企业家日",增强企业家荣誉感,进一步营造尊重民营企业家,弘扬民营企业家精神的浓厚氛围。加强正面宣传,广泛宣传民营企业的重要作用和贡献,在新闻媒体开设宣传优秀民营企业和优秀民营企业家专版、专栏和专题节目,选树一批优秀的民营企业家代表典型,营造支持鼓励民营企业家干事创业的良好舆论氛围。定期发布《上海民营企业社会责任报告》,并设立社会责任贡献榜,宣扬民营企业家的精神风貌,弘扬社会主义正能量。

(四) 鼓励年轻企业家创业创新

把年轻一代民营经济代表人士教育培养工作作为党管人才工作的重要内容,纳入人才发展规划。进一步发挥"上海创新创业青年50人论坛"、市工商联青创联等平台作用,支持鼓励年轻一代创新创业。加强世情国情教育,聘请德高望重的企业家作为创业导师,通过传帮带实现企业家精神和企业经营管理能力的薪火传承。组织优秀年轻一代民营企业家到国有企业和知名民营企业以及政府机关"挂职锻炼",开阔视野,增强历练。在"优秀建设者""优秀企业家"等各类评比表彰中安排一定比例的年轻一代民营经济代表人士,培养树立一批标杆人物,发挥好示范引领作用。

(五) 推动政企沟通常态化、规范化、制度化

工商联要充分发挥桥梁和纽带作用,建立健全市领导与企业家定期交流沟通机制,切实推动党和政府与民营企业深度沟通,有效协商,促进形成政企良性互动、充分信任、共谋发展的局面。打造完善民营企业圆桌会议、民营企业论坛、政企早餐会等政企面对面,亲清直通车等品牌,持续扩大不同行业和规模民营企业参与覆盖面。改进和优化民营企业评营商环境工作,推动市级有关职能部门、各区委和区政府更大力度优化营商环境。推动政府制定涉企政策,充分听取民营企业家意见和建议,找准企业需求和问题裉节,提高政策含金量。做好第三方评估政策工作,协同政策制定部门开展涉企政策宣传解读,推动政策进商会进企业。探索建立民营企业对政府部门履职能力、服务效率、廉洁自律、工作作风的评议制度。

(供稿单位:上海市工商业联合会,主要完成人:王霄汉、归建华、付凯、嵇一蔚)

专题二十八

从统战政策提出地和上海工商联历史中汲取力量 奋力谱写新时代新征程民营经济统战工作新篇章

上海是中国共产党诞生地,也是党的统一战线政策提出地。百年生动的统战工作实践与上海工商联发展历程相互交融,不断汇入城市的发展史、奋斗史,赋予了上海独特的民营经济统战历史文化资源禀赋。值此统战百年之际,有必要深入挖掘、研究、宣传上海丰厚的民族资产阶级以及民营经济统战历史文化资源,继承发扬丰富经验和优良传统,引导广大民营经济人士在新时代新征程上不忘初心、牢记使命、团结奋斗,推动新时代上海统战事业和工商联事业高质量发展,为上海加快建设具有世界影响力的社会主义现代化国际大都市贡献民营经济统战力量。

一、率先启航放光芒——上海对民族资产阶级统战工作与民营经济统战工作的探索

自1922年中共二大召开以来,上海一直是中国共产党统一战线工作的重镇,这是由上海这座城市的特殊地位所决定的。上海是民族资本最发达、民族资产阶级最集中的地方,由此成为近现代中国工人阶级的大本营,马克思主义的传播地。而上海的民族资产阶级统战工作也成为党的统一战线工作中的一颗瑰宝,闪烁着耀眼的光芒。

(一)新民主主义革命时期上海的民族资产阶级统战工作

回顾党的统一战线史,党从成立之初即涉及对资产阶级的统战工作。1922年7月,中共二大通过的《关于"民主的联合战线"的议决案》,是中国共产党关于统一战线的第一个专门文件,在党的统一战线发展史上具有开创性意义。九一八事变后,上海成为我党领导的抗战文化中心和全民抗战重镇。在统一战线旗帜下,我们党领导包括民族资产阶级在内的上海各界人士掀起了波澜壮阔的抗日救亡运动。解放战争时期,我党以团结一切可以团结的力量、建立最广泛的人民民主统一战线为出发点,制定了正确的对民族资产阶级的政策。在此政策的指导下,党对上海民族资产阶级开展了具体细致的统战工作。如1946年6月23日,上海人民和平请愿团赴南京请愿,便是在当时中共上海市委的直接指挥下,通过上海资产阶级组织酝酿的。

（二）社会主义革命与建设时期上海的民族资产阶级统战工作

新中国成立之初，经济面临严重困难，我党对民族资产阶级实行了鼓励其经营并扶助其发展的政策。上海工商界人士响应人民政府号召，一方面推动恢复生产，另一方面募捐慰问人民解放军，同时也酝酿筹组工商业团体。1949年8月9日，中共中央发出指示，正式决定将"旧商会""同业公会"改组为上海市工商业联合会。这一指示超越了上海的地理范围，对于新中国工商业联合会组建、发展有着重要的意义和影响。1953年成立的中华全国工商业联合会，就由长期生活在上海的民主人士陈叔通担任主委①。随后，在抗美援朝运动和社会主义改造中，上海民族资本家胸怀家国、服从大局，全国公私合营企业私股投资总额为24.2亿元，其中上海约为12亿元，几乎占全国资本主义工商业的一半，为全国资本主义工商业社会主义改造的胜利完成起到重要的推动作用。

（三）改革开放以来上海的民营经济统战工作

十一届三中全会决定把党的工作重点由阶级斗争转移到经济建设上来，民营经济活力被重新激发。以刘靖基、唐君远等为代表的上海市老一辈工商业者和部分海外人士于1979年9月22日创建中国改革开放后第一家大型私人经济实体——上海市工商界爱国建设公司。进入新时代，上海在民营经济统战工作方面不断探索，取得了丰硕成果。突出政治建会加强思想引领，凝聚奋进共识谱写了新篇章。聚焦党委政府决策部署发挥职能作用，在聚力中心大局上展现了新作为。围绕民营企业现实需求完善工作机制，服务企业能级实现了新跃升。着眼激发内在动力夯实组织根基，自身建设水平迈上了新台阶。组织民企力量全力投入大上海保卫战，严峻复杂考验面前展现了新担当。

二、问道百年寻良策——百年来民族资产阶级统战和民营经济统战历史经验总结

（一）认识源于伟大实践，必须持续转变观念，不断深化对民营经济以及民营经济人士的认识和感情，构建荣辱与共的命运共同体

新中国成立特别是改革开放以来，我们党对民营经济的认识不断深化，从"必要补充"到"重要组成部分"，再到"两个毫不动摇"。《中共中央 国务院关于促进民营经济发展壮大的意见》指出：民营经济是推进中国式现代化的生力军，是高质量发展的重要基础，是推动我国全面建成社会主义现代化强国、实现第二个百年奋斗目标的重要力量。在新征程上，我们要结合中国社会主义事业建设不断发展，进一步认清民营经济的重要地位和作用，不断深化对民营经济以及民营经济

---

① 邵雍.从百年上海看统一战线法宝的作用[J].上海市社会主义学院学报,2021(03):7-14.

人士的信任和感情，充分发挥民营经济在推进中国式现代化进程中的重要作用。

（二）思想是行动的先导，必须坚守主责主业，引导民营经济人士强化家国情怀服务中心大局，积极为经济社会发展作贡献

我们党通过思想政治引领、理想信念教育，不断增强民营经济人士对中国共产党以及中国特色社会主义道路的政治认同、思想认同、理论认同和情感认同。回顾上海民族资产阶级统战历史，党对民族资产阶级进行思想政治教育的内容主要是引导民族资产阶级理解党的方针政策路线、教育民族资产阶级爱国守法、积极经营企业等。这些内容作为民营经济统战思想教育工作的宝贵财富代代相传，并取得了积极成效。近年来，上海市工商联引导广大民营经济人士积极投身国家重大战略，踊跃投入上海社会主义现代化国际大都市建设，主动参与"万企帮万村""万企兴万村"行动等，涵养了家国大爱和为民情怀。特别是在大上海保卫战中，积极引导组织各类商协会和广大民营企业以主人翁姿态投身抗疫大战，谱写了新时代民营经济统战工作崭新篇章，为打赢大上海保卫战作出了积极贡献。

（三）人是关键决定性因素，必须加强队伍建设，大力培育标杆性代表性人物，形成强大鲜明的示范引领效应

代表人士队伍建设在统一战线工作中具有基础性、战略性地位。自从我党提出统一战线政策以后，就一直把代表人士队伍建设放在统战工作的重要位置，以点带面，以面带全，特别是对上海民族资本家的统战工作更是重中之重，加强政策宣传，突出感情联系，提供必要支持，培养红色典型。从抗日战争、解放战争到新中国成立前后，上海涌现出了一大批在全国有较大影响力的民族资产阶级代表人士，如章乃器、荣毅仁、盛丕华、刘靖基等。这些"标杆性"人物以自身巨大的影响力，形成强大鲜明的示范引领效应，推动党和国家各项事业顺利进行。

（四）组织优势是制胜法宝，必须强化组织覆盖，契合地区产业特点组建商会组织，打造富有韧性和活力的组织体系

商会是民营经济统战工作的重要组织依托。作为我国近代最早的开埠城市之一，历史上上海的商会和行业协会就较为发达。1902年2月22日，上海成立了近代中国第一家商会。旧商会在维护民族尊严、捍卫国家主权、促进民族工商业成长等方面都发挥了重大作用。上海市工商联是全国最早成立的省级工商联组织之一，不同历史时期发挥了重要作用。随着我党对市场经济认识的深化，工商联的职能也在不断演变。1993年上海市委批复市工商联同时称市商会，2015年更名为市总商会，工商联的商会功能被激活。上海市工商联以打造富有韧性和活力的组织体系为目标，高度重视商会组织建设，积极组建以民营经济为主的新领域、新业态商会，在全国范围内率先完成所属商会注册登记，同时以"一会一品牌"工作为抓手，不断提升商会活力和影响力，打造民营经济统战工作的坚强阵地。

三、奋进时代新征程——继往开来，奋力推进新时代民营经济统战工作

进入新时代，民营经济"两个健康"面临许多新课题、新任务。上海民营经济统战工作要借鉴和传承上海统战百年和工商联历史中的重要经验和优良传统，进一步加强和发挥工作效能，推动上海民营经济发展壮大。

（一）营造信任尊重企业家良好氛围，全心全意为民营企业发展创造良好环境

信任尊重企业家是与上海的城市精神和城市品格一脉相承的，也是民族资本主义能在上海蓬勃发展的内在基因。处于领风气之先的标杆城市，上海民营经济统战工作要在氛围营造、舆论引导、环境优化方面做出新的贡献，提供更多经验。一是营造尊商重商氛围。引导全社会充分认识到民营企业家的贡献和价值，讲好上海民企故事，营造有利于民营经济发展壮大的舆论环境。二是积极引导社会舆论。形成常态化的民营企业舆论支持机制，完善及时高效的舆情应对机制，加强对不实舆论的监管，让民营企业家暖心、安心、放心。三是构建宽松友好环境。进一步研究细化制定构建亲清政商关系的激励机制和制度规范，探索更多政企沟通交流的务实之策和创新之举，共同构建对民营经济更加宽松友好的发展环境。

（二）始终做到聚焦中心服务大局，凝心聚力共襄民族复兴历史伟业

围绕中心，服务大局是统战工作的着力点。新征程上，要把民营经济统战所能与中心所需、大局所在有机结合，让统一战线重要法宝作用焕发新的光彩。一是引导主动服务国家重大战略。紧紧围绕党和国家"五位一体"总体布局和"四个全面"战略布局，引导民营企业积极作为，在国家重大战略上体现上海民企力量。二是引导积极投身全市发展大局。引导民营企业强化与上海城市发展的命运共同体意识，积极投身上海深化"五个中心"建设，强化"四大功能"，发展"五型经济"，抢抓机遇，乘势而上，促进上海高水平开放、高质量发展。三是引导全力参与推动共同富裕。鼓励民营企业加强科技创新，改善收入分配，发挥资源优势，促进共同富裕。

（三）聚焦全国引领性代表人士队伍建设，努力成为国家民营经济统战工作前沿重地

上海是中国近代民族工商业的发祥地，也曾是民族资产阶级统战工作的重地。继往开来，上海迫切需要造就一批在全国乃至世界范围内有巨大影响力、起标杆作用的知名企业和知名企业家，以更好带领上海民营经济走向辉煌。一是发挥区位突出优势。鼓励支持上海民营企业依托上海多重战略叠加的区位优势，积极投身浦东引领区、自贸试验区

及临港新片区、虹桥国际中央商务区、长三角一体化发展示范区等重大战略项目,充分利用国际国内两个市场、两种资源做大做强。二是培育世界一流企业。建立优秀民营企业培养库,大力支持企业科技创新、产业再造、品牌建设等,打造具有全球竞争力的产品和服务,推动上海民营头部领军企业、独角兽企业、隐形冠军企业迈向世界一流企业。三是科学培塑标杆人物。推进民营经济代表人士教育培训工作纳入全市人才和教育培训工作总体布局,探索建立全周期民营企业家教育引导机制,提高代表人士政治水平、管理素养、决策能力,推荐更多政治素质好、对上海经济社会发展做出突出贡献的民营企业家担任在全国工商联和各级人大、政协任职。

(四)继承和发扬商会优良传统,建设与上海经济产业相协调的商会组织体系

充分发挥商会组织力量,以民营企业的发展壮大促进上海经济社会高质量发展。一是深化"一会一品牌"活动。以"一会一品牌"活动为抓手提高商会活力,支持商会做强、做专、做精、做出特色,全面提升商会建设水平,建设中国特色一流商会组织。二是科学扩大组织覆盖。按照应建尽建原则扩大商会组织有效覆盖率,根据上海经济产业特点成立相应商会,推动成立海外商会助力企业走出去。同时充分考虑经济效益和社会效应,科学设定商会组建的标准、门槛和要求,避免出现小打小闹、自娱自乐等现象,实现组织建设质的有效提升和量的合理增长。三是探索商会地方立法。上海具有较好的商会发展实践基础和立法探索基础,可以探索加快启动商会地方性法规立法程序,尽快明确商会作为单独一类社会组织的地位作用,理顺商会与各方的法律关系,实现商会工作有法可依、有章可循。

(供稿单位:上海市工商业联合会,主要完成人:施登定、刘霁雯、彭飞)

专题二十九

加强年轻一代民营经济人士①思想政治引领方式方法研究

为探寻符合年轻一代民营经济人士特征,便于操作、乐于接受的教育培训模式,有效增强思想政治引导工作的科学性、针对性、时效性,全面打造一支政治上有方向、发展上有本领、责任上有担当,与上海市当好"全国改革开放排头兵、创新发展先行者"重大任务相匹配的青年企业家队伍,上海市工商联宣教部联合上海工程技术大学组建专题课题组,就如何进一步加强对年轻一代民营经济人士进行思想政治引领的方式方法进行了专项调查研究。

调研采取市区联动、实地调研与问卷调查相结合的方式,先后召开6次座谈会,专访80多位青年企业家,抽样问卷调查326份,重点了解了青年企业家的思想状况、结构分布,及需要重点关注点,诸如:对待企业和个人荣誉的看法,企业文化在企业发展中的作用,个人喜欢和易于接受的交流方式等内容。调研中,还对部分区工商联进行了专访,对纺织服装、钢铁贸易、科技商会、环境保护产业、五金、文化商会等6个商会相关负责人进行了访谈了解。调研情况和建议如下。

一、年轻一代民营经济人士群体特征分析

(一) 青年企业家的基本情况

通过问卷调查、访谈和综合分析,目前青年企业家思想状况主要特点如下。

1. 文化普遍较高

问卷显示,青年企业家文化程度主要集中在大专、本科和研究生。其中,大专文凭的仅占9.9%,本科占57.6%,研究生占32.5%。在境外接受过教育的占54.55%,有过境外工作经验的占25%,接受过MBA、EMBA、MPA等专业硕士教育的占45.16%,呈现出青年企业家工作经历丰富、专业性较强、受教育水平较高的趋势(见图29-1)。

2. 政治上进明显

目前,上海市工商联执委中青年企业家占比35%。16个区工商联执委中青年企业家占比38%。截至2023年上半年,上海市工商

---

① 年轻一代民营经济人士主要包括在大众创业、万众创新中涌现出来的创业者和民企二代的接班人,年龄一般限制在45周岁以下。

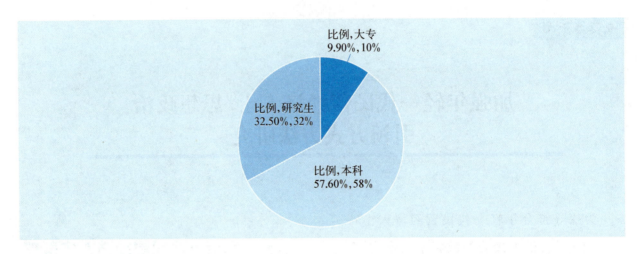

图 29-1　年轻一代民营经济人士文化程度情况

联青创联 209 名理事，其中 118 人担任区级及以上人大代表或政协委员，充分体现了广大青年企业家对党和国家的政治认同与政治上进的特点。据调研分析，青年企业家政治诉求强烈，原因呈现多元化特点，主要包括：富有家国情怀，积极参与国家建设和社会治理，提高自身价值和社会地位，提高企业知名度和商业信誉，在复杂的社会环境中保护自身利益，利于接触上层领导和知名人士，建立必要的社会关系，企业在法律、资金、项目、信息等方面得到支持。

3. 学习认知有待改善

受丰富的社会活动以及"互联网"的影响，一间课堂、一套书本、一个系统为依托的传统教育模式已不能满足青年企业家的思想引领。调查显示，在被问及您认为自己最需要学习的知识是什么时，有 57.14% 的民营经济人士认为，自己目前最需要学习的知识分别是企业营销与管理；其次，42.86% 的人认为最需要学习国情、民情与社会，37.14% 的人认为最需要学习金融证券和投资。只有 11% 左右的认为需要学习政治和传统文化（见图 29-2）。可见，青年企业家自觉接受政治理论及传统文化方面的学习教育的意识有待进一步提升。

4. 具有较强的社会责任感

根据调查问卷显示，2020—2022 年，绝大部分青年企业家每年都参加市区两级政府组织的光彩事业工作，参与乡村振兴、对口支援等公益慈善事业的占比超过 5 成，积极捐款捐物则高达 70.2%，组建志愿者队伍的也有 48.7%（见图 29-3）。尤其在"大上海保卫战"期间，青年企业家表现突出，彰显了民营经济代表人士富而有责、富而有爱、富而有义的责任担当。

5. 对"自己人"的身份认同偶有迷茫

广大民营青年企业家都能认真学习贯彻习近平新时代中国特色社会主义思想，对党的二十大报告中首次明确提出"促进民营经济发展壮大"的表述，对党中央始终坚持"两

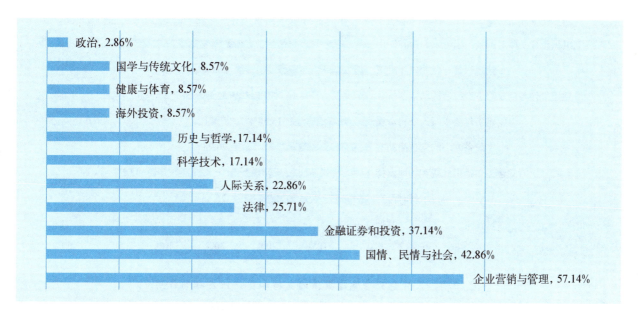

图 29-2　青年企业家需要学习的知识

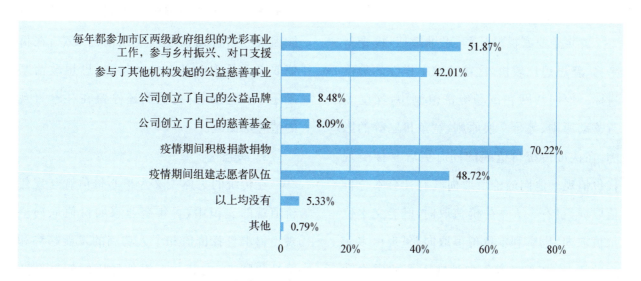

图 29-3　近三年来企业参与社会公益和疫情捐款捐物的情况

个毫不动摇""三个没有变",以及近年来党中央国务院和地方政府出台的系列助力民营企业发展壮大的政策倍感振奋。比较认同以党建引领企业健康发展,近年来企业在支持党建工作的投入方面呈逐年上升趋势(见图29-4)。但通过访谈,我们也发现部分民营企业家对于"民营企业家是'自己人'"的讲法理解不到位,始终觉得"差一口气",折射出内心的不安。

(二)年轻一代企业家价值取向分析

调查发现,青年企业家因个人学历、创业经历、从事行业、企业规模、个人性情不同,价值取向呈现多元化,同时也启示我们在开展思想政治引领时,不能照搬传统的思想观念,

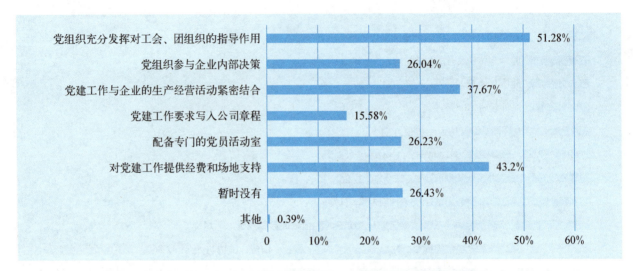

图 29-4　民营企业为党建提供的支持和党组织发挥的作用

要结合特征、分类指导。其主要特点如下。

1. 多元性

青年企业家视野开阔、思维敏捷,接受新事物、新思想比较快,往往追求多样性的价值目标。他们活跃在市场经济浪潮中,深受利益驱动原则、等价交换原则、竞争机制等的影响,在认可传统价值观的同时更容易接受现代价值观。他们的价值取向既有社会本位价值取向,也有个人本位价值取向,既有义本位价值取向,也有利本位价值取向,呈现出多元性的特点,在激烈竞争中处变不惊的定力和打拼的韧性在一定程度上还需要进一步增强。

2. 动态性

青年企业家对社会和自我的认识具有多变的动态性,这就使得他们容易被外在的热点所吸引,但这种影响非常短暂而且不稳定,价值取向也随之速变和善变。他们否定绝对的价值标准、唯一的价值选择,认可相对的价值标准、多样的价值选择和双重的价值评判,对事物的看法可能因时间不同而不同,也可能因某一事件而彻底改变以前的观点,在价值取向上呈现出动态性的特点,思想政治基础还不够稳固,有些认同还停留在朴素直观的情感层面上。

3. 兼容性

在传统的集体主义为核心价值观与现代价值观的交织中,青年企业家的价值取向呈现出追求自我价值和个人功利的发展趋势和个性化特点,尤其是有海外经历的年轻企业家,表现出一定程度上对政策容忍度低的问题,但也没有显示出与社会主导价值体系的绝对对立,呈现出兼容的局面。

4. 现实性

调查中发现,青年企业家价值取向更趋于务实,更看重自我,功利意识较之以往有所增强。交流访谈中也发现民营经济人士的思想状况和其经营活动过程中相关问题的处理很难进行隔离,他们对党和国家大政方针的学习和认识缺乏通盘考虑,往往通过行业企业的视角来认知,交流心得体会,也不自觉地靠向行业企业,大眼界、大胸怀、大局观、团结协作、牺牲奉献精神还有待增强。

二、加强年轻一代民营企业家思想政治引领有待提升的地方

经过党和政府、工商联、商会组织的多年齐抓共管,年轻一代民营经济人士思想政治引领工作在各方面显然已经取得显著的成绩,但是在发展过程中,仍存在着一些有待提升和完善的地方,需要更加深入地研究与探讨。通过对青年企业家的访谈,对工商联、商会组织相关领导和工作人员的了解,对相关数据材料进行分析,青年企业家思想政治引领工作中主要存在以下三点有待提升的地方。

(一)思想政治引领工作仍需更加务实

调研中,青年企业家在提出思想教育需求时,往往会和现实经营生活中发生的诉求交织出现,而事实上,加强思想政治引领工作也是一项促进政企沟通,推动政策出台、落地,能够给企业带来政策红利,普遍惠企惠民的实务工程,因此,需要将各项思想政治引领工作与做好企业服务紧密结合、落到实处,切不可做虚功、走形式。

(二)思想政治引领工作方式仍需多样

目前,加强年轻一代企业家思想政治引领工作虽然已经取得了良好成效,但在工作方式方面仍需创新,好的方法手段还不够丰富、完善,尤其是青年企业家普遍喜好的网络平台的使用,目前还没有成为企业家参加教育活动的首选,从侧面也反映了开展思想政治工作方式方法的局限问题,不能够很好满足青年企业家对思想政治引领工作的期望。

(三)思想政治引领工作内容仍需具体

调研中发现,尽管青年商协会组织有明确清晰的组织架构,但在思想政治引领工作过程中,还没有形成明确分工,很多工作仍以主观能动和历史沿革为依据,亟须科学化、专业化、标准化的工作纲领和规范指导。

三、加强年轻一代民营企业家思想政治引领促进年轻一代民营经济人士健康成长的相关建议

年轻一代民营经济人士的思想引领是一项系统工程,必须突出青年企业家特点,系统规划、因势利导,合力推进、久久为功。

(一)合力推进年轻一代民营经济人士思想政治引领体系建设

1. 发挥好组织作用

年轻一代民营经济人士工作涉及多个领域和部门,需在更大力度上整合组织资源、增强工作合力。一是要建立年轻一代民营经济人士工作领导小组。完善党委统一领导,统战部组织协调,工商联具体实施,有关方面参与的工作机制,努力形成资源共享、优势互补、工作联动的格局。二是要建立联系和服

务年轻一代民营经济人士制度。健全完善党政部门与年轻一代民营经济人士定期对话机制,加强联系服务,引导他们正确研判形势,积极执行党和政府的方针政策。统战部、工商联要把年轻一代作为联系交友的重点对象,加强走访调研,多做排忧解难、解疑释惑的工作。三是要健全完善各级青创组织。逐步推进青创组织向乡镇(街道)等基层的全覆盖,在条件成熟的各级工商联青创组织中,探索建立党的组织,组织其中的优秀分子积极向党组织靠拢,安排企业家党员作为其入党联系人,通过言传身教和率先垂范,增强年轻一代民营经济人士的政治思想和企业家精神。加强工商联青创组织与全联、港澳台青年组织,兄弟单位青年企业家商协会等相关社团的沟通联系,合力做好教育引导和联系服务工作。

2. 做好经常性思想摸底

要贯彻落实习近平总书记对年轻一代民营经济人士教育培养的指示要求,引导他们继承发扬老一代企业家的创业精神和听党话、跟党走的光荣传统,把这支队伍牢牢掌握在手中。一是要摸清现实思想动态。定期或在特定时期组织开展专项调研,切实掌握本地区青年创业者的现实思想状况,作为党委和政府决策咨询研究,完善要情专报体系,成为领导层面重要决策的参考依据;建立大数据、云计算、人工智能思想动态分析模型,实现平台自动预警,第一时间对倾向性的思想问题和舆情隐患做出研判,防患于未然。二是要掌控意识形态主动权。贯彻全国宣传思想工作会议精神,与党委政府有关部门加强沟通联系,掌握意识形态斗争艺术和方法手段,坚持社会主义核心价值观引领,把握舆论导向,把强化政治素质作为年轻一代代表人士培养的首要任务,选好人、用对人,传承好红色基因。

3. 提高能力素质

引导年轻一代发展一流的产业、争创一流的企业,守法诚信经营,促进企业健康发展,致富思源、富而思进,弘扬企业家精神。一是要优化成长营商环境。切实关心年轻一代创业成长,持续优化服务,着力打通"堵点"、畅通"痛点"、补上"断点",利用区域发展定位和战略规划的政策优势,加速人才、技术、资金等要素资源的引进,加快落实支持民营企业创新发展的各项政策,推动政府发挥作用,培植青年企业家健康的"成长土壤",共同营造重商、尊商、亲商的良好氛围。二是要提升产业发展模式。着眼上海"五个中心"建设和三大任务一个平台等重点重心,引导年轻一代聚焦重点产业、重点业态,加大创始人和独角兽企业配套人才培养,增强企业发展的内生动力,推进电子商务、科技金融、科技教育、文化创意与游戏、人工智能的场景应用、健康医药、工业互联网以及新技术产业为重点的产业发展,提升核心竞争力。三是要强化社会责任意识。引导年轻一代把自身发展与国家发展结合起来,提高政治站位,弘扬时代新风,自觉践行光彩精神,扶危济困,投身光彩事业和社会公益事业，积极履行社会责任，为实现中国式现代化贡献应有力量。

4. 搭建优质平台

加强各部委、单位的合作与联动，拓宽统战工作覆盖面，共同教育培养年轻一代民营经济人士。一是探索制度化发现机制。与经信委、科委、商委等经济管理部门建立制度化、信息化的合作和联动机制，及时发现优秀的年轻一代民营经济人士，完善年轻一代民营经济人士数据库。依托数据库，对其中的优秀企业家重点跟踪，及时掌握企业经营、诚信等情况，及时掌握综合评价情况，形成优秀年轻一代后备库。二是健全教育培训机制。把年轻一代民营经济人士教育培养工作作为党管人才工作的重要内容，纳入人才发展规划，列入党委主体培训班次，设立财政专项资金，对本区域的年轻一代民营经济人士进行分期分批的轮训。三是创新教育培训形式。有计划地将年轻一代民营经济人士定期送往党校、社会主义学院进行学习培训。探索与著名高等院校和培训机构合办短期培训班，组织专题讲座、高端论坛、实地考察等活动。探索建立兴趣活动小组、沙龙等组织，开展经常性的沟通交流和合作互助活动，实现自我组织、自我教育、自我提高。聘请德高望重的企业家作为创业导师，通过传帮带实现企业家精神和企业经营管理能力的薪火传承。组织优秀年轻一代民营经济人士到国有企业和知名民营企业"挂职锻炼"，开阔视野，增强历练。四是加大安排使用力度。各级党委政府对于那些有较好政治素质又诚信守法经营的年轻一代民营经济人士，在各级人大代表、政协委员等政治安排中，给予重点关注，为他们参与政治活动提供平台。在"优秀建设者""优秀企业家"等各类评比表彰中应安排一定比例的年轻一代民营经济代表人士，培养树立一批标杆人物，发挥好示范引领作用。

5. 完善示范引领机制

善于挖掘发现年轻一代的先进典型，讲好身边故事，发挥典型的影响力和感召力，针对新媒体时代的特点，改进宣传方式方法，贴近实际、贴近生活、贴近群众。一是加强"一会一品牌"建设。结合理想信念教育工作的推进，鼓励本市各级青创组织在服务会员、提升能力、加强组织建设中不断取得新的业绩，体现时代精神，展示模范风貌，凝心聚力，振奋精神，不断打造立得住、过得硬、叫得响、推得开的典范，带动一批、辐射一片，加快青创组织发展步伐。二是突出典型宣传。结合中国特色社会主义事业建设者的评比表彰，挖掘一批符合时代主题、有鲜明特色，群众认可度高、可亲可信可学，在达产增效、对口合作、创新发展等方面有突出贡献的年轻一代创业者，发挥典型的影响力和感召力，注重典型宣传的导向性，增加典型人物的社会效益。三是改进宣传手段。加强与党委宣传部门沟通，注重与主流媒体合作，以电子刊物、网站微信等为载体，拓宽典型宣传渠道，坚持正面引导、凝聚正能量。探索全媒体时代典型宣传的方式方法，正确把握新媒体的传播规律，注重融媒体、自媒体等宣传结合。

(二) 开展好三个教育

1. 持续推进"理想信念教育"

把中央统战部、全国工商联主抓的理想信念教育作为年轻一代思想政治工作的重要抓手,用好用活各种教育载体,丰富形式、创新方法,加强教育引导的针对性和时效性。注意区分层次、以点带面,从优秀青年企业家、行业代表人士入手,不断向基层辐射推广,直至形成在各类青年企业家组织人人皆知、人人参与的生动局面。

2. 大力开展"崇尚荣誉教育"

民营企业和民营企业家在不同时期获得的各项荣誉是串起企业家精神的颗颗珠玑,只有让荣誉的光芒持续闪耀,才能更好地营造民营企业家珍惜荣誉、争取荣誉、崇尚荣誉的良好氛围。以"崇尚荣誉"教育引导为抓手,是从感性层面引领企业家对社会主义理想的理性追求,是进一步做好民营经济领域思想政治引领,把青年企业家紧紧团结在党和政府的周围的有效载体和方法。开展好"崇尚荣誉"教育就是要以公开公正的评选促进青年企业家对荣誉的珍惜,用隆重的颁奖仪式增强荣誉的影响力。同时,发挥宣传工作对荣誉的推动作用,及时做好对获得荣誉的企业家和企业予以回馈,并建立健全民营经济领域荣誉的备忘制度,大力营造青年企业家崇尚荣誉的良好社会氛围。

3. 不断激发企业家精神

民营经济是经济活动的主要参与者、就业机会的主要提供者、技术进步的主要推动者,一头连着国家经济社会发展大局,一头连着人民群众的就业与消费。青年企业家是民营经济的生力军先锋队,要不断激发应有的"五种精神"。一是"爱国主义精神"。优秀青年企业家就是要把自己的理想同祖国的前途、把自己的人生同民族的命运紧密联系在一起,敢于同一切风险挑战作斗争,发挥企业家聪明才智,努力办好一流企业,主动为国担当、为民分忧。二是"创新创造精神"。当前,世界经济格局大幅调整,民营企业想要破除危机、持续地发展,唯一的出路就是不断地创新创造,以独有的智慧、超常的手法战胜风险挑战、实现高质量发展。三是"诚信精神"。诚信是构成一个企业立足社会、回报社会的无形资产,也是企业长足发展、赢得口碑的金字招牌。四是"自信精神"。自信不仅是一种积极乐观的态度,也是科学创造之源泉,青年企业家就是要牢固树立起相信自我的勇气,发扬永不言败的精神。五是"胸怀世界精神"。眼界决定胸怀,胸怀成就事业。青年企业家要有胸怀世界的大眼界、大格局,要积极努力地去开拓国际市场,研判市场的需求和特点,瞄准国际标准提高生产和服务水平,不断提高防范国际市场风险的能力,为促进我国产业迈向全球价值链中高端做出更大贡献。

(三) 做好"两项联动"

1. 做好推进民营企业文化建设与加强思想政治引领的联动

企业文化是企业自发的一种道德规范,

是企业目标的指引,同时,先进的企业文化也是青年企业家精神的体现,与做好思想引领的目标方向具有一致性。各级工商联商会组织要切实发挥好"桥梁""纽带"作用,将加强青年企业家思想引领与大力推进民营企业文化建设捆在一起抓,在帮助民营企业全面建设更加先进的企业文化的同时,更好地实现对青年民营企业家的思想引领。

2. 做好心理疏导与加强思想政治引领的联动

一是切实发挥工商联、商协会"娘家人"的作用,健全调研走访机制,经常性开展送精神、送政策、送温暖活动,及时消除青年企业家各类困惑;二是搭建平台,帮助青年企业家畅通政企沟通渠道,全力做好服务民营企业各项工作,全心全意为他们解决具体困难,持续提振发展信心;三是光明正大、坦坦荡荡与青年企业家交朋友,全面构建亲清政商关系,将有意识的思想政治引领转化为无形。

(供稿单位:上海市工商业联合会,主要完成人:冯毅梅、姜广旺、栾东庆、张西勇、申海平、孙守印)

专题三十

关于上海加快推进商会立法 促进民营经济发展的研究报告

"法治是最好的营商环境。"推动上海商会立法,是落实党中央关于民营经济发展决策部署,加强民营经济政治引领、优化民营经济营商环境、促进民营经济高质量发展的重要举措。推进上海商会立法具有较好的政策、实践和立法基础。通过商会立法,进一步加强商会发展的政治引领、法治保障和制度规范,对于更好地培育和发展中国特色商会组织,促进新时代上海民营经济健康发展、高质量发展,必将起到重要的积极推动作用。课题组对上海商会立法的主要内容提出了研究建议。2019年10月1日实施的《安徽省商会条例》,为上海商会立法提供了较好的探索基础。

习近平总书记强调:"法治是最好的营商环境。"党的十八大以来,党中央高度重视民营经济和商会工作。上海作为近代民族工商业的重要发祥地,目前有各类商会近千家。各类商会组织对于民营企业互相交流、促进发展发挥了积极作用。同时应该引起重视的是,这些商会的政治引领、功能定位、组织构成、运行机制、活动内容等方面亟待通过立法予以保障和规范。为此,建议在专题调研基础上,推进商会立法,在法治轨道上推进中国特色商会建设,以更好推动新时代上海民营经济健康发展、高质量发展。

一、习近平总书记关于商会工作的部署要求

习近平总书记非常重视商会工作,多次对商会有关工作作出部署、提出要求。

2015年5月18日,习近平总书记出席中央统战工作会议并发表重要讲话提出:"统战工作要向商会组织有效覆盖,发挥工商联对商会组织的指导、引导、服务职能,确保商会发展的正确方向。"

2016年3月4日,习近平总书记参加全国政协十二届四次会议民建、工商联界委员联组会时讲话提出:"推动工商联所属商会改革,切实担负起指导、引导、服务职责。"

2020年9月,习近平总书记对做好新时代民营经济统战工作作出重要指示指出:"各级统一战线工作领导小组和党委统战部要发挥牵头协调作用,工商联要发挥群团组织作

用,把民营经济人士团结在党的周围,更好推动民营经济健康发展。"

2022年1月29日,习近平总书记在同各民主党派中央、全国工商联负责人和无党派人士代表共迎新春时提出:"全国工商联要加强基层组织建设,推动所属商会改革发展,着力提升服务促进非公有制经济健康发展和非公有制经济人士健康成长的能力和水平,不断提高工作质量和效能。"

2022年10月16日,习近平总书记在党的二十大报告中提出:"加强混合所有制企业、非公有制企业党建工作,理顺行业协会、学会、商会党建工作管理体制。"

习近平总书记上述关于商会工作的部署要求,为新时代商会工作改革发展指明了重要方向,为上海商会立法提供了重要指导、奠定了重要基础。

二、推进上海商会立法具有重要意义

(一)商会立法是加强民营经济政治引领的重要落实

2023年3月6日,习近平总书记在参加全国政协十四届一次会议的民建、工商联联组会时强调:"要加强思想政治引领,引导民营企业和民营企业家正确理解党中央关于'两个毫不动摇''两个健康'的方针政策。"

推进商会立法,发挥法治固根本、稳预期、利长远的重要作用,对于更好坚持党对民营经济的领导,推进党中央民营企业政策落实落地,加强新时代上海民营经济发展的政治引领、政治保障,鼓励、支持和引导非公有制经济发展,具有重要的政治意义和法治价值。

(二)商会立法是优化民营经济营商环境的重要举措

习近平总书记多次强调"法治是最好的营商环境",在党的二十大报告提出"营造市场化、法治化、国际化一流营商环境",在2023年3月6日全国两会期间强调"依法维护民营企业产权和企业家权益"。

推进商会立法,是贯彻落实党中央关于加强民营经济法治、营造法治化营商环境、依法维护民营企业权益的重要举措。对于推进广大民营经济治理体系与治理能力现代化,在法治轨道上引导和规范商会发展,保障和促进民营经济发展,具有创制意义和指导价值。

(三)商会立法是促进民营经济高质量发展重要保障

习近平总书记高度重视民营经济的健康发展、高质量发展,强调要"从制度和法律上把对国企民企平等对待的要求落下来,鼓励和支持民营经济和民营企业发展壮大"。

推进商会立法,对于进一步健全完善民营企业和政府之间的桥梁和纽带,破除个别否定、怀疑民营经济错误言论的负面影响,推动民营经济更好参与服务新时代国家和上海发展大局,践行新发展理念,转变发展方式,加强科技创新,实现健康发展、高质量发展,具有重要经济意义和实践价值。

三、推进上海商会立法具有较好的基础条件

(一) 上海具有较好的商会发展政策环境

在国家层面,进入新时代以来,党中央提出"培育和发展中国特色商会组织""发挥商会自律功能"等政策部署,出台了《关于促进工商联所属商会改革和发展的实施意见》《关于加强新时代民营经济统战工作的意见》等一系列文件,为上海商会立法奠定了重要的政策基础和内容渊源。

在上海层面,近年来上海市委、市人大、市政府贯彻落实党中央关于民营经济发展的决策部署,大力推进优化营商环境立法、出台发展壮大市场主体32条措施、支持市场主体纾困解难12条措施、扶持个体工商户健康发展若干政策措施等政策措施,为上海商会立法创造了良好的环境基础。

(二) 上海具有较好的商会发展实践基础

上海是我国民族工商业的重要发祥地之一。1904年上海成立我国第一个商会即上海总商会,1921年成立上海商会联合会。截至2022年底,上海市共有各类市场主体328.39万户,各类商会包括工商联所属商会、行业商会、异地商会、区域商会、基层商会以及外国商会等三百余家。

随着上海民营经济的不断发展,各类商会在贯彻国家政策、加强交流合作、促进企业发展、强化行业自律、服务社会公益等方面,发挥了重要作用,为上海的经济发展做出了积极贡献。上海民营经济和商会的发展,为新时代商会立法奠定了重要的实践基础和发展空间。

(三) 上海具有较好的商会立法探索基础

中华人民共和国成立以来,我国出台了《社会团体登记管理条例》(1989年)、《外国商会管理暂行规定》(1989年)、《民政部办公厅关于异地商会登记有关问题的意见》(2003)、《全国性行业协会商会负责人任职管理办法(试行)》(2015年)、《行业协会商会综合监管办法》(2016年)、《民政部、全国工商联关于加强乡镇、街道商会登记管理工作的通知》(2020年)等行政法规、部门规章及规范性文件。2019年7月26日,安徽省人大常委会通过了《安徽省商会条例》,这是省级人大制定商会条例的首次探索。

在法治建设一直走在前列的上海,1949年以来,先后制定实施了《上海市工商业联合会组织章程》(1951年)、《上海市行业协会暂行办法》(2002年)、《上海市促进行业协会发展规定》(2003年)、《上海市经济团体联合会章程》(2008年)、《上海市异地商会登记管理暂行办法》(2014年)、《上海市民政局关于进一步规范本市行业协会商会收费的实施意见》(2021年)。这些立法等工作实践,为新时代上海市商会立法奠定了较好的探索基础。

四、推进上海商会立法的对策建议

建议上海市主动作为,积极借鉴兄弟省份成熟的经验做法,加快启动商会地方性法规立法程序,明确商会作为单独一类社会组织的地位和作用,理顺商会与各方的法律关系,为进一步优化上海市营商环境,激发民营经济活力,促进商会组织健康发展,支持其在经济社会发展和社会治理中发挥应有作用提供必要的法治保障。

(1)适时制定上海商会立法名称为《上海市商会条例》(暂定名)。通过立法,为行业协会商会自主性与规范性的融合奠定法制基础,使其在社会主义市场经济体制的建设和发展中发挥更大的作用。

(2)清晰界定行业协会商会的独立主体边界。界定行业协会商会的法律地位,明确行业协会商会的运行边界,明晰准入与退出制度,实现政会分离,从人事管理、财务管理到治理结构等进行法律规范,切实解决行政化倾向以及过度依赖政府的问题,发挥行业协会商会的主体作用。

(3)充分发挥行业协会商会的职能和作用。通过立法规范,发挥行业协会商会在服务会员发展、规范市场秩序、调解贸易纠纷等推动经济发展方面发挥促进作用;在创新社会治理、维护社会秩序、促进社会和谐等推进社会建设方面发挥协同作用;在发展公共慈善事业,繁荣科学文化,扩大就业渠道等满足人民群众多样化需求方面发挥助手作用。

(4)加强对行业协会商会的法律引导和日常监管。强化登记管理机关和业务主管单位对行业协会商会进行综合监管,强化设立和健康成长的指导和引导,加强内部治理、业务活动、对外交往等指导监管,建立健全信用制度,完善年检制度,规范对负责人的管理,鼓励支持新闻媒体、社会公众对商会进行监督。

(5)规范对行业协会商会的违法处罚。从登记管理、会员发展、活动开展、内部管理、资产保护、规范收费、清算注销等方面明确商会的法律责任和义务,保护行业协会商会、会员或其他主体的合法权益,对商会的违法的处罚形式进行法律界定。

五、关于上海商会立法主要内容的建议

(一)关于立法名称

建议上海商会立法名称为《上海市商会条例》(暂定名),立法层次为地方性法规。通过立法,为新时代上海各类商会治理现代化、运行规范化、效能更优化奠定坚实法制基础。

(二)关于立法目的

加强新时代上海商会工作的政治引领、法治保障和制度规范,在法治轨道推进上海商会治理现代化,推动广大民营企业更好成为构建新发展格局、促进高质量发展的重要

力量。

（三）关于政治引领

加强党对于新时代商会领导，健全完善商会党的组织和工作机制，发挥党组织的政治核心作用，把党建工作要求写入商会章程，推动广大商会成员企业服务党和国家发展大局。

（四）关于规范范围

建议商会界定为：在上海注册的企业、个体工商户、农民专业合作社等市场主体，经法定程序成立的实行行业自律、监督、管理的非营利性社会团体法人。

（五）关于职能定位

通过立法规范，更好发挥商会在学习贯彻政策法规、加强会员联系、规范行业自律、服务发展大局、参与社会公益等方面的功能定位与积极作用。

（六）关于组织机构

健全商会法人治理结构，健全完善商会章程，健全会员大会（会员代表大会）、理事会、监事会和党组织参与协会、商会重大问题决策等制度，健全完善商会负责人任职办法。

（七）关于设立存续

上海商会立法应对商会的设立原则、设立条件、设立程序、运行要求、经费来源、财产归属、经费使用，以及解散情形、解散要求、注销清算、撤销程序等进行规范。

（八）关于活动指引

商会主要举办或从事以下活动：宣传贯彻政策法规，开展调查研究，提出意见建议，开展交流合作，加强行业自律，规范行业行为，促进公平竞争，发展公益事业等。

（九）关于管理指导

加强对商会指导、管理和服务，明确商会的法律责任和义务，建立健全登记管理机关和业务主管单位等对商会的综合监管，加强内部治理、业务活动、对外交往等指导监管。

（十）关于外国商会

由于外国商会之前国家已经出台专门法规即《外国商会管理暂行规定》进行规范，对于按照国家有关法律法规在上海成立的外国商会，建议按照有关规定执行。

适时启动上海商会立法，在法治轨道推进上海商会发展和治理现代化，是上海商会发展中一件大事。通过商会立法，对商会发展加强政治引领、法治保障和制度规范，实现商会有法可依、有章可循，对于更好地培育和发展中国特色商会组织，促进新时代上海民营经济健康发展、高质量发展，必将起到里程碑性积极推动作用。

（供稿单位：上海市民营经济研究会，主要完成人：赵福禧、李建伟）

专题三十一

提高涉企惠企政策制定执行的参与度获得感研究

普陀被称为民营经济大区,拥有复星、奥盛、月星和波克、拉扎斯(饿了么)、收钱吧等一批全国民营经济500强企业和独角兽企业。近年来,普陀深入学习贯彻习近平总书记关于民营经济发展的重要论述和《中共中央 国务院关于促进民营经济发展壮大的意见》精神,全面落实市委、市政府部署要求,紧紧围绕"两个健康"做好引导和服务工作,区内民营经济总量规模逐步壮大、结构质量不断优化、地位作用日益凸显。截至目前,普陀区民营经济企业占高新技术企业数量达99%,占市场主体数量达95%,提供新增就业岗位占比90%,经济规模贡献度占比50%左右,区域贡献度占比80%左右。特别是在2023年上半年经济恢复过程中,对税收总量增长的贡献度占比达125%。

民营企业的发展,既需要企业自身的经营和努力,也需要地方党委、政府的引导和助力,特别是在创新创业、做大做强、纾困解难等方面,尤其需要政策的支持。长期以来,普陀区始终把构筑更优营商环境、打造更强政策体系、提供更实服务举措作为实现区域高质量发展的基础性支撑。早在20世纪90年代,普陀区就提出了"服务是普陀第一资源"的理念。近年来,普陀区更是发扬"人靠谱(普),事办妥(陀)"精神,助力民营企业敢干、敢闯、敢投、敢创新。同时,普陀持续迭代推出以"营商环境建设行动方案"和"3+5+X"产业政策体系为统领的组合拳,全力支持、助推民营企业实现健康发展和高质量发展,取得一系列积极成果。

根据本次调研需要,课题组面向区工商联主席会长班子企业、执常委企业和会员企业负责人(企业家)开展了一次问卷调研,共回收答卷108份,具有较强的代表性。根据问卷调研,近年来,76.85%的企业申办过政策,43.52%企业申办过不止一项政策,表明政策对企业具有较广泛的影响力(见图31-1)。

普陀在政策供给方面做了很多积极的探索,强化重大行政决策公众参与和全流程公开,拓展政策解读形式和解读渠道,组织线上线下"政府开放月"活动拓展政民、政企沟通渠道。在由中国社会科学院2023年5月发布的《中国政府透明度指数报告(2022)》中,普陀在全国县级政府评估结果中取得了全国第二的好成绩并且普陀在历年六次评估中均位居前三,其中三次位居第一,成绩突出(见表31-1)。

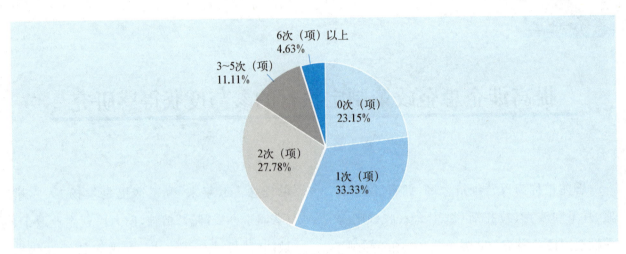

图 31-1 每年企业申办政策数

表 31-1 中国政府透明度评估指数普陀区排名情况

年 份	普陀区排名
2017 年	第一名
2018 年	第二名
2019 年	第一名
2020 年	第三名
2021 年	第一名
2022 年	第二名

但是,企业对政策的需求没有止境,政策的创新优化工作也没有止境。课题组结合日常工作和调研后认为,当前企业对各级政府所出台政策本身的认可度较高,但对政策制定执行过程中的满意度、获得感还不够高。同时,不拘泥于某个政策或某些条款,站在普陀区全局角度审视各项政策制定、发布、宣讲、申办、评估、反馈等诸环节,研究如何提高企业对政策制定及反馈、评估等环节的参与度和发言权,提高政策执行环节可达性、便利性以增强企业获得感,以及提升政策本身的科学性、规范性、实用性等问题,更具有全局性价值和系统性价值。本课题立足普陀涉企惠企政策制定执行(注:制定之外的其他所有环节可统称为执行环节)工作实践,总结经验、分析问题、推动解决,一是较为全面、系统地分析研究本区涉企惠企政策相关工作情况,二是联动参与部门提出、推动具有创新性、可行性的机制举措,三是为上级部门相关研究、决策和工作提供参考。

一、普陀区涉企惠企政策工作基本情况

目前,普陀区涉企惠企政策体系主要由以下三类政策构成:一是营商环境政策,主要指依据《上海市加强集成创新持续优化营商环境行动方案》而制定的《普陀区深化"人靠谱(普),事办妥(陀)"营商环境建设行动方案

（2023年）》（注：此政策每年更新，目前为6.0版本），方案围绕市场准入退出、劳动就业、获得金融服务、纳税、解决商业纠纷、促进市场竞争等21个方面，提出100项改革举措。本课题研究的政策供给，主要对应方案中的政务服务和政策服务。该政策由区政府制定、发布、执行。二是产业政策，主要指"3＋5＋X"产业政策体系，是一系列政策的集合，包括3项普惠政策、5项重点产业专项政策、若干项特色专项政策。各项政策由职能部门依据职能和重点产业发展需要制定、发布、执行。三是单（专）项政策，区政府或各职能部门依据职能、工作需要和上级部署单独制定实施的各类政策，比如"普陀12条""普陀新9条""普陀新12条""靠普十条""稳增长八条"等一系列助企纾困政策，以及各职能部门单独制定的一些政策（见图31-2）。

以上营商环境类政策，可以纳入广义政策概念，其主要立足于政府公布昭示自身改革举措。产业类政策及单（专）项政策则是本文主要探讨的狭义政策概念，通常一项政策会包含多个申报事项，具有不同的申报时间和流程，对企业而言，除了知晓政策文本本身外，更重要的是掌握其中具体某项目申办、条款落实的实施细则和操作流程。

从政策制定环节看，根据规范性文件发文的工作要求，一般会经历政策起草、意见征询、合法性审核、区府常务会审议、联合签发、规范性文件备案等流程。其中起草阶段，一般会经历对比上位政策文本、学习外区外地经验做法、召集专家和企业座谈研讨、门户网站公示、征集部门和社会公众意见，乃至聘用专业咨询公司、研究机构等各环节。从政策执行中的发布、宣讲、申办、应答等环节看，主要形成"三个一口"（一口发布、一口服务、一口答复）工作机制和"2＋N"宣传渠道（2："上海普陀"网站和微信公众号；N："一网通办"企业专属网页、"投资普陀"等部门微信公众号）。从政策反馈和评估看，主要两种形式：一是日常以走访调研、民营经济圆桌会、政企沟通"早餐会"、委员代表议政建言、营商环境体验官等机制来保障听取来自企业的意见建议（也包含政策发布、宣讲、应答等功能），保持政企之间良好的沟通和互动；二是对某一政策实施效果、效益进行专项评估，如由区发改委牵头的每年一次对"3＋5＋X"产业政策的定期评估，召集政策部门、投促中心和园区代表进行座谈。

（一）政策制定（修订）环节工作情况

基本做法：普陀区委、区政府领导通过大调研大走访、民营经济发展联席会议、民营经济圆桌会、早餐会、集体学习会等形式，密切联系广大企业和企业家，倾听企业家关于区域营商环境、涉企惠企政策和企业自身发展的意见、诉求。各政策制定执行部门多注重政策源头多元化参与，邀请行业重点企业、产业联盟、商协会、园区楼宇、专家、研究机构、咨询机构等参与决策，并从日常沟通中汲取人大建议、政协提案等观点、建议。区工商联会员企业家，特别主席会长班子企业家、执常

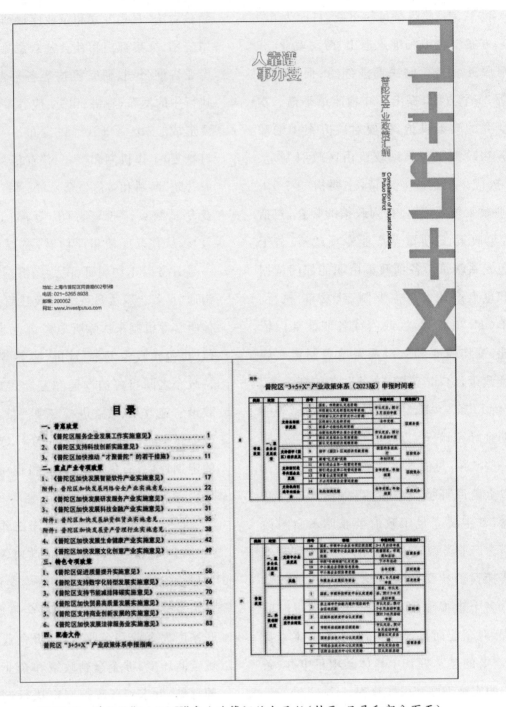

图31-2 普陀区"3+5+X"产业政策汇编电子版(封面、目录和部分页面)

委企业家,以及在各级人大、政协、党派、群团等担任一定职务的企业家,有很多都积极参与政企沟通,围绕营商环境、政策进行发声的渠道。

根据问卷调研,受邀参加专项政策调研、座谈会和在领导、部门走访调研时表达意见是企业家参与政策制定的主要形式,比例分别高达75.93%和64.81%,显示出普陀区委、区政府及各职能部门对企业家意见较为重视，以及政企沟通渠道较为通畅（见图31-3）。

经验或案例：2023年5月31日清早，普陀区委书记姜冬冬，区委副书记、区长肖文高，区委常委、统战部部长魏静，副区长肖立等区领导与17位民营企业家代表举行早餐会，大家在轻松愉悦的氛围中谈发展体会、谋提升良策，共商民营经济高质量发展大计。结合企业家所提相关建议，普陀区在6月19日召开促进民营经济高质量发展大会，发布了《普陀区以"靠普"行动支持民营经济高质量发展的工作方案》（"靠普十条"民营经济版）。大会还对长期扎根普陀、作出巨大贡献的113家企业进行"至诚靠谱企业"命名。该举措源自早餐会上企业家的建议，成为普陀关心关爱"熟普"企业的暖心举措，得到企业家群体的广泛肯定。

区人大推进加强司法保障优化营商环境相关工作，在2023年7月25日举行的十七届常委会第十二次会议上通过《上海市普陀区人大常委会关于大力推进"人靠谱（普），事办妥（陀）"法治化营商环境建设的决定》，为全市首创。在出台该决定之前，区人大常委会听取部分区人大代表、区工商联副主席的建议，于3月22日举行座谈会，联合区工商联、区总工会邀请部分民营企业、小微企业代表座谈，听取相关意见建议。

区科委针对"网络安全""集成电路"等专业细分、行业前沿领域，在政策制定中组织新型研发机构、行业协会组织、龙头重点企业召开政策研讨会。2023年6月13日，区委常委、统战部部长魏静召开普陀区智能软件产业企业下午茶暨普陀区民营经济圆桌会，就产业发展和本课题听取企业意见和建议。

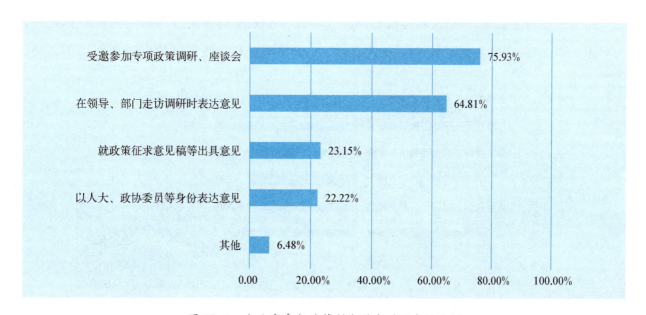

图31-3　企业家参与政策制定的各种形式的比例

2023年，区市场监管局承接了"便利店一业一证"改革的优化工作，邀请全家、好德、可的、罗森、联华快客等5家便利店连锁企业座谈，对改革现状以及存在问题进行分析，详细梳理事项信息、表单设计、数据需求等内容，让企业在前期表达最直接的需求和建议。

（二）政策发布环节工作情况

基本做法：这里的发布是指通过公开渠道向社会公众发布政策文本本身及申报渠道等附属信息，主要是指"一口发布"和"2+N"宣传渠道。"一口发布"指将各职能部门的政策及申报信息集中到上海普陀门户网站和微信公众号统一发布，即"2+N"宣传渠道中的"2"；而"N"是指"一网通办"企业专属网页和"投资普陀"（区投促办）、"上海普陀商务"（区商务委）、"上海普陀文旅"（区文旅局）、"普陀人社""乐业普陀"（区人社局）、普陀科技（区科委）等各部门微信公众号。同时，区级层面也会结合一些重大会议、活动及媒体报道，进行政策发布工作，主要起到昭示宣传，扩大影响的作用。如在2023年6月19日举行的普陀区促进民营经济高质量发展大会上，发布了《普陀区以"靠普"行动支持民营经济高质量发展的工作方案》，相关新闻被中华工商时报、光明日报、文汇报、上海证券报、上观新闻、今日头条、东方网等转载或报道，形成了广泛影响。

根据问卷调研，"上海普陀"网站和微信公众号和各部门微信公众号是企业家了解本地区政策的主要渠道，使用比例分别高达70.37%和64.81%，体现出互联网在信息传播速度、便利性、覆盖面上的优势。相较而言，"一网通办"企业专属网页的使用比例显著偏低，使用率为36.11%，表明其在推广度或使用便利度上有待提高。其他非开放式的渠道，如宣讲会、微信群、一对一沟通等的使用也较为普遍，显示出政策发布渠道多样性的必要（见图31-4）。

企业家对政策发布的满意度整体较高，非常满意和比较满意的比例分别达37.04%

图31-4　政策发布各渠道的使用比例

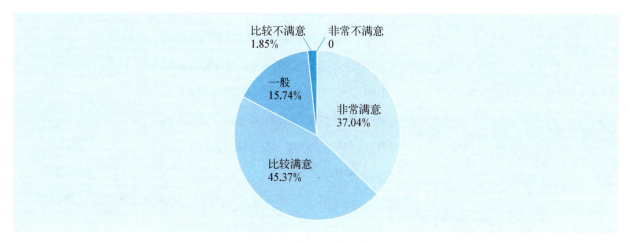

图 31-5 企业家对政策发布的满意度

和 45.37%,比较不满意和非常不满意的合计仅 1.85%(见图 31-5)。

经验或案例:普陀是上海 7 个中心城区中唯一一个在门户网站中开辟"营商"专栏,并把所有涉企惠企政策集中进行展示的区,其他区对涉企惠企政策基本上没有进行独立分栏,而是与政府发布的其他政策一起展示。

区金融办借助各类金融专题沙龙、论坛等有影响力的活动,作为重要的政策宣传发布渠道。2022 年,区金融办组织参展上海市金融服务实体经济洽谈会,先后承办长三角产业创新峰会、上海金融论坛——金融科技峰会等高端论坛,合办世界并购大会、数字创新大会,举办融资租赁专题、科技金融产业区域化党建专题沙龙,充分发挥产业政策效应,吸引企业落户普陀。

(三)政策宣讲(解读)环节工作情况

基本做法:一是由各政策(牵头)制定、执行部门制作发放政策资料及解读性版本(包括在线版本和线下宣传册、宣传折页等),以便于企业理解。二是深入各园区、楼宇、商协会、投促中心、街道镇等举办政策宣讲会,对最新的政策进行宣讲、解读,该种宣讲形式同时也具有安商稳商、服务工作对象的辅助功能。三是利用微信工作群进行政策问答。

根据问卷调研,线下政策宣讲会和培训沙龙这两种形式的比例分别达到 63.89% 和 48.15%,与部门、服务专员直接沟通的比例也高达 61.11%,显示出一对一沟通形式的必要性。书面和在线的政策解读版,也有 54.63% 的使用率(见图 31-6)。

企业认为以上宣讲(解读)渠道对其理解政策还是起到相当大的助力,非常有帮助和比较有帮助的比例分别达 42.59% 和 46.3%,基本没有帮助和完全没有帮助的合计仅 0.93%。相较而言,企业对宣讲(解读)工作的满意度还略微高于对发布工作的满意度(见图 31-7)。

经验或案例:上海普陀官网同时发布《普陀区支持科技创新实施意见》政策文本及图

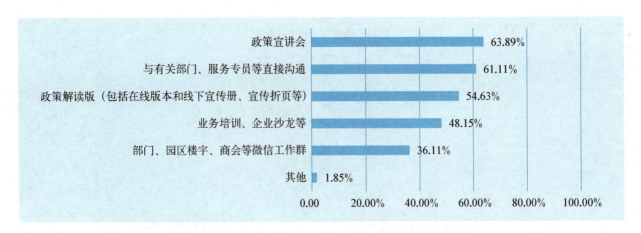

图31-6 政策的宣讲(解读)各种形式的参与/使用比例

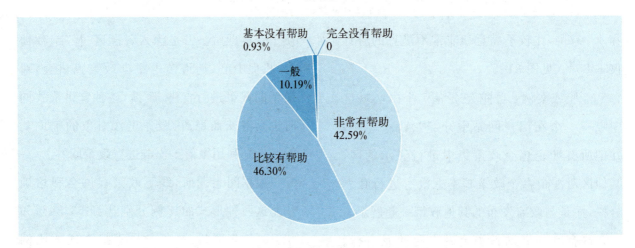

图31-7 政策宣讲(解读)对企业的帮助作用

解版,两个页面尾部都有另一个页面的跳转链接,方便企业比对阅读理解。政策文本规范地发布了标题、文号、正文、发文单位和时间等全部信息。解读版则挑选政策文本中的对象、标准和奖励等要点,以图文并茂、重点凸显的形式进行表达,以帮助企业抓住重点,更好理解(见图31-8)。

2023年3月31日,区工商联牵头召开普陀区金融服务助力民营经济高质量发展圆桌会,包括区工商联所属11家商会会长班子企业在内的40余家企业负责人参会。会议邀请了区金融办宣讲上市补贴政策、区财政局宣讲贷款贴息贴费政策、区市场监管局宣讲《普陀区促进质量提升实施意见》、区税务局宣讲小型微利企业所得税优惠政策,起到集合宣讲、便利企业的目的。

区商务委利用业务培训、企业沙龙、网站、微信公众号、工作群等线上线下多种方式,积极开展宣讲。一方面建立"1+10+20+N"服务体系(1个区中小企业服务中心,10个街道镇中小企业服务分中心,20个园区服务站、N个楼宇服务站)作用,在街镇、园

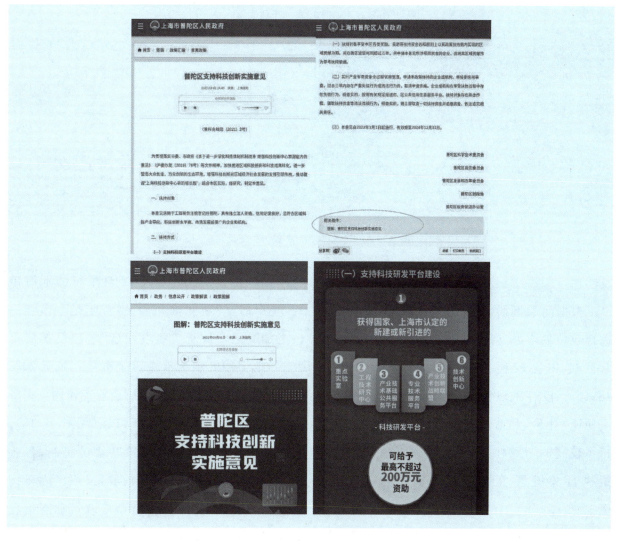

图31-8 "上海普陀"门户上发布的《普陀区支持科技创新实施意见》及图解

区、楼宇、企业间构建政策宣传服务网络;另一方面建立一支200名服务专员构成的服务团队,共同为企业开展服务。2022年走访联络企业近5 000家次,累计推送政策视频4 600余次,开展政策宣贯活动228场次。

区财政局加快推进政策性担保贷款"批次贷"业务,密切联系五大投促中心,及时将融资政策和优惠贴息方案告知企业。组织重点企业CFO沙龙活动,直接将政策送达企业。2022年"批次贷"签约工行、中行和建行,获取总计15亿元的授信额度,全年实际发放贷款9.10亿元。

(四) 政策申办(应答)环节工作情况

基本做法:政府及部门在公布政策文本的同时,同步公开申办渠道,包括政策适用对象、申报期限、申报流程、材料提交方式、咨询通道、联系人、注意事项等信息,以便利企业申报及咨询,大大增强政策的落地性和可

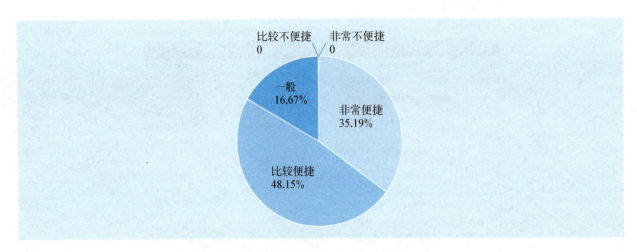

图31-9 政策申办（应答）的便捷度

及性。

根据问卷调研，企业认为通过现有途径进行政策的申办、咨询便捷程度较高，选择非常便捷和比较便捷的分别达35.19%和48.15%，没有出现负面（比较不便捷和非常不便捷）评价，和前述的发布、宣讲（解读）保持了较高的一致性，表明了被调研企业对政策执行关键环节处于较为满意水平（见图31-9）。

经验或案例：普陀区"3+5+X"产业政策除了每年汇总更新发布政策汇编文本以外，还同时公布适用范围、查询方式、申报时间、申报地点、咨询方式、申报流程、注意事项等关键信息，达到了清晰完备、一目了然的效果，便于意向企业申办咨询。

普陀区按照市政府办公厅下发的《2022年上海市全面深化"一网通办"改革工作要点》要求，积极推进惠企利民政策的"免申即享"，共形成"直接兑付、免于申请""一键确认、免于填报""扫码识别、个性服务"等三种形式。在2022年10月12日举行的上海市"免申即享"新闻推介会上，普陀是全市唯一参加的区。目前，"免申即享"事项已扩展至16项，其中8项为涉企惠企事项。截至2023年7月底，通过"一网通办"企业专属网页完成"免申即享"服务推送38 585条（见图31-10）。

区科委建立企业政策联络员机制，各业务科室分别牵头建立微信群，组织区内科技企业安排专人加入，持续做好政策动态信息推送和群内直接答疑，起到了很好沟通效果。针对部分企业的沟通答疑，也能给群内其他企业提供参考，从而降低了沟通解释的成本。

（五）政策评估（反馈）环节工作情况

基本做法：政策评估是指按照一套较为规范的流程，对政策的成本、经济或社会效益、对象满意度等进行综合、全面的评价打分。政策反馈则是指以较为灵活、多种的形式听取企业对政策的意见建议。在工作实际中，政府部门通常在申办环节与企业沟通的

图 31-10　16 项"免申即享"事项（下划线部分为涉企惠企事项）

图 31-11　企业家参与政策评估(反馈)的各种形式的比例

过程中,以及通过调研、座谈等形式,从企业处获取到有关政策的反馈信息。

根据问卷调研,企业主要通过在领导、部门走访调研时表达意见和参加营商环境、政策、经营情况等专项(问卷)调研两种形式对政策(更宽泛的对营商环境等)进行评估、反馈,比例分别达 66.67% 和 62.96%,以特定身份(代表、委员、营商环境体验官身份)表达意见具有一定门槛,使用比例不高(见图 31-11)。

经验或案例:自 2019 年开始,区发改委每年牵头开展"3+5+X"政策评估,针对财政资金使用成效进行分析,采用各部门做自评、区发改委做总体评估方式进行。

区人社局制定现行"才聚普陀"人才政策前,委托市人力资源和社会保障科学研究所对上一轮政策进行了全面评估。2022年,又委托研究所开展"加强普陀区民营企业人才队伍建设"专项调研,为新一轮政策提供参考。

24.07%的被调研企业认为政策制定或反馈时本企业缺乏表达途径或表达未受重视,位列所有问题(共7项站在企业和企业家视角的问题)的第2位,可以看出企业家对参与政策制定优化的意愿较为强烈。

二、普陀涉企惠企政策工作存在的问题

(一)政策制定(修订)环节存在的问题

(1)对象重复度高。制定政策的部门通常倾向于邀请重点企业和熟面孔,导致听取的意见重复性较强、代表性不够广泛、全面性不足;(2)方式相对传统。多采用座谈会、走访形式,能覆盖的对象有限;(3)参与面不够广泛。较为综合性、全面性的政策,因牵头部门业务范围局限,通常难以听取足够广泛的意见;即使能邀请到企业,其中由企业实际控制人、负责人参与的比例也偏低。相较而言,针对某些专项政策,部门与企业的联系较为紧密,能邀请沟通的企业较为充分、多样;(4)公示环节流于形式。发布政策征求意见稿,向社会公众征求意见阶段,通常流于形式,实际收到反馈较少。(5)征求意见时间仓促。部分政策出台时间比较仓促,缺少充足时间来听取征询意见。(6)专业度不够。座谈交流环节准备不足,企业通常未能充分知晓并理解政策的文本及内涵,也不熟悉政府制定执行政策的思路方法,谈的通常是自身的情况、问题、需求或面上的情况,未能聚焦于政策进行深入交流研讨。根据问卷调研,

(二)政策发布环节存在的问题或不足

(1)公众知晓度有待提高。"一口发布"机制和"2+N"渠道的宣传推广度不够,不少企业尚不知晓。部分企业相对更知晓和熟悉自己企业、行业主管部门的微信公众号。招商引资新引进、新注册企业相对更知晓"投资普陀"微信公众号。这既有当前政策发布渠道较为多元的原因,也有企业(家)主观上重视度、关注度不足或客观上较为繁忙、精力不足等原因。大量企业都没有安排专岗专人持续关注、跟踪政策,必然导致部分政策不知晓等问题。(2)微信公众号发布量或时效性受限。微信公众号每日发布信息数受限,"上海普陀"微信公众号作为全局性、综合性的发布渠道,每日发布量大,需要走预约流程,有时不能保证政策(特别是申报信息)的第一时间发布。(3)微信公众号功能受限。微信公众号相比网站更受企业欢迎和熟悉,但受技术性限制,难以在发布功能之上再开发检索、订阅、推送等复杂功能。(4)网站和微信公众号整合度不够。如公众号方便第一时间获知政策,更适合观看解读版本和图文并茂的形式。网站方便深度阅读文字,翻看历史也较为方便。双方处于各具优势,相对孤立状态,缺乏一套整合机制,如链接跳转功能

等加以联动整合。(5)多头制定零散发布。以人才政策为例,其政策制定执行权力分散在区委组织部、区人社局、区投促办等多个部门,导致其发布分散,增加企业获知难度。根据问卷调研,33.33%的被调研企业认为政策发布不够公开、时间不够充分导致企业常常错过,位列所有问题第1位,24.07%的被调研企业认为政策获取渠道分散,企业经常疲于跨平台获取信息,位列所有问题的第2位(并列),显示企业家对政策实施源头环节的重视。

(三)政策宣讲(解读)环节存在的问题

(1)覆盖面有限。传统的政策宣讲(解读)会模式,单次覆盖对象仅十人次,与政策涉及企业数相比占比很低;相关职能部门受制于人员、时间等因素,也较难组织多轮次的宣讲活动。部分政策细节、操作手法更适合针对性、一对一地沟通解释,不适用于大规模的在线宣讲。(2)视频、音频等新手段使用较少。当前在政策文本发布的同时,多配以图文并茂、突出重点要点的解读版本,在一定程度上解决了政策"看不懂"问题。但从现在抖音等短视频类应用和直播等传播方式越来越受欢迎的趋势看,以视频、音频等形式宣讲(尤其是解读)政策的比例还是偏少,不能满足受众的多样性需求和当前传播发展趋势。(3)关注点不一致、专业性不足。大部分政策宣讲(解读)会,参会人员通常不是企业家本人,甚至不是分管副总、部门总,来的可能只是员工,而且多为是财务、人事、行政等部门员工。企业家或高级负责人参与度不高,除了缺乏参与时间因素外,还要归因于很多部门出于业务管辖的专业性,日常联系的通常是企业内部的专门部门、岗位,因而通知到会的通常是部门负责人及以下人员。部分政策专业性较强或综合性较强,负责单一职能的员工或者层级偏低的员工通常难以完整、准确理解政策内容。具体经办人员流动性大、专业性不足、缺乏激励,导致企业在政策从知晓到申办各环节体验感、满意度受影响。根据问卷调研,16.67%的被调研企业认为政策文本可读性欠缺,经宣讲解读后仍难以理解,位列所有问题第5,15.74%的被调研企业认为政策宣讲解读手段老旧传统不能满足多样性需求,位列所有问题第6。整体而言,宣讲(解读)环节的两个问题排序较后,企业家意见并不强烈,对有关工作的认可度相对较高。

(四)政策申办(应答)环节存在的问题

(1)申办形式多样、渠道分散。有些政策只要求线上申报并提交材料,有些要求线下申报,有些要求线上线下同步;同样是线上申报,也有不同的申报通道,有些是有专门网站(特别是某些市级及以上政策),有些是电子邮件;而线下申报,有些要求提交给职能部门,有些要求提交给投促中心。较为多样的形式、渠道不利于企业积累经验,也不利于申办沟通。(2)沟通应答人手不足、专业性不强。在政策集中申报期内,咨询需求密集,相关部门通常人手不足,应答率不高,部分政策并未公布咨询电话,即使公布了,接通率也不高;现在的咨询方式,越来越依赖于各投促中心,但面对越来越多的政策,投促中心也缺乏足够的人手来熟悉政策并投入于咨询沟通环节。很多政策都具有相当强的专业性,熟悉掌握政策的门槛不低,把过多职责压给投促中心并不可取。根据问卷调研,18.52%的被调研企业认为政策申办渠道较混乱、要求不一,增加企业申办难度,位列所有问题第4,10.19%的被调研企业认为政策申办期间咨询不便,或应答不及时不专业,位列所有问题第9。整体而言,申办(应答)环节的两个问题排序较后,企业家意见并不强烈,对有关工作的认可度相对较高。

(五)政策评估(反馈)环节存在的问题或不足

(1)评估限于产业政策。就普陀区而言,也仅对"3+5+X"产业政策进行评估,其实施形式也在不断探索完善过程中,而营商环境改革各举措和各单项政策,并不存在评估环节。(2)其他形式的反馈较为松散、专业性较低。虽然日常政府会和企业保持多种形式的沟通,但听取到的内容,通常不是特别针对政策的问答,而是与企业经营情况、问题、意见、诉求等混合在一起;即使是企业对政策的反馈,也通常较为主观、个体、零散,难以通过特定的渠道、机制集合成总体性的成果,不利于政策的持续改进和迭代优化。

三、提高企业参与度获得感的建议举措

(一)主要思路

1. 重视商协会、园区楼宇的作用,扩大企业参与

对政府而言,扩大企业参与既是科学施策的要求,也是发展全过程人民民主的要求,是目的和手段的统一。对企业家而言,科学有效的参与既能让自己的意见诉求被政府听到,进而使自己从政策中受益,也能从完善实施过程中有实实在在的获得感。而在其中,更要重视商协会、园区楼宇的作用,发挥以下优势:

(1)组织便利。商协会、园区楼宇处于日常联系、服务企业的一线,不论是直接听取其负责人的意见,还是借助他们组织企业参与,都非常便捷高效。(2)意愿突出。商协会、园区楼宇,在不同程度上都会参与政策相关环节的工作,特别是对园区而言,政策优势和政策服务是其重要业务能力之一,他们既有动力帮助企业从政策中受益、帮助政府改进政策相关工作,又具有较高的专业性和实务能力提意见,对政府来说更具有参考价值和可操作性。(3)全面性强。涉及企业面广量大,通过其反映了解的情况更具有全面性、广泛性,可以有效剔除一些零散、偶发情况(意见)对决策的干扰。商会和楼宇在产业上比较有综合性,(行业)协会和(科技、产业)园区在产

业上比较有专业性,合理选择上述对象参与,可以扩大对象覆盖,克服部分政府部门日常联系企业面受限等问题。

2. 增强政府服务意识

充分认识到政策的目的是更好支持企业经营,更好促进区域经济发展,努力在政策本身和政策制定执行的各环节提升企业体验度、增强企业获得感,努力实现以下目标:更加清晰准确的政策文本、更加及时全面的获取路径、更加有力实惠的政策力度、更加快捷便利的申办流程、更强畅通可达的沟通渠道、更加开放科学的企业参与。一项政策制定的过程越开放,各方面参与度越高,实施流程中对企业来说越清晰、越便利,就代表政府部门对自我权力的限制越多,保留的自由裁量权越少。更进一步讲,如果能科学、合理、有效地扩大政策"免申即享",推动"政策找人",可以更好地减少政策实施众多环节的成本。应促进各部门淡化权力意识和部门本位,主动扩大企业参与,优化政策的制定执行。

3. 善于用好科技手段

互联网特别是移动互联网,为政策的发布、获取、申办等提供极大便利。目前,随着技术的进步,特别是大数据、人工智能等最新技术手段的应用和受众对视频等形式偏好的转移,给进一步科技赋能提供了可能。政府应主动拥抱技术变革,特别运用技术来支持服务理念、服务手段的革新。(1)标签化。标签化,是指对政策文本的关键字段如条件、标准、奖励等加以标签,企业可以根据标签快捷地对政策文本进行检索、分类;同时,对企业关键信息,如产业、营收、税收、资质等加以标签,并建立政策文本标签和企业信息标签的对应,从而使得政策订阅、政策推送、"免申即享"成为可能。(2)短视频、直播和视频会议。视频成为越来越受欢迎的传播手段和流量入口。视频有比纯文字,甚至图文组合形式更加亲切友好的优势。政府应推动目前政策文本和图文解说模式,进一步向政策文本+图文解说+视频讲解结合的模式拓展。直播、视频会议相比传统线下会议,可以极大突破参会人数的约束和时间、交通等成本的限制,大幅度扩大政策宣讲、答疑等工作的覆盖面。

(二)机制和举措建议

(1)提升政策制定、评估等环节参与对象的多样性和专业性。使用问卷调查、委托第三方专业机构等方式,更加广泛引导企业,特别是中小微企业参与政策咨询,也能够让企业认识到参与政策制定的重要性和利好性,从而激发参与自主性和积极性。邀请行业精英、技术骨干、企业高管、专家教授、行业协会代表等组建行业咨询智库、专家库,提升政策制定的专业性和前瞻性。

(2)构建更具统筹性、协同性的集合式政策信息发布矩阵。在"上海普陀"门户网站设"政策"专区。各政策发布、解读、申报事项均在专区里统一发布,让企业重新获得"一口"查询的便利,减少信息分散对企业的困扰。同时,对于公众号端的发布渠道,探索优化"上海普陀"公众号相关专栏。让企业在手机端也能便捷阅读、查找政策。做好两个联动。即"上海普陀"门户网站与微信公众号的联动,"上海普陀"微信公众号与其他部门微信公众号的联动,力争做到内容一致、时间同步、链接跳转。鉴于公众号功能限制,建议"上海普陀"公众号政策专栏的主体功能部分可以点击链接跳转至"上海普陀"官方网站相关页面。加强分类集合发布力度。对一些跨部门性政策,优化工作机制,促进协同式制定和集合式发布。

(3) 形成更加便利、易得的政策检索解读方式。开展政策标签化工作,支持政策检索便利化、政策可订阅、政策找人,扩大"免申"即享政策覆盖。探索人工智能运用,实现政策文本解读、智能问答、智能匹配和申办辅导等功能。进一步强化政策解读工作,围绕企业关心的重点条款、重要举措进行提炼汇总,通过数据图表、短视频、故事案例等企业接受度较高的形式进行宣传展示。建立政策文本＋图表文结合＋短视频为一体的综合性解读组合拳。在保持传统线下宣讲会、一对一沟通等方式基础上,扩大直播、在线会议、微信群等现代传播手段使用,发挥直播、在线会议在人数规模上的优势和微信群在常态化、持续化应答、沟通方面的优势。建立类"12345"的政策咨询服务热线,以网络和电话等多种方式,保障企业有疑可问、有问必答。

(4) 发挥好商会覆盖对象综合性强、直达企业家的作用。加强各职能部门与工商联、商会体系的协同。依托工商联、商会体系做好各政策及政策发布平台的宣传,及时、同步推送政策类信息。促进分层分类管理,让企业家知道什么时候"有"政策,员工知道如何去"办"政策。制度化邀请商会参与政策咨询、评估等工作,让更多企业家知晓政策、参与政策。鼓励在工商联和职能部门管理、服务的重点企业中建立政策工作专岗专人,日常保持对政策的关注、协调、沟通、培训等工作,并建议企业对政策工作及其负责人实施一定的激励机制。依托工商联、商会体系开展政策的宣讲解读工作,把商会打造成重要的政策发布平台和沟通平台。

(5) 发挥好园区、楼宇等平台联系、服务企业一线的作用,将其打造成引导、辅导企业申办政策的重要助手。加强对平台工作人员的政策专项培训和指导,建立一支业务精熟的政策专员队伍。鼓励平台加强企业数据管理,发挥好楼长制等机制作用,综合运营好技术手段和服务队伍,做好政策和企业匹配初筛、精准送达、辅导申办等工作。

(供稿单位:普陀区工商业联合会)

专题三十二

促进年轻一代民营经济人士创新成长研究报告

上海民营科技企业数量占全部科技企业的比重超过九成，不少民营企业是行业细分领域的引领者、竞争中的佼佼者。归根结底，民营企业"两个健康"发展的关键在于人，特别是年轻一代民营经济人士，调动他们创新创业的干劲和热情，不仅关系着企业自身的未来，更关系着上海的未来。

杨浦区作为创新型城区，在国内率先实施"双创"经济引领带动产业转型升级和城区改造，已吸引和集聚了大量年轻人才扎根杨浦，形成民营经济质量高、贡献大、实力强的浓厚发展氛围。2022年，全区民营企业总数达5.3万家，占89%。按照区委区政府建设"四高新区"[①]的总体部署，需进一步推动民营经济高质量发展，调动民营经济人士的积极性、主动性和创造性。

课题组聚焦年轻一代民营经济人士，特别是创业人群，实地调研时代天使、上勘设计院、优宁维、以见科技、挚达科技、双创学院、道客等公司和机构，其中2家已上市、4家拟上市，涵盖在线新经济、人工智能、生物医药、新能源汽车、建筑设计等产业领域；走访参观优刻得、小邻通、聚隆园林等企业；以"服务青年企业家健康成长"为主题召开座谈会，区委统战部、区委组织部、区工商联、区团委、区人社局、创业实训基地、科创集团等部门出席并讨论。

通过几个月的调研和座谈，课题组收集了杨浦区中小科技型企业和企业家的经验案例，以及各部门工作中的有效做法。在此基础上形成的中间成果《推进研发服务业进口替代，提升生物医药自主创新能力的建议》《优化本市数字孪生城市建设和产业生态的建议》，以专报形式报送市委、市政府。课题组进一步挖掘、总结调研案例的内涵和机制，梳理杨浦这一老城区在时代变迁中，如何抓住数字经济机遇，与新一代创新创业人群融合、共同发展的路径，形成本报告。

一、杨浦区年轻一代民营经济人士的发展环境和现状

（一）蓬勃发展的新兴行业像大磁场，吸引大批年轻人创新创业

杨浦区作为国家双创示范基地，一直坚持数字产业化、产业数字化，在工业互联网、

---

① 四高城区：高标准人民城市实践区、高能级科技创新引领区、高水平社会治理先行区、高品质生态生活融合区。

在线文娱、新型移动出行、新零售等很多在线新经济行业都具有先发优势。截至2022年底，杨浦区累计培育23家国家级专精特新"小巨人"企业、258家市级专精特新企业、1 104家高新技术企业、11家市级科技"小巨人"（含培育）企业、303家区级科技小巨人（含双创）企业，海外高层次人才达1 637人。

对标上海市四大未来产业的战略部署，杨浦区加快推动国家级自主未来产业科技园、复旦未来谷、滨江—上理工健康产业科技园、"长阳秀带"的在线新经济生态园等产业载体建设，在元宇宙、绿色低碳、智能终端等多个新兴赛道发力，吸引人才、抢占未来发展制高点。能够进入园区的大多为成长期、成熟期的新技术企业，这些新兴行业往往需要大量20~30岁的年轻人才，众多成熟的和快速成长的企业对吸纳年轻人就业发挥重要作用。

刚刚成立、尚未成熟的初创企业还没有足够实力进入园区，但它们是经济中不可忽视的、最具有创新活力的板块。杨浦区通过实施创业培训"马兰花计划"，以中国（上海）创业者公共实训基地串联25个市/区级创业孵化基地和6个高校创业指导站，融通创业载体网格，扩大创业带动就业规模，搭建人力资源服务产品和企业的供需对接平台，鼓励创业带动就业。

通过各类科技园区和孵化器，大量创新型企业在杨浦区聚沙成塔，成为经济高质量发展的引擎，也成为吸引年轻人的巨大磁场——他们来杨浦创立科技型企业，同时招募更多的年轻人加入。

（二）自带孵化功能的高校集群，给年轻人群心理上的价值趋同和认同感

高校集聚是杨浦区的重要特色和优势，也为杨浦提供了源源不断的知识新、智商高、学历高的优秀人才供给。青春是人生中最美好、最具有斗志和激情的阶段，注意观察的话，杨浦的街道和五角场商圈，特别是大学路区域，有一种特别适合创业者的活力氛围——既松弛又干练、既自由又自律。街区充满大量不同口味的餐饮小店，它们符合年轻人追求效率、简约、实用、安全、卫生的风格，进去消费时，很难分清坐邻桌的顾客是老板还是打工者，因为作为老板的年轻创业者，可能前几天还是大公司里的管理层或研发人员，也可能刚刚大学里毕业，还有的是在读的大学生，一般是硕士生或者博士生，一边读书、一边创业。因此，老板、学生、打工者的边界模糊，形象上没有大分别，这样的氛围更加符合年轻人追求平等、自由的心理需求。年轻人比其他人群更具有接受新事物、新技术的能力和创新创业的勇气，每一颗年轻的心就像一个种子，一旦遇到良好的土壤就可能发芽。

杨浦区具有"种子"资源丰富的先天优势，但仅有种子是不够的。2022年，杨浦区进一步推进区校合作，与复旦大学等高校签订新一轮战略合作协议，复旦大学上海智能产业创新研究院、上海市同济数字城市研究院、上海理工理微产业化平台等众多新平台不断诞生，香港中文大学上海中心落地，同济生命科学和创新创业大楼基本建成，湾谷科技园联手复旦大学打造"复旦未来谷"，重点围绕复旦大学 NeXus 创新中心推进 AI 成果落地，这些举措共同助力各高校在应用技术上诞生更多原创性成果。通过区校合作，杨浦区不断提升大学科技园的创业科技内涵，为"土壤"增添养分、拓展空间，让这里成为创新创业的乐土。

如果说这里是乐土的话，区各部门和高校就像是共同耕耘的"园丁"。区人社局和大学孵化器为大学生创业提供免费办公场地、启动资金资助、无息低息贷款、社保优惠等支持；区委组织部组织"创业之星"大赛，助力优秀的创业项目和创业者脱颖而出；上海（五角场）创新创业学院（以下简称"双创学院"）作为本市唯一的创新创业学院，将高校师资和社会资源有机融合，开展专业系统的创业培训课程，每年组织大量免费公益活动，促进创业者与各类赋能方深度连接；中国（上海）创业者实训基地（以下简称"实训基地"）提供公益性的人力实训平台、产品试制平台和孵化平台，让创业项目尝试转化为应用技术或有市场的产品有了试错机会。

这些部门或机构的侧重点虽有所不同，但目标都是一致的，就像双创学院的口号——"创造深度连接，让创新创业更容易成功"。众所周知，创新创业充满风险和挑战，各地区都不缺少"种子"，杨浦区不断优化外部环境条件，让"种子"的发芽率、成活率更高，让创业者更容易实现从 0 到 1 的蜕变，让更多的创业项目发育成为初创企业。

肥沃的土壤自然能够长出优秀的企业。调研中的优宁维、以见科技、挚达科技、道客等几家企业，创始人都曾在复旦、同济等大学受过高等教育，因而不约而同选择在自己熟悉的地方创业。以见科技创始人是两位 85 后，创业时其中一位正在复旦读 MBA，所以公司诞生在复旦的苗圃里，然后到实训基地、再到长阳创谷园区，短短五年时间发展到 60 人的团队、成功进行三轮融资、逆势成长。这个过程中，创业者的优秀素养作为内因无疑起到了决定性作用，而复旦大学、区团委、实训基地、双创学院、科创集团等机构的外部支持也起到了强有力的助推作用。

挚达科技从事家庭充电桩和能源管理业务，2011 年成立时该领域还相当超前。创始人黄志明作为复旦大学博士生获得杨浦区大学生创业政策的支持——大学路免费租用 20 平方米的办公室一年，当时公司年销售仅 8 000 台；2022 年，公司产品国内市占率第一，远销欧、美、东盟等区域，年销量 800 万台，增长了 1 000 倍。壮大后的挚达科技仍具有学习型组织特色，黄志明和几位高管经常参加复旦等高校的课程，出于对大学氛围的喜爱，他将公司和家都安在大学旁边，并积极支持校友会活动，担任同济大学校友会产业创新联盟执行主席、上海校友会副会长，这样，生活和事业都可以与大学城融合。

（三）高水平的数字化城区又不失"烟火气"，让年轻人安居方能乐业

企业办公场所的选择往往需要征询两个层面——管理层和员工层的意见，既要考虑办公场所的商业环境和商务成本，又要考虑通勤交通、便利度和生活成本，杨浦区二者兼备，因此深受高科技公司和创业公司的青睐。

交通上，杨浦有便捷的轨道交通和高架道路；商业上，五角场的商业中心和社区商业体系能满足年轻人的各种需求；教育上，杨浦每个年龄段的优质教育资源都很充足；环境上，让人愉悦的杨浦滨江和新江湾等区域，极大地提升了办公环境；生活上，杨浦区在中心城区中属于生活成本相对较低的区；与张江相比，这里人力资源同样充沛，但成本优势显著。

上述优势显而易见，但若将它们作为杨浦吸引企业和人才的全部原因，是偏颇的。因为杨浦的基本条件上可说是优劣并存："三个百年"彰显了杨浦在近现代史中的重要地位，工业经济时代留给它大量老厂房遗存，人口导入留给它大量老年人口，城市转型早期基础设施建设投入滞后，等到它发展的时候不得不面对开发成本高昂、历史欠账多、深度老龄化等一系列难题。因此，杨浦转型发展早期，自身优势并未发挥出来。

那么现在的杨浦为什么吸引年轻人呢？要破解这个密码、探寻杨浦做对了什么，关键得看年轻人，特别是95后、Z时代的年轻人喜欢什么。

商业上，杨浦区引入近70家知名品牌和首店潮店，举办潮流汇杨浦、夜生活节、宠爱嘉年华等年轻人喜爱的商业活动；空间上，杨浦区大创智数字公园引入数字时尚创意展示区、潮流品类数字藏品展示区、虚拟主播互动区等元素，2022年全新打造上海市城市数字化转型体验馆，让年轻人体验丰富的数字城市场景；文化上，杨浦创建"生活秀带"国家文物保护利用示范区，建设古船博物馆，滨江的毛麻仓库变身为艺术展览空间，举办市民艺术展、国际摄影艺术展；生活休闲上，"秀岸生活节"有集市、滑板、宠物、露营、街头表演、手艺人。这一系列活动符合年轻人口味，不仅让老杨浦重新焕发出新的生机，也赢得了年轻人的心，不断吸引新鲜血液流入。

上面从产业、高校、城区三个方面梳理了杨浦区吸引人才的主要原因；下面再从行业、空间角度分别描绘这些年轻人在杨浦的特点，即从"为什么"到"是什么"。

（四）行业分布——数字新赛道＋传统产业转型升级

在线新经济规模迅速扩大，催动杨浦区线上线下融合、产业数字化转型的步伐，不断提升人工智能、大数据、现代设计、云计算、区块链等产业生态圈和创新生态链。

在人工智能领域，复旦大学、上海智能产业创新研究院、埃森哲中国数字创新中心及龙头芯片设计企业，一同构建起AI芯片产业生态，促进人工智能与传统行业的相互赋能。

在区块链领域,以区块链大厦凝聚业内企业和人才,打造"基地＋基金＋智库＋社群生态＋培训"的创新示范基地,提高区块链在金融领域应用成果的广度和深度。在位置服务领域,依托北斗应用研究院,构建从顶层设计、专业研发、配套基础到产业基金的北斗应用体系,依托千寻服务构建北斗高精度应用标准体系。

数字文化是拉动杨浦经济的新引擎。随着抖音、哔哩哔哩、美团等企业总部落户,释放强能量、激发高流量,吸引大量年轻人来此就业、创业,内容科技、在线经济蓬勃发展,各类动漫、游戏、电竞、音频、短视频、直播等垂直类网络视听企业不断推陈出新,商业模式创新不断涌现。游戏电竞方面,杨浦已成为以头部开发为前端的电竞产业集聚地、以专业场馆和高校为承载的电竞赛事举办地、以产教协同创新为基础的电竞人才培养地,内容制作、赛事运营、直播转播、品牌营销、人才培养、俱乐部经济等全产业链快速发展。

传统产业则是在产业数字化浪潮下保持韧性增长。杨浦区已有的汽车、电器、电子等一批传统制造业企业,正利用数字技术进行改造升级;智能网联汽车、高端医疗器械、工业芯片等产业正向智能制造转型升级;设计行业一直是杨浦传统优势产业,数字化趋势正推动行业向数字设计、智能设计升级。

本次调研的企业中,从事牙齿隐形矫正的时代天使公司本应属于"牙医"这一传统领域;以BIM＋AR提升建筑设计和施工管理的以见科技本也本应属于传统的"建筑设计"。但是,通过新技术的应用,它们从传统工艺技术中脱胎换骨,发现了新的需求,开拓出新的市场。正所谓没有夕阳行业、只有夕阳企业,反观某些地方一味追求产业发展要高大上,应有所反思。

(五)空间分布——杨浦滨江、大创智、大创谷、环同济四大功能区

人才的空间分布上,主要集中在杨浦滨江、大创智、大创谷、环同济四大功能区,每个区域各有优势和侧重点,特色分明。

杨浦滨江作为稀缺的黄浦江岸线资源,曾一度由纺织厂、机电厂、市政基础设施企业等传统工业经济和旧里弄民居占据,现在正华丽转身。大连路总部研发集聚区已吸引众多研发设计总部、投资管理总部、微型跨国公司、电商总部等总部机构;滨江南段搭建智慧城区、智慧楼宇等人工智能应用场景,营造人与水、水与岸、历史与未来相互交融的滨江文化创意氛围,主要是吸引科技创新、在线新经济、文化创意、科技金融类头部企业;滨江中北段重点引进和培育创新企业。

大创智是杨浦科技创新的核心功能区。它以五角场创智天地为核心区,向北延伸的新江湾、复旦新校区、湾谷科技园为拓展区,经过多年发展,年轻人在此创办企业可以找到几乎所有需要的要素,创业资源丰沛,创业环境成熟度高,创新动能强。这里不仅有云计算与大数据创新基地、上海技术交易所、中国工业设计研究院、国家技术转移东部中心、

北斗高精度位置服务平台、区块链大厦等平台，还有大五角场商圈、数字公园、大学路特色商业街区、创智汇开放式夜市街区等特色消费休闲场景，是深受年轻人喜爱的国际化双创社区。

大创谷是沿周家嘴路东西拓展的"创新创业街区"集群，杨浦区巧妙利用这里老厂房集中的资源优势，新旧动能转化空间载体，打造多个特色园区。长阳创谷以"AI＋5G园区"为切入点，推动多种AI场景实地应用；互联宝地有电竞场馆优势，形成了内容制作、赛事运营、电竞训练、VR培训等电竞主题产业生态圈；凤城巷打造了"艺术与科学湾"公共空间，拓宽文创产业发展格局；水丰路发挥区校企融合优势，联动资源打造了"水丰汇国家数字传媒产业园"；城市概念园和复旦软件园充分依托复旦大学的科研和学科优势，打造了新一代信息技术产业集群。

环同济本身具有很高的品牌知名度和影响力，正从单一的建筑设计向"大设计产业"多领域发展。依托同济大学溢出效应，杨浦区在环同济建设科研成果转化和技术交易平台、上海自主智能无人系统科学中心转化平台、区块链孵化器、工业设计等平台项目。这里可以对接国际一线设计发展趋势，开展国际前沿的设计，经常举办具有国际影响力的高峰论坛、行业交流、品牌发布、技术沙龙等活动。上海要打造"设计之都"，环同济是重要的功能性板块。

二、杨浦区统战服务年轻一代民营经济人士的做法和经验

杨浦区和外地的青年企业家有所不同。苏、浙、闽、粤等地，很多都是"创二代"，十年前，浙江就已把培养创二代作为很重要的工作，因为改革开放开始时创业的这批企业家大都已70多岁，他们的二代1/3愿意接班、1/3对父辈的企业不感兴趣，还有1/3推一把愿意接班，所以他们的青年企业家大部分是二代接班人。与此不同的是，杨浦区的青年企业家基本是"创一代"，知识水平、学历水平高，科技创新能力强，上海的其他区域也有类似的特点，但杨浦最典型。

区工商联紧紧把握住杨浦"创一代"特色，因地制宜地搭建了很多交流平台。组织架构上，区工商联（总商会）在每个街道设一个基层商会；为了更好为青年企业家服务，设立了青年商会；为了更好为同一园区的企业服务，设立了"长阳创谷"商会。

各所属商会开展"一会一品牌"活动，结合自身优势创建商会品牌。例如，四平路街道商会以"同心圆"为品牌，构建"环同济知识经济圈"区域化大党建格局；长白新村街道商会创建"长亲树"品牌，街道、大学、会员企业共同支撑起平台；长海路街道商会不断深化"红·长·青"品牌，开发"长海企业服务"APP，更好地为企业服务。

通过这些平台，新一届区工商联（总商

会)开展了丰富多样的线上、线下活动,定期组织产业链的上下游企业一同走进会员企业,倾听企业家声音,深入了解、帮助解决企业的困难和诉求,成为年轻一代民营经济人士和政府沟通的桥梁纽带。下面是杨浦区新一届工商联(总商会)成立以来的部分创新做法。

(一)夯实基层商会功能——四平路街道商会的"同心圆"

环同济产业圈主要位于四平路街道,是街道商会的重要支撑。每年,四平路街道商会都会举办环同济"青年与大师面对面"交流会,邀请创业大师与青年人面对面交流创新创业及成长心得,帮助青年树立创新理念、开启创新思维、确定正确的价值导向和成长观,激励环同济青年在创新创业的时代大潮中展现自我、实现自我价值。此外,还通过"同济大学名师讲学团""四平同济人文讲坛""环同济创新创业联合会"、环同济企业家四平俱乐部等平台,先后举办"环同济知识经济圈青年职工设计展""环同济创新创业成果集中展示"等活动,营造良好创新氛围。2022年,区政府出台一系列助力企业纾困解难政策,四平路街道商会举办5场"环同济政策宣讲会",帮助解决企业投资运营的困难,激发市场活力。

从这些活动可以看出,四平路街道商会在高校、企业与政府之间发挥纽带作用,促进环同济区域协同。其功能体现在两个方面:首先,商会促进了高校与企业之间的知识对接,商会充分利用高校的人才优势、技术优势,与会员企业的市场优势、资金优势,进一步放大了高校的知识溢出效应;其次,商会促进了高校、政府和企业的资源对接,推动高校科研成果产品化—商业化—产业化进程,促进产学研协同发展。

(二)跨行业协同发展——区工商联推动设计与数字产业融合

设计和数字产业都是杨浦的主导产业,具有良好的产业基础。目前,区内集聚了AECOM、邮电院、联创设计等数字化转型成效明显的龙头企业;译筑、红瓦、同筑、毕埃慕等BIM、CIM技术企业;EMC、易保、甲骨文、B站等企业总部和研发中心;英迈、商米等数字经济创新企业;中国工业设计研究院等工业设计领军企业。

区工商联了解到,尽管区内设计和数字产业的资源十分丰富,但是不同细分领域之间的头部企业合作却不够充分。现有的合作平台只有浅层次交流沟通,缺少实质性业务或者项目,加上设计企业与数字科技企业在组织管理、资源能力等方面的内在差异,导致双方难以形成有效合作与联动,资源利用效率未达到最佳,设计产业作为数字技术的应用场景资源被白白地浪费或闲置。

于是,区工商联牵头组织设计和数字产业的年轻企业家们坐在一起,探讨产业融合发展的可能机会和路径。跨行业交流打通了原来行业间的堵点,取得热烈反响,大家找到彼此在技术和市场上的结合点、互补性,产业融合对不同产业的企业是合作共赢的,都非常期待加深合作。

初步交流表明,设计与数字产业融合发展具有美好前景,但怎么做的路径并不清晰,也没有现成的平台。区工商联设立"促进杨浦区现代设计产业与数字经济融合发展研究"课题,委托专业咨询公司,进一步深化研究实施路径。

经过几个月的研究,2023年2月完成课题研究报告,但课题成果还远不止于此。课题调研的过程无形中加深了相关企业间的交流,目前设计、数字和咨询等三方面的公司已筹建合资公司,专门为现代设计企业提供数字化转型服务的业务。

(三)提升人才专业素质——区工商联开展数字合规教育

要想数字经济健康发展,必须应对数据泄露、数据滥用等层出不穷的数据风险。区工商联意识到数据合规已经成为杨浦区数字企业可持续发展的决定性因素,于2022年开展"数字企业合规文化促进行动",以数据合规为抓手,引导数字企业合法合规成长,努力实现企业经营、数据权益、行业治理的多赢。

行动主要有以下几个方面内容:一是完成《上海市杨浦区聚焦数据合规保障区域数字经济高质量发展》《美国企业合规计划的要素与启示》两篇研究报告。二是成立企业数据合规服务工作站,聘请十余名数据合规专家,专门向企业提供数据合规咨询服务。三是提出《企业数据合规倡议书》,倡导广大数字企业积极发挥自身作用,履行主体责任和义务,认真履行企业主体责任,主动接受数据合规监管,切实完善数据分类分级保护措施,充分保障用户个人权利,共同维护数字经济发展绿色生态,企业积极响应并签署倡议书。四是开展数字合规培训,引导企业加强数字合规的流程管理、制度建设,增强区内数字经济人才的合规自律意识和业务水平。

(四)民企与国资融合发展——"长阳创谷"园区商会

过去,"长阳创谷"园区有企业联盟,但因为注册不成功,活动松散随机,无法很好展开。区工商联了解这一情况后,决定创新商会组织机制,2022年在长阳创谷新成立园区商会。注册成商会后,园区企业缴纳会费,每个月都组织活动,活动更加稳定、有保障,青年企业家们更有归属感。

在此基础上,区工商联进一步建立总商会大创谷分会。作为区总商会的分支机构,充分发挥"以商招商""以商引商""安商稳商"的辐射力,搭建大创谷功能区内招商引资、企业之间以及与政府部门的交流平台。

"长阳创谷"由区国资科创集团开发运营,园区商会成立后,可更好地解决国资和民企的信息不对称问题。园区的企业大多是"创一代",青年企业家们获取信息和政策服务的能力较弱,商会可以向会员提供更多区里的经济政策、市场、科技、人才等信息服务,以及组织会员企业进行各种信息交流。科创集团也可以更便捷地了解园区企业动态和需求,特别是技术硬、市场好的成长型企业,提供金融支持和政策扶持,使其迅速成长。

三、杨浦区年轻一代民营经济人士所面临的痛点和困惑

(一) 年轻创业人群

调研前曾预设了一些年轻创业人群可能会遇到的困难,如获取创新资源难、对口金融资源稀少、享受创新扶持政策难等问题,但从受访企业家的反馈来看,并没有发现突出的共性问题,或者说问题基本都得到了解决。对"创一代"来说,他们觉得有困难是很正常的,民营企业每天都会遇到各式各样、大大小小的问题,创业者大多是依靠自身努力解决,谈到问题他们总是云淡风轻、举重若轻。

但也或许是"幸存者偏差"——因为我们调研的是创业相对成功的企业,如果找失败的创业者访谈,可能会找到一些问题。双创学院举了一个有意思的例子:他们众多活动中有一次特别的活动,叫"搞砸之夜",不同于经验分享会,而是讲述大家创业中各式各样的失败经历,没想到氛围异常热烈,参与者如脱口秀一般,激起了大家广泛共鸣。理论上讲,一个好的创新创业环境必须要宽容失败,但我们的文化土壤和社会风气却常常是"只以成败论英雄"。这样的聚会如果有政府部门参加的话,或者把他们谈到的问题汇总出来,看看哪些政府能帮助他们解决,估计可以降低部分的失败率,为创业者实实在在地排忧解难。

(二) 民企中就业的年轻人群

由于本次调研的都是创新型企业,员工都十分年轻化,平均年龄在30岁,这些民企不同程度存在着招人难、人员流动性高、生活成本高等问题,各个企业面临的具体困难略有不同。

时代天使谈及吸引和留住核心人才方面存在困难。一是海外人才方面,公司在向欧、美、澳拓展业务,以及2022年收购巴西企业的过程中,都需要聘用外籍人才,遇到包括外籍员工的涉税、抵扣退税、生活等一系列问题;二是国内人才到海外工作,公司需派遣员工赴海外工作,遇到一系列保障问题;三是公司研发技术中台团队的技术骨干,大多为年轻外地人,落户问题。近几年,国际上对华歧视有所加剧,民营企业发展壮大后"出海"面临的不仅仅是人才的问题,还有一系列的问题,且不是个别企业现象,需要政策的顶层设计。服务民企的全球化,是个大题目。

上勘设计院表示区里调整了企业党建的管理条线,前后衔接不太流畅。过去,公司的党组织关系、档案在社会工作党委(建委),对公司的荣誉、人才培养等方面都较为重视和倾斜,公司党建也开展得比较好;党外人才参与社会工作党委的两新组织活动也很通畅。后来调整了,有一段时间没人管;再后来,组织关系转到区投促办,未来据说可能还会转到街道;调整时衔接得不太顺畅。

优宁维是注册在杨浦、经营在浦东、工厂设在南京、杭州的上市公司。用人方面,公司

感到上海的人员流动性高,在上海留人明显比在南京、杭州难。一是员工在上海的生活成本高、工作节奏快、经济压力比较大,员工本身的自然流动性较高;二是大学毕业生在公司工作几年后,到了28~30岁婚育年龄阶段,很多会从公司离职、回老家结婚生子;三是作为上市公司,公司的实力和规范性强,职场新人在公司锻炼、培养一两年后,业务能力大幅提高,就会有小公司和猎头不断从公司高薪挖人。但是,同样是大都市,公司在南京、杭州分公司的员工团队就稳定了很多,流动性比上海低很多。

道客是从事操作系统的高科技公司,谈到人才,创业者认为我国现有高校计算机专业教的知识已陈旧落后,优秀人才往往是靠自学成才,计算机人才的培养不适应产业发展的需要,对数字人才的认证还停留在20年前的水平上,新时代的数字人才体系还没有建立。为此,他向国家网信办建议创办互联网大学,批量培养符合数字时代的计算机人才,国家已采纳并设在四川。

四、加强杨浦区统战服务年轻一代民营经济人士工作的对策建议

座谈会上有人谈道:"青年企业家不能光看年龄,总体来讲是年轻的,可能是25岁左右,也可能30岁左右。而是要抓住主要特点'初创企业',持续服务一茬接一茬的青年企业家。"这句话道出了"年轻一代民营经济人士"的精髓:他们并不仅仅是因为生理年龄上年轻,更多的是"创一代"企业家和这些新生企业的年轻员工身上的创新精神和奋斗精神。

杨浦区大大小小的企业、园区、商会、平台像是一个个大大小小的磁场,共同形成杨浦这个大磁场,不断吸引着大批有志青年来此。无论是营商环境、纳才留才还是创新生态,统战工作就是和其他各部门一起,持续增强增加杨浦的魅力和吸引力。对此,建议做好以下几方面的工作。

(一)思想建设上更有高度,增强社会责任感

留心观察的话,民营企业里的年轻一代创业者和员工,和在国企、机关或事业单位里工作的同龄人有着较大差异。压力和动力机制不同,导致不同年轻群体之间的思想意识、行为特征都不同。要做好年轻一代民营经济人士的思想建设,首先必须深刻理解这个群体的工作环境背景、精神世界、心理需求、物质诉求。思想建设工作是化无形为有形的工作,特别是年轻党外人士的思想建设,是最难做的工作,也很难评估其效果,就像春雨润物,需要持久、务实,方见成效。

当课题组到聚隆集团参观时,企业的党建和思想政治工作让人眼前一亮。它有以下几个特点:一是公司高度重视、目标明确,墙上醒目地写着"党建做实了就是生产力,党建做强了就是竞争力,党建做细了就是凝聚力",以党建统领思想建设,与企业发展目标紧密联系在一起,培养员工的归属感、自豪

感、认同感；二是设立专属区域，夯实思想建设的空间载体，墙上贴着"党建联建""社区共建""帮困助学""志愿服务"等展板，展示着公司近期思想建设方面的行动，让思想建设的工作内容不再是抽象的说教，而是显性化、可感知的具体内容；三是组织形式多样的社会活动，提升年轻员工社会责任感。例如，公司作为上海市禁毒志愿者协会理事长单位为此付出很多，员工还自愿参与很多志愿者服务。

从上述案例中得到启发，建议区工商联（总商会）在思想建设方面可以加强以下几点工作：一是进一步了解、排摸会员企业和基层商会的思想建设工作基本情况，掌握这方面成效显著、特色鲜明的典型企业和基层商会；二是在总商会的公众号中进一步增加思想建设的动态内容；三是在组织会员企业走进企业的交流活动中，参观部分企业的思想建设工作、分享交流经验；四是定期（三五年或换届周期）组织区内民企思想建设工作的先进评选，表彰、鼓励优秀企业；五是切忌道德绑架，思想建设也好、社会责任感也好，都是企业自愿的额外贡献，企业的首要任务是业务经营，正常经营已经为社会做了贡献——就业的、纳税的贡献，不能以思想建设为由增加企业的负担。

（二）组织建设上更有精度，增强商会凝聚力

数字经济背景下，亟待商会创新组织形式，顺应新经济发展需求。杨浦区的数字经济企业众多，商会的数字化转型具有天然优势，可通过数字化为抓手，提高商会组织管理的精度，优化资源配置，以数字化转型赋能总商会、基层商会的日常服务管理，使工商联和商会、会员企业之间连接更紧密、协同更高效。

建议区工商联（总商会）在组织建设方面加强以下几点工作：一是加强数字动态舱建设，更好地展示各商会的会员分布、构成、新增、活动和会议等动态情况，扩大基层商会的影响力；二是提升数字化服务能力，将区政府的最新政策公告、招商引智、服务管理等关键信息一键送达会员企业，及时服务企业和共享信息；三是借助大数据等手段进一步提升商会组织体系的数字化管理水平，增强对基层商会的分层服务管理；四是打造数字化会员社区，进一步促进青年企业家的在线互动交流、信息发布和资源共享；五是开展在线调研和分析，如定期（如半年度）开展区内中小企业营商环境或经营状况的在线问卷调查，及时掌握和上报企业的难点、热点问题，协调企业经营面临的困难。

（三）服务内容上更有温度，增强人文吸引力

统战工作的核心是围绕"人"这一主体服务，如果偏离人的感受，就会事半功倍；反之，注入人文精神，增加人文关怀，如同上海提出要建设更有温度的城市一样，对于年轻一代民营经济人士的统战工作，也需要提供更有情怀、有温度的服务。

杨浦的科技型企业密集，高科技人才集聚，正如道客公司创始人所讲：杨浦要营造科技产业氛围,最重要的是关注"科技人"的共性和特质,围绕"科技人"的需求开展活动,而不是围绕生意;程序员文化的核心是"玩"。因此,他建议多围绕运动、文娱活动、智力竞技等组织活动,对高科技企业的年轻人会更有吸引力。

无独有偶,科创集团作为服务科技企业的主力军,已开展了多样的文体活动促进企业家交流,包括新成立了体育中心,定期组织体育活动和比赛;还组织了科创读书会活动,以书会友,分享文化和创新的想法;举办"创业之星"活动,组织企业家旅游。

双创学院也是如此。学院每年组织上百场活动,尽管每次活动的主题不同,但都归结到"学院咖啡"主品牌下,主旨是"用一杯咖啡点亮创新创业",这样通过咖啡文化,年轻人就很容易接受。

调研中区委组织部、区团委还有好多好的做法,在此就不一一列举。杨浦的资源丰厚,建议区委统战部和区工商联加强以下几点工作:一是进一步加强基层商会的"一会一品牌"建设,针对杨浦区高科技人才、高知人才多的特点,提供更加有人文内涵、具有情绪价值的服务,持续夯实品牌形成机制;二是加强与区内相关部门、组织的横向联系,共同策划、组织活动,防止不同活动之间由于时间冲突造成的会员分流问题,增强协同效应;三是利用杨浦新媒体企业优势,加强网络宣传,更好地擦亮杨浦品牌,向世界展示杨浦的活力和魅力,扩大杨浦在年轻人社群中的影响力和吸引力;四是通过活动让年轻人才认识、熟悉统战部门,拉近统战工作与人才的距离,发现并吸引更多的人才进入商会中。

(四)举措落实上更有力度,增强企业获得感

区委组织部在介绍人才工作时概括为12个字"真心实意、真金白银、真抓实干",例如在人才安居补贴、人才公寓申请方面,杨浦区每年投入3 000万元、2022年4 000万元,是中心城区当中力度最大的区;企业可以为高管或应届毕业生等符合条件的员工申请人才公寓,享有七折优惠,重点企业可申请10套,潜力企业5套,其他企业3套;2022年专门出台企业人才纾困的10项举措,给580家企业发放的纾困补贴和人力资源助企服务券共1 570万元;在位于区政府到滨江的黄金地段打造整建制的人才公寓"科学家社区",为海外高层次人才和青年优秀创业者提供更可靠的住房保障。调研了解到,区工商联、区团委、人社局、科委、科创集团等与区委组织部一样,扎扎实实地把人才工作和政策都落在了实处,让创业者和年轻员工有实实在在的获得感。

杨浦现今良好的人才局面离不开软环境和基础设施投入,二者缺一不可。建议区工商联(总商会)加强以下几点工作:一是进一步夯实商会作为连接民企与其他部门之间桥梁纽带功能,倾听和收集"创一代"和年轻人才的具体诉求,拓宽他们与政府之间的交流通道,完善人才政策的反馈机制;二是积极为初创企业提供参与政府大型各种展会的机会,协助商会会员拓展市场、拓宽销路,有计划地组织外出考察,为会员企业收集各地商机信息;三是构筑和谐有序的产业生态,商会会员之间在生产经营、劳资管理、民间借贷、市场摊位租赁、合伙经营等方面不可避免会产生矛盾纠纷,商会应及时协调、缓解矛盾;四是探索搭建经济服务平台,如开拓融资渠道、开展"联合担保",助力解决企业融资难等问题。

(供稿单位:杨浦区工商业联合会)

图书在版编目(CIP)数据

2023上海民营经济/上海市工商业联合会等著. —上海：复旦大学出版社,2024.8
ISBN 978-7-309-17435-9

Ⅰ.①2… Ⅱ.①上… Ⅲ.①民营经济-经济发展-研究报告-上海-2023 Ⅳ.①F127.51

中国国家版本馆CIP数据核字(2024)第092831号

2023上海民营经济
2023 SHANGHAI MINYING JINGJI
上海市工商业联合会 等 著
责任编辑/于 佳

复旦大学出版社有限公司出版发行
上海市国权路579号 邮编：200433
网址：fupnet@fudanpress.com http://www.fudanpress.com
门市零售：86-21-65102580 团体订购：86-21-65104505
出版部电话：86-21-65642845
上海华业装潢印刷厂有限公司

开本 890毫米×1240毫米 1/16 印张 26 字数 474千字
2024年8月第1版
2024年8月第1版第1次印刷

ISBN 978-7-309-17435-9/F·3048
定价：88.00元

如有印装质量问题,请向复旦大学出版社有限公司出版部调换。
版权所有 侵权必究